Rechnergestützte Stichprobenverfahren im Prüfungswesen

Rechnergestützte
Stichprobenverfahren
im Prüfungswesen

Darstellung von Annahme- und Schätzstichprobe sowie
Gegenüberstellung der Anwendungsmöglichkeiten
statistischer Tabellenwerke und des PC-Programms RSW

von
Dipl.-Kfm. Dr. Hans Martin Bredeck

IDW-VERLAG GMBH
DÜSSELDORF 1993

Die Deutsche Bibliothek - CIP-Einheitsaufnahme

Bredeck, Hans Martin:
Rechnergestützte Stichprobenverfahren im Prüfungswesen:
von Dipl.-Kfm. Dr. Hans Martin Bredeck. - Düsseldorf:
IDW-Verl., 1993
Zugl.: Münster (Westfalen), Univ., Diss., 1992 u.d.T.:
Bredeck, Hans Martin: Anwendung von Annahmestichproben
und Schätzstichproben im Prüfungswesen
ISBN 3-8021-0570-2

ISBN 3-8021-0570-2

D 6

Gesamtherstellung: Boss-Druck, Kleve

Vorwort

Um bei Prüfungen ein Urteil über die Gesetz- und Ordnungsmäßigkeit der Rechnungslegung abzugeben, kann der Prüfer aus Zeit- und Kostengründen auf Stichprobenverfahren zurückgreifen, die eine Beurteilung mit hinreichender Sicherheit ermöglichen. Bisher wird diese Möglichkeit jedoch nicht konsequent genutzt, so daß es notwendig scheint, die dazu anzuwendenden Verfahren vorzustellen und dem Prüfer insbesondere ein Hilfsmittel bereitzustellen, das ihm die Anwendung der Verfahren praxisgerecht erleichtert.

Die vorliegende Arbeit versucht einen Beitrag dazu zu leisten. Es werden die Annahme- und die Schätzstichprobe, jeweils für die Fehleranzahl bzw. den Fehleranteil im Prüffeld und für den Gesamtwert des Prüffeldes dargestellt. Neben dem mathematisch-statistischen Hintergrund werden die jeweiligen Anwendungsvoraussetzungen und der Ablauf der Stichprobenprüfung erläutert.

Als Hilfsmittel für den Prüfer wurden die dargestellten Verfahren in ein Computer-Programm umgesetzt, welches auf IBM-kompatiblen PCs verwendet werden kann. Dieses Programm ist zusammen mit einer ausführlichen Beschreibung (Teil B dieser Arbeit) dem Buch beigefügt.

Die Arbeit ist auf Anregung von Herrn Prof. Dr. Josef Bleymüller, Herrn Dr. Klaus-Peter Bauer und Herrn Dr. Martin Gründer entstanden. Sie wurde von mir im Rahmen meiner Tätigkeit am Institut für Ökonometrie und Wirtschaftsstatistik der Westfälischen Wilhelms-Universität verfaßt und im Januar 1992 von der Wirtschaftswissenschaftlichen Fakultät als Dissertationsschrift angenommen. Die Anfertigung der Arbeit wurde nur durch die Unterstützung vieler Personen möglich, denen ich an dieser Stelle ausdrücklich danke. Besonderer Dank gilt dabei meinem akademischen Lehrer Prof. Dr. Josef Bleymüller, der mich in allen Phasen dieser Arbeit unterstützt hat. Herrn Prof. Dr. Herbert Gülicher danke ich für die Übernahme des Zweitgutachtens.

Für wertvolle fachliche Hinweise bedanke ich mich bei Herrn Dr. Martin Gründer sowie bei den Mitarbeitern des Instituts für Ökonometrie und Wirtschaftsstatistik Frau Dipl.-Kfm. Hannegret Egeler, Frau Dipl.-Kfm. Dagmar Klinkenberg, Herrn PD Dr. Andreas Lamers, Herrn Dr. Günther Gehlert, Herrn Dipl.-Kfm. Volker Bechtloff und Herrn Dipl.-Kfm. Arnd Verleger, die zudem durch die Entlastung von den Aufgaben am Lehrstuhl einen entscheidenden Beitrag zum Gelingen dieser Arbeit geleistet haben.

Weitere Hinweise und Verbesserungsvorschläge zu Text und Programm sind stets willkommen.

Münster, im März 1993 — Hans Martin Bredeck

Inhaltsverzeichnis

Seite

Seite

Teil B:

Seite

Abbildungsverzeichnis

Seite

Teil A:

Seite

Teil B:

Seite

Seite

Tabellenverzeichnis

Seite

Teil A:

Teil B:

Verzeichnis der wichtigsten Symbole

c	kritische Fehleranzahl in der Stichprobe
D	1. kritischer Abweichungsbetrag 2. Differenzenschätzung
e	1. Basis der natürlichen Logarithmen = 2.718281828459... 2. absoluter Stichprobenfehler
e_r	relativer Stichprobenfehler
f	Auswahlsatz
F	Freie Hochrechnung
G_1	Fisher`sches Schiefemaß
H_A	Alternativhypothese, Gegenhypothese
H_0	Nullhypothese, Ausgangshypothese
i	Summationsindex
L	Länge des Konfidenzintervalls
m	Fehleranzahl in der Stichprobe
$\hat{m}$	erwartete Fehleranzahl in der Stichprobe
m_o	obere Grenze des Wertebereichs für die Fehleranzahl in der Stichprobe
m_u	untere Grenze des Wertebereichs für die Fehleranzahl in der Stichprobe
M	Fehleranzahl im Prüffeld
M_1	zulässige Fehleranzahl im Prüffeld
M_2	unzulässige Fehleranzahl im Prüffeld
max[]	Funktion, die als Ergebnis den größten der übergebenen Parameter zurückliefert
MAX	größter Wert der Buchwertdatei
min[]	Funktion, die als Ergebnis den kleinsten der übergebenen Parameter zurückliefert

MIN	kleinster Wert der Buchwertdatei
M_o	Obergrenze des Konfidenzintervalls für die Fehleranzahl im Prüffeld
M_u	Untergrenze des Konfidenzintervalls für die Fehleranzahl im Prüffeld
n	Stichprobenumfang
N	Umfang des Prüffeldes
p	Fehleranteil in der Stichprobe
$\hat{p}$	erwarteter Fehleranteil in der Stichprobe
R	Lineare Regressionsschätzung
S_X	Stichprobenstandardabweichung der Buchwerte (Zufallsvariable)
s_X	Stichprobenstandardabweichung der Buchwerte (beobachtet)
S_X^2	Stichprobenvarianz der Buchwerte (Zufallsvariable)
s_X^2	Stichprobenvarianz der Buchwerte (beobachtet)
S_{XY}	Stichprobenkovarianz der Buchwerte und Wahren Werte (Zufallsvariable)
s_{XY}	Stichprobenkovarianz der Buchwerte und Wahren Werte (beobachtet)
S_Y	Stichprobenstandardabweichung der Wahren Werte (Zufallsvariable)
s_Y	Stichprobenstandardabweichung der Wahren Werte (beobachtet)
S_Y^2	Stichprobenvarianz der Wahren Werte (Zufallsvariable)
s_Y^2	Stichprobenvarianz der Wahren Werte (beobachtet)
t	Parameter der Studentverteilung
V	Verhältnisschätzung
$VC_{\overline{x}}$	Variationskoeffizient für den durchschnittlichen Buchwert
$VC_{\overline{y}}$	Variationskoeffizient für den durchschnittlichen Wahren Wert

$V(\hat{\boldsymbol{\mu}}_{YD})$	Varianz der Schätzfunktion für den durchschnittlichen Wahren Wert im Prüffeld bei Anwendung der Differenzenschätzung
$V(\hat{\boldsymbol{\mu}}_{YF})$	Varianz der Schätzfunktion für den durchschnittlichen Wahren Wert im Prüffeld bei Anwendung der Freien Hochrechnung
$V(\hat{\boldsymbol{\mu}}_{YR})$	Varianz der Schätzfunktion für den durchschnittlichen Wahren Wert im Prüffeld bei Anwendung der Linearen Regressionsschätzung
$V(\hat{\boldsymbol{\mu}}_{YV})$	Varianz der Schätzfunktion für den durchschnittlichen Wahren Wert im Prüffeld bei Anwendung der Verhältnisschätzung
$\hat{V}(\hat{\boldsymbol{\mu}}_{YD})$	geschätzte Varianz der Schätzfunktion für den durchschnittlichen Wahren Wert im Prüffeld bei Anwendung der Differenzenschätzung
$\hat{V}(\hat{\boldsymbol{\mu}}_{YF})$	geschätzte Varianz der Schätzfunktion für den durchschnittlichen Wahren Wert im Prüffeld bei Anwendung der Freien Hochrechnung
$\hat{V}(\hat{\boldsymbol{\mu}}_{YR})$	geschätzte Varianz der Schätzfunktion für den durchschnittlichen Wahren Wert im Prüffeld bei Anwendung der Linearen Regressionsschätzung
$\hat{V}(\hat{\boldsymbol{\mu}}_{YV})$	geschätzte Varianz der Schätzfunktion für den durchschnittlichen Wahren Wert im Prüffeld bei Anwendung der Verhältnisschätzung
$\hat{\mathbf{V}}(\hat{\boldsymbol{\mu}}_{YD})$	Schätzfunktion für die Varianz der Schätzfunktion für den durchschnittlichen Wahren Wert im Prüffeld bei Anwendung der Differenzenschätzung
$\hat{\mathbf{V}}(\hat{\boldsymbol{\mu}}_{YF})$	Schätzfunktion für die Varianz der Schätzfunktion für den durchschnittlichen Wahren Wert im Prüffeld bei Anwendung der Freien Hochrechnung
$\hat{\mathbf{V}}(\hat{\boldsymbol{\mu}}_{YR})$	Schätzfunktion für die Varianz der Schätzfunktion für den durchschnittlichen Wahren Wert im Prüffeld bei Anwendung der Linearen Regressionsschätzung
$\hat{\mathbf{V}}(\hat{\boldsymbol{\mu}}_{YV})$	Schätzfunktion für die Varianz der Schätzfunktion für den durchschnittlichen Wahren Wert im Prüffeld bei Anwendung der Verhältnisschätzung
X	Gesamtbuchwert des Prüffeldes
$\bar{x}$	Stichprobenmittelwert der Buchwerte
$\bar{X}$	Stichprobenmittelwert der Buchwerte (Zufallsvariable)

y	Wahrer Wert
$\bar{y}$	Stichprobenmittelwert der Wahren Werte
y_o	Obergrenze des Konfidenzintervalls für den durchschnittlichen Wahren Wert im Prüffeldes
y_u	Untergrenze des Konfidenzintervalls für den durchschnittlichen Wahren Wert im Prüffeldes
Y	Gesamtwert des Prüffeldes
$\bar{Y}$	Stichprobenmittelwert der Wahren Werte (Zufallsvariable)
$\hat{Y}$	Punktschätzwert für den Gesamtwert des Prüffeldes bei der Freien Hochrechnung (Zufallsvariable)
Y_{co}	oberer kritischer Wert bei einer Annahmestichprobe für den Gesamtwert des Prüffeldes
Y_{cu}	unterer kritischer Wert bei einer Annahmestichprobe für den Gesamtwert des Prüffeldes
Y_o	Obergrenze des Konfidenzintervalls für den Gesamtwert des Prüffeldes
Y_u	Untergrenze des Konfidenzintervalls für den Gesamtwert des Prüffeldes
v	Summationsindex
z	Parameter der Standardnormalverteilung
α	1. Risiko des Geprüften bei der Annahmestichprobe 2. Irrtumswahrscheinlichkeit bei der Schätzstichprobe
β	Risiko des Prüfers
γ	Hochrechnungsfaktor der allgemeinen Schätzfunktion der Gebundenen Hochrechnung
ε	Element
Θ	Fehleranteil im Prüffeld
Θ_1	zulässiger Fehleranteil im Prüffeld
Θ_2	unzulässiger Fehleranteil im Prüffeld

Θ_o	Obergrenze des Konfidenzintervalls für den Fehleranteil im Prüffeld
$\Theta_{o(korr)}$	korrigierte Obergrenze des Konfidenzintervalls für den Fehleranteil im Prüffeld
Θ_u	Untergrenze des Konfidenzintervalls für den Fehleranteil im Prüffeld
$\Theta_{u(korr)}$	korrigierte Untergrenze des Konfidenzintervalls für den Fehleranteil im Prüffeld
μ	Mittelwert der Grundgesamtheit
$\hat{\mu}$	Punktschätzwert für den durchschnittlichen Wahren Wert im Prüffeld bei Anwendung der Freien Hochrechnung
μ_1	zulässige Fehleranzahl
μ_2	unzulässige Fehleranzahl
μ_o	Obergrenze des Konfidenzintervalls für die Fehleranzahl
μ_u	Untergrenze des Konfidenzintervalls für die Fehleranzahl
μ_X	durchschnittlicher Buchwert des Prüffeldes
μ_Y	durchschnittlicher Wahrer Wert des Prüffeldes
$\hat{\mu}_{YD}$	Schätzwert für den durchschnittlichen Wahren Wert im Prüffeld bei Anwendung der Differenzenschätzung
$\hat{\mu}_{YF}$	Schätzwert für den durchschnittlichen Wahren Wert im Prüffeld bei Anwendung der Freien Hochrechnung
$\hat{\mu}_{YR}$	Schätzwert für den durchschnittlichen Wahren Wert im Prüffeld bei Anwendung der Linearen Regressionsschätzung
$\hat{\mu}_{YV}$	Schätzwert für den durchschnittlichen Wahren Wert im Prüffeld bei Anwendung der Verhältnisschätzung
$\hat{\boldsymbol{\mu}}_{YD}$	Schätzfunktion für den durchschnittlichen Wahren Wert im Prüffeld bei Anwendung der Differenzenschätzung
$\hat{\boldsymbol{\mu}}_{YF}$	Schätzfunktion für den durchschnittlichen Wahren Wert im Prüffeld bei Anwendung der Freien Hochrechnung
$\hat{\boldsymbol{\mu}}_{YR}$	Schätzfunktion für den durchschnittlichen Wahren Wert im Prüffeld bei Anwendung der Linearen Regressionsschätzung

$\hat{\mu}_{YV}$	Schätzfunktion für den durchschnittlichen Wahren Wert im Prüffeld bei Anwendung der Verhältnisschätzung
π	Pi = 3.14159265359...
σ	Standardabweichung
σ^2	Varianz
σ_X	Standardabweichung der Buchwerte des Prüffeldes
σ_X^2	Varianz der Buchwerte des Prüffeldes
σ_{XY}	Kovarianz von Buchwerten und Wahren Werten im Prüffeld
σ_Y	Standardabweichung der Wahren Werte des Prüffeldes
σ_Y^2	Varianz der Wahren Werte des Prüffeldes
$\sigma_{(\bar{y})}$	Standardabweichung der Stichprobenmittelwerte der Wahren Werte
$\sigma_{(\bar{y})}^2$	Varianz der Stichprobenmittelwerte der Wahren Werte
$\sigma_{(\hat{Y})}$	Standardabweichung der Punktschätzwerte für den Gesamtwert des Prüffeldes
$\sigma_{(\hat{Y})}^2$	Varianz der Punktschätzwerte für den Gesamtwert des Prüffeldes
$\sigma_{(\hat{Y})}^*$	notwendige Genauigkeit

Verzeichnis der wichtigsten Abkürzungen

DD	Double Density
DOS	Disk Operating System
IBM	International Business Machines
IDW	Institut der Wirtschaftsprüfer
HD	High Density
HFA	Hauptfachausschuß
HP	Hewlett Packard
KB	Kilobyte
MB	Megabyte
MS	Microsoft
PS	Personal System
R	Lineare Regressionsschätzung
RSW	Rechnergestützte Stichprobenverfahren für die Wirtschaftsprüfung
VGA	Video Graphic Array
WiSt	Wirtschaftswissenschaftliches Studium
WISU	Wirtschaftsstudium
WpG	Die Wirtschaftsprüfung

Teil A

1 Einführung

Bei Prüfungen hat der Wirtschaftsprüfer eine Beurteilung über die Gesetz- und Ordnungsmäßigkeit der Rechnungslegung abzugeben. Um dies unter Einhaltung von Zeit- und Kostenrestriktionen durchführen zu können, genügt es regelmäßig, mit einer stichprobengestützten Prüfung ein hinreichend sicheres Urteil zu fällen, anstatt eine vollständige Prüfung aller Elemente durchzuführen.[1]

Ziel dieser Arbeit ist es, dem Wirtschaftsprüfer ein Hilfsmittel bereitzustellen, das ihm die dabei notwendigen umfangreichen Berechnungen abnehmen kann. Da in naher Zukunft "die weitaus meisten der zu kontrollierenden und zu prüfenden Daten elektronisch gespeichert und verarbeitet werden"[2] und somit die "Einführung computerunterstützter Prüfungs- und Controllingtechnologie unumgänglich"[3] ist, bietet es sich an, als Hilfsmittel ein Computer-Programm für den PC zu entwickeln. Zudem kann ein PC auch in anderen Anwendungsbereichen bei Prüfungen ein wichtiges Hilfsmittel sein, so daß dessen Verbreitung ohnehin zunehmen wird.[4]

Die benötigten Verfahren sind in der Prüfungssoftware **RSW**[5] umgesetzt worden. Dazu wurden die Annahmestichprobe und die Schätzstichprobe ausgewählt, jeweils für die Fehleranzahl bzw. den Fehleranteil im Prüffeld und für den Gesamtwert des Prüffeldes. Diese Verfahren, mit denen Aussagen über die Sicherheit der Berechnungsergebnisse getroffen werden können, setzen die zufällige Auswahl der Stichprobenelemente voraus. Weiterhin wird bei diesen Verfahren meist unterstellt, daß die Stichprobenelemente die gleiche Auswahlwahrscheinlichkeit besitzen.

---

1 Vgl. **IDW**, HFA 1/1988, S. 240 f.

2 **Will**, Prüf- und Controllingsoftware, S. 57.

3 **Ebenda**.

4 Vgl. **Schnitzenbaumer**, Personalcomputer im Prüfungseinsatz, S. 52. f. **Schnitzenbaumer** nennt vor allem die Bereiche Textverarbeitung, Tabellenkalkulation, Datenbankanwendungen und Präsentationsgraphiken.

5 **RSW** = **R**echnergestützte **S**tichprobenverfahren für die **W**irtschaftsprüfung.

Gegenstand der Ausführungen des **Kapitels 2** dieser Arbeit ist die Annahmestichprobe. Im Anschluß an einen Überblick über die Grundlagen erfolgt die Beschreibung der Annahmestichprobe getrennt für die Fehleranzahl bzw. den Fehleranteil im Prüffeld und für den Gesamtwert des Prüffeldes. Ausgehend von den Anwendungsvoraussetzungen werden die Verfahren unter Berücksichtigung der anzuwendenden Verteilung und der ggf. möglichen Approximationen dargestellt. Den Darstellungen schließt sich jeweils eine Erläuterung der Vorgehensweise bei Zugrundelegung einer bereits gezogenen Stichprobe an. Schließlich wird der Ablauf der Annahmestichproben durch eine Einteilung in Prüfungsphasen strukturiert. Bei der Beschreibung der Annahmestichprobe für den Gesamtwert des Prüffeldes wird weiterhin ein Überblick über die Möglichkeiten zur Schätzung der bei der Berechnung benötigten Varianz der Wahren Werte im Prüffeld gegeben.

Die Beschreibung der Schätzstichproben im **Kapitel 3** der Arbeit ist analog aufgebaut. Zusätzlich wird die Schätzstichprobe für den Gesamtwert des Prüffeldes differenziert nach der Anwendung der Freien und der Gebundenen Hochrechnung dargestellt. Zudem wird jeweils erläutert, wie der zur Einhaltung einer gewünschten Genauigkeit der Untersuchung notwendige Stichprobenumfang zu bestimmen ist.

Das **Kapitel 4** der Arbeit ist dem Programm **RSW** gewidmet: Zunächst wird das Programm kurz vorgestellt, um einen Überblick über dessen Funktionen zu geben. Auf eine detaillierte Beschreibung der Handhabung des Programms[6] wird dagegen ebenso verzichtet, wie auf eine ausführliche Schilderung der verwendeten Rechenalgorithmen.[7] Abschließend wird anhand von Beispielen eine Gegenüberstellung der Anwendung des Programms und der bisher üblichen Verwendung von Tabellenwerken vorgenommen. Für jedes Verfahren werden einige mögliche Probleme der Verwendung von Tabellenwerken und deren Lösung mit **RSW** aufgezeigt.

---

6 Eine genaue Beschreibung der Vorgehensweise kann dem Handbuch in Teil B dieser Arbeit entnommen werden.

7 Die verwendeten Algorithmen basieren zum Teil auf den von **Gründer** vorgestellten. Vgl. **Gründer**, Zufallsstichprobenverfahren, insb. Kapitel 4 und 5.

2 Annahmestichproben im Prüfungswesen

2.1 Grundlagen der Annahmestichproben

Annahmestichproben werden im Prüfungswesen eingesetzt, um Hypothesen über die Ordnungsmäßigkeit eines Prüffeldes auf Stichprobenbasis zu überprüfen. Sie gehören damit zu den Testverfahren, genauer zu den Parametertests,[1] da die Ordnungsmäßigkeit des Prüffeldes anhand ausgewählter Kennzahlen gemessen wird. Das zur Beurteilung herangezogene **Untersuchungsmerkmal** kann dabei entweder die **Fehleranzahl bzw. der Fehleranteil im Prüffeld** oder der **Gesamtwert des Prüffeldes** sein. Weil die grundsätzliche Vorgehensweise einer Annahmestichprobe in beiden Fällen identisch ist, wird sie vorab dargestellt.

Ausgangspunkt für die Durchführung einer Annahmestichprobe ist die **Abgrenzung des Prüffeldes**, damit keine Zweifel darüber entstehen können, welche Elemente zum Prüffeld gehören.[2] Nach **v. Wysocki** erscheint eine Aufgliederung der Prüfungsobjekte in einzelne Prüffelder bei einer komplexen Prüfung deshalb sinnvoll, weil sie einerseits die vollständige Erfassung aller wesentlichen Sachverhalte für das Gesamturteil erleichtert, andererseits auch der klaren Zuordnung der Arbeitsbereiche und der Verantwortlichkeit zu den Prüfern und deren Gehilfen dient. Letztlich wird durch die Aufgliederung die Bestimmung der zeitlichen Abfolge und damit auch die Kontrolle des Standes der Prüfung ermöglicht.[3] Bei der Abgrenzung des Prüffeldes sind als Kriterien[4]

- die **Zuordnung zu den Abschlußpositionen**,
- die **anzuwendende Prüfungsmethode** sowie
- **personelle** und **zeitliche Aspekte**

zu berücksichtigen.

Neben der Abgrenzung des Prüffeldes muß bei der Annahmestichprobe für die Fehleranzahl bzw. den Fehleranteil eine **genaue Definition des kritischen Merkmals** erfolgen. Sie ist notwendig, weil ein Prüfungsobjekt viele Merkmale aufweisen kann, die

---

1 Vgl. **Bleymüller/Gehlert/Gülicher**, WiSt-Statistik, S. 101.

2 Vgl. **v. Wysocki**, Grundlagen, S. 270.

3 Vgl. **ebenda**.

4 Vgl. **ebenda**, S. 271 ff.

Annahmestichprobe jedoch zunächst auf ein Merkmal beschränkt ist.[5] Andere Merkmale können erst durch die Zusammenfassung mehrerer Untersuchungen berücksichtigt werden.[6]

Zudem ist zu überprüfen, ob die **Voraussetzungen zur Anwendung der Annahmestichprobe** erfüllt sind. Da diese sich je nach Untersuchungsmerkmal unterscheiden, werden sie jeweils bei der Darstellung der betreffenden Verfahren erläutert.

Grundlage der Annahmestichprobe ist die Bildung zweier **sich ausschließender Hypothesen** über die Ordnungsmäßigkeit des Prüffeldes, deren Gültigkeit mit Hilfe einer Stichprobe getestet wird. Die erste Hypothese, die sogenannte **Nullhypothese,**[7] lautet dabei immer

H_0: Das Prüffeld ist ordnungsmäßig.

Die zweite Hypothese, die sogenannte **Alternativhypothese,**[8] muß die erste ausschließen und dementsprechend lauten

H_A: Das Prüffeld ist nicht ordnungsmäßig.

Diese rein **qualitativ** formulierten Hypothesen sind dann zu **quantifizieren**, damit sie mit Hilfe von mathematisch-statistischen Verfahren getestet werden können. Wenn das Untersuchungsmerkmal die **Fehleranzahl M** ist, lauten sie

H_0: $M = M_1$ und

H_A: $M = M_2$,

---

5 Dies bedeutet allerdings nicht, daß die Prüfungen mit verschiedenen Stichproben durchgeführt werden müssen, da eine einmal gezogene Stichprobe durchaus für mehrere Prüfungen verwendet werden kann. Ergeben sich für die einzelnen Merkmale unterschiedliche Stichprobenumfänge, ist jeweils entweder die Berechnung oder der Stichprobenumfang anzupassen.

6 Vgl. **Eggenberger**, Stichprobenverfahren in der Revision, S. 63 ff. **Eggenberger** beschreibt dies für eine Schätzstichprobe für die Fehleranzahl bzw. den Fehleranteil. Dies gilt jedoch auch für die Annahmestichprobe.

7 In der Literatur findet sich auch der Begriff "Ausgangshypothese". Vgl. **Bleymüller/Gehlert/Gülicher**, WiSt-Statistik, S. 101.

8 In der Literatur findet sich auch der Begriff "Gegenhypothese". Vgl. **Bleymüller/Gehlert/Gülicher**, WiSt-Statistik, S. 101.

wobei

$$\mathbf{0 < M_1 < M_2 < N}$$

gelten muß.

Dabei stellt M_1 die zulässige Fehleranzahl und M_2 die unzulässige Fehleranzahl im Prüffeld dar. In dieser üblichen Darstellungsform wird die Alternativhypothese als **Punkthypothese** formuliert; alternativ wäre es auch möglich, sie als **Bereichshypothese** zu formulieren,[9] so daß sie beispielsweise

$$\mathbf{H_A: \quad M > M_1}$$

lauten könnte.[10] Die Formulierung als Bereichshypothese findet jedoch nur selten Anwendung, weil dann i. d. R. keine Aussage über die Sicherheit der Entscheidung getroffen werden kann, wenn die Alternativhypothese abgelehnt wird.[11]

Äquivalent zur obigen Darstellung können die Hypothesen über die Fehleranzahl in Hypothesen über den zulässigen Fehleranteil Θ_1 und den unzulässigen Fehleranteil Θ_2

$$\mathbf{H_0: \quad \Theta = \Theta_1} \quad \text{und}$$

$$\mathbf{H_A: \quad \Theta = \Theta_2}$$

überführt werden, wobei analog

$$\mathbf{0 < \Theta_1 < \Theta_2 < 1,}$$

mit $\mathbf{\Theta_1 = \frac{M_1}{N}}$ und $\mathbf{\Theta_2 = \frac{M_2}{N}}$

gelten muß.

---

9 Das Begriffspaar "Punkthypothese" und "Bereichshypothese" ist äquivalent zur Verwendung der Begriffe "konkretisierte Hypothese" und "nicht konkretisierte Hypothese". Vgl. **Bleymüller/Gehlert/Gülicher,** WiSt-Statistik, S. 101.

10 Die Gegenhypothesen $\mathbf{H_A: M \neq M_1}$ oder $\mathbf{H_A: M < M_1}$ sind ebenfalls möglich, aber im Prüfungswesen nicht sinnvoll.

11 Vgl. **Lamers,** Folgetestverfahren, S. 11; **Leffson/Lippmann/Baetge,** Sicherheit, S. 30 sowie S. 54; **v. Wysocki,** Grundlagen, S. 205.

Wegen der einzuhaltenden Ganzzahligkeitsbedingung für die Fehleranzahl wird die Formulierung der Hypothesen i. d. R. nicht mit Hilfe der Fehleranteile erfolgen.

Ist das Untersuchungsmerkmal der **Gesamtwert des Prüffeldes,**[12] lauten die Hypothesen

H_0: **Der Gesamtwert des Prüffeldes Y entspricht dem Gesamtbuchwert des Prüffeldes X,**

also

$$H_0: \quad Y = X,$$

und

H_A: **Der Gesamtwert des Prüffeldes Y weicht um den Betrag D vom Gesamtbuchwert des Prüffeldes X ab,**

also

$$H_A: \quad Y = X \pm D.$$

Der **kritische Abweichungsbetrag D** stellt die Abweichung des Gesamtwertes des Prüffeldes vom Gesamtbuchwert dar, die **nicht mehr zu tolerieren** ist, so daß deshalb die Ordnungsmäßigkeit abzulehnen ist.[13]

Die oben dargestellten Hypothesen werden jeweils auf der Basis einer Stichprobe getestet.[14] Stellt sich dabei heraus, daß eine der Hypothesen mit einer genügend großen Wahrscheinlichkeit falsch ist, wird sie verworfen, wobei als Konsequenz die andere

---

12 Bei der Gegenüberstellung der Einzelpositionen im Prüffeld oder in einer Stichprobe wird zur deutlicheren Abgrenzung das Begriffspaar "**Buchwert**" und "**Wahrer Wert**" verwendet. Der Gesamtwert ergibt sich aus der Addition aller **Wahren Werte** des Prüffeldes. Auf eine Bezeichnung als **Wahrer Gesamtwert** kann indes verzichtet werden, da der Gesamtwert des Prüffeldes zwangsläufig dem Wahren Gesamtwert entspricht und daher die Unterscheidung vom Gesamtbuchwert eindeutig ist.

13 Vgl. **Gründer**, Zufallsstichprobenverfahren, S. 35.

14 Es sei unterstellt, daß die Stichprobe genügend groß ist, so daß eine Entscheidung getroffen werden kann.

Hypothese "angenommen" wird. Eine Hypothese wird demnach nie selbst bestätigt, sondern wird nur deshalb "angenommen", weil die andere abgelehnt wird.[15]

Absolute Sicherheit über die Gültigkeit der Hypothesen kann i. d. R. nur erlangt werden, wenn das Prüffeld **vollständig** untersucht wird.[16] Gleichwohl reicht es im Prüfungswesen regelmäßig aus, daß nicht eine absolute Sicherheit erzielt wird. Es können durchaus bestimmte, von der Prüfungsvorschrift vorgegebene **Risiken** einer Fehlentscheidung in Kauf genommen werden, um ein **hinreichend sicheres** Urteil zu fällen.[17] Damit wird erreicht, daß der Aufwand zur Urteilsfindung und somit die Kosten möglichst gering gehalten werden können. Risiken sind insofern zu berücksichtigen, als bei der Annahmestichprobe ein Urteil über die Ordnungsmäßigkeit des Prüffeldes **anhand einer Stichprobe** gefällt wird, diese Stichprobe jedoch möglicherweise **untypisch** für das gesamte Prüffeld ist. Dabei treten zwei Arten von Risiken einer Fehlentscheidung in Erscheinung, die in Tab. 2.1 im Überblick dargestellt sind:

[1] Das **Risiko des Geprüften**, daß ein tatsächlich **ordnungsgemäßes** Prüffeld aufgrund der Stichprobe als **nicht ordnungsgemäß** beurteilt wird; dieses Risiko wird durch die Größe $\boldsymbol{\alpha}$ quantifiziert, mit $0 \leq \alpha \leq 1$.[18]

[2] Das **Risiko des Prüfers**, daß ein tatsächlich **nicht ordnungsgemäßes** Prüffeld aufgrund der Stichprobe als **ordnungsgemäß** beurteilt wird; dieses Risiko wird ausgedrückt durch die Größe $\boldsymbol{\beta}$, mit $0 \leq \beta \leq 1$.[19]

---

15 Vgl. **Hochstädter**, Einführung, S. 451.

16 Eine Ausnahme liegt vor, wenn z. B. eine Annahmestichprobe für die Fehleranzahl bzw. den Fehleranteil durchgeführt wird, und in der Stichprobe bereits M_2 oder mehr Fehler auftreten. Hier ist eine absolut sichere Entscheidung auch ohne Vollerhebung möglich.

17 Vgl. **IdW**, HFA 1/1988, S. 240 f.

18 In der Literatur wird ein derartiges Fehlurteil als **Fehler 1. Art** oder auch **α-Fehler** bezeichnet. Vgl. **Bleymüller/Gehlert/Gülicher**, WiSt-Statistik, S. 101 f; **Leffson**, Wirtschaftsprüfung, S. 183; **Schaich**, Schätz- und Testmethoden, S. 188.

19 In der Literatur wird ein derartiges Fehlurteil als **Fehler 2. Art** oder auch **β-Fehler** bezeichnet. Vgl. **Bleymüller/Gehlert/Gülicher**, WiSt-Statistik, S. 101 f; **Leffson**, Wirtschaftsprüfung, S. 183; **Schaich**, Schätz- und Testmethoden, S. 188.

Urteil des Prüfers \ Tatsächlicher Zustand	Das Prüffeld ist ordnungsmäßig (H_0 trifft zu)	Das Prüffeld ist nicht ordnungsmäßig (H_A trifft zu)
Das Prüffeld ist ordnungsmäßig (H_0 wird nicht abgelehnt)	Richtiges Prüferurteil	Fehlurteil β-Fehler (Fehler 2. Art)
Das Prüffeld ist nicht ordnungsmäßig (H_0 wird abgelehnt)	Fehlurteil α-Fehler (Fehler 1. Art)	Richtiges Prüferurteil

Tab. 2.1: Beurteilungsmöglichkeiten bei einer Annahmestichprobe

Das Risiko des Prüfers β sollte möglichst geringer als das Risiko des Geprüften α sein,[20] da ein Fehler 2. Art normalerweise nicht entdeckt wird und somit letztlich zu einem Fehlurteil führt. Bei einem fälschlicherweise als nicht ordnungsgemäß abgelehnten Prüffeld hingegen ist eine so gründliche Kontrolle durch die Mitarbeiter des geprüften Unternehmens zu erwarten, daß der Fehler erkannt werden wird.[21]

Eine Aufgabe im Rahmen der Prüfungsvorbereitung ist es, den **Prüfplan** zu bestimmen, der den kleinstmöglichen Stichprobenumfang vorgibt, mit dem eine Entscheidung unter Einhaltung beider Risiken α und β getroffen werden kann. Weiterhin muß dieser Prüfplan eine genaue Entscheidungsregel vorgeben, wie aufgrund der in der Stichprobe vorgefundenen Fehleranzahl bzw. des durchschnittlichen Wahren Wertes über die Ordnungsmäßigkeit des Prüffeldes zu befinden ist.

In den folgenden Abschnitten wird die **Annahmestichprobe für die Fehleranzahl bzw. den Fehleranteil im Prüffeld** und die **Annahmestichprobe für den Gesamtwert des Prüffeldes** getrennt dargestellt. Dabei erfolgt nach der Darstellung der **Anwendungsvoraussetzungen** jeweils eine **Beschreibung des Verfahrens** unter Berücksichtigung der zugrundeliegenden **Verteilungsannahme** und der entsprechend zu verwendenden **Formeln**. Anschließend wird eine Strukturierung des **Prüfungsablaufs** vorgenommen.

Die praktische Anwendung der Annahmestichproben mit Hilfe von **Tabellensammlungen** und mit Hilfe des Programms **RSW** wird im Abschnitt 4.2 anhand von Beispielen beschrieben.

---

20 Vgl. **IDW**, HFA 1/1988, S. 244; **Leffson**, Wirtschaftsprüfung, S. 183; **Leffson/Lippmann/Baetge**, Sicherheit, S. 59; **v. Wysocki**, Grundlagen, S. 172 f; **v. Wysocki**, Auswahl, S. 393.

21 Vgl. **Leffson**, Wirtschaftsprüfung, S. 183; **v. Wysocki**, Auswahl, S. 393.

2.2 Annahmestichprobe für die Fehleranzahl bzw. den Fehleranteil im Prüffeld

2.2.1 Anwendungsvoraussetzungen

Zur Durchführung einer Annahmestichprobe für die Fehleranzahl bzw. den Fehleranteil im Prüfgebiet muß nach der Abgrenzung des Prüffeldes und der genauen Definition des kritischen Merkmals überprüft werden, ob die **Anwendungsvoraussetzungen** für dieses Verfahren erfüllt sind.[22] Die Anwendungsvoraussetzungen beziehen sich zum einen auf die **Grundgesamtheit**, also das gesamte Prüffeld, zum anderen auf die **Stichprobenziehung**. Einzuhalten sind insbesondere folgende Bedingungen:

[1] Der **Zugriff** muß auf **jedes Element** des Prüffeldes möglich sein, d. h. alle Elemente des Prüffeldes müssen eine "**berechenbare, von Null verschiedene Wahrscheinlichkeit** besitzen, in die Stichprobe zu gelangen".[23]

[2] Beim untersuchten Merkmal muß es sich um einen **Häufigkeitsfall** handeln, so daß Größen wie die Wahrscheinlichkeit und die Sicherheit des Entdeckens überhaupt berechnet werden können. Das bedeutet, daß es sich bei dem Untersuchungsmerkmal nicht um einen Ausnahmefall handeln darf.

[3] Die Auswahl der Stichprobenelemente muß so erfolgen, daß eine **Zufallsstichprobe** entsteht.[24] Damit dies gewährleistet ist, sollte auf die in **RSW** integrierte Stichprobenziehung oder auf **Zufallszahlentafeln** bzw. **Zufallszahlengeneratoren** zurückgegriffen werden.

[4] Der Stichprobenziehung ist das Entnahmemodell "**Ziehen ohne Zurücklegen**" zugrunde zu legen.[25] Zudem muß als Ergänzung zur Bedingung [1] gewährleistet sein, daß jedes Element nicht nur eine berechenbare Wahrscheinlichkeit besitzt, in die Stichprobe zu gelangen, sondern wegen des unterstellten Modells muß **jedes noch nicht gezogene Element** die **gleiche Auswahlwahrscheinlichkeit** besitzen.

Ist auch nur eine dieser Bedingungen nicht erfüllt, kann das vorgestellte Verfahren nicht praktiziert werden. Dies ist darin begründet, daß dann die im folgenden Abschnitt be-

---

22 Die Bedingungen beziehen sich hier und in den folgenden Abschnitten auf die im Programm **RSW** umgesetzten Verfahren.

23 **IDW**, HFA 1/1988, S. 242.

24 Vgl. **ebenda**, S. 242.

25 Das Entnahmemodell "Ziehen ohne Zurücklegen" stellt das für die hier angewendete Verteilung richtige Entnahmemodell dar. Bei hinreichend kleinen Auswahlsatz kann ggf. auch das Entnahmemodell "Ziehen mit Zurücklegen" angewendet werden, da mit sinkendem Auswahlsatz die Unterschiede vernachlässigbar klein werden können.

schriebenen Verteilungen nicht zur Berechnung zugrunde gelegt werden können. In diesem Fall ist eine Urteilsbildung nur mit Hilfe einer **Vollerhebung** sinnvoll.[26]

2.2.2 Darstellung des Verfahrens

Wie im Abschnitt 2.1 dargestellt, lauten die quantifizierten Hypothesen für den Fall, daß das Untersuchungsmerkmal die Fehleranzahl im Prüffeld ist[27]

$$\mathbf{H_0}: \quad \mathbf{M = M_1} \quad \text{und}$$

$$\mathbf{H_A}: \quad \mathbf{M = M_2},$$

mit

$$\mathbf{0 < M_1 < M_2 < N.}$$

Das Risiko des Geprüften wird durch den Wert α, das Risiko des Prüfers durch den Wert β festgelegt. Beide Risiken sind als Höchstwerte aufzufassen, die nicht überschritten werden dürfen.

Es muß nun ein **Prüfplan** festgelegt werden, der dem Prüfer einen Stichprobenumfang n sowie eine kritische Fehleranzahl c vorgibt. Diese kritische Fehleranzahl c ist die größte Fehleranzahl, die in der Stichprobe auftreten darf, damit das Prüffeld noch als ordnungsmäßig anzusehen ist.

Ist eine Stichprobe vom Umfang n gezogen worden, hat der Prüfer die Fehleranzahl m zu ermitteln und der kritischen Fehleranzahl c gegenüberzustellen. Die Entscheidungsregel wurde durch den Prüfplan vorgegeben: Ist die Fehleranzahl kleiner oder gleich der kritischen Fehleranzahl ($m \leq c$), ist das Prüffeld als ordnungsmäßig zu beurteilen. Das Risiko, daß diese Entscheidung falsch ist, beträgt dann höchstens β, da die Fehleranzahl im Prüffeld M mit der Sicherheit von mindestens $1-\beta$ kleiner als M_2 ist. Finden sich dagegen in der Stichprobe mehr als c fehlerhafte Elemente, ($m > c$), kann mit einer Sicherheit von mindestens $1-\alpha$ die Nullhypothese nicht mehr richtig sein, da mit eben dieser Wahrscheinlichkeit die Fehleranzahl im Prüffeld größer als M_1 ist. Daher wird die

---

26 Alternativ kann die Urteilsfindung auf der Basis der bewußten Auswahl erfolgen. Dies hat jedoch den Nachteil, daß die Höhe der Risiken nicht bestimmt werden können.

27 Auf eine Darstellung für die Untersuchung der Fehleranteile sei hier verzichtet. Sie kann aus der obigen Darstellung äquivalent hergeleitet werden.

Nullhypothese verworfen, wobei die Irrtumswahrscheinlichkeit in diesem Fall höchstens α beträgt.

Hier wird ein Problem der Annahmestichprobe für die Fehleranzahl bzw. den Fehleranteil deutlich: Die Fehleranzahlen zwischen M_1 und M_2 werden als Begründung für beide Entscheidungen verwendet. Dieses ist dann verständlich, wenn derartige Fehleranzahlen in der Realität nicht auftreten können, was aber meist nicht gewährleistet ist. Ist die Vorgabe der unzulässigen Fehleranzahl M_2 wegen der eindeutigen Interpretierbarkeit noch recht einfach, bereitet die Vorgabe der zulässigen Fehleranzahl M_1 Schwierigkeiten, da der Wert nicht eindeutig interpretierbar ist.[28] **V. Wysocki** empfiehlt, als zulässige Fehleranzahl diejenige anzusetzen, die immer noch zu einem positiven Gesamturteil über das Prüffeld führen würde, sofern sie tatsächlich in der Grundgesamtheit vorhanden wäre. Demgegenüber sollte die Fehleranzahl als unzulässig angesetzt werden, welche unweigerlich zur Ablehnung der Ordnungmäßigkeit des betreffenden Prüffeldes führen würde.[29]

Wie ist der als Entscheidungsgrundlage benötigte Prüfplan zu bestimmen?
Bei Einhaltung der im vorigen Abschnitt geschilderten Anwendungsvoraussetzungen können die Fehlerwahrscheinlichkeiten α und β mit Hilfe der modelltheoretisch richtigen, diskreten **Hypergeometrischen Verteilung** berechnet werden.[30] Ihre Wahrscheinlichkeitsfunktion lautet

$$(2.1) \qquad f_H(m|N;n;M) = \begin{cases} \dfrac{\binom{M}{m}\binom{N-M}{n-m}}{\binom{N}{n}} & \text{für } m_u \leq m \leq m_o, \\ 0 & \text{sonst,} \end{cases}$$

wobei die Grenzen des Wertebereichs als

m_u = max[0,n-N+M] und
m_o = min[n,M]

28 Vgl. **Gründer**, Zufallsstichprobenverfahren, S. 23 f.

29 Vgl. **v. Wysocki**, Grundlagen, S. 206. **V. Wysocki** argumentiert dort in der äquivalenten Darstellung mit Fehleranteilen. **Vance/Neter** empfehlen, für die Nullhypothese eine wünschenswerte Fehleranzahl zu verwenden, bei deren Vorhandensein das Prüffeld mit hoher Sicherheit nicht verworfen werden soll. Vgl. **Vance/Neter**, Sampling, S. 38 ff, zitiert bei: **v. Wysocki**, Grundlagen, S. 206.

30 Vgl. **v. Wysocki**, Nomogramme, S. 485.

definiert sind.[31] Sie gibt die Wahrscheinlichkeit dafür an, daß in einer Stichprobe vom Umfang n genau m fehlerhafte Elemente auftreten, wenn in der Grundgesamtheit vom Umfang N genau M fehlerhafte Elemente vorhanden sind.[32]

Die entsprechende Verteilungsfunktion, also die Wahrscheinlichkeit, daß in einer Stichprobe vom Umfang n bis zu m fehlerhafte Elemente auftreten, ergibt sich durch Summation der Einzelwahrscheinlichkeiten zu[33]

$$(2.2) \qquad F_H(m|N;n;M) = \begin{cases} 0 & \text{für } m < m_u, \\ \sum\limits_{v=m_u}^{m} \dfrac{\binom{M}{v}\binom{N-M}{n-v}}{\binom{N}{n}} & \text{für } m_u \leq m < m_o, \\ 1 & \text{für } m \geq m_o. \end{cases}$$

Um eine bessere Übersichtlichkeit zu erhalten, wird bei den weiteren Ausführungen unterstellt, daß die Fehleranzahl m in der Stichprobe aus dem Bereich $m_u \leq m < m_o$ stammt, so daß keine weitere Unterscheidung mehr erfolgt. Davon kann im Prüfungswesen, wie im Zusammenhang mit der Formel (2.1) erläutert, durchaus ausgegangen werden.[34]

Es ist der kleinstmögliche Stichprobenumfang n zu bestimmen, für den eine kritische Fehleranzahl c existiert, so daß bei einer Entscheidung auf der Basis eines Vergleichs der in der Stichprobe vorgefundenen Fehleranzahl m mit der kritischen Fehleranzahl c sowohl das Risiko α, als auch das Risiko β nicht überschritten werden. Die Vorgehensweise zur Bestimmung dieses Prüfplans wird im folgenden für beide Risiken getrennt dargestellt.

---

31 Vgl. **Patel/Kapadia/Owen**, Distributions, S. 23; **Johnson/Kotz**, Distributions, S. 143; **Graf u. a.**, Formeln, S. 16; **Bamberg/Baur**, Statistik, S. 102. Die Untergrenze m_u ist deshalb nicht gleich Null zu setzen, weil der Stichprobenumfang ggf. größer als die Anzahl der nicht fehlerhaften Elemente sein kann. Bei den für den Wirtschaftsprüfer relevanten Anwendung kann dieses jedoch i. d. R. vernachlässigt werden, so daß meist $m_u = 0$ gilt. Ebenfalls kann davon ausgegangen werden, daß die Obergrenze m_o bei den relvanten Berechnungen im Prüfungswesen nicht überschritten wird.

32 Vgl. **Bleymüller/Gehlert/Gülicher**, WiSt-Statistik, S. 54.

33 Vgl. **Lamers**, Hypergeometrische Verteilung, S. 59.

34 Das Programm **RSW** deckt dennoch den gesamten Bereich ab. Vor jeder Berechnung findet eine Bestimmung der Werte m_u und m_o statt.

Bei **Gültigkeit der Nullhypothese** beträgt die tatsächliche Fehleranzahl M genau $\mathbf{M_1}$. Die Wahrscheinlichkeit dafür, daß in einer Stichprobe vom Umfang n dann nicht mehr als c fehlerhafte Elemente auftreten, soll mindestens[35] gleich 1-α sein, also

(2.3) $$W(m \leq c \mid N;n;\mathbf{M_1}) \overset{!}{\geq} 1-\alpha.$$

Wegen

(2.4) $$W(m \leq c \mid N;n;\mathbf{M_1}) = F_H(c|N;n;\mathbf{M_1}) = \sum_{v=m_u}^{c} \frac{\binom{\mathbf{M_1}}{v}\binom{N-\mathbf{M_1}}{n-v}}{\binom{N}{n}}$$

muß

(2.5) $$\sum_{v=m_u}^{c} \frac{\binom{\mathbf{M_1}}{v}\binom{N-\mathbf{M_1}}{n-v}}{\binom{N}{n}} \overset{!}{\geq} 1-\alpha$$

gelten.

Dementsprechend darf die Gegenwahrscheinlichkeit, daß bei ordnungsgemäßem Prüffeld dennoch mehr als c fehlerhafte Elemente in der Stichprobe auftreten, höchstens α betragen, also

(2.6) $$1-\sum_{v=m_u}^{c} \frac{\binom{\mathbf{M_1}}{v}\binom{N-\mathbf{M_1}}{n-v}}{\binom{N}{n}} \overset{!}{\leq} \alpha.$$

Treten tatsächlich mehr als **c** fehlerhafte Elemente in der Stichprobe auf, wird die Ordnungsmäßigkeit fälschlicherweise abgelehnt, wobei das Risiko einer Fehlentscheidung eben höchstens α beträgt.

Bei **Gültigkeit der Alternativhypothese** beträgt demgegenüber die tatsächliche Fehleranzahl M genau $\mathbf{M_2}$. Die Wahrscheinlichkeit dafür, daß in einer Stichprobe vom Umfang n dann ebenfalls nicht mehr als c fehlerhafte Elemente auftreten, soll höchstens gleich β sein, also

---

35 Wegen der Ganzzahligkeitsbedingung für die Fehleranzahl c kann i. d. R. die Sicherheit 1-α nicht genau eingehalten werden, so daß die Sicherheit **mindestens** 1-α betragen muß.

(2.7) $$W(m \leq c \mid N;n;\mathbf{M_2}) \overset{!}{\leq} \beta.$$

Wegen

(2.8) $$W(m \leq c \mid N;n;\mathbf{M_2}) = F_H(c|N;n;\mathbf{M_2}) = \sum_{v=m_u}^{c} \frac{\binom{\mathbf{M_2}}{v}\binom{N-\mathbf{M_2}}{n-v}}{\binom{N}{n}}$$

muß

(2.9) $$\sum_{v=m_u}^{c} \frac{\binom{\mathbf{M_2}}{v}\binom{N-\mathbf{M_2}}{n-v}}{\binom{N}{n}} \overset{!}{\leq} \beta$$

gelten.

Bei tatsächlich nicht ordnungsgemäßem Prüffeld ($M = M_2$) beträgt demnach die Wahrscheinlichkeit, daß dennoch nicht mehr als c fehlerhafte Elemente in der Stichprobe auftreten, höchstens β.

Der Stichprobenumfang n und die dazugehörige kritische Fehleranzahl c sind so zu wählen, daß die beiden Bedingungen (2.6) und (2.9) erfüllt sind. Da es jedoch sehr viele Wertepaare (n;c) gibt, die diese Bedingungen erfüllen, ist das Wertepaar zu bestimmen, bei dem n minimal ist. Dadurch können der Aufwand für die Stichprobenziehung und somit auch die Kosten möglichst gering gehalten werden.

Die Bestimmung dieses Wertepaares kann jedoch wegen der zugrundegelegten **Hypergeometrischen Verteilung** selbst bei Kenntnis des Umfangs der Grundgesamtheit N nicht durch einfaches Auflösen nach n bestimmt werden, weshalb die Bestimmung iterativ durch Variation von n und/oder c erfolgen muß.[36] Dieser Lösungsweg ist rechentechnisch sehr aufwendig, so daß die **Anwendung von Hilfmitteln,** i. d. R. **Tabellenwerke** oder **ein Computer mit entsprechender Software**, notwendig ist.

Die Tabellierung ist jedoch relativ schwierig, weil die Hypergeometrische Verteilung von den drei Parametern N, n und M abhängt. Als Folge davon werden meist nur wenige Parameterkombinationen tabelliert, so daß der Anwender oft zu **Interpolationen** ge-

---

36 Vgl. **Gründer**, Zufallsstichprobenverfahren, insbesondere S. 85 ff. Der von **Gründer** vorgeschlagene Lösungsweg wird im Programm **RSW** verwirklicht. Durch geeignete Wahl der Startwerte für die Iteration können die Berechnungszeiten bei Einsatz eines Computers sehr klein gehalten werden.

zwungen wird. Problematisch wird die Anwendung von Tabellenwerken insbesondere dann, wenn der Umfang des Prüffeldes N größer als der höchste tabellierte Umfang ist.[37] In diesem Fall ist die Hypergeometrische Verteilung durch **andere Verteilungen zu approximieren.**

2.2.3 Approximationsmöglichkeiten durch andere Verteilungen

Bei Einhaltung bestimmter Rahmenbedingungen kann die Hypergeometrische Verteilung durch die einfacher zu berechnende **Binomialverteilung** approximiert werden. Die Wahrscheinlichkeitsfunktion der Binomialverteilung hängt von den zwei Parametern Θ und n ab

$$(2.10)\qquad f_B(m|n;\Theta) = \begin{cases} \binom{n}{m} \Theta^m (1-\Theta)^{n-m} & \text{für } 0 \leq m \leq n \\ 0 & \text{sonst,} \end{cases}$$

mit $\Theta = \frac{M}{N}$.

Entsprechend lautet die Verteilungsfunktion

$$(2.11)\qquad F_B(m|n;\Theta) = \sum_{v=0}^{m} \binom{n}{v} \Theta^v (1-\Theta)^{n-v} .$$

Der **Binomialverteilung** liegt das Entnahmemodell "Ziehen mit Zurücklegen" zugrunde, so daß eine Approximation der Hypergeometrischen Verteilung durch die Binomialverteilung nur für große Werte für N, M und N-M und relativ kleine Werte für n

37 Vgl. **Odeh/Owen,** Tables, Table 4, S.146 ff. In diesem Tabellenwerk sind die Umfänge des Prüffeldes von N = 400 bis N = 2000 in Schritten von ΔN = 200, jeweils für $\alpha \in \{0.010, 0.025, 0.050\}$ und $\beta \in \{0.050, 0.100, 0.200\}$ tabelliert. Die tabellierten zulässigen und unzulässigen Fehleranzahlen M_1 und M_2 ergeben sich durch Umformung aus Θ_1 und Θ_2, wobei alle $\Theta_1 \in \{0.005, 0.010, 0.015, 0.020, 0.025, 0.030, 0.035, 0.040, 0.045, 0.050, 0.075, 0.100\}$ und einige Θ_2, mit $\Theta_2 \geq 2 \cdot \Theta_1$ tabelliert worden sind.

zulässig ist.[38] Als Faustregel wird bei **Bleymüller/Gehlert/Gülicher** vorgeschlagen, daß eine Approximation bei einem Auswahlsatz von $f = \frac{n}{N} < 0.05$ zulässig ist.[39]

Sind diese Voraussetzungen erfüllt, so kann die Berechnung des Prüfplans mit Hilfe der Binomialverteilung erheblich leichter durchgeführt werden. Analog zur Erfüllung der Bedingungen (2.6) und (2.9) bei der Verwendung der Hypergeometrischen Verteilung müssen bei der Binomialverteilung zur Bestimmung des kleinstmöglichen Stichprobenumfangs n und der dazugehörenden kritischen Fehleranzahl c die Bedingungen

(2.12) $$1-\sum_{v=0}^{c} \binom{n}{v} \Theta_1{}^{v} (1-\Theta_1)^{n-v} \overset{!}{\leq} \alpha.$$

und

(2.13) $$\sum_{v=0}^{c} \binom{n}{v} \Theta_2{}^{v} (1-\Theta_2)^{n-v} \overset{!}{\leq} \beta,$$

mit $0 < \Theta_1 < \Theta_2 < 1$

sowie $\Theta_1 = \frac{M_1}{N}$ und $\Theta_2 = \frac{M_2}{N}$

erfüllt sein.

Auch wenn die Verwendung der Binomialverteilung bereits eine deutliche Rechenerleichterung bewirkt, ist die Berechnung des Prüfplans weiterhin nicht ohne Hilfsmittel durchführbar. Sofern dazu **Tabellenwerke** eingesetzt werden, ist es als besonders vorteilhaft anzusehen, daß die Binomialverteilung unabhängig vom Umfang des Prüffeldes

---

38 Vgl. **Bleymüller/Gehlert/Gülicher**, WiSt-Statistik, S. 55.

39 Vgl. **ebenda**. Einige Autoren schlagen als Faustregel vor, daß eine Approximation der Hypergeometrischen Verteilung durch die Binomialverteilung bereits bei einem Auswahlsatz von $f < 0.10$ möglich ist. Vgl. **Johnson/Kotz**, Distributions, S. 148; **v. Wysocki**, Nomogramme, S.485; **Hastings/Peacock**, Distributions, S. 79. Insbesondere beim Einsatz im Rahmen einer Annahmestichprobe für die Fehleranzahl bzw. den Fehleranteil im Prüffeld scheint dies jedoch unangebracht, da die Beispielrechnungen im Abschnitt 4.2 zeigen, daß selbst bei einem Auswahlsatz von $f \approx 0.05$ nicht zu vernachlässigende Abweichungen im auf dieser Basis berechneten Prüfplan auftreten. Die Anwendung der Faustregel gilt lt. Darstellung bei **Bleymüller/Gehlert/Gülicher** allerdings für eine einzelne Approximation der Hypergeometrischen Verteilung. Bei der Bestimmung des Prüfplans müssen jedoch simultan zwei Approximationen durchgeführt werden, so daß sich die Abweichungen u. U. ergänzen.

N ist, so daß die Handhabung der Tabellen um ein Vielfaches einfacher ist als bei der Hypergeometrischen Verteilung.

Problematisch ist es, wenn der Umfang der Grundgesamtheit N für die Hypergeometrische Verteilung nicht mehr tabelliert ist, aber gleichzeitig wegen eines relativ hohen Stichprobenumfangs und somit relativ hohen Auswahlsatzes, die Voraussetzung für eine Approximation durch die Binomialverteilung nicht erfüllt ist. Dann kann mit Hilfe von Tabellenwerken keine Prüfplanbestimmung erfolgen. Sinnvoll wäre die Einführung einer Endlichkeitskorrektur, wie sie bei der Schätzstichprobe für die Fehleranzahl bzw. den Fehleranteil eingesetzt wird.[40] Im Rahmen dieser Arbeit wird dies nicht weiter betrachtet werden, da ein anderer Weg zur Vereinfachung der Anwendung dieses Verfahrens beschritten wird.

Beim **Einsatz eines Computer-Programms** bietet die Approximation durch die Binomialverteilung den Vorteil, daß eine kürzere Rechenzeit erreicht werden kann als bei der Berechnung mit der Hypergeometrischen Verteilung. Bei den heutigen schnellen PC kann jedoch die Rechenzeit kaum noch ein Argument für eine Approximation durch die Binomialverteilung sein, da die genauen Ergebnisse auch unter Anwendung der Hypergeometrischen Verteilung in relativ kurzer Rechenzeit zu erzielen sind. Dazu sollten allerdings modifizierte Algorithmen verwendet werden, die die Binomialverteilung dazu nutzen, schnell geeignete Startwerte für die Bestimmung eines Prüfplans mit Hilfe der Hypergeometrischen Verteilung zu berechnen. Anschließend können die exakten Werte wegen der nur geringen Anzahl von Iterationen sehr schnell bestimmt werden. Auf die Besonderheiten, die beim dazu einzusetzenden Algorithmus zu beachten sind, soll hier nicht näher eingegangen werden.[41]

Eine weitere Approximationsmöglichkeit für die Hypergeometrische Verteilung stellt die **Poissonverteilung** dar. Ihre Wahrscheinlichkeitsfunktion

$$(2.14) \qquad f_P(m|\mu) = \begin{cases} \dfrac{\mu^m \, e^{-\mu}}{m!} & \text{für } m = 0, 1, \ldots \\ 0 & \text{sonst,} \end{cases}$$

hängt lediglich von dem einem Parameter μ, mit $\mu = n \cdot \frac{M}{N}$, ab.

40 Vgl. Abschnitt 3.2.3.

41 Eine Beschreibung eines möglichen Lösungsalgorithmus findet sich bei **Gründer**, Zufallsstichprobenverfahren, S. 56 ff.

Entsprechend lautet die Verteilungsfunktion

(2.15) $$F_P(m|\mu) = \sum_{v=0}^{m} \frac{\mu^v e^{-\mu}}{v!} \quad .$$

Für die Approximation der Hypergeometrischen Verteilung durch die Poissonverteilung ist die Einhaltung bestimmter Bedingungen zu beachten. Als solche werden genannt, daß $\Theta = \frac{M}{N}$ sehr klein und N im Vergleich zu n groß ist.[42] **Bleymüller/Gehlert/Gülicher** schlagen als Faustregel vor, daß $\Theta < 0.05$, $n > 10$ und $f < 0.05$ sein sollten.[43]

Analog zur Erfüllung der Bedingungen (2.6) und (2.9) bei der Verwendung der Hypergeometrischen Verteilung sowie (2.12) und (2.13) bei der Verwendung der Binomialverteilung müssen bei der Poissonverteilung zur Bestimmung des Prüfplans die Bedingungen

(2.16) $$1-\sum_{v=0}^{c} \frac{\mu_1{}^v e^{-\mu_1}}{v!} \overset{!}{\leq} \alpha$$

und

(2.17) $$\sum_{v=0}^{c} \frac{\mu_2{}^v e^{-\mu_2}}{v!} \overset{!}{\leq} \beta,$$

mit $0 < \mu_1 < \mu_2 < N$

sowie $\mu_1 = n \cdot \frac{M_1}{N}$ und $\mu_2 = n \cdot \frac{M_2}{N}$

erfüllt sein.

Die Berechnung des Prüfplans mit Hilfe der Poissonverteilung gestaltet sich erheblich einfacher, wenngleich sie weiterhin iterativ erfolgen muß. Die Tabellierung der Werte ist aufgrund der Abhängigkeit von nur noch einem Parameter ebenfalls einfacher. Allerdings müssen für die Anwendung dieser Verteilung zur Approximation mehr Voraussetzungen als bei der Binomialverteilung erfüllt sein. Damit ist der Bereich, in dem eine

---

42 Vgl. **Bleymüller/Gehlert/Gülicher**, WiSt-Statistik, S. 56.

43 Vgl. **ebenda**.

Tabellierung für die Hypergeometrische Verteilung nicht mehr vorliegt, die Approximation jedoch noch nicht zulässig ist, noch größer als bei der Binomialverteilung. Da auch der Poissonverteilung das Entnahmemodell "Ziehen mit Zurücklegen" zugrundeliegt, wäre ebenfalls die Einführung einer Endlichkeitskorrektur zur Verbesserung der Approximationsergebnisse innerhalb dieses Bereichs denkbar. Darauf soll an dieser Stelle nicht eingegangen werden.

Sofern auf ein **Computer-Programm** zurückgegriffen werden kann, gibt es, wie bereits bei der Binomialverteilung, keinen gewichtigen Grund für die Approximation durch die Poissonverteilung, es sei denn, sie wird ebenfalls zur Bestimmung von Startwerten eingesetzt, auf deren Basis dann mit Hilfe der Hypergeometrischen Verteilung die endgültigen Prüfpläne bestimmt werden.

Eine weitere in der Literatur vorgeschlagene Approximation der Hypergeometrischen Verteilung ist die Anwendung der stetigen **Normalverteilung**. Auf eine Darstellung kann indes verzichtet werden, da die für die Approximation notwendigen Voraussetzungen im Prüfungswesen normalerweise nicht erfüllt sind.[44]

Zusammenfassend bleibt festzuhalten, daß die Bestimmung der Prüfpläne in der Praxis ohne die Verwendung von **Tabellensammlungen** oder **Computer-Programmen** wegen der iterativen Bestimmung nahezu ausgeschlossen ist. Die Approximationen der Hypergeometrischen Verteilung durch die Binomialverteilung oder die Poissonverteilung bieten zwar Rechenvereinfachungen, jedoch sind auch weiterhin die Prüfpläne iterativ zu bestimmen, so daß dennoch auf Hilfsmittel nicht verzichtet werden kann.

Bei der Arbeit mit **Tabellensammlungen** werden häufig **Interpolationen** zwischen zwei tabellierten Parameterkombinationen oder **Approximationen** der Hypergeometrischen Verteilung durch eine der beiden dargestellten Verteilungen nötig sein, da aufgrund der Abhängigkeit der Hypergeometrischen Verteilung von den drei Parametern N, M und n meist nur relativ wenige Parameterkombinationen tabelliert sind. Da nicht immer die Vorausetzungen für die Anwendung der Approximationen gegeben sind, könnte die Einführung einer Endlichkeitskorrektur eine Verbesserung der durch Approximation bestimmten Prüfpläne mit sich bringen.

---

44 Eine Beschreibung der Voraussetzungen zur Approximation der Hypergeometrischen Verteilung durch die Normalverteilung findet sich bei **Bleymüller/Gehlert/Gülicher**, WiSt-Statistik, S. 66 und S. 68. **Hömberg** zeigt anschaulich, daß diese Approximation für das Prüfungswesen nur von geringer Bedeutung ist; vgl. **Hömberg**, Einführung, S. 22 f.

Sofern ein **Computer-Programm** verwendet wird, sollte dieses heute in der Lage sein, **generell die exakten Werte** unter Anwendung der **Hypergeometrischen Verteilung** zu bestimmen. Sinnvollerweise sind dann die Binomialverteilung und/oder die Poissonverteilung zur Bestimmung von Startwerten für die Iteration zu verwenden.

2.2.4 Verwendung einer bereits gezogenen Stichprobe für die Urteilsfindung

Liegt eine bereits gezogene Stichprobe vor, kann diese ohne weiteres zur Durchführung einer Annahmestichprobe für die Fehleranzahl bzw. den Fehleranteil im Prüffeld verwendet werden, sofern bei der Stichprobenziehung die Anwendungsvoraussetzungen erfüllt waren. Deren Stichprobenumfang wird aber meist nicht mit dem des Prüfplans übereinstimmen. Sofern der Stichprobenumfang zu **niedrig** ist, können unter Einhaltung der Anwendungsvoraussetzungen weitere Stichprobenelemente nachgezogen werden. Ist der Stichprobenumfang dagegen zu **hoch**, verbietet sich das Zurücklegen von Stichprobenelementen, da ansonsten die Verwendung der Hypergeometrischen Verteilung nicht mehr für dieses so modifizierte Entnahmemodell zur Berechnung verwendet werden kann.[45] Daher ist ein neuer Prüfplan für das vorgegebene n zu bestimmen. Da es allerdings nicht für jeden Stichprobenumfang n einen zugehörigen kritischen Wert c gibt, der zur Einhaltung beider Risiken α und β führt, hat ggf. eine Korrektur des Prüfplans zu erfolgen. Dazu muß der nächst höhere Stichprobenumfang n bestimmt werden, für den eine zulässige kritische Fehleranzahl c existiert.[46] In diesem Fall müssen dann ebenfalls weitere Elemente unter Einhaltung der Anwendungsvoraussetzungen nachgezogen werden.

Auch diese Bestimmung eines Prüfplans für ein vorgegebenes n kann aufgrund der Komplexität der notwendigen Berechnungen **nicht ohne Hilfsmittel** erfolgen. Hierzu kann **keine Tabellensammlung** herangezogen werden, da diese regelmäßig nur den kleinsten Stichprobenumfang angeben, für den ein zulässiger kritischer Wert c existiert. Der Prüfer ist demnach auf die Verwendung eines entsprechenden **Computer-Programms**, wie es z. B. mit **RSW** entwickelt wurde, angewiesen.

---

45 Vgl. **Gründer**, Zufallsstichprobenverfahren, S. 27.

46 Vgl. **ebenda**, S. 70 f.

2.2.5 Ablauf einer Annahmestichprobe für die Fehleranzahl bzw. den Fehleranteil im Prüffeld

Nach der Darstellung der Annahmestichprobe für die Fehleranzahl bzw. den Fehleranteil im Prüffeld soll nun der Ablauf der Prüfung strukturiert werden. Dazu findet eine Einteilung in die drei Phasen

[1] **Prüfungsvorbereitung,**
[2] **Prüfungsdurchführung** und
[3] **Prüfungsauswertung**

statt. Diese Phasen setzen ein, nachdem die Entscheidung für die Durchführung dieser Annahmestichprobe bereits gefallen ist. Es werden nur Handlungen und Entscheidungen berücksichtigt, die in unmittelbarem Zusammenhang zum Verfahren stehen; Personalplanung, Zeitplanung u. ä. sind bewußt ausgeschlossen worden.

Der Phase der **Prüfungsvorbereitung** sind insbesondere
- die Abgrenzung des kritischen Merkmals,
- die Abgrenzung des Prüffeldes,
- die Überprüfung der Anwendungsvoraussetzungen,
- die Festlegung der Fehleranzahlen M_1 und M_2 sowie der Risiken α und β
- und letztlich die Bestimmung des Prüfplans

zuzurechnen.

Zur Phase der **Prüfungsdurchführung** gehören die Ziehung der Stichprobenelemente und deren Erfassung sowie die Überpüfung der Elemente im Hinblick auf das kritische Merkmal. Dabei muß die Anzahl der fehlerhaften Elemente m festgestellt werden.

Die Phase der **Prüfungsauswertung** umfaßt die Entscheidung über die Ordnungsmäßigkeit des Prüffeldes, d. h. die eigentliche Urteilsfindung. Die Entscheidungsregel ist bereits bei der Prüfplanbestimmung ermittelt worden und steht somit fest. Treten in der Stichprobe nicht mehr als c fehlerhafte Elemente auf, ist das Prüffeld mit einer Sicherheit von mindestens $1-\beta$ als ordnungsmäßig anzusehen, weil mit eben dieser Sicherheit die tatsächliche Fehleranzahl M im Prüffeld kleiner als M_2 ist. Treten jedoch mehr als c fehlerhafte Elemente auf, ist mit einer Sicherheit von mindestens $1-\alpha$ die Ordnungsmäßigkeit des Prüffeldes abzulehnen, weil mit dieser Wahrscheinlichkeit die tatsächliche Fehleranzahl M im Prüffeld mehr als M_1 beträgt.

Der Ablauf der Annahmestichprobe für die Fehleranzahl im Prüffeld und deren Einteilung in die drei Phasen kann der Abb. 2.1 entnommen werden.

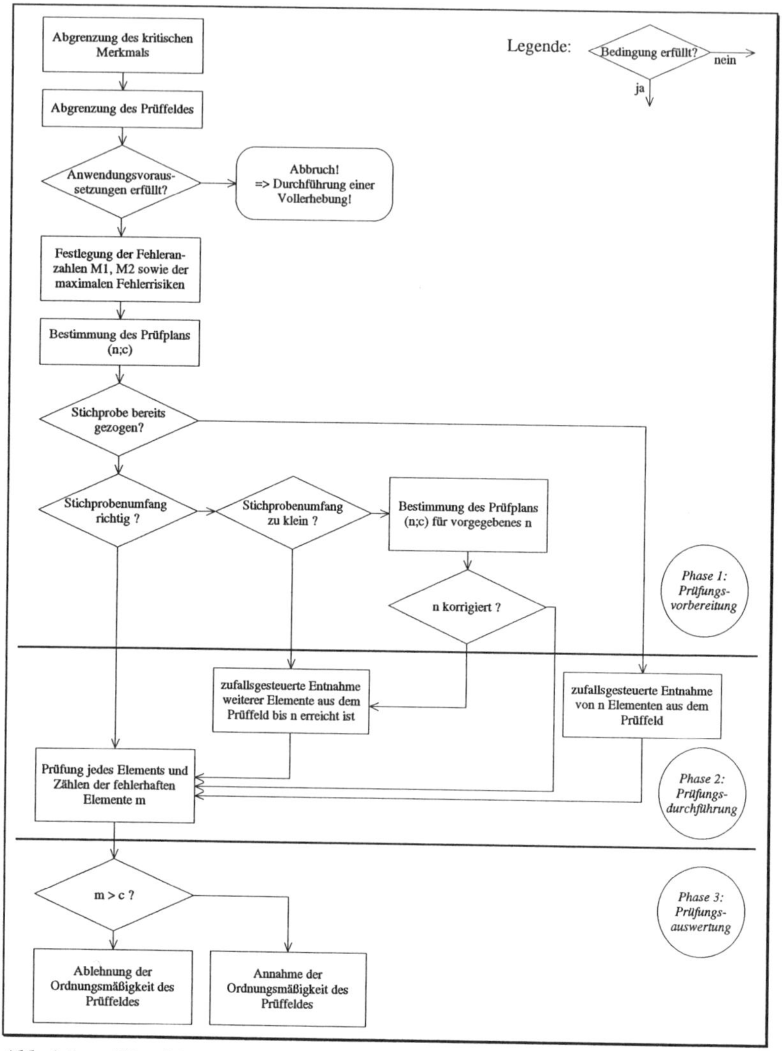

Abb. 2.1: Ablaufplan einer Annahmestichprobe für die Fehleranzahl bzw. den Fehleranteil im Prüffeld

2.3 Annahmestichprobe für den Gesamtwert des Prüffeldes

2.3.1 Anwendungsvoraussetzungen

Wie bereits bei der Annahmestichprobe für die Fehleranzahl bzw. den Fehleranteil im Prüffeld müssen auch bei der Annahmestichprobe für den Gesamtwert des Prüffeldes bestimmte, z. T. gleiche Anwendungsvoraussetzungen erfüllt sein, die sich auf die Grundgesamtheit und die Stichprobenziehung beziehen:

[1] Der **Zugriff** muß auf **jedes Element** des Prüffeldes möglich sein, d. h. alle Elemente des Prüffeldes müssen eine "**berechenbare, von Null verschiedene Wahrscheinlichkeit** besitzen, in die Stichprobe zu gelangen".[47]

[2] Die Auswahl der Stichprobenelemente muß so erfolgen, daß eine **Zufallsstichprobe** entsteht.[48] Damit dies gewährleistet ist, sollte auf die in **RSW** integrierte Stichprobenziehung oder auf **Zufallszahlentafeln** bzw. **Zufallszahlengeneratoren** zurückgegriffen werden.

[3] Der Stichprobenziehung ist das Entnahmemodell "**Ziehen ohne Zurücklegen**" zugrunde zu legen. Zudem muß als Ergänzung zur Bedingung [1] gewährleistet sein, daß jedes Element nicht nur eine berechenbare Wahrscheinlichkeit besitzt, in die Stichprobe zu gelangen, sondern wegen des unterstellten Modells muß **jedes noch nicht gezogene Element** die **gleiche Auswahlwahrscheinlichkeit** besitzen.

[4] Da den Berechnungen die **Normalverteilung** zugrunde gelegt wird, sollte die Grundgesamtheit der Positionswerte[49] normalverteilt sein. Weil davon jedoch i. d. R. nicht ausgegangen werden kann, muß der **Stichprobenumfang genügend groß** sein, damit nach dem **Zentralen Grenzwertsatz**[50] auch bei **beliebiger Verteilung der Positionswerte** der Grundgesamtheit die **Normalverteilung** verwendet werden darf. In folgenden Fällen ist aber weiterhin von der Durchführung dieser Annahmestichprobe unter Zugrundelegung der Normalverteilung **abzuraten**:
   1. Der **Stichprobenumfang liegt unter 30** (dies ist nach der Berechnung des Prüfplans zu kontrollieren).
   2. Die Werte der Positionen im Prüffeld sind recht **inhomogen**.
   3. Das Prüffeld enthält "**Ausreißer**".

---

47 **IDW**, HFA 1/1988, S. 242.

48 Vgl. **ebenda**.

49 Eigentlich muß die Grundgesamtheit der Wahren Werte normalverteilt sein. Da diese jedoch unbekannt sind, kann eine Überprüfung nur mit Hilfe der Buchwerte erfolgen. Deshalb wird hier der allgemeinere Begriff "Positionswerte" verwendet.

50 Vgl. **Bamberg/Baur**, Statistik, S. 130 f.

[5] Weiterhin ist zu beachten, daß sich die Ordnungsmäßigkeitsprüfung mit einer Annahmestichprobe grundsätzlich nur zur Untersuchung der **Positionswerte** selbst, **nicht** aber zur Untersuchung der **Fehlerwerte** (Abweichung der Buchwerte von den Wahren Werten) eignet.

Auch hier müssen alle Bedingungen erfüllt sein, da sonst keine Urteilsbildung auf der Basis einer Stichprobe unter Einhaltung der Sicherheitsanforderungen erfolgen kann. Eine gesicherte Urteilsbildung ist dann wiederum nur mit Hilfe einer **Vollerhebung** möglich.

2.3.2 Darstellung des Verfahrens

Wie bereits gezeigt, lauten die quantifizierten Hypothesen einer Annahmestichprobe für den Gesamtwert des Prüffeldes[51]

$$\mathbf{H_0}: \quad \mathbf{Y = X}$$

und

$$\mathbf{H_A}: \quad \mathbf{Y = X \pm D},$$

wobei **Y** den **Gesamtwert des Prüffeldes**, **X** den **Gesamtbuchwert des Prüffeldes** und **D** den **kritischen Abweichungsbetrag** darstellen.

Bei Gültigkeit der Nullhypothese ist das Prüffeld ordnungsmäßig, bei Gültigkeit der Alternativhypothese ist es dagegen nicht ordnungsmäßig. Das Risiko des Geprüften wird durch den Wert α und das Risiko des Prüfers durch den Wert β festgelegt.

Aufgabe ist nun, einen **Prüfplan** zu bestimmen, der den kleinstmöglichen Stichprobenumfang vorgibt, auf dessen Basis unter Einhaltung der beiden Risiken α und β über die Ordnungsmäßigkeit entschieden werden kann. Dieser Prüfplan hat außerdem eine klare Handlungsanweisung zu enthalten, wie aufgrund der vorgefundenen Wahren Werte in der Stichprobe über die Ordnungsmäßigkeit des Prüffeldes zu entscheiden ist. Dazu werden zwei kritische Werte Y_{cu} und Y_{co} berechnet, mit denen der auf Basis der Stichprobe ermittelte Punktschätzwert für den Gesamtwert des Prüffeldes verglichen werden muß.

---

51 Vgl. Abschnitt 2.1.

Zur Bestimmung des Punktschätzwertes für den Gesamtwert des Prüffeldes $\hat{Y}$ wird zunächst der Mittelwert der Wahren Werte der Stichprobenelemente $\bar{y}$ als Punktschätzwert für den durchschnittlichen Wahren Wert $\hat{\mu}_y$ berechnet[52]

$$(2.18) \qquad \hat{\mu}_y = \bar{y} = \sum_{i=1}^{n} y_i \,.$$

Um den Punktschätzwert für den Gesamtwert des Prüffeldes zu erhalten, wird dieser anschließend mit dem Umfang der Grundgesamtheit multipliziert

$$(2.19) \qquad \hat{Y} = N \cdot \hat{\mu}_y \,.$$

Liegt der Punktschätzwert zwischen den beiden kritischen Werten ($Y_{cu} < \hat{Y} < Y_{co}$), kann mit einer Sicherheit von 1-β das Prüffeld als ordnungsgemäß angesehen werden, weil bei Gültigkeit der Alternativhypothese nur in 100$\cdot\beta$ % der Fälle der Schätzwert innerhalb dieser Grenzen liegen wird.[53] Liegt der Punktschätzwert dagegen außerhalb dieser Grenzen, so kann mit einer Sicherheit von 1-α das Prüffeld als nicht ordnungsgemäß angesehen werden, weil bei Gültigkeit der Nullhypothese dieses nur in 100$\cdot\alpha$ % der Fälle eintreten wird.[54]

Zur **Bestimmung der kritischen Werte Y_{cu} und Y_{co}** werden folgende Überlegungen angestellt:
Der Punktschätzwert für den Gesamtwert des Prüffeldes $\hat{Y}$ wird als Zufallsvariable aufgefaßt, die mit der Varianz von $\sigma^2_{(\hat{Y})}$ bei Gültigkeit der Nullhypothese um Y bzw. bei Gültigkeit der Alternativhypothese um Y $\pm$ D schwankt. Es wird dabei unterstellt, daß die Stichprobenmittelwerte $\bar{Y}$ und damit auch die Punktschätzwerte für den Gesamtwert des Prüffeldes $\hat{Y}$ **normalverteilt** sind; diese Annahme ist zulässig, wenn die im vorigen Abschnitt beschriebenen Anwendungsvoraussetzungen erfüllt sind. Deshalb kann zur Berechnung der kritischen Werte Y_{cu} und Y_{co} bei Einhaltung eben dieser Anwendungsvoraussetzungen die stetige **Normalverteilung** herangezogen werden. Diese besitzt die Dichtefunktion[55]

---

52 Der Schätzwert für den durchschnittlichen Wahren Wert wird somit nach der Schätzfunktion der Freien Hochrechnung bestimmt: $\hat{\mu}_{YF} = \bar{y}$; vgl. Abschnitt 3.2.

53 Vgl. **Hömberg**, Einführung, S. 36.

54 Vgl. **ebenda**.

55 Vgl. **Bleymüller/Gehlert/Gülicher**, WiSt-Statistik, S. 60.

(2.20) $$f_n(y|\mu;\sigma^2) = \frac{1}{\sigma\sqrt{2\pi}} e^{-\frac{1}{2}\left(\frac{y-\mu}{\sigma}\right)^2} \quad \text{für } -\infty < y < +\infty,\ \sigma > 0.$$

Die dazugehörende Verteilungsfunktion ergibt sich durch Integration zu

(2.21) $$F_n(y|\mu;\sigma^2) = \int_{-\infty}^{y} \frac{1}{\sigma\sqrt{2\pi}} e^{-\frac{1}{2}\left(\frac{v-\mu}{\sigma}\right)^2} dv \quad \text{für } -\infty < y < +\infty,\ \sigma > 0.$$

Verwendung findet i. d. R. jedoch die **Standardnormalverteilung** mit der Dichtefunktion[56]

(2.22) $$f_N(z) = \frac{1}{\sqrt{2\pi}} e^{-\frac{1}{2}z^2} \quad \text{für } -\infty < z < +\infty$$

und der dazugehörenden Verteilungsfunktion

(2.23) $$F_N(z) = \int_{-\infty}^{z} \frac{1}{\sqrt{2\pi}} e^{-\frac{1}{2}v^2} dv \quad \text{für } -\infty < z < +\infty.$$

Die Standardnormalverteilung entspricht der Normalverteilung mit den normierten Werten $\mu = 0$ und $\sigma = 1$; d. h. es gilt $f_N(z) = f_n(y|0;1)$, wobei sich die Werte für z aus den Werten y und σ durch die Transformation[57]

(2.24) $$z = \frac{y-\mu}{\sigma}$$

ergeben.

Die kritischen Werte Y_{cu} und Y_{co} werden nun so bestimmt, daß bei Gültigkeit der Alternativhypothese ($Y = X - D$ bzw. $Y = X + D$) in nur $100 \cdot \beta$ % der Fälle der Punkt-

---

56 Vgl. **Bleymüller/Gehlert/Gülicher**, WiSt-Statistik, S. 61.

57 Vgl. **ebenda**.

schätzwert zwischen diesen kritischen Werten liegen wird, gleichzeitig aber bei Gültigkeit der Nullhypothese ($Y = X$) der Punktschätzwert in nur $100 \cdot (1-\alpha)$ % der Fälle außerhalb dieses Bereichs liegen wird.[58] Die Herleitung sei wegen der Symmetrie lediglich für den oberen kritischen Wert Y_{CO} gezeigt.

Zur Bestimmung des Risikos β einer Fehlentscheidung bei Gültigkeit der Alternativhypothese muß der Wert der Verteilungsfunktion für Y_{CO} bestimmt werden. Da jedoch i. d. R. nur die Standardnormalverteilung in tabellierter Form vorliegt, muß der zugehörige z-Wert für die Standardnormalverteilung bestimmt werden, hier z_β. Dazu wird in der Gleichung (2.24) y durch Y_{CO}, μ durch den bei Gültigkeit der Alternativhypothese richtigen Wert $X + D$ und σ durch die Standardabweichung der Punktschätzwerte für den Gesamtwert des Prüffeldes $\sigma_{(\hat{Y})}$ ersetzt, so daß sich

(2.25) $$z_\beta = \frac{Y_{CO} - (X + D)}{\sigma_{(\hat{Y})}}$$

oder - aufgelöst nach Y_{CO} -

(2.26) $$Y_{CO} = (X + D) + z_\beta \cdot \sigma_{(\hat{Y})}$$

ergibt.

Die Wahrscheinlichkeit des Eintretens eines Fehlers 2. Art wird bei der Bestimmung des Prüfplans vorgegeben, so daß der entsprechende Wert z_β direkt aus der Tabelle entnommen werden kann. Bei der Bestimmung des oberen kritischen Wertes ist z_β negativ. Aus der Vorgabe der Alternativhypothese ist weiterhin der Wert $X + D$ bekannt, so daß zur Bestimmung von Y_{CO} lediglich noch die Standardabweichung $\sigma_{(\hat{Y})}$ zu ermitteln ist.

Das Vorgehen erfolgt analog für die Begrenzung des Risikos eines Fehlers 1. Art. Bei Gültigkeit der Nullhypothese ist jedoch zu berücksichtigen, daß die Abweichungen zu beiden Seiten auftreten können, so daß für den oberen kritischen Wert

(2.27) $$z_{(1-0.5 \cdot \alpha)} = \frac{Y_{CO} - X}{\sigma_{(\hat{Y})}}$$

anzusetzen ist; die Auflösung nach Y_{CO} ergibt

---

58 Vgl. **Hömberg**, Einführung, S. 37 ff.

(2.28) $$Y_{co} = (X) + z_{(1-0.5\cdot\alpha)} \cdot \sigma_{(\hat{Y})}.$$

Da die Gleichungen (2.26) und (2.28) gleichzeitig erfüllt sein müssen, können sie gleichgesetzt werden

(2.29) $$Y_{co} = (X + D) + z_{\beta}\, \sigma_{(\hat{Y})} = (X) + z_{(1-0.5\cdot\alpha)} \cdot \sigma_{(\hat{Y})} \quad .$$

In dieser Gleichung sind alle Größen außer $\sigma_{(\hat{Y})}$ bekannt. Wird die Gleichung nach $\sigma_{(\hat{Y})}$ aufgelöst, ergibt sich

(2.30) $$\sigma_{(\hat{Y})} = \frac{(X + D) - X}{z_{(1-0.5\cdot\alpha)} - z_{\beta}} = \frac{D}{z_{(1-0.5\cdot\alpha)} - z_{\beta}} = \sigma^{*}_{(\hat{Y})} \quad .$$

Nimmt $\sigma_{(\hat{Y})}$ genau diesen Wert $\sigma^{*}_{(\hat{Y})}$ an, der in der Literatur als hinreichende oder auch notwendige Genauigkeit bezeichnet wird,[59] werden die beiden Risiken α und β eingehalten. Der kritische Wert Y_{co} kann dann durch Einsetzen in die Gleichung (2.26) einfach bestimmt werden. Analog dazu läßt sich auch der kritische Wert Y_{cu} berechnen.

Damit sind die beiden kritischen Werte bestimmt. Es ist lediglich noch der **Stichprobenumfang n zu bestimmen**, der zur Einhaltung der notwendigen Genauigkeit ausreicht.

Die Standardabweichung der Punktschätzwerte für den Gesamtwert $\sigma_{(\hat{Y})}$ wird unter Verwendung der Standardabweichung der Stichprobenmittelwerte der Wahren Werte $\sigma_{(\bar{y})}$ berechnet zu

(2.31) $$\sigma_{(\hat{Y})} = N \cdot \sigma_{(\bar{y})}.$$

Für die Varianz gilt entsprechend

(2.32) $$\sigma^2_{(\hat{Y})} = N^2 \cdot \sigma^2_{(\bar{y})}.$$

Im Modellfall "Ziehen ohne Zurücklegen" ist die Varianz der Stichprobenmittelwerte der Wahren Werte definiert als[60]

---

59 Vgl. **Hömberg**, Einführung, S. 41; **Gründer**, Zufallsstichprobenverfahren, S. 39.

60 Vgl. **Hömberg**, Einführung, S. 38.

(2.33) $$\sigma^2_{(\bar{y})} = \frac{\sigma^2_Y}{n} \frac{N-n}{N-1},$$

wobei σ^2_Y die Varianz der Wahren Werte des Prüffeldes ist. Diese ist i. d. R. unbekannt, so daß sie geschätzt werden muß.[61] Erfolgen kann diese Schätzung

[1] durch **Erfahrungswerte,**
[2] durch die **Stichprobenvarianz der Wahren Werte einer Vorstichprobe s^2_Y** oder
[3] durch die **Varianz der Buchwerte des Prüffeldes σ^2_X,**

wobei meist die Schätzung durch die Stichprobenvarianz der Wahren Werte einer Vorstichprobe vorgenommen wird.[62] Die Eignung dieser drei Schätzansätze wird später aufgegriffen.

Durch Einsetzen von $\sigma^2_{(\bar{y})}$ aus Gleichung (2.33) in Gleichung (2.32) ergibt sich

(2.34) $$\sigma^2_{(\hat{Y})} = N^2 \frac{\sigma^2_Y}{n} \frac{N-n}{N-1} .$$

Es wird deutlich, daß bei gegebenem Umfang des Prüffeldes N und gegebener Varianz der Wahren Werte im Prüffeld σ^2_Y nur durch Veränderung des Stichprobenumfangs n auf die Höhe der Varianz des geschätzten Gesamtwertes des Prüffeldes Einfluß genommen werden kann. Um die Auflösung der Gleichung (2.34) nach n zu erleichtern, kann unter der Bedingung, daß N genügend groß ist, $\frac{N}{N-1} = 1$ gesetzt werden. Der notwendige Stichprobenumfang läßt sich dann wie folgt bestimmen: [63]

$$\sigma^2_{(\hat{Y})} = N \frac{\sigma^2_Y}{n} (N-n)$$

61 Diese Varianz kann lediglich bei einer Vollerhebung ermittelt werden, wobei dann diese Berechnungen für eine Stichprobenuntersuchung überflüssig sind.

62 Auch im Programm **RSW** wird von der Verwendung der Stichprobenvarianz der Wahren Werte einer Vorstichprobe ausgegangen, da diese Größe mit Hilfe des Programms bei Vorliegen einer Stichprobendatei berechnet werden kann. Deshalb wird in der Eingabemaske nach der Varianz der Stichprobe gefragt. Sollte diese nicht vorliegen, so kann die Schätzung mit einer der beiden anderen Möglichkeiten vorgenommen werden, wobei die Varianz der Buchwerte des Prüffeldes ggf. auch vom Programm berechnet werden kann.

63 Vgl. **Hömberg,** Einführung, S. 42.

$$\Leftrightarrow \qquad \sigma^2_{(\hat{Y})} = N^2 \frac{\sigma^2_Y}{n} - N\,\sigma^2_Y$$

$$\Leftrightarrow \qquad \sigma^2_{(\hat{Y})} + N\,\sigma^2_Y = N^2 \frac{\sigma^2_Y}{n}$$

$$\Leftrightarrow \qquad n\,(\sigma^2_{(\hat{Y})} + N\,\sigma^2_Y) = N^2\,\sigma^2_Y$$

$$\Leftrightarrow \qquad n = \frac{N^2\,\sigma^2_Y}{\sigma^2_{(\hat{Y})} + N\,\sigma^2_Y}$$

Unter Berücksichtigung, daß n ganzzahlig sein muß und die Varianz der Schätzwerte nach Gleichung (2.34) mit steigendem n sinkt, ergibt sich der notwendige Stichprobenumfang durch Einsetzen der hinreichenden Genauigkeit aus Gleichung (2.30) zu

$$(2.35) \qquad n \geq \frac{N^2\,\sigma^2_Y}{\left(\frac{D}{z_{(1-0.5\cdot\alpha)} - z_\beta}\right)^2 + N\,\sigma^2_Y} \; .$$

Damit ist der benötigte Stichprobenumfang bestimmt. Wird die Stichprobe unter Einhaltung der oben beschriebenen Anwendungsvoraussetzungen gezogen, kann im Anschluß mit Hilfe der Formeln (2.18) und (2.19) der Punktschätzwert für den Gesamtwert des Prüffeldes berechnet werden. Liegt dieser zwischen den im Prüfplan ausgewiesenen kritischen Werten Y_{cu} und Y_{co}, wird das Prüffeld mit einer Sicherheit von 1-β als ordnungsgemäß angenommen; liegt der Punktschätzwert nicht zwischen diesen Werten, wird die Ordnungsmäßigkeit mit einer Sicherheit von 1-α abgelehnt.

2.3.3 Verwendung einer bereits gezogenen Stichprobe für die Urteilsfindung

Wenn eine bereits gezogene Stichprobe vorliegt, kann diese, wie schon bei der Annahmestichprobe für die Fehleranzahl bzw. den Fehleranteil im Prüffeld dargestellt, zur Auswertung verwendet werden, sofern die Anwendungsvoraussetzungen bei der Ziehung der Stichprobenelemente erfüllt waren. Ist der verwendete Stichprobenumfang zu niedrig, sind unter Einhaltung der Anwendungsvoraussetzungen weitere Elemente nachzuziehen, bis der Stichprobenumfang n des berechneten Prüfplans erreicht ist. Ist dagegen der verwendete Stichprobenumfang zu hoch, kann diese Stichprobe ohne erneute Prüfplanbestimmung zur Auswertung herangezogen werden, da - anders als bei der Annahmestichprobe für die Fehleranzahl bzw. den Fehleranteil im Prüffeld - eine Erhöhung des Stichprobenumfangs n zur gleichzeitigen Senkung beider Risiken α und β führt.[64]

Dies kann anhand der Gleichungen (2.26) und (2.28) nachvollzogen werden. Wird der obere kritische Wert Y_{CO} beibehalten, während die Varianz der Schätzwerte für den Gesamtwert durch den steigenden Stichprobenumfang sinkt,[65] müssen zur Aufrechterhaltung der Gleichungen (2.26) und (2.28) die Werte z_β und $z_{(1-0.5\cdot\alpha)}$ steigen. Steigende z-Werte bedingen nach Gleichung (2.23) gleichzeitig ein Ansteigen der Sicherheiten $1-0.5\cdot\alpha$ bzw. $1-\beta$.[66] Damit sinken die Risiken des Geprüften α und des Prüfers β.

2.3.4 Ablauf einer Annahmestichprobe für den Gesamtwert des Prüffeldes

Wie bereits bei der Annahmestichprobe für die Fehleranzahl bzw. den Fehleranteil im Prüffeld, soll auch hier der Ablauf der Prüfung durch eine Einteilung in die drei Phasen
[1] **Prüfungsvorbereitung**,
[2] **Prüfungsdurchführung** und
[3] **Prüfungsauswertung**
strukturiert werden.

Zur Phase der **Prüfungsvorbereitung** gehören
- die Abgrenzung des Prüffeldes,
- die Überprüfung der Anwendungsvoraussetzungen,
- die Ermittlung des Gesamtbuchwertes des Prüffeldes X,
- die Festlegung des kritischen Abweichungsbetrages D sowie der Risiken α und β,
- die Schätzung der Varianz der Wahren Werte des Prüffeldes σ_Y^2 und
- die Berechnung des Prüfplans.

---

64 Bei der Annahmestichprobe für die Fehleranzahl bzw. den Fehleranteil im Prüffeld ist zudem zu beachten, daß nicht für jedes n ein gültiges c existiert, das zur Einhaltung der Risiken α und β führt.

65 Vgl. Gleichung (3.34).

66 Vgl. **Bleymüller/Gehlert**, WiSt-Tabellen, Tabelle 12, Standardnormalverteilung - Verteilungsfunktion S.128 ff.

In der Phase der **Prüfungsdurchführung** erfolgt die Ziehung der Stichprobenelemente sowie deren Erfassung. Weiterhin wird in dieser Phase der Punktschätzwert für den Gesamtwert des Prüffeldes $\hat{Y}$ berechnet.

Die Phase der **Prüfungsauswertung** besteht aus der Entscheidung über die Ordnungsmäßigkeit, also der Urteilsfindung. Dazu wird der Punktschätzwert $\hat{Y}$ mit den kritischen Werten Y_{CU} und Y_{CO} verglichen. Liegt er zwischen den kritischen Werten, so wird mit einer Sicherheit von $1-\beta$ die Ordnungsmäßigkeit des Prüffeldes angenommen, weil bei Gültigkeit der Alternativhypothese nur in $100 \cdot \beta$ % der Fälle der Punktschätzwert $\hat{Y}$ zwischen den kritischen Werten liegen wird. Anderenfalls wird die Ordnungsmäßigkeit abgelehnt, weil bei Gültigkeit der Nullhypothese nur in $100 \cdot \alpha$ % der Fälle der Punktschätzwert $\hat{Y}$ außerhalb der kritischen Werte liegen wird.

Der Ablauf einer Annahmestichprobe für den Gesamtwert des Prüffeldes und die Einteilung in die drei Phasen kann als Kurzübersicht dem Ablaufplan in Abb. 2.2 entnommen werden. Jedoch sei bereits darauf hingewiesen, daß nach der Beschreibung der Problematik der Varianzenschätzung im folgenden Abschnitt eine Modifikation des Ablaufplans erfolgen wird.

2.3.5 Möglichkeiten und Eignung alternativer Varianzenschätzungen

Wie gezeigt, wird zur Berechnung des Prüfplans die Varianz der Wahren Werte des Prüffeldes σ_Y^2 benötigt. Da diese nur durch eine Vollerhebung ermittelt werden kann, nach der die Annahmesstichprobe hinfällig wird, muß sie geschätzt werden. Dazu werden in der Literatur drei Ansätze vorgeschlagen:

[1] die Verwendung eines **Erfahrungswertes**,

[2] die Verwendung der **Stichprobenvarianz der Wahren Werte einer Vorstichprobe s_Y^2** oder

[3] die Verwendung der **Varianz der Buchwerte des Prüffeldes σ_X^2**.

Die Verwendung eines **Erfahrungswertes**, die z. B. von **Schulte**[67] vorgeschlagen wird, scheint dabei die ungeeignetste Methode zu sein.[68] Denn in diesem Fall wird implizit unterstellt, daß die Varianz im Zeitablauf konstant ist. Sollte dennoch ein Er-

---

67 Vgl. **Schulte**, Quantitative Methoden, S. 158.

68 Vgl. **Eichler**, Sequentialtest, S. 18 ff; **Gründer**, Zufallsstichprobenverfahren, S. 51.

fahrungswert zur Schätzung der Varianz verwendet werden, so ist eine Überprüfung des Schätzwertes anhand der Stichprobe dringend notwendig. Ist die Stichprobenvarianz der Wahren Werte höher, sollte unbedingt eine Neubestimmung des Prüfplans erfolgen, damit die Risiken des Prüfers und des Geprüften eingehalten werden.

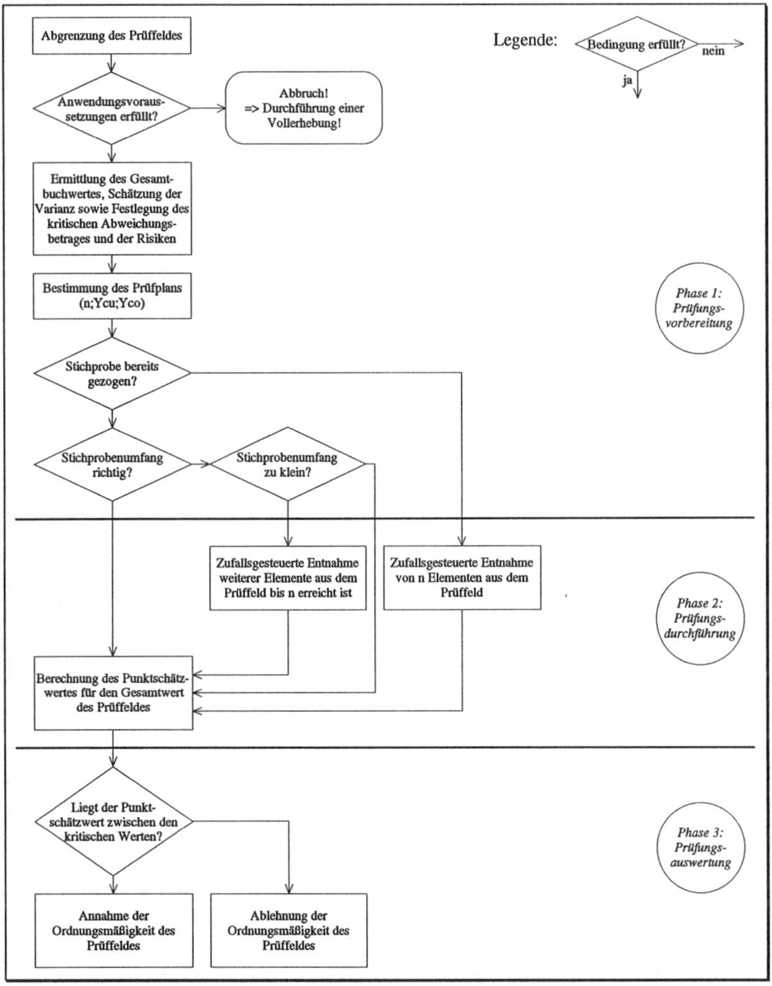

Abb. 2.2: Ablaufplan einer Annahmestichprobe für den Gesamtwert des Prüffeldes

Demgegenüber wird die Verwendung der **Stichprobenvarianz der Wahren Werte einer Vorstichprobe s_Y^2** als Schätzwert für die Varianz der Wahren Werte des Prüffeldes in der Literatur am häufigsten empfohlen.[69] Eine Vorstichprobe kann auch als Basis für die zur Entscheidungsfindung verwendete Stichprobe benutzt werden, so daß ggf. lediglich die noch fehlenden Stichprobenelemente unter Einhaltung der Anwendungsvoraussetzungen nachgezogen werden müssen. Dies ist auch der Grund, warum in der Eingabemaske des Programms **RSW** nach der Stichprobenvarianz der Wahren Werte s_Y^2 gefragt wird und diese, sofern eine Stichprobendatei mit **RSW** ausgewertet wurde, entsprechend vorbelegt wird.

Nachteilig ist die Verwendung einer Vorstichprobe nur dann, wenn der anschließend berechnete Prüfplan einen Stichprobenumfang ausweist, der geringer als der Umfang der Vorstichprobe ist. Dies führt zwar zu einem Absinken der Risiken α und β, jedoch hätte ein geringerer Aufwand bereits zur Entscheidungsfindung ausgereicht. Daher ist zu empfehlen, als Vorstichprobe möglichst eine bereits vorliegende Stichprobe zu verwenden, die z. B. im Rahmen einer Annahmestichprobe für die Fehleranzahl bzw. den Fehleranteil im Prüffeld oder im Rahmen einer Schätzstichprobe verwendet wurde. Liegt keine gezogene Stichprobe vor, ist dagegen die Ziehung einer Vorstichprobe mit einem Umfang von etwas mehr als 30 zu empfehlen. Dieser Stichprobenumfang muß laut Anwendungsvoraussetzungen ohnehin eingehalten werden, damit von einer Normalverteilung der Stichprobenmittelwerte ausgegangen werden kann.[70]

Wenn die Stichprobenvarianz der Wahren Werte der Vorstichprobe jedoch geringer als die Varianz der Wahren Werte des Prüffeldes ist, wird der Stichprobenumfang zu klein bestimmt. Empfehlenswert ist deshalb eine Überprüfung des Schätzwertes anhand der endgültig gezogenen Stichprobe. Ist die Stichprobenvarianz der Wahren Werte deutlich größer als der Schätzwert, sollte zur Einhaltung der Risiken der Prüfplan neu bestimmt werden.

Wenig behandelt wurde in der Literatur bisher die Schätzung der Varianz durch die **Varianz der Grundgesamtheit der Buchwerte σ_X^2**. Sie ist m. E. auch deshalb etwas

---

69 Vgl. **Hömberg**, Einführung, S. 42; **Sperl**, Prüfungsplanung, S. 171; **Schulte**, Quantitative Verfahren, S. 158.

70 Allgemein gilt, daß wenn die Grundgesamtheit nicht normalverteilt ist, die Normalverteilung nach dem Zentralen Grenzwertsatz erst bei Stichprobenumfängen ab n=30 angewendet werden darf; ansonsten ist die Studentverteilung zugrunde zu legen. Dieser Zusammenhang wird im Abschnitt 3.3 bei der Beschreibung der Schätzstichprobe für den Gesamtwert des Prüffeldes näher erläutert. Die dort gemachten Ausführungen über die Anwendung der Student- bzw. Normalverteilung gelten analog für die Annahmestichprobe für den Gesamtwert des Prüffeldes. Auf eine Implementierung der Studentverteilung in das Programm **RSW** bei der Annahmestichprobe für den Gesamtwert des Prüffeldes wurde aufgrund der fehlenden Relevanz für die Praxis verzichtet.

vernachlässigt worden, weil sie die **rechentechnisch aufwendigste Methode** zur Schätzung der Varianz darstellt. Dieses Argument kann in der heutigen Zeit jedoch nicht mehr als Grund für die Nichtanwendung dieser Schätzmethode angesehen werden, da sich der Wert von einem Computer-Programm sehr schnell berechnen läßt, sofern auf die Buchwerte als Datei zugegriffen werden kann.[71] **Eichler** weist darauf hin, daß die Varianz der Buchwerte zumindest bei Vorliegen einer ordnungsgemäßen Buchführung eine besonders gute Schätzung abgeben wird.[72] Da bei der Buchprüfung i. d. R. wenige fehlerhafte Elemente im Prüffeld auftreten, dürfte der Verwendung der Varianz nichts im Wege stehen. Auf jeden Fall sollte aber auch bei Anwendung dieses Schätzwertes eine Überprüfung anhand der Stichprobe stattfinden, damit bei Bedarf eine neue Prüfplanbestimmung erfolgen kann.

Der um diese Kontrolle modifizierte Prüfungsablauf ist in Abb. 2.3 dargestellt.

---

71 Mit dem Programm **RSW** kann nach dem Import einer Buchwertdatei die Varianz der Buchwerte berechnet werden.

72 Vgl. **Eichler**, Sequentialtest, S. 20.

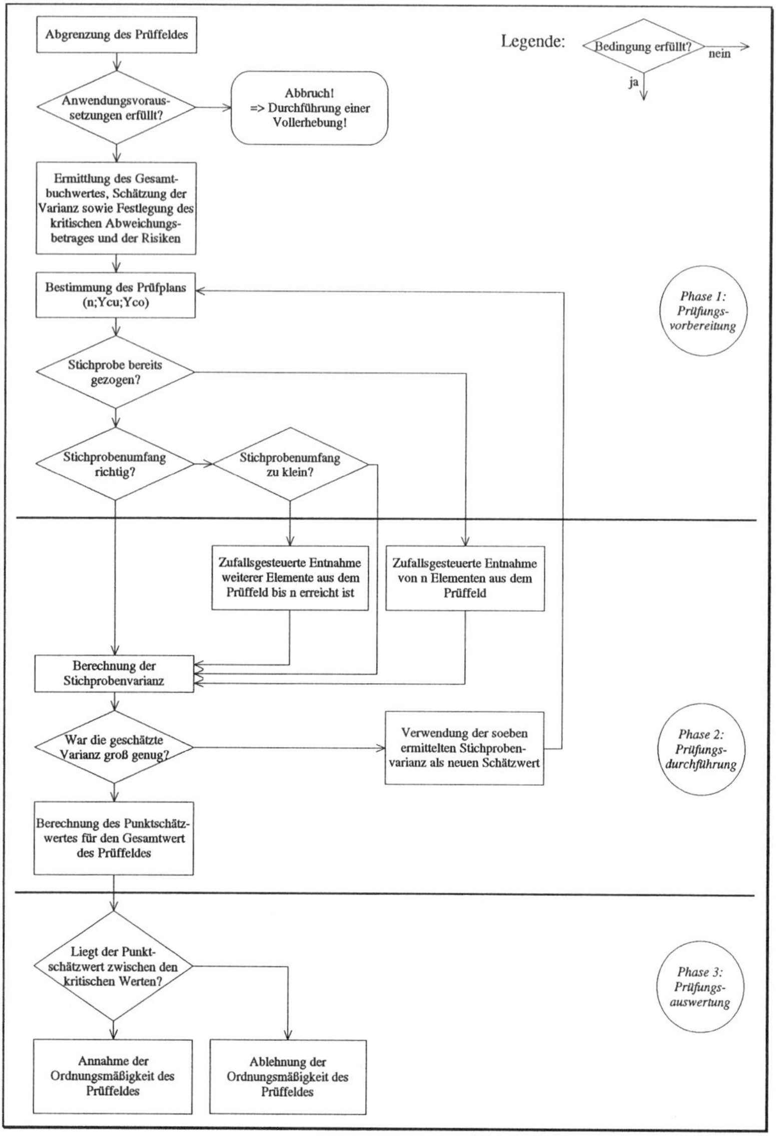

Abb. 2.3: Ablaufplan einer Annahmestichprobe für den Gesamtwert des Prüffeldes mit Kontrolle des Schätzwertes für die Varianz der Wahren Werte des Prüffeldes

3 Schätzstichproben im Prüfungswesen

3.1 Grundlagen der Schätzstichproben

Im Gegensatz zu den im vorherigen Kapitel beschriebenen Annahmestichproben sind Schätzstichproben kein Instrument, um direkt eine Entscheidungsregel über die Ordnungsmäßigkeit eines Prüffeldes berechnen zu können. Im Vordergrund stehen keine Hypothesen, die mit Hilfe der Stichprobe überprüft werden, sondern **Ziel der Schätzstichprobe** ist es, auf der Basis der in der Stichprobe ermittelten Kennzahlen eine Aussage über die Höhe der betreffenden Parameter des gesamten Prüffeldes zu treffen. Soll eine Schätzstichprobe dennoch auch zur Entscheidungsfindung eingesetzt werden, muß im Rahmen der Prüfungsvorbereitung ein **Toleranzbereich** festgelegt werden, innerhalb dessen der zu schätzenden Parameter bei Ordnungsmäßigkeit des Prüffeldes liegen darf. Die Größe des Toleranzbereichs ist dabei von Fall zu Fall in Abhängigkeit von "der Art der ... festgestellten Fehler und nach ihrer möglichen Auswirkung auf die Rechnungslegung"[1] vom Prüfer festzulegen. Empfehlenswert ist allerdings, zunächst die Überprüfung der Ordnungsmäßigkeit mit Hilfe einer Annahmestichprobe durchzuführen und die Schätzstichprobe im Anschluß dazu zu verwenden, um Kenntnisse über die Höhe der Parameter im Prüffeld zu erlangen.

Ausgangspunkt ist, wie bei der Annahmestichprobe, die **Abgrenzung des Prüffeldes.**[2] Bei der Schätzstichprobe für die Fehleranzahl bzw. den Fehleranteil muß außerdem eine genaue Definition des kritischen Merkmals erfolgen.[3]

Wiederum kann das Untersuchungsmerkmal die **Fehleranzahl M bzw. der Fehleranteil Θ im Prüffeld** oder der **Gesamtwert des Prüffeldes Y** sein. Gemeinsam ist beiden Schätzstichproben, daß zunächst die Kennzahlen der Stichprobe, m bzw. p oder $\overline{y}$ ermittelt werden, um diese dann zur Berechnung von Punktschätzwerten für die Parameter des Prüffeldes zu verwenden. Da jedoch auf der Basis einer Stichprobe keine Aussage über die Höhe eines Parameters mit absoluter Sicherheit getroffen werden kann, wird um den jeweiligen Schätzwert ein **Konfidenzintervall** gebildet, in dem der wahre Para-

---

1 **IDW**, HFA 1/1988, S. 244.

2 Zur Abgrenzung des Prüffeldes vgl. Abschnitt 2.1.

3 Vgl. **Eggenberger**, Stichprobenverfahren in der Revision, S. 63 ff.

meter der Grundgesamtheit mit einer vorher festzulegenden Sicherheit von $1-\alpha$ $(0 \leq \alpha \leq 1)$ liegen wird.[4]

Gesucht werden demnach die Grenzen des Konfidenzintervalls, die folgende Bedingungen erfüllen:

(3.1) $W(M_u < M < M_0) \geq 1-\alpha$,[5]

wenn das Untersuchungsmerkmal die Fehleranzahl[6] im Prüffeld ist, oder

(3.2) $W(Y_u \leq Y \leq Y_0) = 1-\alpha$,

wenn das Untersuchungsmerkmal der Gesamtwert des Prüffeldes ist. Wie bei der Bestimmung der Grenzen des Konfidenzintervalls vorzugehen ist und welche Verteilungsannahmen dabei im Einzelfall zu treffen sind, wird in den folgenden drei Abschnitten gezeigt. Abschnitt 3.2 behandelt die Schätzstichprobe für die Fehleranzahl bzw. den Fehleranteil im Prüffeld, Abschnitt 3.3 die Schätzstichprobe für den Gesamtwert des Prüffeldes unter Verwendung der Freien Hochrechnung und Abschnitt 3.4 letztlich die Schätzstichprobe für den Gesamtwert des Prüffeldes bei Anwendung der Verfahren der Gebundenen Hochrechnung. Die Beschreibung der Anwendung von Tabellenwerken oder des Programms **RSW** erfolgt im Abschnitt 4.4.

---

4 Dieses Konfidenzintervall ist nicht zwangsläufig ein symmetrisches Intervall um den jeweiligen Punktschätzwert. Bei der Berechnung eines Konfidenzintervalls für die Fehleranzahl bzw. den Fehleranteil im Prüffeld (vgl. Abschnitt 3.2) ist das Konfidenzintervall wegen der Anwendung der Hypergeometrischen Verteilung nicht symmetrisch. Aufgrund der fehlenden Relevanz für die Praxis erfolgt keine Darstellung der Bestimmung des kleinstmöglichen Konfidenzintervalls. Ausgangspunkt ist jeweils die Bestimmung eines Konfidenzintervalls, welches eine vorgegebene, als ausreichend klein angesehene Länge unter Berücksichtigung einer vorgegebenen Sicherheitswahrscheinlichkeit einhält.

5 Die Bedingung (3.1) muß als Ungleichung formuliert werden, da die Sicherheitswahrscheinlichkeit $1-\alpha$ als Mindestwert anzusehen ist, der wegen der Ganzzahligkeitsbedingung für die Intervallgrenzen M_u und M_0 nur selten genau eingehalten werden kann.

6 Auf die äquivalente Darstellung für die Fehleranteile im Prüffeld kann wiederum verzichtet werden. Sie kann über die Beziehung $\Theta = \frac{M}{N}$ hergeleitet werden.

3.2 Schätzstichprobe für die Fehleranzahl bzw. den Fehleranteil im Prüffeld

3.2.1 Anwendungsvoraussetzungen

Um eine Schätzstichprobe für die Fehleranzahl bzw. den Fehleranteil im Prüffeld durchzuführen, muß sichergestellt sein, daß dieselben Anwendungsvoraussetzungen erfüllt sind, die bereits im Abschnitt 2.2.1 beschrieben wurden. Sollte dies nicht gewährleistet sein, kann aufgrund der Berechnungen keine statistisch gesicherte Aussage über die Fehleranzahl bzw. den Fehleranteil im Prüffeldes gemacht werden. In diesem Fall empfiehlt sich ebenfalls die **Vollerhebung** der Elemente des Prüffeldes.[7]

3.2.2 Darstellung des Verfahrens

Gesucht werden die Werte M_u und M_o, die ein Konfidenzintervall begrenzen, innerhalb dessen die tatsächliche Fehleranzahl im Prüffeld M mit einer Sicherheit von 1-α liegen wird. Zur Bestimmung dieser Intervallgrenzen wird die in der Stichprobe vorgefundene Fehleranzahl m verwendet. Deshalb müssen zunächst alle Elemente der Stichprobe vom Umfang n kontrolliert werden, ob sie im Hinblick auf das zu überprüfende Merkmal als fehlerhaft einzustufen sind. Dabei muß das Merkmal klar von anderen Merkmalen abgegrenzt sein, da sich das Verfahren nur zur Schätzung der Fehleranzahl eines Merkmals eignet.[8]

Bei Einhaltung der Anwendungsvoraussetzungen ist das Konfidenzintervall mit Hilfe der modelltheoretisch richtigen **Hypergeometrischen Verteilung** zu konstruieren.[9] Bezeichnet M die tatsächliche Fehleranzahl im Prüffeld, kann die Wahrscheinlichkeit, daß in einer Stichprobe vom Umfang n höchstens m fehlerhafte Elemente auftreten zu

$$(3.3) \qquad F_H(m|N;n;M) = \sum_{v=m_u}^{m} \frac{\binom{M}{v}\binom{N-M}{n-v}}{\binom{N}{n}}$$

---

7 Wie bei den Annahmestichproben kann auch hier alternativ ein bewußten Auswahl der Stichprobenelemente erfolgen, wobei jedoch die Sicherheitswahrscheinlichkeit nicht genau bestimmt werden kann.

8 Vgl. **Eggenberger**, Stichprobenverfahren in der Revision, S. 63 f.

9 Vgl. **Mandl**, Stichprobenverfahren, S. 123.

berechnet werden.[10] Die Gleichung gilt analog für andere Fehleranzahlen im Prüffeld, also auch für die Grenzen des Konfidenzintervalls M_u und M_o. Für die Bestimmung dieser Grenzen ist die mindestens einzuhaltende Sicherheitswahrscheinlichkeit 1-α ebenso wie der Stichprobenumfang n und die Fehleranzahl m bereits bekannt, so daß von den Bedingungen

$$(3.4) \qquad F_H(m-1|N;n;M_u) = \sum_{v=m_u}^{m-1} \frac{\binom{M_u}{v}\binom{N-M_u}{n-v}}{\binom{N}{n}} \overset{!}{\geq} 1-0.5\cdot\alpha \qquad \text{und}$$

$$(3.5) \qquad F_H(m|N;n;M_o) = \sum_{v=m_u}^{m} \frac{\binom{M_o}{v}\binom{N-M_o}{n-v}}{\binom{N}{n}} \overset{!}{\leq} 0.5\cdot\alpha$$

auszugehen.[11]

Das Interesse muß jedoch nicht immer in der Bestimmung beider Grenzen (**zweiseitige Fragestellung**) liegen, sondern kann sich auch auf die Berechnung einer Grenze beschränken (**einseitige Fragestellung**). Beschränkt sich die Berechnung auf die Bestimmung einer **Obergrenze**, lautet die zu erfüllende Bedingung

$$(3.6) \qquad F_H(m|N;n;M_o) = \sum_{v=m_u}^{m} \frac{\binom{M_o}{v}\binom{N-M_o}{n-v}}{\binom{N}{n}} \overset{!}{\leq} \alpha;$$

soll dagegen lediglich die **Untergrenze** errechnet werden, lautet sie

$$(3.7) \qquad F_H(m-1|N;n;M_u) = \sum_{v=m_u}^{m-1} \frac{\binom{M_u}{v}\binom{N-M_u}{n-v}}{\binom{N}{n}} \overset{!}{\geq} 1-\alpha.$$

Die einseitige Fragestellung wird insbesondere dann Verwendung finden, wenn auf der Basis der durchgeführten Schätzung ein Urteil über das Prüffeld gefällt werden soll.[12]

---

10 Bei den folgenden Ausführungen wird unterstellt, daß die Fehleranzahl in der Stichprobe aus dem Bereich $m_u \leq m < m_o$ stammt. Diese Annahme kann im Prüfungswesen als realistisch angesehen werden. Vgl. Abschnitt 2.2.2.

Wegen der Komplexität der Hypergeometrischen Verteilung kann keine dieser Bedingungen nach der gesuchten Größe M_u bzw. M_o aufgelöst werden, so daß die Bestimmung **iterativ** erfolgen muß. Der damit verbundene hohe Rechenaufwand, der während einer Prüfung manuell nicht zu bewerkstelligen ist, erfordert auch hier den Rückgriff auf Hilfsmittel, insbesondere **Tabellensammlungen** oder **Computer-Programme**. Bei der Anwendung von Tabellensammlungen ergibt sich wiederum das Problem, daß aufgrund der Abhängigkeit der Hypergeometrischen Verteilung von den drei Parametern N, n und M nur wenige Parameterkombinationen tabelliert werden können. Der Prüfer ist somit auch hier zu Interpolationen oder Approximationen durch andere Verteilungen gezwungen.

3.2.3 Approximationsmöglichkeiten durch andere Verteilungen

Dargestellt werden im folgenden die unter bestimmten Voraussetzungen möglichen Approximationen der Hypergeometrischen Verteilung durch die **Binomialverteilung** und die **Poissonverteilung**. Auf die Darstellung der Approximation durch die **Normalverteilung** wird hier wie bereits bei der Beschreibung der Annahmestichprobe für die Fehleranzahl bzw. den Fehleranteil im Prüffeld verzichtet, da die für die Approximation nötigen Voraussetzungen im Prüfungswesen nicht erfüllt sind.[13]

Bei hohen Werten für N, M und N-M sowie relativ kleinen Werten für n (Faustregel: $f = \frac{n}{N} < 0.05$) kann die Hypergeometrische Verteilung durch die **Binomialverteilung** approximiert werden. Dann müssen analog zu den Bedingungen (3.4) bis (3.7) die Bedingungen (3.8) bis (3.11) erfüllt sein. Für den **zweiseitigen Fall** gilt

$$(3.8) \qquad F_B(m-1|n;\Theta_u) = \sum_{v=0}^{m-1} \binom{n}{v} \Theta_u^{\,v} (1-\Theta_u)^{n-v} \overset{!}{\geq} 1-0.5\cdot\alpha$$

und

11 Es wird deutlich, daß durch die Aufteilung der Sicherheitswahrscheinlichkeit zu gleichen Teilen bei Anwendung der Hypergeometrischen Verteilung aufgrund der Verteilungsform nicht das engste Intervall bestimmt wird, welches die geforderte Sicherheitswahrscheinlichkeit einhält. Auf eine Beschreibung dieser möglichen Vorgehensweise wird bewußt verzichtet. Diese Einschränkung gilt ebenso für die im Folgenden gezeigten Approximationsmöglichkeiten durch andere Verteilungen.

12 Vgl. **Gründer**, Zufallsstichprobenverfahren, S. 31 f.

13 Vgl. **Hömberg**, Einführung, S. 22 f.

(3.9) $$F_B(m|n;\Theta_o) = \sum_{v=0}^{m} \binom{n}{v} \Theta_o^{v} (1-\Theta_o)^{n-v} \overset{!}{\leq} 0.5\cdot\alpha,$$

im **einseitigen Fall** bei der Berechnung ausschließlich der **Obergrenze**

(3.10) $$F_B(m|n;\Theta_o) = \sum_{v=0}^{m} \binom{n}{v} \Theta_o^{v} (1-\Theta_o)^{n-v} \overset{!}{\leq} \alpha$$

und bei der ausschließlichen Berechnung der **Untergrenze**

(3.11) $$F_B(m-1|n;\Theta_u) = \sum_{v=0}^{m-1} \binom{n}{v} \Theta_u^{v} (1-\Theta_u)^{n-v} \overset{!}{\geq} 1-\alpha,$$

jeweils mit $\Theta_u = \frac{M_u}{N}$ und $\Theta_o = \frac{M_o}{N}$.

Auch diese Gleichungen sind nicht nach den gesuchten Größen Θ_u oder Θ_o aufzulösen, so daß das Ergebnis auch nur iterativ bestimmt werden kann. Folglich bietet sich bei der Verwendung der Binomialverteilung ebenfalls die Verwendung von **Tabellenwerken** oder **Computer-Programmen** an. Allerdings sollte auch bei Anwendung einer Schätzstichprobe für die Fehleranzahl bzw. den Fehleranteil im Prüffeld ein Computer-Programm in der Lage sein, die exakten Werte mit Hilfe der Hypergeometrischen Verteilung in kurzer Rechenzeit zu bestimmen, wobei die Binomialverteilung allenfalls zur Bestimmung geeigneter Startwerte verwendet wird. Die Approximation der Hypergeometrischen Verteilung durch die Binomialverteilung ist demnach nur bei der Anwendung von Tabellensammlungen notwendig.

Problematisch ist aber erneut der Bereich, in dem wegen der relativ hohen Stichprobenumfänge und somit hohen Auswahlsätzen ($f > 0.05$) die Approximation durch die Binomialverteilung nicht zulässig ist, die Hypergeometrische Verteilung aber nicht mehr tabelliert ist.

V. Wysocki hat gezeigt, daß die Verwendung der Binomialverteilung bei der einseitigen Berechnung der Obergrenze zu konservativen Ergebnissen führt, d. h., daß die **Obergrenze** tendenziell eher **überschätzt** wird.[14] Mit sinkendem Auswahlsatz wird diese Überschätzung jedoch geringer. Da der Binomialverteilung die Entnahmetechnik

14 Vgl. **v. Wysocki**, Grundlagen, S. 197 ff.

"Ziehen mit Zurücklegen" zugrunde liegt, empfiehlt **v. Wysocki**, eine **Endlichkeitskorrektur** durchzuführen. Für die berechnete Obergrenze lautet der korrigierte Wert[15]

$$(3.12) \qquad \Theta_{o(korr)} = p + (\Theta_o - p) \cdot \sqrt{\frac{N - n}{N - 1}},$$

wobei p den in der Stichprobe vorgefundenen Fehleranteil darstellt, also $p = \frac{m}{n}$. Diese korrigierte Intervallgrenze geht für sinkende Auswahlsätze gegen Θ_o, so daß mit der Endlichkeitskorrektur auch die sinkende Abweichung sehr gut abgefangen werden kann.

Da die **Untergrenze** mit Hilfe der Binomialverteilung tendenziell **unterschätzt** wird, bietet sich die Endlichkeitskorrektur auch für die Untergrenze an

$$(3.13) \qquad \Theta_{u(korr)} = p + (\Theta_u - p) \cdot \sqrt{\frac{N - n}{N - 1}}.$$

Durch die Verwendung der korrigierten Werte sind auch bei höheren Auswahlsätzen keine gravierenden Abweichungen von den Werten zu erwarten, die mit Hilfe der Hypergeometrischen Verteilung berechnet werden. Durch die Umwandlung der Fehleranteile in die Fehleranzahlen und die dabei zu berücksichtigende Ganzzahligkeitsbedingung sind die Intervallgrenzen oftmals sogar identisch.[16]

Eine weitere Approximationsmöglichkeit ist die Verwendung der **Poissonverteilung**. Analog zu den Bedingungen (3.4) bis (3.7) sind die Bedingungen (3.14) bis (3.17) einzuhalten. Für den **zweiseitigen Fall** gilt

$$(3.14) \qquad F_P(m-1|\mu_u) = \sum_{v=0}^{m-1} \frac{\mu^v e^{-\mu_u}}{v!} \overset{!}{\geq} 1-0.5 \cdot \alpha$$

und

$$(3.15) \qquad F_P(m|\mu_o) = \sum_{v=0}^{m} \frac{\mu^v e^{-\mu_o}}{v!} \overset{!}{\leq} 0.5 \cdot \alpha,$$

im **einseitigen Fall** bei der Berechnung ausschließlich der **Obergrenze**

---

15 Vgl. **ebenda**. Eine Herleitung der Korrektur wird jedoch nicht gegeben.

16 Siehe auch die Beispielrechnung im Abschnitt 4.4.

(3.16) $$F_P(m|\mu_o) = \sum_{v=0}^{m} \frac{\mu^v e^{-\mu_o}}{v!} \overset{!}{\leq} \alpha,$$

und bei der ausschließlichen Berechnung der **Untergrenze**

(3.17) $$F_P(m-1|\mu_u) = \sum_{v=0}^{m-1} \frac{\mu^v e^{-\mu_u}}{v!} \overset{!}{\geq} 1-\alpha,$$

jeweils mit $\mu_u = n \cdot \frac{M_u}{N}$ und $\mu_o = n \cdot \frac{M_o}{N}$.

Diese Bedingungen sind ebenfalls nicht nach den gesuchten Größen, hier μ_u oder μ_o, aufzulösen, so daß diese iterativ bestimmt werden müssen. Deshalb ist auch bei der Approximation durch die Poissonverteilung die Verwendung von Hilfsmitteln notwendig. Dabei kommt wiederum hauptsächlich die Anwendung von **Tabellenwerken** in Betracht, da bei der Verwendung eines **Computer-Programms** aus denselben Gründen wie bei der Binomialverteilung auch ohne Approximation die genauen Ergebnisse in akzeptabler Zeit berechnet werden können.

3.2.4 Bestimmung des notwendigen Stichprobenumfangs

Am Anfang des Prüfungsablaufes steht stets das Problem, den Stichprobenumfang n zu bestimmen, mit dem die Stichprobenuntersuchung durchgeführt werden soll. Prinzipiell kann ein Konfidenzintervall für eine vorgegebene Sicherheit 1-α auf der Basis einer Stichprobe jedes Umfangs berechnet werden. Jedoch gilt es zu berücksichtigen, daß die Länge dieses Konfidenzintervalls mit steigendem Stichprobenumfang sinkt,[17] d. h. die Genauigkeit der Schätzung zunimmt. Wenn also eine bestimmte Genauigkeit der Untersuchung, ausgedrückt durch die Länge des Konfidenzintervalls L, eingehalten werden soll, muß der dazu notwendige Stichprobenumfang bestimmt werden.

Der Stichprobenumfang n muß so festgelegt werden, daß im zweiseitigen Fall bei gegebener Sicherheit 1-α die Bedingungen (3.4) und (3.5) erfüllt werden, gleichzeitig aber auch die Länge des Intervalls L die vorgegebene Länge nicht überschreitet. Dieser Stichprobenumfang ist nur iterativ durch Variation des Stichprobenumfangs n und der

---

17 Vgl. **Gründer**, Zufallsstichprobenverfahren, S. 104. Dies wird anhand von Beispielen in der Tabelle 3.2 gezeigt.

Fehleranzahl m zu bestimmen, da die Bedingungen (3.4) und (3.5) nicht eindeutig aufzulösen sind. Dazu ist es notwendig, eine Vorstellung über die Höhe der in der Stichprobe auftretenden Fehleranzahl m zu haben, da neben der Sicherheitswahrscheinlichkeit auch die Fehleranzahl die Länge des Konfidenzintervalls beeinflußt.[18] Die Fehleranzahl ist aber vor der Durchführung der Stichprobenuntersuchung nicht bekannt, so daß sie geschätzt werden muß. Allerdings kann die Schätzung nur für den **erwarteten Fehleranteil** in der Stichprobe $\hat{\mathbf{p}}$ vorgenommen werden, da die Fehleranzahl lediglich bei Kenntnis des Stichprobenumfangs sinnvoll zu schätzen ist. Möglich ist z. B. die Verwendung eines **Erfahrungswertes** oder auch des **Fehleranteils einer Vorstichprobe.**[19] Liegen keine Kenntnisse über die Höhe des erwarteteten Fehleranteils vor, führt die Annahme von $\hat{p} = 0.5$ zum maximalen Stichprobenumfang, der jedoch einerseits aus ökonomischen Gründen nicht zu vertreten sein dürfte, andererseits deshalb nicht anzusetzen ist, weil im Prüfungswesen normalerweise von deutlich kleineren Fehleranteilen ausgegangen werden kann.[20] Soll die Intervalllänge keinesfalls überschritten werden, empfiehlt **Gründer**, sich an dem nicht mehr zu vertretenden Fehleranteil Θ_2 zu orientieren, der sich aus der bei der Annahmestichprobe für die Fehleranzahl bzw. den Fehleranteil beschriebenen unzulässigen Fehleranzahl M_2 ergibt. Dadurch wird gewährleistet, daß bei allen tatsächlichen Fehleranteilen, die kleiner als Θ_2 und damit tolerierbar sind, die Intervallänge kleiner als die geforderte ist, dagegen bei nicht tolerierbaren Fehleranteilen zwar die Intervallänge zu groß ist, diese aber zur Beurteilung auch nicht mehr benötigt wird.[21]

Da die Berechnung des notwendigen Stichprobenumfangs nur iterativ erfolgen kann, müssen auch hierzu Hilfsmittel eingesetzt werden. Die Bestimmung kann indes nicht sinnvoll mit Hilfe von Tabellensammlungen vorgenommen werden, da diese nicht die Länge des Konfidenzintervalls ausweisen.[22] Somit muß zur Bestimmung auf ein **Computer-Programm** zurückgegriffen werden, das diese Möglichkeit bietet. Dieses sollte dabei zur Verkürzung der Rechenzeit zunächst eine Bestimmung des Mindeststichprobenumfangs durch eine approximative Verteilung vornehmen, um ausgehend von diesem Wert, den Mindeststichprobenumfang mit Hilfe der Hypergeometrischen Verteilung zu bestimmen.

---

18 Vgl. **Mandl**, Stichprobenverfahren, S. 126.

19 Vgl. **ebenda**.

20 Vgl. **ebenda**.

21 Vgl. **Gründer**, Zufallstichprobenverfahren, S. 112.

22 Sicherlich kann auch eine Tabellensammlung systematisch daraufhin durchsucht werden, ob die für einen bestimmten Stichprobenumfang n und den geschätzten Fehleranteil $\hat{p}$ ausgewiesenen Intervallgrenzen die gewünschte Länge einhalten. Jedoch ist dies mit einem sehr hohen Aufwand verbunden, so daß davon abzuraten ist.

Es ist zu berücksichtigen, daß der berechnete Mindeststichprobenumfang n nur dann die geforderte Genauigkeit einhält, wenn der Fehleranteil p in der realisierten Stichprobe tatsächlich dem geschätzten Wert $\hat{p}$ entspricht. Ist der Fehleranteil in der Stichprobe höher als der geschätzte Wert, ist eine Neubestimmung des Stichprobenumfangs notwendig, da mit steigendem Fehleranteil der notwendige Stichprobenumfang für die Einhaltung der Genauigkeit ebenfalls steigt.[23] Eine Ausnahme kann bei sehr kleinen Stichprobenumfängen bestehen, da die Fehleranzahl m über die Beziehung $m = n \cdot \hat{p}$ ganzzahlig sein muß. Ein Beispiel dazu liefert Tab. 3.1, die die berechneten Stichprobenumfänge zur Einhaltung der Genauigkeit bei alternativen geschätzten Fehleranteilen $\hat{p}$ für Prüffelder vom Umfang N = 1000 und N=10000, einer geforderten prozentualen Intervallänge von L = 10 % und der vorgegebenen Sicherheitswahrscheinlichkeit von $1-\alpha = 0.95$, jeweils für die einseitige und die zweiseitige Fragestellung zeigt.[24] Der Stichprobenumfang muß zur Erfüllung der Ganzzahligkeitsbedingung bei einem geschätzten Fehleranteil von $\hat{p} = 0.01$ mindestens n = 100, bei einem geschätzten Fehleranteil von $\hat{p} = 0.02$ mindestens n = 50 betragen.

---

23 Genau genommen gilt dies nur bis zu einem Fehleranteil von $\Theta = 0.5$. Bei höheren Fehleranteilen sinkt der notwendige Stichprobenumfang wieder. Im Prüfungswesen kann dies vernachlässigt werden, da nicht mit solch hohen Fehleranteilen zu rechnen ist.

24 Die Tabelle ist mit Hilfe des Programms **RSW** erstellt worden. Es ist jedoch folgendes zu berücksichtigen: Die in der Stichprobe erwarteten Fehleranzahlen $\hat{m}$ entsprechen nicht immer genau den Stichprobenumfängen n multipliziert mit den geschätzten Fehleranteilen $\hat{p}$, weil für geschätzten Fehleranteil eine **Schwankungsbreite** von maximal $\Delta\hat{p} = \frac{1}{n}$ zugelassen wird. Dies scheint insofern zulässig, weil ansonsten bei sehr "genau" geschätzten Fehleranteilen unnötig hohe Stichprobenumfänge berechnet werden müßten, um die Ganzzahligkeitsbedingung für den Stichprobenumfang n und die dazugehörende erwartete Fehleranzahl $\hat{m}$ einzuhalten.
Beispiel:
Für **N = 1000, L = 10 %, $1-\alpha$ = 0.95** und **$\hat{p}$ = 0.035** müßte zur Erreichung der Ganzzahligkeit des Stichprobenumfangs und der dazugehörenden erwarteten Fehleranzahl eine Stichprobe vom Umfang **n = 1000** gezogen werden, in der dann **$\hat{m}$ = 35** fehlerhafte Elemente erwartet würden. Dies ist bereits eine Vollerhebung. Unter Zulassung der Schwankungsbreite ergibt sich demgegenüber **n = 85** und **$\hat{m}$ = 3** (mit **$\hat{p}$ = 0.035294118**).

	N = 1000, L = 10 %, 1-α = 0.95				N = 10000, L = 10 %, 1-α = 0.95			
	zweiseitig		eins. Obergr.		zweiseitig		eins. Obergr.	
$\hat{p}$	n	$\hat{m}$	n	$\hat{m}$	n	$\hat{m}$	n	$\hat{m}$
0.01	100	1	100	1	100	1	100	1
0.02	100	2	50	1	100	2	50	1
0.03	66	2	66	2	100	3	66	2
0.04	75	3	75	3	100	4	75	3
0.05	100	5	100	5	100	5	120	6
0.06	100	6	116	7	116	7	166	10
0.07	114	8	157	11	128	9	257	18
0.08	125	10	200	16	137	11	462	37
0.09	133	12	244	22	144	13	822	74

Tab. 3.1: ***Für N = 1000 und N = 10000 berechnete notwendige Stichprobenumfänge und erwartete Fehleranzahlen zur Einhaltung der maximalen Intervallänge von L = 10 % für alternative geschätzte Fehleranteile bei einer Sicherheitswahrscheinlichkeit von 1-α = 0.95***

3.2.5 Verwendung einer bereits gezogenen Stichprobe

Sofern eine bereits gezogene Stichprobe vorliegt, bei deren Ziehung die Anwendungsvoraussetzungen erfüllt waren, kann sie zur Auswertung herangezogen werden. Meist wird aber der Stichprobenumfang vom berechneten Mindeststichprobenumfang abweichen. Sind keine Anforderungen an die Genauigkeit der Berechnungen, also an die Länge des Konfidenzintervalls zu stellen, können die Berechnungen ohne weitere Modifikationen auf der Basis der vorliegenden Stichprobe erfolgen.

Soll jedoch eine vorgegebene Intervallänge nicht überschritten werden und ist der Stichprobenumfang geringer als der Mindeststichprobenumfang, können weitere Elemente unter Einhaltung der Anwendungsvoraussetzungen nachgezogen werden, bis der Mindeststichprobenumfang erreicht ist. Ist der Stichprobenumfang dagegen höher als der Mindeststichprobenumfang, können die Berechnungen auf der Basis der vorhandenen Stichprobe erfolgen, ohne daß weitere Modifikationen nötig sind. Das ist darin begründet, daß die Länge des Konfidenzintervalls mit zunehmendem Stichprobenumfang bei Beibehaltung der Sicherheitswahrscheinlichkeit sinkt.[25] Diesen Zusammenhang verdeutlicht Tab. 3.2, die die berechneten zweiseitigen Konfidenzintervalle und deren prozentuale Länge für die Umfänge des Prüffeldes von N = 1000 und N = 10000,

---

25 Vgl. **Gründer**, Zufallsstichprobenverfahren, S. 104.

den Fehleranteil in der Stichprobe von p = 0.04 und die Sicherheitswahrscheinlichkeit 1-α = 0.95 in Abhängigkeit alternativer Stichprobenumfänge n darstellt.[26]

		N = 1000, p = 0.04, 1-α = 0.95			N = 10000, p = 0.04, 1-α = 0.95		
n	**m**	M_u	M_o	L (%)	M_u	M_o	L (%)
50	2	5	135	12.8	49	1370	13.19
100	4	12	97	8.3	111	990	8.77
150	6	16	82	6.4	149	847	6.96
200	8	19	74	5.3	176	770	5.92
250	10	21	69	4.6	195	720	5.23
300	12	23	65	4.0	210	684	4.72
350	14	25	62	3.5	223	658	4.33
400	16	26	59	3.1	233	637	4.02
450	18	27	57	2.8	241	620	3.77
500	20	28	56	2.6	249	606	3.55

Tab. 3.2: ***Mit dem Programm RSW berechnete Konfidenzintervalle und deren prozentuale Länge für alternative Stichprobenumfänge bei einem Fehleranteil von p = 0.04 und einer Sicherheitswahrscheinlichkeit von 1-α = 0.95 für Umfänge des Prüffeldes von N = 1000 und N = 10000***

3.2.6 Ablauf einer Schätzstichprobe für die Fehleranzahl bzw. den Fehleranteil im Prüffeld

Auch der Ablauf der Schätzstichprobe für die Fehleranzahl bzw. den Fehleranteil im Prüffeld kann in die drei Phasen

[1] **Prüfungsvorbereitung,**

[2] **Prüfungsdurchführung** und

[3] **Prüfungsauswertung**

eingeteilt werden.

Zur Phase der **Prüfungsvorbereitung** sind insbesondere

- die Abgrenzung des kritischen Merkmals,
- die Abgrenzung des Prüffeldes,
- die Überprüfung der Anwendungsvoraussetzungen und

---

26 Diese Berechnungen wurden ebenfalls mit dem Programm **RSW** unter Verwendung der **Hypergeometrischen Verteilung** durchgeführt. Die prozentuale Intervallänge ergibt sich zu $L = \frac{M_o - M_u - 2}{N} \cdot 100$ %, da die Grenzen des Intervalls selbst nicht zum Intervall gehören.

- die Festlegung der Sicherheitswahrscheinlichkeit 1-α zu rechnen. Für den Fall, daß die Genauigkeit der Untersuchung vorgegeben werden soll, gehören zu dieser Phase weiterhin
- die Schätzung des in der Stichprobe auftretenden Fehleranteils $\hat{p}$,
- die Festlegung der maximalen Intervallänge L sowie
- die Bestimmung des zur Einhaltung der gewünschten Genauigkeit notwendigen Stichprobenumfangs n.

Soll die Stichprobe gleichzeitig zur Entscheidungsfindung über die Ordnungsmäßigkeit eines Prüffeldes verwendet werden, muß im Rahmen der Prüfungsvorbereitung außerdem ein Toleranzbereich festgelegt werden, innerhalb dessen die Fehleranzahl bzw. der Fehleranteil liegen darf, damit das Prüffeld noch als ordnungsmäßig anzusehen ist.

Die Phase der **Prüfungsdurchführung** besteht aus der Ziehung der Elemente sowie deren Erfassung. Alle gezogenen Elemente müssen im Hinblick auf das kritische Merkmal überprüft werden, wobei die Anzahl der fehlerhaften Elemente m festzustellen ist. Wurde zur Einhaltung der Genauigkeit der notwendige Stichprobenumfang bestimmt, ist in dieser Phase auch eine Kontrolle des verwendeten geschätzten Fehleranteils notwendig. Liegt der tatsächliche Fehleranteil über dem geschätzten, ist der notwendige Stichprobenumfang neu zu berechnen.

In der Phase der **Prüfungsauswertung** findet die Hochrechnung der Parameter der Stichprobe auf das gesamte Prüffeld statt, d. h. es ist das Konfidenzintervall für die Fehleranzahl bzw. den Fehleranteil im Prüffeld zu bestimmen.

Sofern die Prüfung zur Entscheidung über die Ordnungsmäßigkeit des Prüffeldes bestimmt war, also im Rahmen der Prüfungsvorbereitung ein Toleranzbereich für die Fehleranzahl bzw. den Fehleranteil festgelegt wurde, muß in dieser Phase ebenfalls der Vergleich des errechneten Konfidenzintervalls mit dem festgelegten Toleranzbereich sowie die Entscheidung über die Ordnungsmäßigkeit erfolgen. Es sei aber daran erinnert, daß die Schätzstichprobe nicht wesensmäßig ein Instrument zur Urteilsfindung über die Ordnungsmäßigkeit des Prüffeldes ist und nicht gleichzeitig die Risiken des Prüfers und des Geprüften bei einer Entscheidung über die Ordnungsmäßigkeit eines Prüffeldes begrenzt werden können. Soll eine Entscheidung über die Ordnungsmäßigkeit eines Prüffeldes erfolgen, empfiehlt sich die Durchführung einer Annahmestichprobe. Ihr kann eine Schätzstichprobe angeschlossen werden, um Kenntnisse über die Höhe der Fehleranzahl bzw. des Fehleranteils im Prüffeld zu erlangen. Dazu kann ggf. die Stichprobe verwendet werden, die schon für die Annahmestichprobe ausgewertet wurde.

Der beschriebene Ablauf der Prüfung ist in Abb. 3.1 dargestellt. Dabei wird unterstellt, daß die Genauigkeit der Untersuchung vorgegeben werden soll. Werden keine Anforderungen an die Genauigkeit der Untersuchung gestellt, können die entsprechenden Schritte entfallen. Eine Urteilsfindung anhand dieser Stichprobe ist nicht vorgesehen.

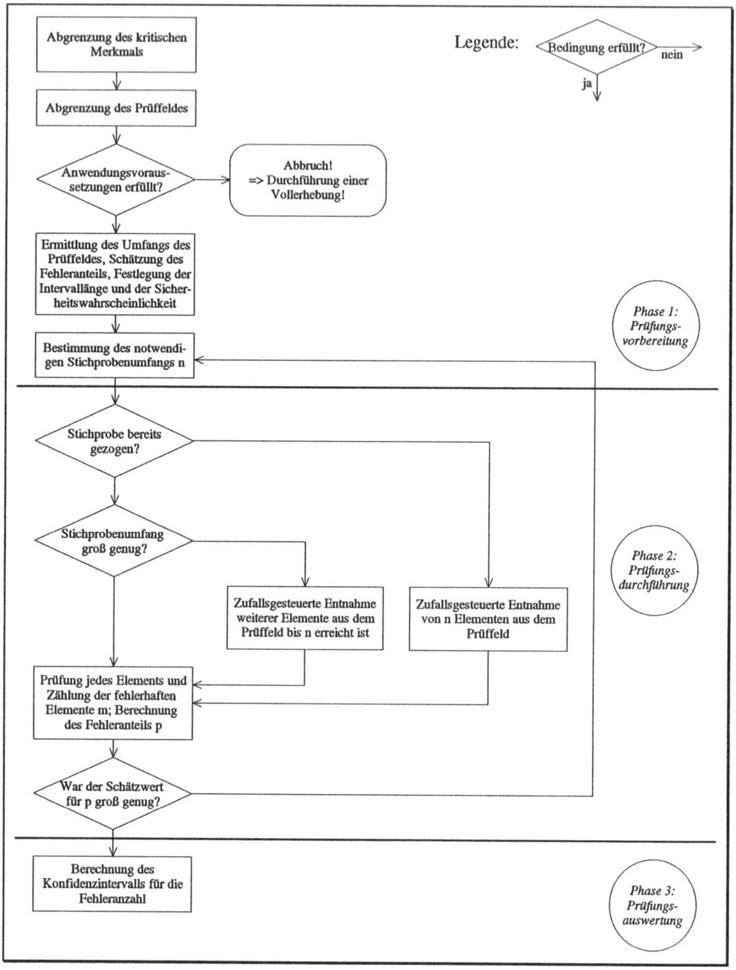

Abb. 3.1: Ablaufplan einer Schätzstichprobe für die Fehleranzahl bzw. den Fehleranteil im Prüffeld

3.3 Schätzstichprobe für den Gesamtwert des Prüffeldes bei Anwendung der Freien Hochrechnung

3.3.1 Anwendungsvoraussetzungen

Die Anwendungsvoraussetzungen zur Durchführung einer Schätzstichprobe für den Gesamtwert des Prüffeldes entsprechen den in Abschnitt 2.3.1 beschriebenen Voraussetzungen einer Annahmestichprobe für der Gesamtwert des Prüffeldes. Sollten die Anwendungsvoraussetzungen nicht erfüllt sein, kann auch in diesem Fall keine statistisch gesicherte Aussage, hier über die Höhe des Gesamtwertes des Prüffeldes, gemacht werden. Eine **Ausnahme** besteht hinsichtlich des **Stichprobenumfangs**, da eine Bestimmung des Konfidenzintervalls bei Einhaltung noch darzulegender Bedingungen auch dann erfolgen kann, wenn der Stichprobenumfang **kleiner oder gleich 30** ist. Dieses wird im folgenden Abschnitt näher erläutert werden.

3.3.2 Darstellung des Verfahrens

Ziel der Schätzstichprobe für den Gesamtwert des Prüffeldes ist es, ein Konfidenzintervall mit den Grenzen Y_u und Y_o zu bestimmen, innerhalb dessen der Gesamtwert des Prüffeldes Y mit einer Sicherheitswahrscheinlichkeit von 1-α liegen wird. Dazu wird zunächst der Punktschätzwert für den durchschnittlichen Wahren Wert einer Stichprobe ermittelt. Bei Anwendung der **Freien Hochrechnung** wird er mit den konkreten Werten einer Stichprobe zu[27]

(3.18) $$\hat{\mu}_{YF} = \bar{y} = \frac{1}{n} \cdot \sum_{i=1}^{n} y_i$$

ermittelt. Dieser Schätzwert wird dazu verwendet, durch Multiplikation mit dem Umfang des Prüffeldes N einen Punktschätzwert für den Gesamtwert des Prüffeldes

(3.19) $$\hat{Y} = N \cdot \hat{\mu}_{YF} = N \cdot \bar{y}$$

zu berechnen.

27 Bei dieser Formel handelt es sich um die Berechnung auf der Basis der Stichprobenwerte. Die Schätzfunktion für den durchschnittlich Wahren Wert wird dagegen mit $\hat{\mu}_{YF}$ bezeichnet.

Es läßt sich zeigen, daß bei Einhaltung der Anwendungsvoraussetzungen die Stichprobenmittelwerte der Wahren Werte bzw. daraus folgend auch die Punktschätzwerte für den Gesamtwert des Prüffeldes **normalverteilt** sind.[28] Daher können die Grenzen des zu bestimmenden Konfidenzintervalls Y_u und Y_o für den Gesamtwert des Prüffeldes bzw. y_u und y_o für den durchschnittlichen Wahren Wert mit Hilfe der **Normalverteilung** bestimmt werden. Sind beide Grenzen zu bestimmen (zweiseitige Fragestellung), müssen die Gleichungen

(3.20) $$F_n(y_u|\bar{y};\sigma_{\bar{y}}^2) = \int_{-\infty}^{y_u} \frac{1}{\sigma_{\bar{y}}\sqrt{2\pi}} e^{-\frac{1}{2}\left(\frac{v-\bar{y}}{\sigma_{\bar{y}}}\right)^2} dv = 0.5 \cdot \alpha$$

für die **Untergrenze** und

(3.21) $$F_n(y_o|\bar{y};\sigma_{\bar{y}}^2) = \int_{-\infty}^{y_o} \frac{1}{\sigma_{\bar{y}}\sqrt{2\pi}} e^{-\frac{1}{2}\left(\frac{v-\bar{y}}{\sigma_{\bar{y}}}\right)^2} dv = 1 - 0.5 \cdot \alpha$$

für die **Obergrenze**

mit $y_u = \frac{Y_u}{N}$ und $y_o = \frac{Y_o}{N}$

gleichzeitig eingehalten werden. Die Größe $\sigma_{\bar{y}}^2$ stellt dabei die Varianz der Schätzfunktion für die durchschnittlichen Wahren Werte im Prüffeld $\hat{\mu}_{YF}$ dar.[29] Nach den Transformationen

28 Vgl. **Bleymüller/Gehlert/Gülicher**, WiSt-Statistik, S. 78.

29 Sofern eine direkte Gegenüberstellung der Freien Hochrechnung mit den Verfahren der Gebundenen Hochrechnung erfolgt, wird diese Varianz der Schätzfunktion der durchschnittlichen Wahren Werte auch als $V(\hat{\mu}_{YF})$ bezeichnet. Dabei handelt es sich um die Formel für die realisierten Werte einer Stichprobe. Die entsprechende Schätzfunktion wird mit $\hat{V}(\hat{\mu}_{YF})$ bezeichnet. Vgl. **Bleymüller**, Stichprobenverfahren, S. 51, **Dralle**, Effizienz und Verzerrung, S. 10.

(3.22) $$z_{0.5\cdot\alpha} = \frac{y_u - \bar{y}}{\sigma_{\bar{y}}}$$

und

(3.23) $$z_{1-0.5\cdot\alpha} = \frac{y_o - \bar{y}}{\sigma_{\bar{y}}}$$

können die Gleichungen (3.20) und (3.21) durch die **Standardnormalverteilung** als

(3.24) $$F_N(z_{0.5\cdot\alpha}) = \int_{-\infty}^{z_{0.5\cdot\alpha}} \frac{1}{\sqrt{2\pi}} e^{-\frac{1}{2}v^2} dv = 0.5\cdot\alpha$$

für die **Untergrenze** und als

(3.25) $$F_N(z_{1-0.5\cdot\alpha}) = \int_{-\infty}^{z_{1-0.5\cdot\alpha}} \frac{1}{\sqrt{2\pi}} e^{-\frac{1}{2}v^2} dv = 1-0.5\cdot\alpha$$

für die **Obergrenze** ersetzt werden. Aufgrund der **Symmetrie der Normalverteilung** können schließlich beide Gleichungen zusammgefaßt werden

(3.26) $$F_N(z) = \int_{-\infty}^{z} \frac{1}{\sqrt{2\pi}} e^{-\frac{1}{2}v^2} dv = 1-0.5\cdot\alpha,$$

mit $z_{1-0.5\cdot\alpha} = z$ und $z_{0.5\cdot\alpha} = -z$,

wobei sich die Grenzen des Konfidenzintervalls nach Einsetzen von z in (3.22) und (3.23) und geeigneter Umformung zu

(3.27) $$y_u = \bar{y} - z \cdot \sigma_{\bar{y}}$$

sowie

(3.28) $$y_o = \bar{y} + z \cdot \sigma_{\bar{y}}$$

ergeben. Da die **Standardnormalverteilung** sehr detailliert tabelliert ist, lassen sich die Werte von z problemlos einer Tabellensammlung entnehmen. Es ist lediglich die Standardabweichung der Schätzfunktion für die durchschnittlichen Wahren Werte $\sigma_{\bar{y}}$ zu bestimmen. Bei der zugrunde gelegten Entnahmetechnik "Ziehen ohne Zurücklegen" beträgt diese

(3.29) $$\sigma_{\bar{y}} = \frac{\sigma_Y}{\sqrt{n}} \cdot \sqrt{\frac{N-n}{N-1}} \quad .$$

Da die darin enthaltene Standardabweichung der Wahren Werte des Prüffeldes σ_Y nicht bekannt ist, muß sie durch

- einen **Erfahrungswert**,
- die **Stichprobenstandardabweichung der Wahren Werte** einer Vorstichprobe $\mathbf{s_Y}$ oder
- die **Standardabweichung der Buchwerte** des Prüffeldes $\boldsymbol{\sigma_X}$

geschätzt werden.[30]

Bei den folgenden Ausführungen wird davon ausgegangen, daß zur Schätzung die Stichprobenstandardabweichung der Wahren Werte einer Vorstichprobe s_Y verwendet wird.[31] Wird dieses in den Gleichungen (3.27) und (3.28) berücksichtigt, lauten die Intervallgrenzen

(3.30) $$y_u = \bar{y} - z \cdot \frac{s_Y}{\sqrt{n}} \cdot \sqrt{\frac{N-n}{N-1}}$$

und

(3.31) $$y_o = \bar{y} + z \cdot \frac{s_Y}{\sqrt{n}} \cdot \sqrt{\frac{N-n}{N-1}} \quad .$$

---

30 Vgl. Abschnit 2.3.5.

31 Im Programm **RSW** wird in der Eingabemaske für die Berechnung entsprechend diese Stichprobenvarianz erfragt und nach der Auswertung einer Stichprobendatei voreingestellt.

Ist der Stichprobenumfang **kleiner oder gleich 30**, kann dagegen **nicht** von einer **Normalverteilung** der Schätzfunktion für die durchschnittlichen Wahren Werte ausgegangen werden, so daß zur Erfüllung der Anwendungsvoraussetzungen der Stichprobenumfang entsprechend zu erhöhen ist. Der Grund ist darin zu sehen, daß die Normalverteilung zur Approximation der Studentverteilung angewendet wird, die bei unbekannter Varianz der Wahren Werte im Prüffeld die modelltheoretisch richtige Verteilung zur Bestimmung von Konfidenzintervallen ist.[32] Jedoch müssen zur Anwendung der Studentverteilung die **Positionswerte** des Prüffeldes **annähernd normalverteilt** sein. In diesem Fall kann davon ausgegangen werden, daß bei Stichprobenumfängen bis zu 30 die Stichprobenmittelwerte **studentverteilt** mit **ν = n-1 Freiheitsgraden** sind, so daß die Bestimmung des Konfidenzintervalls mit Hilfe der **Studentverteilung** erfolgen kann. Diese hat die Dichtefunktion

(3.32) $$f_S(t|\nu) = \frac{\Gamma\left(\frac{\nu+1}{2}\right)}{\sqrt{\nu\pi}\,\Gamma\left(\frac{\nu}{2}\right)} \cdot \frac{1}{\left(1+\frac{t^2}{\nu}\right)^{\frac{\nu+1}{2}}} \qquad \text{für } -\infty < t < +\infty$$

und die Verteilungsfunktion

(3.33) $$F_S(t|\nu) = \frac{\Gamma\left(\frac{\nu+1}{2}\right)}{\sqrt{\nu\pi}\,\Gamma\left(\frac{\nu}{2}\right)} \cdot \int_{-\infty}^{t} \frac{dv}{\left(1+\frac{v^2}{\nu}\right)^{\frac{\nu+1}{2}}} \quad .$$

Wegen der Symmetrie der Studentverteilung ergeben sich die Intervallgrenzen analog zu den Gleichungen (3.30) und (3.31) zu

(3.34) $$y_u = \bar{y} - t \cdot \frac{s_Y}{\sqrt{n}} \cdot \sqrt{\frac{N-n}{N}}$$

und

---

32 Vgl. **Bleymüller/Gehlert/Gülicher**, WiSt-Statistik, S. 63.

$$(3.35) \qquad y_o = \bar{y} + t \cdot \frac{s_Y}{\sqrt{n}} \cdot \sqrt{\frac{N-n}{N}} \ .$$

Auch diese Werte können problemlos aus Tabellensammlungen entnommen werden.[33]

Die an die Anwendung der Studentverteilung geknüpfte Bedingung, daß die Positionswerte im Prüffeld zumindest annähernd normalverteilt sind, kann jedoch in der Praxis i. d. R. als nicht erfüllt angesehen werden, weshalb häufig auf die Darstellung der Studentverteilung verzichtet und lediglich die Anwendung der Normalverteilung dargestellt wird. Diese kann bei genügend großem Stichprobenumfang zur Approximation verwendet werden, wobei dann nach dem Zentralen Grenzwertsatz[34] keine besonderen Anforderungen an die Verteilung der Positionswerte im Prüffeld gestellt werden müssen.[35]

Wie bereits bei der Schätzstichprobe für die Fehleranzahl bzw. den Fehleranteil im Prüffeld, kann auch hier ggf. nur die Bestimmung der Obergrenze oder Untergrenze relevant sein (einseitige Fragestellung). Dies bedarf jedoch keiner weiteren Darstellung, da eine Herleitung aus den Gleichungen für den zweiseitigen Fall leicht möglich ist.[36]

3.3.3 Bestimmung des notwendigen Stichprobenumfangs

Soll eine bestimmte **Genauigkeit** der Schätzung, ausgedrückt durch die **Länge des Konfidenzintervalls L**, erreicht werden, ist zunächst der Stichprobenumfang n zu bestimmen, bei dem diese Genauigkeit eingehalten wird. Dabei wird davon ausgegangen, daß die Schätzwerte für die durchschnittlichen Wahren Werte normalverteilt sind.

Bezeichnet man die Differenz zwischen den Intervallgrenzen y_u bzw. y_o und dem Schätzwert für den durchschnittlichen Wahren Wert $\hat{\mu}_{YF}$ als Stichprobenfehler e,[37] und entsprechend die Differenz zwischen den Intervallgrenzen Y_u bzw. Y_o und dem Punktschätzwert für den Gesamtwert des Prüffeldes $\hat{Y}$ mit E, gilt nach Gleichung (3.27) bzw. (3.28) in Verbindung mit Gleichung (3.29)

---

33 Vgl. **Bleymüller/Gehlert**, WiSt-Tabellen, Tabelle 17, Studentverteilung - Werte von t zu gegebenen zweiseitigen symmetrischen Flächenanteilen, S. 125.

34 Vgl. **Bamberg/Baur**, Statistik, S. 130 f.

35 Vgl. **Bleymüller/Gehlert/Gülicher**, WiSt-Statistik, S. 88.

36 Vgl. dazu die Ausführungen im Abschnitt 3.2.2, die die Schätzstichprobe für die Fehleranzahl bzw. den Fehleranteil im Prüffeld betreffen.

37 Vgl. **v. Wysocki**, Grundlagen, S. 225. e = error.

(3.36) $$e = z \cdot \frac{\sigma_Y}{\sqrt{n}} \cdot \sqrt{\frac{N-n}{N-1}}$$

und

(3.37) $$E = N \cdot z \cdot \frac{\sigma_Y}{\sqrt{n}} \cdot \sqrt{\frac{N-n}{N-1}}.$$

Aus Gleichung (3.36) kann für den gesuchten Stichprobenumfang n

(3.38) $$n \geq \frac{z^2 \cdot N \cdot \sigma_Y^2}{e^2 \cdot (N-1) + z^2 \cdot \sigma_Y^2}$$

hergeleitet werden.[38] Analog ergibt sich aus Gleichung (3.37)

(3.39) $$n \geq \frac{z^2 \cdot N^3 \cdot \sigma_Y^2}{E^2 \cdot (N-1) + z^2 \cdot \sigma_Y^2 \cdot N^2} .$$

Bei großen N kann näherungsweise $\frac{N}{N-1} = 1$ gesetzt werden, so daß der Stichprobenumfang auch nach

(3.40) $$n \geq \frac{z^2 \cdot N^2 \cdot \sigma_Y^2}{E^2 + z^2 \cdot \sigma_Y^2 \cdot N}$$

berechnet werden kann. Die unbekannte Varianz der Wahren Werte im Prüffeld ist zu schätzen. Mit dem so bestimmten Stichprobenumfang wird die gewünschte Genauigkeit der Untersuchung eingehalten, sofern die Stichprobenvarianz der Wahren Werte in der Stichprobe dem Schätzwert für die Varianz der Wahren Werte im Prüffeld entspricht. Sollte die Stichprobenvarianz der Wahren Werte größer als der Schätzwert sein, wird eine Neubestimmung des Stichprobenumfangs zur Einhaltung der Genauigkeit notwendig.

---

38 Vgl. **Bleymüller/Gehlert/Gülicher**, WiSt-Statistik, S.89.

3.3.4 Verwendung einer bereits gezogenen Stichprobe

Auch hier kann eine bereits gezogene Stichprobe zur Auswertung herangezogen werden, wenn bei deren Ziehung die Anwendungsvoraussetzungen erfüllt waren. Soll aber eine gewünschte Genauigkeit der Schätzung eingehalten werden, ist der notwendige Stichprobenumfang einzuhalten. Dabei gilt es jedoch zu berücksichtigen, daß der notwendige Stichprobenumfang unter Anwendung der **Normalverteilung** bestimmt wurde; soll die Bestimmung des Konfidenzintervalls dagegen mit Hilfe der **Studentverteilung** erfolgen, erfüllt der berechnete Stichprobenumfang die Anforderungen an die Genauigkeit nicht. Der Grund ist darin zu sehen, daß sich die Studentverteilung erst mit steigenden Stichprobenumfängen und somit steigenden Freiheitsgraden der Standardnormalverteilung annähert. Ansonsten liegen die Werte der Studentverteilung über denen der Standardnormalverteilung ($t > z$), so daß auch die **Länge des Intervalls größer wird**. Da die Studentverteilung im Rahmen dieser Schätzstichprobe lediglich bei sehr kleinen **n** eingesetzt wird, kann der berechnete Stichprobenumfang nicht als Grundlage genommen werden.

Soll dagegen die **Normalverteilung** zur Berechnung des Konfidenzintervalls herangezogen werden, reicht der berechnete Stichprobenumfang zur Einhaltung der gewünschten Genauigkeit aus. Ist der Stichprobenumfang kleiner, sind unter Einhaltung der Anwendungsvoraussetzungen weitere Elemente nachzuziehen, bis der berechnete Stichprobenumfang erreicht ist. Ist er dagegen größer, kann die Stichprobe ohne weiteres zur Bestimmung des Konfidenzintervalls verwendet werden, da bei konstanter Sicherheitswahrscheinlichkeit $1-\alpha$ die Länge des Konfidenzintervalls abnimmt und damit die Genauigkeit der Schätzung zunimmt. Dieser Zusammenhang kann z. B. der Gleichung (3.36) entnommen werden. Steigt der Stichprobenumfang n bei Konstanz der anderen Parameter, sinkt der Stichprobenfehler e und somit wegen $L = 2 \cdot N \cdot e$ auch die Länge des Konfidenzintervalls L.

3.3.5 Ablauf der Prüfung

Der Ablauf einer Schätzstichprobe für den Gesamtwert des Prüffeldes mit Hilfe der Freien Hochrechnung kann wie der Ablauf einer Schätzstichprobe für die Fehleranzahl bzw. den Fehleranteil in die drei Phasen

[1] **Prüfungsvorbereitung**,

[2] **Prüfungsdurchführung** und

[3] **Prüfungsauswertung**

eingeteilt werden.

Ähnlich wie bei der Prüfungsvorbereitung einer Schätzstichprobe für die Fehleranzahl bzw. den Fehleranteil im Prüffeld sind hier der Phase der **Prüfungsvorbereitung**

- die Abgrenzung des Prüffeldes,
- die Überprüfung der Anwendungsvoraussetzungen und
- die Festlegung der Sicherheitswahrscheinlichkeit $1-\alpha$

zuzuordnen. Soll außerdem die Genauigkeit der Untersuchung vorgegeben werden, gehören zu dieser Phase auch

- die Schätzung der Varianz der Wahren Werte im Prüffeld,
- die Festlegung der maximalen Intervallänge L und schließlich
- die Bestimmung des zur Einhaltung der Genauigkeit notwendigen Stichprobenumfangs n.

Soll anhand der Schätzstichprobe eine Entscheidung über die Ordnungsmäßigkeit des Prüffeldes getroffen werden, ist des weiteren ein Toleranzbereich festzulegen, innerhalb dessen der Gesamtwert des Prüffeldes liegen darf, ohne daß die Ordnungsmäßigkeit abgelehnt werden muß.

In der Phase der **Prüfungsdurchführung** erfolgt die Ziehung der Stichprobenelemente sowie deren Erfassung. Wurde im Rahmen der Prüfungsvorbereitung der zur Einhaltung der gewünschten Genauigkeit notwendige Stichprobenumfang bestimmt, mußte dazu ein Schätzwert für die Varianz der Wahren Werte im Prüffeld herangezogen werden. Dieser Schätzwert ist zu kontrollieren. Ist die berechnete Stichprobenvarianz der Wahren Werte höher als der Schätzwert, sollte eine Neubestimmung des notwendigen Stichprobenumfangs erfolgen.

In der Phase der **Prüfungsauswertung** wird dann auf der Basis der Stichprobe das gesuchte Konfidenzintervall für den Gesamtwert des Prüffeldes bestimmt.

Soll die Stichprobe auch zur Entscheidung über die Ordnungsmäßigkeit herangezogen werden, folgt des weiteren der Vergleich des in der Phase der Prüfungsvorbereitung festgelegten Toleranzbereichs mit dem berechneten Konfidenzintervall. Liegt das Konfidenzintervall nicht außerhalb dieses Toleranzbereichs, kann die Ordnungsmäßigkeit des Prüffeldes angenommen werden. Es ist allerdings zu berücksichtigen, daß keine gleichzeitige Begrenzung der Risiken des Prüfers und des Geprüften erfolgen kann. Sofern eine Entscheidung über die Ordnungsmäßigkeit des Prüffeldes getroffen werden soll, empfiehlt sich die Durchführung einer Annahmestichprobe. Ist das Prüffeld aufgrund der Annahmestichprobe für ordnungsmäßig befunden worden, kann im Anschluß eine Schätzstichprobe verwendet werden, um Kenntnisse über die Höhe des Gesamtwertes des Prüffeldes zu erlangen.

Die Einteilung des Prüfungsablaufs in die drei Phasen ist der Abb. 3.2 zu entnehmen. Wiederum wird unterstellt, daß die Genauigkeit der Schätzung vorgegeben werden soll und entsprechend der dazu notwendige Stichprobenumfang berechnet wird. Eine Entscheidung über die Ordnungsmäßigkeit soll nicht getroffen werden.

3.4 Schätzstichprobe für den Gesamtwert des Prüffeldes bei Anwendung der Verfahren der Gebundenen Hochrechnung

3.4.1 Anwendungsvoraussetzungen

Die Durchführung einer Schätzstichprobe für den Gesamtwert des Prüffeldes unter Anwendung der Verfahren der Gebundenen Hochrechnung ist prinzipiell an dieselben Voraussetzungen gebunden, die bei der Annahmestichprobe für den Gesamtwert des Prüffeldes im Abschnitt 2.3.1 beschrieben wurden. Gleichwohl ergeben sich **weitere Bedingungen**, die speziell aus der Anwendung der Verfahren der Gebundenen Hochrechnung resultieren.

Wurden bei der **Freien Hochrechnung** lediglich die in der Stichprobe auftretenden Ausprägungen des zu untersuchenden Merkmals selbst - hier der Wahren Werte - in die Berechnung einbezogen, werden bei der **Gebundenen Hochrechnung** zusätzliche Informationen eines weiteren Merkmals, des sog. **Basismerkmals**, berücksichtigt.[39] An das Basismerkmal werden folgende **Bedingungen** gestellt:

[1] Der **Umfang** der Grundgesamtheit **des Basismerkmals** muß **gleich** dem **Umfang** der Grundgesamtheit des **Untersuchungsmerkmals** sein.[40]

[2] Die **Ausprägungen des Basismerkmals** in der **Grundgesamtheit** sollten **bekannt** sein. Auf die Kenntnis der genauen Ausprägungen des Basismerkmals kann verzichtet werden, wenn **zumindest das arithmetische Mittel** des Basismerkmals in der Grundgesamtheit bekannt ist.[41]

---

39 Vgl. **Bleymüller**, Stichprobenverfahren, S. 23.

40 Vgl. **Dralle**, Effizienz und Verzerrung, S. 11.

41 Vgl. **Dralle**, Effizienz und Verzerrung, S. 11.

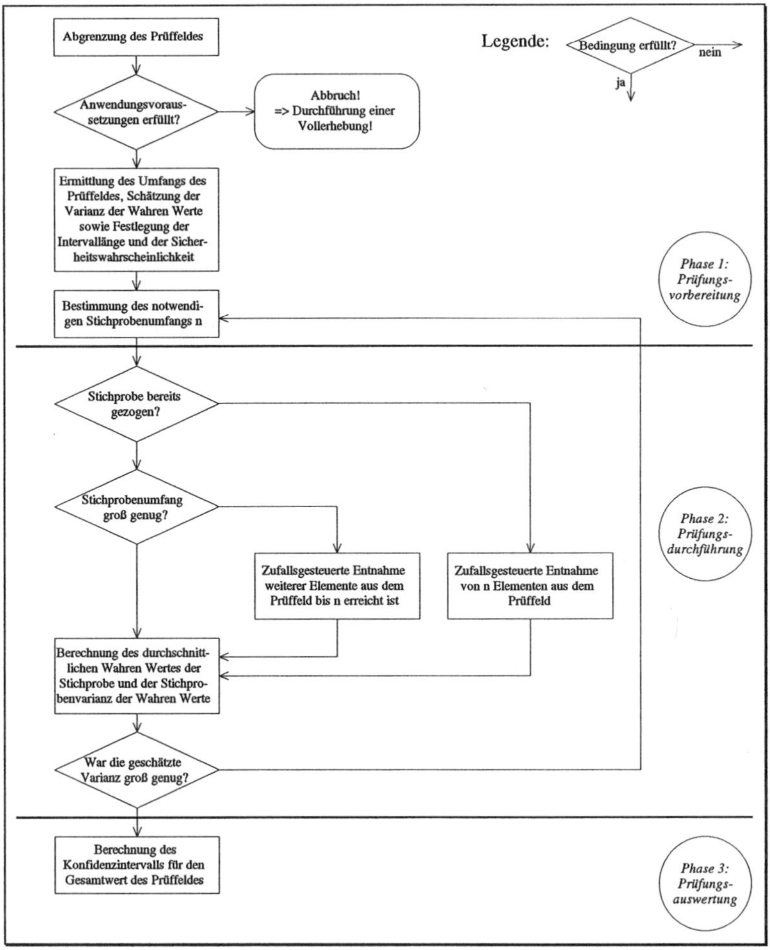

Abb. 3.2: Ablaufplan einer Schätzstichprobe für den Gesamtwert des Prüffeldes bei Anwendung der Freien Hochrechnung

[3] Die **Ausprägungen des Basismerkmals** der **Stichprobenelemente** müssen **erfaßbar** sein, damit sie den Ausprägungen des Untersuchungsmerkmals der Stichprobenelemente gegenübergestellt werden können.

[4] Das Basismerkmal sollte **möglichst hoch** mit dem Untersuchungsmerkmal **korreliert** sein, weil dadurch die Genauigkeit der Schätzung steigt.[42]

42 Vgl. **Dralle**, Effizienz und Verzerrung, S. 11.

Sind diese Bedingungen erfüllt, können durch die Einbeziehung eines Basismerkmals i. d. R. genauere Ergebnisse als bei der Freien Hochrechnung erreicht werden.[43] Weitere Anwendungsvoraussetzungen, die unmittelbar mit der Wahl eines speziellen Hochrechnungsverfahrens verbunden sind, werden bei der Darstellung der Verfahren beschrieben.

Diese Voraussetzungen können z. B. erfüllt sein, wenn als Basismerkmal die Ausprägungen der Untersuchungsobjekte bei einer früheren Vollerhebung verwendet werden. Allerdings bietet sich dieses Vorgehen im Bereich des Prüfungswesens nicht an. Dort wird i. d. R. der Buchwert der Untersuchungsobjekte als Basismerkmal verwendet.[44] Aufgrund der hohen Korrelation von Buchwerten und Wahren Werten wird die Schätzung daraufhin sehr genau sein.

3.4.2 Darstellung der Verfahren der Gebundenen Hochrechnung

Bei der Gebundenen Hochrechnung, dem neben der Freien Hochrechnung zweiten Bereich der Hochrechnungsverfahren, können

[1] die **Differenzenschätzung,**
[2] die **Verhältnisschätzung** und
[3] die **Lineare Regressionsschätzung**.

unterschieden werden.

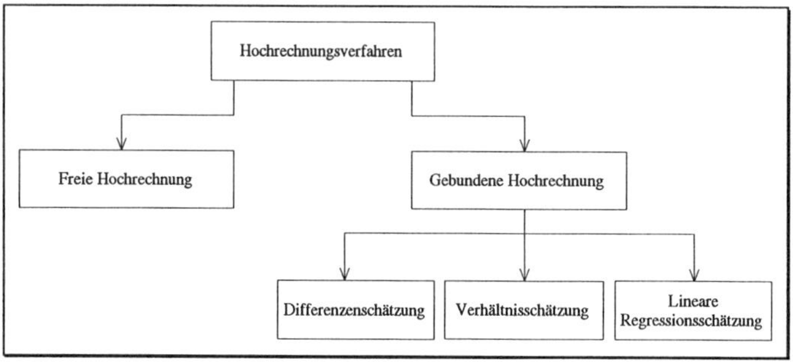

Abb. 3.3: Überblick über einige wichtige Hochrechnungsverfahren Quelle: Bleymüller, Stichprobenverfahren, S. 22.

43 Vgl. **Bleymüller**, Stichprobenverfahren, S. 22.

44 Vgl. **Scherrer/Obermeier**, Stichprobeninventur, S. 28; **Dralle**, Effizienz und Verzerrung, S. 11.

Diese drei Verfahren gehen jeweils von anderen Grundgedanken über den Zusammenhang von Basismerkmal und Untersuchungsmerkmal aus, die im folgenden näher dargestellt werden.

Zur Darstellung der Verfahren soll jeweils von der Punktschätzung für den durchschnittlichen Wahren Wert des Prüffeldes und der anschließenden Bildung eines entsprechenden Konfidenzintervalls ausgegangen werden. Diese Schätzung kann durch einfache Multiplikation mit dem Umfang des Prüffeldes N in die Schätzung für den Gesamtwert des Prüffeldes überführt werden.

Wird die Schätzung des durchschnittlichen Wahren Wertes bei Anwendung der Freien Hochrechnung durch den realisierten Stichprobenmittelwert der Wahren Werte in der gezogenen Stichprobe vorgenommen, werden bei der Gebundenen Hochrechnung die Ausprägungen des Basismerkmals durch folgende **Schätzfunktion für den durchschnittlichen Wahren Wert im Prüffeld** berücksichtigt:[45]

(3.41) $$\hat{\mu}_Y = \bar{Y} + \gamma \cdot (\mu_X - \bar{X}) .$$

Dabei stellt $\bar{Y}$ den Stichprobenmittelwert der Wahren Werte, $\bar{X}$ den Stichprobenmittelwert der Buchwerte und μ_X das arithmetische Mittel der Buchwerte im Prüffeld dar. Der Parameter γ ist der sogenannte **Hochrechnungsparameter**, der je nach Hochrechnungsverfahren eine andere Ausprägung annimmt.[46]

Bei Zugrundelegung der Entnahmetechnik "Ziehen ohne Zurücklegen" besitzt diese Schätzfunktion die Varianz[47]

(3.42) $$V(\hat{\mu}_Y) = \frac{1}{n} \cdot \frac{N-n}{N-1} \cdot (\sigma_Y^2 - 2 \cdot \gamma \cdot \sigma_{XY} + \gamma^2 \cdot \sigma_X^2) .$$

Da jedoch die in der Formel enthaltenen Varianzen σ_Y^2 und σ_X^2 sowie die Kovarianz σ_{XY} nicht bekannt sind, müssen sie geschätzt werden. Dazu sind die entsprechenden

---

45 Vgl. **Dralle**, Effizienz und Verzerrung, S. 12.

46 In der Literatur wird dieser Parameter häufig auch mit α oder mit z bezeichnet.

47 Vgl. **Dralle**, Effizienz und Verzerrung, S. 12.

Werte der Stichprobe geeignet,[48] so daß sich die **Schätzfunktion für die Varianz von $\hat{\mu}_Y$** nach

(3.43) $$\hat{V}(\hat{\mu}_Y) = \frac{1}{n} \cdot \frac{N-n}{N-1} \cdot (S_Y^2 - 2 \cdot \gamma \cdot S_{XY} + \gamma^2 \cdot S_X^2)$$

berechnen läßt.[49] Liegt eine konkrete Stichprobe vor, wird der Schätzwert entsprechend mit den Kennzahlen der Stichprobe berechnet:

(3.44) $$\hat{V}(\hat{\mu}_Y) = \frac{1}{n} \cdot \frac{N-n}{N-1} \cdot (s_Y^2 - 2 \cdot \gamma \cdot s_{XY} + \gamma^2 \cdot s_X^2) .$$

Bei Erfüllung der Anwendungsvoraussetzungen[50] kann von einer Normalverteilung der Schätzfunktion für den durchschnittlichen Wahren Wert im Prüffeld ausgegangen werden, so daß das zugehörige Konfidenzintervall analog zur Freien Hochrechnung

(3.45) $$\hat{\mu}_Y - z \cdot \sqrt{\hat{V}(\hat{\mu}_Y)} \leq \mu_Y \leq \hat{\mu}_Y + z \cdot \sqrt{\hat{V}(\hat{\mu}_Y)}$$

lautet. Der Parameter z folgt dann der Standardnormalverteilung. Durch anschließende Multiplikation mit dem Umfang des Prüffeldes N erhält man das gesuchte Konfidenzintervall für den Gesamtwert des Prüffeldes

(3.46) $$N \cdot \left[\hat{\mu}_Y - z \cdot \sqrt{\hat{V}(\hat{\mu}_Y)}\ \right] \leq N \cdot \mu_Y \leq N \cdot \left[\hat{\mu}_Y + z \cdot \sqrt{\hat{V}(\hat{\mu}_Y)}\ \right].$$

Welche Form die Schätzfunktionen für den durchschnittlichen Wahren Wert und die Varianz der Schätzfunktion bei den einzelnen Schätzverfahren der Gebundenen Hochrechnung annimmt, wird im folgenden dargestellt.

---

48 Wie bei der Freien Hochrechnung könnten auch hier zur Schätzung Erfahrungswerte verwendet werden. Jedoch ist deren Verwendung noch weniger als bei der Freien Hochrechnung geeignet, da Konstanz der drei Parameter im Zeitablauf vorausgesetzt ist. Das trifft aber nur in den seltensten Fällen zu.

49 Vgl. **Bleymüller**, Stichprobenverfahren, S. 35; **Dralle**, Effizienz und Verzerrung, S. 12.

50 Dabei sind auch die noch zu schildernden Anwendungsvoraussetzungen einzuhalten, die sich für die einzelnen Verfahren ergeben.

[1] Differenzenschätzung

Der Grundgedanke der Differenzenschätzung ist die Annahme, daß die Differenz zwischen den arithmetischen Mitteln von Basis- und Untersuchungsmerkmal in der Grundgesamtheit, hier also Buchwerten und Wahren Werten im Prüffeld, gleich der Differenz zwischen den entsprechenden Stichprobenmittelwerten ist[51]

(3.47) $\mu_Y - \mu_X = \bar{y} - \bar{x}.$

Daraus ergibt sich die **Schätzfunktion für den durchschnittlichen Wahren Wert im Prüffeld** nach dem Verfahren der Differenzenschätzung zu

(3.48) $\hat{\mu}_{YD} = \bar{Y} + (\mu_X - \bar{X}).$

Beim Entnahmemodell "Ziehen ohne Zurücklegen" lautet die entsprechende **Schätzfunktion für die Varianz von $\hat{\mu}_{YD}$**[52]

(3.49) $\hat{V}(\hat{\mu}_{YD}) = \left(\frac{1}{n} - \frac{1}{N}\right) \cdot (S_Y^2 - 2 \cdot S_{XY} + S_X^2)\ .$

$\hat{\mu}_{YD}$ und $\hat{V}(\hat{\mu}_{YD})$ ergeben sich aus den allgemeinen Funktionen (3.41) und (3.43), wenn der allgemeine Hochrechnungsparameter $\boldsymbol{\gamma = 1}$ gesetzt wird.

Das daraus resultierende Konfidenzintervall läßt sich dann nach Einsetzen von (3.48) und (3.49) in (3.45) bzw. (3.46) bestimmen.

Die Schätzfunktion der Differenzenschätzung liefert **erwartungstreue** Schätzwerte;[53] sie kann immer dann angewendet werden, wenn von gleichen Differenzen zwischen den arithmetischen Mitteln des Basis- und des Untersuchungsmerkmals in der Grundgesamtheit und in der Stichprobe auszugehen ist.

Dadurch, daß die Bestimmung des Konfidenzintervalls mit Hilfe der Standardnormalverteilung erfolgt, wird implizit unterstellt, daß die nach dem Verfahren der Differenzenschätzung berechneten Schätzwerte für den durchschnittlichen Wahren Wert im

---

51 Vgl. **Bleymüller**, Stichprobenverfahren, S.24; **Dralle**, Effizienz und Verzerrung, S.13.

52 Vgl. **Bleymüller**, Stichprobenverfahren, S.27.

53 Vgl. **Bleymüller**, Stichprobenverfahren, S.26; **Dralle**, Effizienz und Verzerrung, S.13.

Prüffeld normalverteilt sind. Die Verteilung dieser Schätzwerte hängt jedoch stark von der **Verteilung der Differenzen von Buchwerten und Wahren Werten** ab, die nicht normalverteilt sind.[54] Nur bei "genügend großem" Stichprobenumfang n darf nach dem Zentralen Grenzwertsatz[55] von einer Normalverteilung der Schätzfunktion für die durchschnittlichen Differenzen und somit auch der nach dem Verfahren der Differenzenschätzung berechneten Schätzfunktion für den durchschnittlichen Wahren Wert im Prüffeld ausgegangen werden. Generell sollte die Bestimmung des Konfidenzintervalls bei der Differenzenschätzung mit Hilfe der Normalverteilung also nur bei "genügend großem" Stichprobenumfang n erfolgen. In der Literatur herrscht jedoch keine Einheitlichkeit darüber, wie groß ein "genügend großer" Stichprobenumfang ist. **Bönte**[56] schlägt vor, daß der Stichprobenumfang mindestens **30** betragen sollte; **v. Wysocki/ Schmidle**[57] gehen dagegen von **n ≥ 250-300** aus. Nach **Mandl**[58] ist eine gute Näherung erst ab **n > 300** möglich. Angesichts dieser Meinungsvielfalt schlägt **Angele** vor, den Mindeststichprobenumfang an dem zu orientieren, der bei Freier Hochrechnung und beliebiger Verteilung der Grundgesamtheit für die Normalverteilungsannahme nötig ist.[59] Er schlägt deshalb **n ≥ 120** vor.

Zur Umgehung dieser Problematik sollte auf die Anwendung der Differenzenschätzung zur Bestimmung des Konfidenzintervalls verzichtet werden, wenn die Bestimmung mit Hilfe eines der beiden anderen Verfahren möglich ist.

[2] Verhältnisschätzung

Der Grundgedanke der Verhältnisschätzung ist, daß das Verhältnis der arithmetischen Mittel von Basis- und Untersuchungsmerkmal in der Grundgesamtheit und in der Stichprobe übereinstimmt, daß also

$$(3.50) \qquad \frac{\mu_Y}{\mu_X} = \frac{\bar{y}}{\bar{x}}$$

---

54 Vgl. **Angele**, Anerkannte Methoden, S. 116.

55 Vgl. **Bamberg/Baur**, Statistik, S. 130 f.

56 Vgl. **Bönte**, Stichprobenpläne, S. 116.

57 Vgl. **v. Wysocki/Schmidle**, Gebundene Schätzverfahren, S. 430.

58 Vgl. **Mandl**, Stichprobenverfahren, S. 73 ff.

59 Vgl. **Angele**, Anerkannte Methoden, S. 116.

gilt. Daraus abgeleitet lautet die **Schätzfunktion für den durchschnittlichen Wahren Wert im Prüffeld** bei Anwendung des Verfahrens der Verhältnisschätzung

(3.51) $$\hat{\mu}_{YV} = \frac{\bar{Y}}{\bar{X}} \cdot \mu_X .$$

Diese Schätzfunktion liefert keine erwartungstreuen Schätzwerte, sondern ist lediglich **asymptotisch erwartungstreu**. Aufgrund der Komplexität der Verteilung der Schätzfunktion kann ihre Varianz nur über die **Näherungsformel** geschätzt werden. Die entsprechende **Schätzfunktion für die Varianz von $\hat{\mu}_{YV}$** lautet

(3.52) $$\hat{V}(\hat{\mu}_{YV}) \approx \left(\frac{1}{n} - \frac{1}{N}\right) \cdot \left(S_Y^2 - 2 \cdot \left(\frac{\bar{Y}}{\bar{X}}\right) \cdot S_{XY} + \left(\frac{\bar{Y}}{\bar{X}}\right)^2 \cdot S_X^2\right).$$

Die Verhältnisschätzung sollte demnach lediglich **für große Stichprobenumfänge** verwendet werden. Als Faustregel schlägt **Bleymüller** vor, daß der Stichprobenumfang **mindestens 30** betragen sollte.[60] Ferner muß gewährleistet sein, daß die **Variationskoeffizienten**

(3.53) $$VC_{\bar{x}} = \frac{s_{\bar{x}}}{\bar{x}} = \frac{s_x}{\bar{x} \cdot \sqrt{n}}$$

und

(3.54) $$VC_{\bar{y}} = \frac{s_{\bar{y}}}{\bar{y}} = \frac{s_y}{\bar{y} \cdot \sqrt{n}}$$

jeweils **kleiner als 10 % sind.**[61] Sind diese Bedingungen nicht erfüllt, muß zur Anwendung des Verfahrens der Verhältnisschätzung der Stichprobenumfang erhöht werden, da die Variationskoeffizienten mit steigendem Stichprobenumfang sinken.

60 Vgl. **Bleymüller,** Stichprobenverfahren, S. 30. Die gleiche Meinung findet sich bei **Cochran,** Stichprobenverfahren, S. 196.

61 Vgl. **Bleymüller,** Stichprobenverfahren, S. 30; **Cochran,** Stichprobenverfahren, S. 196.

Die Schätzfunktionen (3.51) und (3.52) ergeben sich aus den Schätzfunktionen (3.41) und (3.42), wenn der allgemeine Hochrechnungsparameter jeweils den Wert $\gamma = \frac{\bar{Y}}{\bar{X}}$ annimmt.

[3] Lineare Regressionsschätzung

Grundgedanke der Linearen Regressionsschätzung ist die Bestimmung der **effizientesten Schätzfunktion**, also der Schätzfunktion mit der **geringsten Varianz**. Die Herleitung erfolgt, indem die allgemeine Schätzfunktion (3.43) für die geschätzte Varianz der Schätzfunktion (3.41) nach γ abgeleitet, diese Ableitung gleich Null gesetzt und nach γ aufgelöst wird.[62] Da die 2. Ableitung nach γ immer positiv ist, liegt ein Minimum vor. In diesem Fall nimmt der allgemeine Hochrechnungsparameter genau den Wert $\gamma = \frac{S_{XY}}{S_X^2}$ an. Die daraus resultierende **Schätzfunktion für den durchschnittlichen Wahren Wert im Prüffeld** ergibt sich zu

$$(3.55) \qquad \hat{\mu}_{YR} = \bar{Y} + \frac{S_{XY}}{S_X^2} \cdot (\mu_X - \bar{X}) .$$

Für das Entnahmemodell "Ziehen ohne Zurücklegen" lautet die **Schätzfunktion für die Varianz von $\hat{\mu}_{YR}$** entsprechend

$$(3.56) \qquad \hat{V}(\hat{\mu}_{YR}) \approx \left(\frac{1}{n} - \frac{1}{N}\right) \cdot \left(S_Y^2 - \frac{S_{XY}^2}{S_X^2}\right) .$$

Wie schon die Schätzfunktion der Verhältnisschätzung (3.51) ist auch die Schätzfunktion der Linearen Regressionsschätzung (3.55) i. d. R. verzerrt. Die zur Schätzung der Varianz der Schätzfunktion verwendete Funktion ist eine Näherungsformel, die nur bei großen Stichprobenumfängen Gültigkeit besitzt. **Bleymüller** empfiehlt als Faustregel, die Lineare Regressionsschätzung erst bei Stichprobenumfängen mit **n > 50** anzuwenden.[63]

---

62 Die Herleitung ist z. B. dargestellt bei **Bleymüller**, Stichprobenverfahren, S. 35.

63 Vgl. **Bleymüller**, Stichprobenverfahren, S. 37.

Die zur Anwendung der Schätzfunktion notwendige näherungsweise Erfüllung der Modellbedingungen der Linearen Einfachregression[64] kann im Prüfungswesen - zumindest bei ordnungsgemäßen Prüffeldern - unterstellt werden.

Durch Umformung der Gleichung (3.56) zu (3.57) wird deutlich, daß die geschätzte Varianz der Schätzfunktion um so kleiner ist, je größer r_{XY}^2 ist, d. h. je stärker das Basismerkmal und das Untersuchungsmerkmal miteinander korreliert sind

$$(3.57) \qquad \hat{V}(\hat{\mu}_{YR}) \approx \left(\frac{1}{n} - \frac{1}{N}\right) \cdot s_Y^2 \cdot \left(1 - r_{XY}^2\right) .$$

3.4.3 Auswahl des anzuwendenden Schätzverfahrens

Bei der Auswahl des anzuwendenden Schätzverfahrens der Gebundenen Hochrechnung gilt es **ökonomische, statistische** und - als Kombination der beiden - **ökonomisch-statistische** Kriterien zu berücksichtigen.[65]

Eine Entscheidung auf der Basis rein **ökonomischer Kriterien** würde immer zur Anwendung des Verfahrens mit den geringsten Kosten führen.[66] Jedoch können m. E. **nur unerhebliche Kostendifferenzen** zwischen den drei dargestellten Hochrechnungsverfahren der Gebundenen Hochrechnung ausgemacht werden. Ökonomische Kriterien kommen höchstens dann zum Tragen, wenn entschieden werden muß, ob überhaupt ein Verfahren der Gebundenen Hochrechnung angewendet werden, oder ob auf die Freie Hochrechnung zurückgegriffen werden soll. Doch auch hier kann bei Verwendung eines geeigneten Computer-Programms kein wesentlicher Unterschied bei den Kosten ausgemacht werden, sofern die Ausprägungen des Basismerkmals in einer Datei zur Verfügung stehen.[67]

---

64 Vgl. **ebenda**, S. 36.

65 Vgl. **Dralle**, Effizienz und Verzerrung, S. 27.

66 Vgl. **ebenda**.

67 Diese Aussage trifft zumindest bei der Anwendung des Programms **RSW** zu, da damit nach erfolgter Stichprobenziehung lediglich die Ausprägungen des Untersuchungsmerkmals der Stichprobenelemente, also die Wahren Werte, erfaßt werden müssen. Die Ausprägungen des Basismerkmals werden bereits bei der Stichprobenziehung vom Programm mit übergeben. Diese Erfassung muß jedoch auch dann stattfinden, wenn die Freie Hochrechnung angewendet werden soll, damit die Kennzahlen der Wahren Werte der Stichprobenelemente ermittelt werden können. Bei dieser Ermittlung werden aber automatisch auch alle für die Verfahren der Gebundenen Hochrechnung benötigten Kennzahlen berechnet.

Sind nur unerhebliche Kostendifferenzen zu erkennen, ist auch eine weitere Berücksichtigung der **ökonomisch-statistischen Kriterien** nicht mehr entscheidungsrelevant, so daß im folgenden lediglich die **statistischen Kriterien** darzustellen sind. Zur Entscheidung über das anzuwendende Verfahren können in der Hauptsache die Kriterien **Erwartungstreue** und **Effizienz** herangezogen werden.[68]

Nach dem Kriterium der **Erwartungstreue** ist dem Verfahren der **Differenzenschätzung** der Vorzug zu geben, da dieses als einziges erwartungstreue Schätzwerte liefert. Jedoch sind die anderen beiden Verfahren asymptotisch erwartungstreu, so daß mit steigendem Stichprobenumfang die Erwartungstreue kein geeignetes Auswahlkriterium mehr darstellt. Sind die oben genannten Faustregeln zur Anwendung der Verhältnisschätzung oder der Linearen Regressionsschätzung erfüllt, besteht hinsichtlich der Erwartungstreue Indifferenz zwischen den Verfahren. Zudem muß die Problematik berücksichtigt werden, die aus der unbekannten Verteilung der Differenzen entsteht.

Im Gegensatz dazu kann das Kriterium der **Effizienz** durchaus zur Wahl des Verfahrens herangezogen werden. Die Effizienz eines Verfahrens wird an der **Höhe der geschätzten Varianz** gemessen, wobei das Verfahren mit der geringsten Varianz das effizienteste ist. Da für die Schätzung der Varianz der Schätzfunktion bei der Verhältnisschätzung und der Linearen Regressionsschätzung jedoch nur Näherungsformeln verwendet werden, ist die Einhaltung der beschriebenen Faustregeln zu beachten.

Für den Effizienzvergleich werden drei Lösungswege vorgeschlagen:[69]

[1] die **Triviale Lösung**,
[2] die **Theoretische Lösung** und
[3] die **Graphische Lösung**.

Die **Triviale Lösung** besteht in der Berechnung der geschätzten Varianzen für die einzelnen Verfahren mit Hilfe der Kennzahlen der Stichprobe. Anwendung findet das Verfahren, für das die kleinste Varianz geschätzt wurde.[70]

---

68 Das Kriterium der Konsistenz ist demgegenüber nicht entscheidungsrelevant, da alle drei Schätzverfahren der Gebundenen Hochrechnung wie auch das Verfahren der Freien Hochrechnung konsistente Schätzwerte liefern. Vgl. dazu **Bleymüller**, Stichprobenverfahren, S. 44.

69 Vgl. **Bleymüller**, Stichprobenverfahren, S. 44 ff.

70 Vgl. **ebenda**, S. 45.

Bei der **Theoretischen Lösung** wird die Entscheidung mit Hilfe von vorab hergeleiteten Entscheidungsregeln getroffen.[71] Zur Herleitung dieser Entscheidungsregeln werden die Formeln zur Berechnung der Varianzen **paarweise gegenübergestellt** und soweit umgeformt, bis leicht zu handhabende Vergleiche von einfachen Kennzahlen der Stichprobe entstehen.[72]

Eine Entscheidung über das anzuwendende Verfahren wird bei der **Graphischen Lösung** anhand eines Streupunktdiagramms getroffen, in dem die Buchwerte gegen die Wahren Werte der Stichprobe abgetragen werden. Dabei wird wie folgt entschieden:[73]

Ist keine lineare Tendenz erkennbar, sollte auf die Anwendung der Verfahren der Gebundenen Hochrechnung verzichtet und statt dessen die Freie Hochrechnung angewendet werden.

Kann eine lineare Tendenz ausgemacht werden, die eine Steigung von Eins aufweist und nicht durch den Koordinatenursprung verläuft, bietet sich die Anwendung der Differenzenschätzung an.

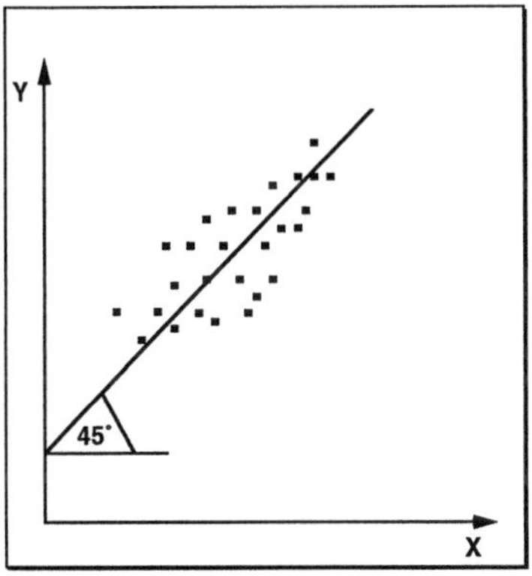

Abb. 3.4: Streupunktdiagramm mit linearer Tendenz, die eine Steigung von Eins aufweist und nicht durch den Koordinatenursprung verläuft

71 Die Entscheidungsregeln finden sich z. B. bei **Bleymüller/Gülicher**, Formeln, S. 5. In die Tabelle ist auch ein Vergleich mit der Freien Hochrechnung integriert.

72 Alternativ können auch die Hochrechnungsfaktoren γ der Hochrechnungsverfahren gegenübergestellt und entsprechend umgeformt werden.

73 Vgl. **Dralle**, Effizienz und Verzerrung, S. 100 sowie die dort angegebene Literatur.

Liegt eine lineare Tendenz mit beliebiger Steigung vor, die durch den Koordinatenursprung verläuft, kann die Schätzung mit Hilfe des Verfahrens der Verhältnisschätzung erfolgen.

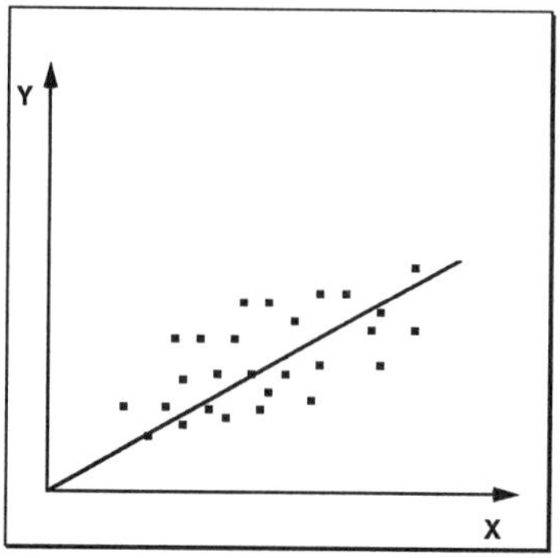

Abb. 3.5: ***Streupunktdiagramm mit linearer Tendenz beliebiger Steigung, die durch den Koordinatenursprung verläuft***

Ergibt sich dagegen eine lineare Tendenz, die eine beliebige Steigung aufweist und nicht durch den Koordinatenursprung verläuft, sollte die Lineare Regressionsschätzung angewendet werden.

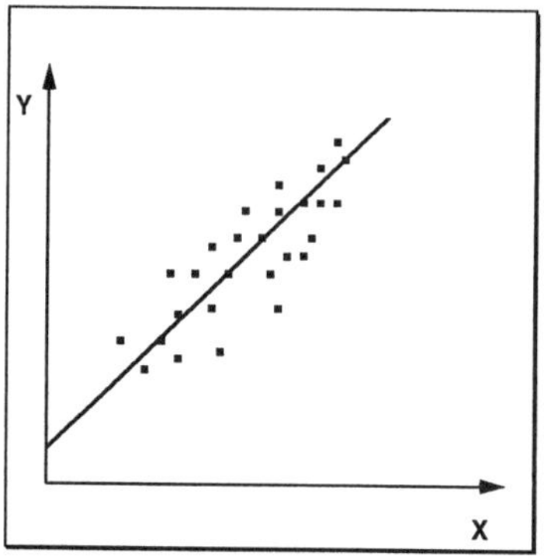

Abb. 3.6: ***Streupunktdiagramm mit linearer Tendenz beliebiger Steigung, die nicht durch den Koordinatenursprung verläuft***

Zu den Entscheidungskriterien sei jedoch angemerkt, daß die Lineare Regressionsschätzung in jedem Fall die effizienteste Schätzfunktion besitzt, da sie durch Minimierung der Varianz hergeleitet wurde. Die beiden anderen Verfahren können lediglich dann genauso effizient sein, wenn sie einen Grenzfall der Linearen Regressionsschätzung darstellen, die Schätzfunktionen also ineinander übergehen.[74] Aus reinen Effizienzüberlegungen empfiehlt sich demnach immer die Anwendung der Linearen Regressionsschätzung. Die Berechnungen mit Hilfe der Differenzenschätzung bzw. der Verhältnisschätzung können einerseits zur Rechenvereinfachung eingesetzt werden, da die Lineare Regressionsschätzung das rechentechnisch aufwendigste Verfahren ist, andererseits können sie angewendet werden, wenn die Regressionsschätzung wegen $n \leq 50$ nicht zur Berechnung herangezogen werden darf.

Auch in diesem Fall sollte die Aufwendigkeit der Berechnungen nicht über die Wahl des Hochrechnungsverfahrens entscheiden. Die nötigen Berechnungen können problemlos von einem Computer-Programm wie z. B. **RSW** übernommen werden, so daß die Lineare Regressionsschätzung nur noch dann durch die anderen Verfahren zu substituieren ist, wenn ihre Anwendung nicht zulässig ist. Die Wahl zwischen der Differenzenschätzung und der Verhältnisschätzung wird dann entweder von der Zulässigkeit der Verhältnisschätzung determiniert, oder die Entscheidung erfolgt mit Hilfe einer der drei oben dargestellten Methoden.[75]

Eine weitere Möglichkeit zur Bestimmung der effizientesten Schätzfunktion ist die Bestimmung der jeweils notwendigen Stichprobenumfänge. Ist der Stichprobenumfang, wie bisher unterstellt, bereits bekannt und für alle Schätzfunktionen gleich, gilt die Schätzfunktion als die effizienteste, die wegen der geringsten Varianz das kürzeste Konfidenzintervall liefert. Wird dagegen, wie bei der Bestimmung des notwendigen Stichprobenumfangs, die Länge des Konfidenzintervalls vorgegeben, ist entsprechend die Schätzfunktion am effizientesten, die den kleinsten Stichprobenumfang zur Einhaltung der vorgegebenen Genauigkeit benötigt. Soll also die Genauigkeit der Untersuchung vorgegeben werden, wird bei der Bestimmung der für die einzelnen Verfahren notwendigen Stichprobenumfänge deutlich, welche die effizienteste Schätzfunktion

---

74 Diese Fälle können der Entscheidungstabelle der Theoretischen Lösung entnommen werden, in denen aufgezeigt wird, wann die Differenzenschätzung oder die Verhältnisschätzung zu gleich gute Ergebnissen wie die Lineare Regressionsschätzung führen. Vgl. **Bleymüller/Gülicher**, Formeln, S. 5.

75 Bei der Anwendung des Programms **RSW** wird die Überprüfung auf Zulässigkeit der Verhältnisschätzung und der Linearen Regressionsschätzung vom Programm vorgenommen und dem Anwender werden daraufhin **nur die zulässigen Verfahren zur Auswahl angeboten**. Die Entscheidung zwischen den Verfahren kann dann auf der Basis der ebenfalls mit Hilfe des Programms **RSW** berechneten Kenngrößen der Stichprobendatei mittels der **Trivialen** oder der **Theoretischen Lösung** vorgenommen werden.

ist.[76] Sinnvoll ist der Effizienzvergleich anhand der notwendigen Stichprobenumfänge jedoch nur, wenn dies nicht "von Hand" unter Anwendung von Tabellenwerken, sondern mit Hilfe eines Computer-Programms durchgeführt wird. Wird die Berechnung "von Hand" mit Hilfe von Tabellenwerken durchgeführt, sind u. a. auch die Varianzen der Schätzfunktionen zu schätzen. Liegen die Schätzungen aber vor, kann auch ein direkter Vergleich der Schätzwerte zur Bestimmung des effizientesten Verfahrens führen.[77]

Zusammenfassend ist zur Wahl des Hochrechnungsverfahrens zu sagen, daß aus Effizienzüberlegungen möglichst die Lineare Regressionsschätzung zur Berechnung heranzuziehen ist. Sofern deren Anwendung nicht möglich ist, sollte wegen der Problematik der unbekannten Verteilung der Differenzen zunächst auf die Verhältnisschätzung zurückgegriffen werden. Nur wenn deren Anwendungvoraussetzungen nicht erfüllt sind, sollte die Differenzenschätzung angewendet werden.

3.4.4 Bestimmung des notwendigen Stichprobenumfangs

Der notwendige Stichprobenumfang kann nicht für alle Verfahren der Gebundenen Hochrechnung einheitlich bestimmt werden. Soll die Genauigkeit über die Länge des Konfidenzintervalls L mit $L = 2 \cdot E = 2 \cdot e \cdot N$ vorgegeben werden, ist zu berücksichtigen, daß der Stichprobenfehler e zu

$$(3.58) \qquad e = z \cdot \sqrt{\hat{V}(\hat{\boldsymbol{\mu}}_Y)}$$

berechnet wird. Die dabei verwendete geschätzte Varianz der Schätzfunktion nimmt bei jedem Hochrechnungsverfahren verschiedene Ausprägungen an. Demnach ist für jedes Verfahren der Gebundenen Hochrechnung ein notwendiger Stichprobenumfang zu bestimmen.

In die Berechnung gehen jeweils die Schätzwerte für die Varianz der Buchwerte und der Wahren Werte im Prüffeld sowie deren Kovarianz ein. Anders als bei der Freien Hochrechnung sollte diese Schätzung m. E. nicht mit Hilfe von Erfahrungswerten erfolgen, da die im Abschnitt 2.3.5 geschilderte Problematik der unterstellten Konstanz

---

76 Diese Bestimmung des notwendigen Stichprobenumfangs ist im Programm **RSW** sowohl für die Freie Hochrechnung als auch für die Verfahren der Gebundenen Hochrechnung implementiert. Die dazu benötigten Kennzahlen einer Vorstichprobe können im Vorfeld ebenfalls vom Programm bestimmt werden und sind dann bei der Eingabe bereits voreingestellt.

77 Vgl. die oben dargestellte Triviale Lösung.

der Varianz im Zeitablauf dann für alle drei zu schätzenden Parameter zutrifft und somit die Abweichungen durch falsche Schätzung noch höher sein werden. Es ist deshalb unbedingt die Verwendung der Parameter einer Vorstichprobe anzuraten. Diese Vorstichprobe sollte einen den Anwendungsvoraussetzungen genügenden Umfang haben. Da die Empfehlung lautet, möglichst die Lineare Regressionsschätzung anzuwenden, könnte diese Vorstichprobe einen Umfang von n > 50 aufweisen.

In einigen Fällen kann für die Verfahren der Gebundenen Hochrechnung auf die Bestimmung des notwendigen Stichprobenumfangs verzichtet werden. Dies ist dann der Fall, wenn der Mindeststichprobenumfang bereits für die Freie Hochrechnung bestimmt wurde, und dieser nicht größer als 30 ist. Dann kann für jedes Verfahren ein Stichprobenumfang gewählt werden, der jeweils zur Einhaltung der Anwendungsvoraussetzungen notwendig ist, z. B. n > 50 für die Lineare Regressionsschätzung. Der Grund liegt darin, daß der Stichprobenumfang bei der Gebundenen Hochrechnung zur Einhaltung einer vorgegebenen Genauigkeit bei der im Prüfungswesen anzunehmenden hohen Korrelation zwischen Basis- und Untersuchungsmerkmal immer kleiner ist als der bei der Freien Hochrechnung.[78]

Analog zur Freien Hochrechnung kann der notwendige Stichprobenumfang aus der Gleichung (3.58) durch Einsetzen der jeweiligen Schätzfunktion für die Varianz der Schätzfunktion und Auflösen nach dem Stichprobenumfang n bestimmt werden. Mit den empirischen Werten einer Vorstichprobe kann der notwendige Stichprobenumfang dann mit Hilfe der nachfolgenden Ungleichungen bestimmt werden.

Für die **Differenzenschätzung** ergibt sich der notwendige Stichprobenumfang zu

$$(3.59) \qquad n \geq \frac{N \cdot z^2 \cdot \left(s_Y^2 - 2 \cdot s_{XY} + s_X^2\right)}{N \cdot e^2 + z^2 \cdot \left(s_Y^2 - 2 \cdot s_{XY} + s_X^2\right)},$$

für die **Verhältnisschätzung** zu

---

78 **Angele** unterscheidet zwischen der **Bestimmung des Stichprobenumfangs aus Genauigkeitsgründen** und der **Bestimmung des Stichprobenumfangs aus Approximationserwägungen**. Vgl. dazu **Angele,** Anerkannte Methoden, S. 112 ff, 126 ff, 138 ff. Die Bestimmung aus Approximationserwägungen erfolgt, wenn keine Genauigkeit der Untersuchung vorgegeben werden soll. Jedoch sollte der notwendige Stichprobenumfang aus Approximationserwägungen nicht losgelöst vom notwendigen Stichprobenumfang aus Genauigkeitserwägungen gesehen werden. Wird der Stichprobenumfang aus Genauigkeitsgründen mit n_g und der Stichprobenumfang aus Approximationserwägungen mit n_a bezeichnet, sollte bei der Bestimmung des Stichprobenumfangs der größere der beiden Werte verwendet werden, also $\mathbf{n = max[n_g, n_a]}$.

(3.60) $$n \geq \frac{N \cdot z^2 \cdot \left(s_Y^2 - 2 \cdot \left(\frac{\bar{y}}{\bar{x}} \right) \cdot s_{XY} + \left(\frac{\bar{y}}{\bar{x}} \right)^2 \cdot s_X^2 \right)}{N \cdot e^2 + z^2 \cdot \left(s_Y^2 - 2 \cdot \left(\frac{\bar{y}}{\bar{x}} \right) \cdot s_{XY} + \left(\frac{\bar{y}}{\bar{x}} \right)^2 \cdot s_X^2 \right)}$$

und für die **Lineare Regressionsschätzung** zu

(3.61) $$n \geq \frac{N \cdot z^2 \cdot \left(s_Y^2 - \frac{s_{XY}^2}{s_X^2} \right)}{N \cdot e^2 + z^2 \cdot \left(s_Y^2 - \frac{s_{XY}^2}{s_X^2} \right)} .$$

Stimmen bei der auf dieser Basis gezogenen Stichprobe die Stichprobenvarianzen der Buchwerte bzw. der Wahren Werte, oder die Stichprobenkovarianz nicht mit den zur Berechnung des notwendigen Stichprobenumfangs verwendeten Schätzwerten überein, muß u. U. eine erneute Bestimmung des notwendigen Stichprobenumfangs erfolgen. Ist dieser neubestimmte notwendige Stichprobenumfang größer, müssen entsprechend viele Elemente nachgezogen werden. Jedoch kann keine eindeutige Auskunft darüber gegeben werden, wann eine Neubestimmung erforderlich ist. Möglich sind lediglich Tendenzaussagen. Tendenziell steigt der notwendige Stichprobenumfang mit steigenden Stichprobenvarianzen von Buchwerten und Wahren Werten oder mit sinkender Stichprobenkovarianz. Ist also die Stichprobenvarianz der Buchwerte oder der Wahren Werte größer als die zur Berechnung verwendete, sollte eine Neubestimmung des notwendigen Stichprobenumfangs erfolgen. Gleiches gilt, wenn die Stichprobenkovarianz kleiner ist. Verändern sich jedoch alle drei Parameter, ist die Entscheidung erheblich komplizierter. Es ließen sich durch geeignetes Umformen der Formeln zur Schätzung der Varianzen Entscheidungsregeln bilden, wie aufgrund der veränderten Parameter zu verfahren ist. Jedoch dürfte es i. d. R. leichter sein, mit Hilfe der gezogenen Stichprobe das Konfidenzintervall zu bestimmen und zu überprüfen, ob die vorgegebene Intervallänge eingehalten ist. Wird zur Auswertung ein Computer-Programm herangezogen, wird dies keine Probleme bereiten.[79]

---

79 Mit Hilfe des Programms **RSW** kann die Bestimmung des Konfidenzintervalls ohne großen Aufwand erfolgen, da die zur Berechnung benötigten Parameter voreingestellt werden, wenn eine Stichprobendatei ausgewertet wurde. Alternativ kann auch direkt eine Neubestimmung des Stichprobenumfangs erfolgen, da dazu ggf. ebenfalls alle Werte voreingestellt werden.

3.4.5 Verwendung einer bereits gezogenen Stichprobe

Bei den Verfahren der Gebundenen Hochrechnung kann dieselbe Empfehlung gegeben werden wie bei der Freien Hochrechnung. Hat die bereits gezogene Stichprobe einen kleineren Stichprobenumfang als der notwendige Stichprobenumfang, sind zur Einhaltung der vorgegebenen Genauigkeit die zur Erfüllung der Anwendungsvoraussetzungen fehlenden Elemente nachzuziehen. Ist der Stichprobenumfang dagegen größer als der notwendige Stichprobenumfang, kann die Stichprobe ohne Modifikationen zur Auswertung verwendet werden, weil durch den höheren Stichprobenumfang die Genauigkeit der Untersuchung steigt.

3.4.6 Ablauf der Prüfung

Der Ablauf einer Schätzstichprobe für den Gesamtwert des Prüffeldes mit Hilfe der Gebundenen Hochrechnung entspricht in etwa dem Ablauf bei Anwendung der Freien Hochrechnung. Er kann ebenfalls in die drei Phasen

[1] **Prüfungsvorbereitung,**
[2] **Prüfungsdurchführung** und
[3] **Prüfungsauswertung**

eingeteilt werden.

Den einzelnen Phasen sind annähernd dieselben Schritte zuzuordnen, die auch bei der Anwendung der Freien Hochrechnung zugeordnet wurden. Deshalb soll lediglich auf die Unterschiede eingegangen werden.

Sofern die Genauigkeit der Untersuchung vorgegeben werden soll, muß in der Phase der **Prüfungsvorbereitung** nicht nur eine Schätzung der Varianz der Wahren Werte im Prüffeld erfolgen, sondern es sind auch die Stichprobenvarianzen der Buchwerte und der Wahren Werte sowie die Stichprobenkovarianz einer Vorstichprobe als Schätzwerte für die entsprechenden Parameter der Grundgesamtheit des Prüffeldes zu berechnen.[80]

80 Sofern die eingesetzten Hilfsmittel dies erlauben, reicht auch die Bestimmung äquivalenter Kennzahlen der Stichprobe (z. B. die Summen der Buchwerte und Wahren Werte in der Stichprobe, die Summen der quadrierten Buchwerte und Wahren Werte in der Stichprobe und die Summe der Produkte von Buchwerten und Wahren Werten), die ggf. leichter zu ermitteln sind.

Im Rahmen der **Prüfungsauswertung** hat zudem vor der Berechnung des Konfidenzintervalls eine Festlegung des anzuwendenden Hochrechnungsverfahren zu erfolgen.

In der Phase der **Prüfungsdurchführung** kann zwar auch eine Kontrolle der verwendeten Kennzahlen der Vorstichprobe stattfinden, wenn die Untersuchung die vorgegebene Genauigkeit einzuhalten hat. Da jedoch die Interpretation bei veränderten Kennzahlen nur in den seltensten Fällen eindeutig ist, sollte diese Kontrolle aber besser in der Phase der **Prüfungsauswertung** stattfinden, indem die Länge des Konfidenzintervalls mit der gewünschten Länge verglichen wird.

Der Prüfungsablauf kann der Abb. 3.7 entnommen werden. Es wird wiederum davon ausgegangen, daß die Genauigkeit der Schätzung vorgegeben werden soll und die Schätzstichprobe nicht zur Urteilsfindung über die Ordnungsmäßigkeit verwendet wird.

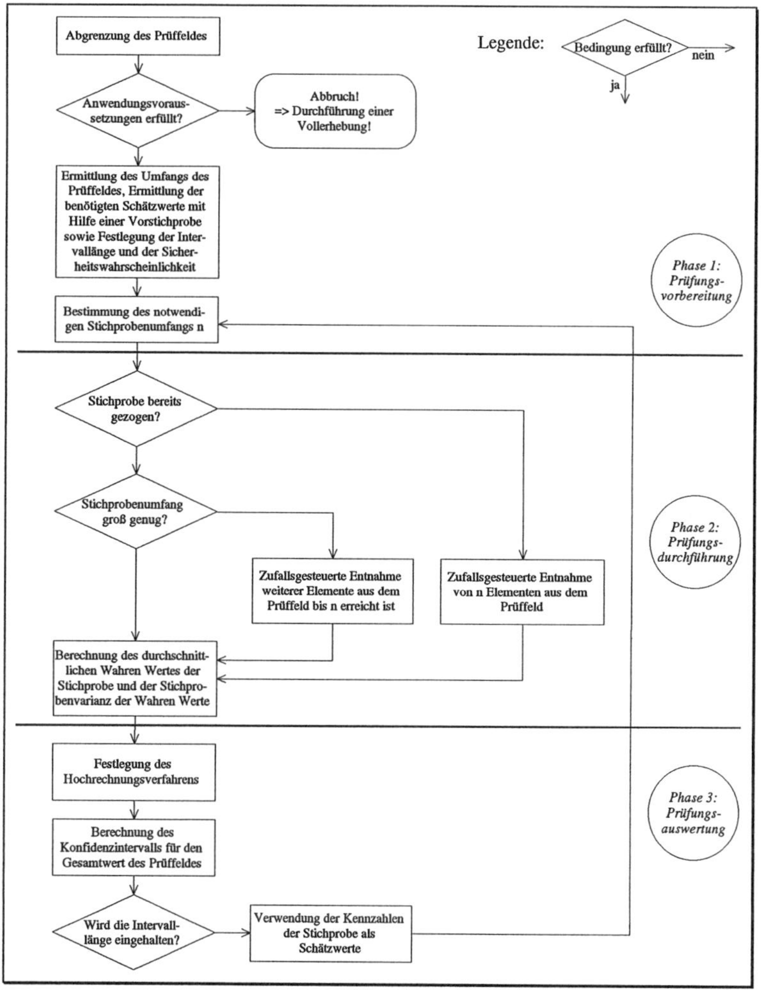

Abb. 3.7: Ablaufplan einer Schätzstichprobe für den Gesamtwert des Prüffeldes bei Anwendung der Verfahren der Gebundenen Hochrechnung

4 Das Programm RSW als Hilfsmittel für den Wirtschaftsprüfer

4.1 Das Programm im Überblick

4.1.1 Konzeption des Programms

Bei der Darstellung der Verfahren in den Kapiteln 2 und 3 wurde deutlich, daß der Prüfer bei der Durchführung von stichprobengestützten Prüfungen wegen der teilweise sehr komplexen Berechnungen auf Hilfsmittel angewiesen ist. Zur Anwendung kommen dabei bisher hauptsächlich Tabellenwerke, in denen die Berechnungsergebnisse für einige mögliche Parameterkombinationen tabelliert sind. Insbesondere bei der Annahmestichprobe und der Schätzstichprobe für die Fehleranzahl bzw. den Fehleranteil können wegen der anzuwendenden Hypergeometrischen Verteilung nicht alle gewünschten Parameterkombinationen in eine Tabelle aufgenommen werden. Daher wird der Prüfer meist gezwungen sein, die gesuchten Berechnungsergebnisse mit Hilfe von Interpolationen zwischen tabellierten Werten zu bestimmen, oder aber auf approximative Verteilungen zurückzugreifen.[1] Dies führt zu Abweichungen zwischen den berechneten und den richtigen Ergebnissen. Die Verwendung von Tabellenwerken kann sich auch dann als problematisch erweisen, wenn der Prüfer auf eine Tabelle zurückgreifen muß, die wegen der Komplexität umständlich zu handhaben ist. Dadurch erhöht sich einerseits der Aufwand bei der Anwendung, andererseits steigt die Gefahr einer falschen Ergebnisbestimmung.

Dem Prüfer wird deshalb mit dem Programm **RSW** ein Hilfsmittel bereitgestellt, das ihm die im Rahmen der Stichprobenprüfungen notwendigen Berechnungen abnehmen kann. Das Programm ist besonders auf **Benutzerfreundlichkeit** hin ausgerichtet; es dürfte ohne größere Einarbeitungszeit verwendbar sein. Fehlbedienungen werden weitgehend ausgeschlossen, da es über Auswahlmenüs gesteuert wird, die durch die Pfeiltasten bedienent werden. Ausgehend von einem Hauptmenü wird das weitere Vorgehen mit Hilfe von Auswahlfenstern organisiert, die jeweils weitere Optionen anbieten.

Abb. 4.1 zeigt in einem Überblick das Hauptmenü des Programms **RSW** mit den Optionen der Auswahlfenster. Die weitere Aufgliederung der Option "**Berechnungen**", also die Darstellung der Untersuchungsmöglichkeiten des Programms, erfolgt im Abschnitt 4.1.4.

---

1 Diese möglichen Probleme bei der Anwendung von Tabellenwerken werden in den folgenden Abschnitten bei der Gegenüberstellung mit der Anwendung des Programms **RSW** anhand von Beispielen gezeigt.

Es ist zu beachten, daß nach allen dargestellten Optionen die weitere Steuerung des Programms i. d. R. durch Menüleisten erfolgt. Diese sind der Übersichtlichkeit wegen nicht in die Abbildung 4.1 integriert worden. Eine detaillierte Beschreibung erfolgt im Handbuch.[2]

Die Eingabe der zur Berechnung benötigten Zahlen wird jeweils in einer Eingabemaske vorgenommen, wobei die einzugebenden Daten - soweit möglich - mit Standardwerten oder bereits berechneten Kennzahlen vorbelegt sind. Anschließend werden diese Daten sofort einer Validitätsprüfung unterzogen, um sicherzustellen, daß die Berechnung auch möglich ist. Sollte ein Eingabefehler aufgetreten sein, kann dieser dann korrigiert werden. Alle Berechnungsergebnisse werden verbal erläutert, damit Interpretationsfehler ausgeschlossen werden.

Um bei den Berechnungsergebnissen die Anforderungen des Prüfers an die **Genauigkeit** zu erfüllen, verwendet das Programm keine Datenbank, in der - wie bei einer Tabellensammlung - nur einige Parameterkombinationen abgelegt werden könnten, sondern berechnet jeden Wert aktuell auf der Basis der eingegebenen Parameter. Alle Berechnungen im Rahmen von Annahmestichproben und Schätzstichproben für die Fehleranzahl bzw. den Fehleranteil werden unter Verwendung der modelltheoretisch richtigen Hypergeometrischen Verteilung bestimmt, damit keine Approximationsfehler auftreten. Approximative Verteilungen werden zur **Verkürzung der Berechnungszeit** lediglich bei der Bestimmung von geeigneten Startwerten verwendet.[3] Interpolationen und Approximationen sind damit nicht mehr nötig. Die Berechnungen im Rahmen der Stichprobenuntersuchungen können auf Wunsch **protokolliert** werden, so daß ein Zugriff auf die Ergebnisse jederzeit möglich ist. Zur Dokumentation kann zu jeder durchgeführten Berechnung ein **Arbeitspapier** ausgedruckt werden, das den Prüfungsablauf und die Berechnungsergebnisse wiedergibt. Dabei werden die Ergebnisse wie bereits

---

2 Vgl. Teil B, Handbuch.

3 Die verwendeten Algorithmen basieren auf den von **Gründer** vorgestellten. Vgl. **Gründer**, Zufallsstichprobenverfahren, insb. Kapitel 4 und 5.

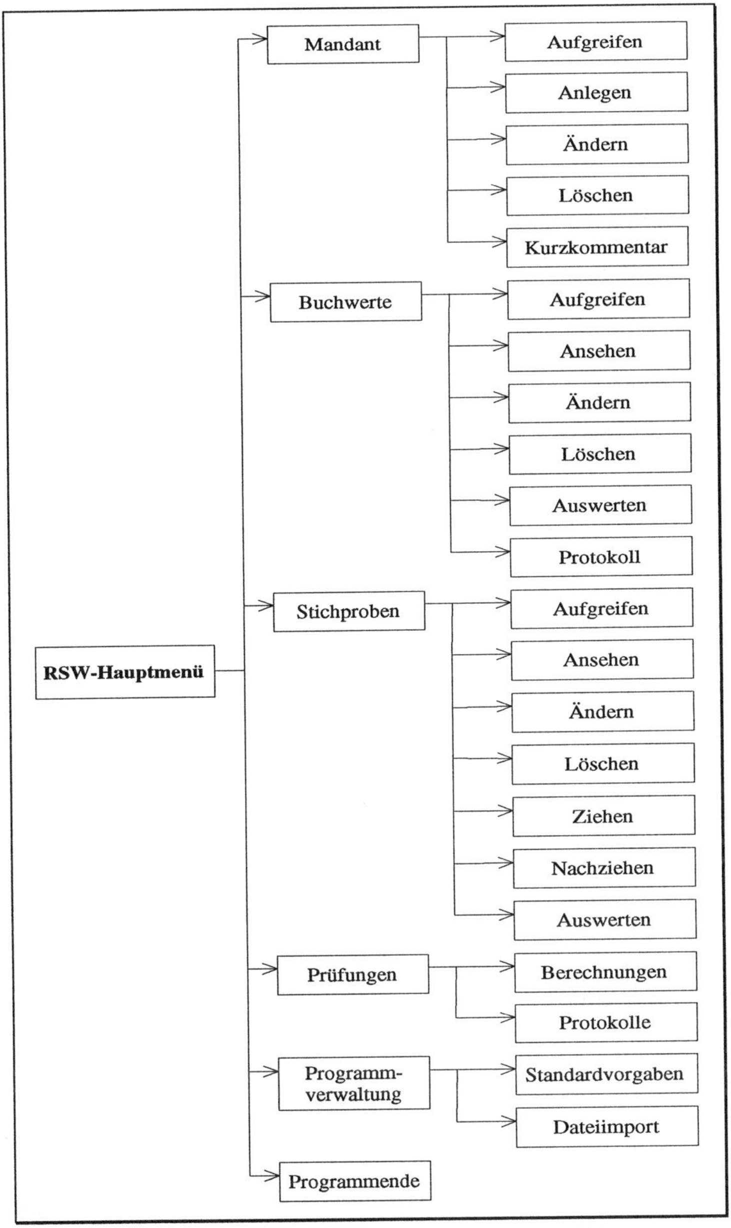

Abb. 4.1: Das RSW-Hauptmenü mit den Optionen der Auswahlfenster

am Bildschirm einerseits in kommentierter und andererseits in Kurzform ausgegeben. Die von **v. Wysocki** geforderten Funktionen der Arbeitspapiere, insbesondere die Nachweisfunktion, die Kontrollfunktion und die Informationsfunktion werden von diesen Arbeitspapieren erfüllt.[4]

Werte, die bei den meisten Berechnungen der Stichprobenuntersuchungen gleich sind, können in Form von Standardvorgaben abgespeichert werden. Dies sind

- der **Sicherheitsgrad der Untersuchung 1-α**, der bei allen Schätzstichproben Anwendung findet,
- das **Risiko des Geprüften α** und das **Risiko des Prüfers β**, die bei Annahmestichproben benötigt werden, sowie
- der **zulässige Fehleranteil im Prüffeld Θ_1** und der **unzulässige Fehleranteil im Prüffeld Θ_2**, die bei einer Annahmestichprobe für die Fehleranzahl bzw. den Fehleranteil im Prüffeld benötigt werden, um in Abhängigkeit vom Umfang des Prüffeldes N die zulässige Fehleranzahl im Prüffeld M_1 und die unzulässige Fehleranzahl im Prüffeld M_2 zu berechnen.

Diese Werte werden in den entsprechenden Eingabemasken voreingestellt, so daß deren Eingabe entfallen kann.

Das Programm ist so ausgelegt, daß es mit einer heute standardmäßig vorhandenen **minimalen Hardwareausstattung** ablauffähig ist.[5] "Vor Ort", also während der Prüfung, reicht also auch ein einfach ausgestatteter Laptop aus.

Zusätzlich zu den Untersuchungsmöglichkeiten im Rahmen der Prüfungen sind weitere Funktionen im Programm integriert, die die Einsatzmöglichkeiten erheblich erweitern. Dazu zählen z. B. die Bereiche **Mandantenverwaltung** und **Dateiverwaltung**, die in den folgenden Abschnitten kurz dargestellt werden. Auf eine ausführlichere Darstellung kann indes verzichtet werden, da diese im beigefügten Handbuch zum Programm erfolgt.

---

4 Vgl. **v. Wysocki**, Grundlagen, S. 309.

5 Eine Beschreibung der benötigten Hardware findet sich im Teil B, Handbuch, Kapitel 2.

4.1.2 Mandantenverwaltung

Die Verwaltung der Mandanten wird über das erste Auswahlfenster des Hauptmenüs gesteuert. Sie ist in das Programm integriert worden, damit eine klare Trennung zwischen den Dateien und den Untersuchungsergebnissen der einzelnen Mandanten erfolgen kann. Wie aus der Menüübersicht in Abb. 4.1 ersichtlich ist, bieten sich die nachfolgend beschriebenen Möglichkeiten an

[1] Es kann ein Mandant **aufgegriffen** werden. Das bedeutet, daß alle nachfolgenden Operationen solange diesem Mandanten zugeordnet werden und die Daten bzw. Ergebnisse entsprechend in seinem Systembereich abgelegt werden, bis ein anderer Mandant aufgegriffen wird. Der betreffende Mandant ist einfach anhand einer in einem Auswahlfenster erscheinenden Liste aller angelegten Mandanten auszuwählen.

[2] Um einen neuen Mandanten in das System zu integrieren, muß dieser im Programm **angelegt** werden. Dabei wird diesem Mandanten gleichzeitig ein Bereich des Systems zugeordnet, in dem fortan die ihm zugeordneten Dateien und Untersuchungsergebnisse abgespeichert werden.[6] Hierdurch wird eine klare Trennung zwischen den Daten der einzelnen Mandanten erreicht.

[3] Sofern die Notwendigkeit besteht, den Mandantennamen zu **ändern**, kann dies durch Auswahl der betreffenden Option geschehen.

[4] Werden die Daten eines Mandanten nicht mehr benötigt, kann dieser aus dem Programm **gelöscht** werden. Es ist allerdings zu beachten, daß dieser Löschvorgang alle zu dem Mandanten gehörenden Dateien und Untersuchungsergebnisse umfaßt und nicht rückgängig gemacht werden kann. Wie das selektive Löschen einzelner Dateien möglich ist, wird bei der Darstellung der Dateiverwaltung angesprochen.

[5] Jedem Mandanten kann ein **Kurzkommentar** zugeordnet werden, der beim Ausdruck eines Arbeitspapiers in der Kopfzeile nach der Angabe des Mandantennamens ausgegeben wird.

---

6 Die Größe dieses Bereichs ist variabel, es wird keine fest vorgegebene Speicherplatzgröße reserviert, die damit für andere Anwendungen verloren ginge. Der Speicherplatz wird lediglich bei Bedarf benutzt.

4.1.3 Dateiverwaltung

Die Dateiverwaltung bezieht sich auf die drei Bereiche

[1] **Import von Buchwert- oder Stichprobendateien,**
[2] **Verwaltung der Buchwertdateien** und
[3] **Verwaltung der Stichprobendateien.**

Wie **RSW** innerhalb der einzelnen Bereiche zum Einsatz kommen kann, wird nachfolgend kurz aufgezeigt. Für eine detaillierte Darstellung sei auf das Handbuch zum Programm verwiesen.[7]

[1] Import von Buchwert- oder Stichprobendateien

Sofern auf Datenbestände zurückgegriffen werden kann, die im **dBase III** (+) Format abgespeichert sind, können diese Dateien über die Importschnittstelle des Programms **RSW** in das Programm integriert werden.[8] Nach der Auswahl der Option "**Dateiimport**" im Auswahlfenster "**Programmverwaltung**" des Hauptmenüs kann die zu importierende Datei nach der Angabe des Verzeichnisses in einem Auswahlfenster aus den dort abgelegten Dateien ausgewählt werden. Buchwertdateien werden dabei als Ganzes übernommen, bei Stichprobendateien werden lediglich die relevanten Felder der Datei, also die Felder für die Buchwerte und die Wahren Werte der Stichprobenelemente, sowie ggf. ein Kommentarfeld zur Abgrenzung übernommen. Diese Felder können mit Hilfe eines Auswahlfensters festgelegt werden. Die Speicherung der Dateien erfolgt programmintern ebenfalls im **dBase III** (+) Format, so daß nach einer u. U. notwendigen Modifikation alle Programme darauf zurückgreifen können, die das **dBase III** (+) Format lesen können. Der gesamte Dateiimport findet menügesteuert statt, damit Fehlbedienungen weitgehend ausgeschlossen sind.

[2] Verwaltung der Buchwertdateien

Sobald die Dateien durch die Importschnittstelle in das Programm integriert wurden, stehen Sie dem Prüfer jederzeit zur Verfügung. Es ist allerdings zu beachten, daß die

---

7 Vgl. Teil B, Handbuch, Kapitel 5, 6 sowie Abschnitt 8.2.
8 Vgl. Teil B, Handbuch, Abschnitt 8.2

Dateien mandantenspezifisch abgelegt werden, so daß zunächst ein Mandant aufgegriffen werden muß.

Der Umgang mit den Buchwertdateien wird über das Auswahlfenster "**Buchwerte**" des Hauptmenüs gesteuert. Damit der Zugriff auf eine Datei ermöglicht wird, ist diese zunächst **aufzugreifen**. Im Anschluß daran kann sie **angesehen** oder auch ihr Inhalt **verändert** werden. Falls gewünscht, kann durch Auswahl von "**Löschen**" die aktuell aufgegriffene Datei gelöscht werden. Besonders interessant ist die Möglichkeit, den Inhalt der Datei **auszuwerten**. Mit dieser Option können Kennzahlen der Buchwertdateien berechnet werden, die z. T. bei einer Stichprobenuntersuchung Verwendung finden. Das Programm berechnet

- den **Umfang** der Grundgesamtheit (Anzahl der Buchwerte)	**N**,
- den **Mittelwert** der Buchwerte	μ_X,
- die **Standardabweichung** der Buchwerte	σ_X,
- die **Varianz** der Buchwerte	σ_X^2,
- den **Gesamtbuchwert**	**X**,
- den **kleinsten Buchwert** (Minimum)	**MIN**,
- den **größten Buchwert** (Maximum)	**MAX** und
- das **Fisher'sche Schiefemaß**	G_1.

Wird eine dieser Größen anschließend bei einer Stichprobenuntersuchung benötigt, so wird sie dort in dem entsprechenden Eingabefeld voreingestellt. Dadurch werden Übertragungsfehler vermieden. Diese Auswertungsergebnisse können auf Wunsch protokolliert werden. Weiterhin kann zu jeder Auswertung ein Arbeitspapier ausgedruckt werden, um die Kennzahlen der Buchwertdatei zu dokumentieren.

Eine detaillierte Beschreibung des Umgangs mit Buchwertdateien findet sich im Kapitel 5 des Handbuchs zum Programm.

[3] Verwaltung der Stichprobendateien

Die Verwaltung der Stichprobendateien findet über das Auswahlfenster "**Stichproben**" des Hauptmenüs statt. Wie bereits bei den Buchwertdateien muß eine Stichprobendatei zunächst aufgegriffen werden, damit sie **angesehen**, **geändert**, **gelöscht** oder **ausgewertet** werden kann. Bei der Auswertung ergeben sich folgende Kennzahlen:

- der **Stichprobenumfang**	**n**,
- der **Mittelwert** der Buchwerte	$\bar{x}$,
- die **Stichprobenstandardabweichung** der Buchwerte	s_X,
- die **Stichprobenvarianz** der Buchwerte	s_X^2,
- die **Summe** der Buchwerte	$\sum_{i=1}^{n} x_i$,
- die **Summe der quadrierten Buchwerte**	$\sum_{i=1}^{n} x_i^2$,
- der **Mittelwert** der Wahren Werte	$\bar{y}$,
- die **Stichprobenstandardabweichung** der Wahren Werte	s_Y,
- die **Stichprobenvarianz** der Wahren Werte	s_Y^2,
- die **Summe** der Wahren Werte	$\sum_{i=1}^{n} y_i$,
- die **Summe der quadrierten Wahren Werte**	$\sum_{i=1}^{n} y_i^2$,
- die **Fehleranzahl**[9]	**m**,
- die **Stichprobenkovarianz**	s_{XY} und
- die **Summe der Produkte** aus Buch- und Wahren Werten	$\sum_{i=1}^{n} x_i y_i$.

Wie bereits die Buchwertdateien, können auch die Stichprobendateien durch einen **Dateiimport** in das System integriert werden. Es besteht außerdem die Möglichkeit, eine Stichprobendatei selbst zu erstellen, indem vom Programm eine Stichprobe aus einer vorhandenen Buchwertdatei gezogen wird. Dabei wird die **Zufälligkeit**[10] der Entnahme unter Zugrundelegung des Entnahmemodells "**Ziehen ohne Zurücklegen**" eingehalten. Es ist sichergestellt, daß der Zugriff auf **jedes Element der Grundgesamtheit** möglich ist,[11] und - als Voraussetzung für die hier dargestellten mathematisch-statisti-

---

9 Die Fehleranzahl **m** bezieht sich in diesem Fall auf die Abweichung der Buchwerte von den Wahren Werten der Stichprobenelemente. Sollte das kritische Merkmal ein anderes sein, z. B. das Vorhandensein einer notwendigen Unterschrift, kann die Fehleranzahl natürlich nicht mit dem Programm ermittelt werden.

10 Hier wird ein Zufallszahlengenerator angewendet, der auf der Basis des Zufallszahlengenerators von **Wichmann/Hill** entwickelt wurde; vgl. **Wichmann/Hill**, Random-Number, S. 127 f. Der Generator wurde um eine Normierung auf die Größe der Buchwertdatei sowie um eine Kontrolle auf "Doppelte" erweitert.

11 Vgl. **IDW**, HFA 1/1988, S. 242. Diese Aussage muß jedoch insoweit eingeschränkt werden, als daß dies nur für alle Elemente der Grundgesamtheit sichergestellt werden kann, die in der Buchwertdatei abgelegt sind. Der Prüfer hat also dafür Sorge zu tragen.

schen Verfahren - alle **noch nicht gezogenen Elemente** die **gleiche Auswahlwahrscheinlichkeit** besitzen.

Bei der **Ziehung der Stichprobenelemente** werden deren Buchwerte aus der Buchwertdatei entnommen und in einer Stichprobendatei abgelegt. Diesen wird ein Feld für die Wahren Werte gegenübergestellt, das mit den Buchwerten vorbelegt ist, so daß lediglich bei Abweichungen eine Erfassung des Wahren Wertes nötig wird. Auf Wunsch kann auch der Inhalt eines weiteren Feldes zur Identifizierung der Stichprobenelemente mit übernommen werden.

Sollte sich der Stichprobenumfang als zu klein herausstellen, um die gewünschten **Sicherheits- oder Genauigkeitsanforderungen** zu erfüllen, können unter Einhaltung der oben genannten Bedingungen weitere Elemente **nachgezogen** werden. Auch hierbei wird sichergestellt, daß keine Elemente mehrfach gezogen werden.

Eine genaue Beschreibung der Möglichkeiten zur Verwaltung der Stichprobendateien gibt Kapitel 6 des Handbuchs.

4.1.4 Untersuchungsmöglichkeiten

Die Untersuchungsmöglichkeiten des Programms **RSW** umfassen alle in den Kapiteln 2 und 3 dargestellten mathematisch-statistischen Verfahren. Die Untersuchungsmethode wird festgelegt, indem der Prüfer nach der Auswahl von "**Berechnungen**" im Auswahlfenster "**Prüfungen**" des Hauptmenüs jeweils zwischen den angebotenen Alternativen mit Hilfe der Pfeiltasten und Bestätigung durch die Taste **[↵]** auswählt.

Es gibt folgende Auswahlmöglichkeiten:

- nach der **Art der Stichprobe** zwischen
  Schätzstichprobe und
  Annahmestichprobe,

- nach dem **Untersuchungsmerkmal** zwischen
  Fehleranzahl bzw. -anteil im Prüffeld und
  Gesamtwert des Prüffeldes,

- je nachdem, ob der **Stichprobenumfang** bekannt ist oder berechnet werden soll zwischen
  Eingabe durch den Benutzer und
  Berechnung durch RSW,

- nach der **Art des Hochrechnungsverfahrens** zwischen
  Freier Hochrechnung und
  Gebundener Hochrechnung

- und nach der **anzuwendenden Stichprobenverteilung** zwischen
  Studentverteilung und
  Normalverteilung.

Sobald die Untersuchungsmethode hinreichend bestimmt ist, erfolgt keine weitere Abfrage und das Programm **RSW** ergänzt die noch fehlenden Angaben durch die verfahrensabhängig richtigen Angaben. Es muß demnach nicht immer jede Auswahl getroffen werden. Die Hypergeometrische Verteilung erscheint deshalb auch nicht in der Auswahl, da sie immer dann vom Programm eingestellt wird, wenn sie als richtige anzuwendende Verteilung erkannt wird.

Abb. 4.2 bietet einen Überblick über die von **RSW** unterstützten Untersuchungsmethoden. Sie verdeutlicht auch, wie die Untersuchungsmethode spezifiziert werden muß. Lediglich wenn weitere Wahlmöglichkeiten angeboten werden, muß eine weitere Konkretisierung der Untersuchungsmethode stattfinden.

Das Programm verzweigt anschließend zur jeweiligen Eingaberoutine, in deren Eingabefeldern die Werte - soweit möglich - mit Standardvorgaben oder mit den Kennzahlen vorbelegt sind, die bei der Auswertung von Buchwert- bzw. Stichprobendateien ermittelt wurden. Anschließend erfolgt eine Validitätsprüfung, sowie u. U. einige weitere Abfragen (z. B. ob das Konfidenzintervall einseitig oder zweiseitig berechnet werden soll). Nach der Berechnung werden die Ergebnisse am Bildschirm ausgegeben, wobei eine Ergebnisinterpretation und ggf. eine Handlungsanweisung mitgeliefert werden. Dazu ist der Ausgabebildschirm immer in zwei Teile geteilt. Auf der linken Seite werden die Ergebnisse verbal beschrieben und auf der rechten Seite in Kurzform dargestellt.

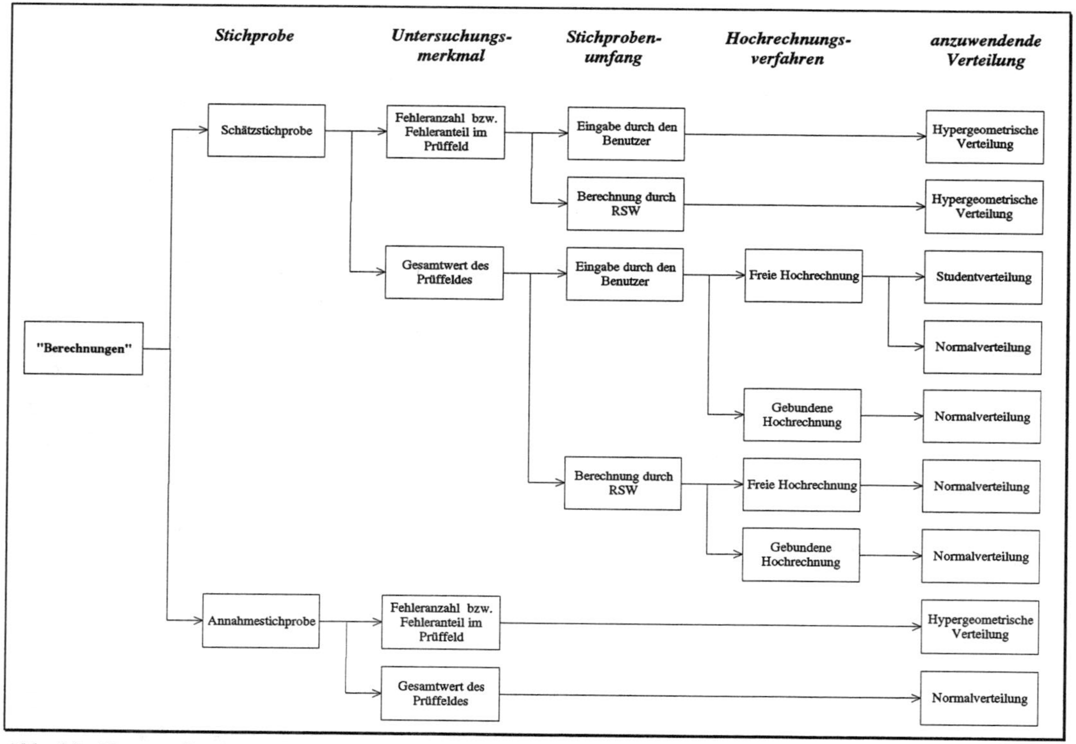

Abb. 4.2: Untersuchungsmöglichkeiten des Programms RSW

4.2 Durchführung von Annahmestichproben mit Hilfe von Tabellensammlungen und mit dem Programm RSW

4.2.1 Bestimmung des Prüfplans einer Annahmestichprobe für die Fehleranzahl im Prüffeld

In diesem Abschnitt soll **anhand ausgewählter Beispiele** aufgezeigt werden, wie der Prüfplan einer Annahmestichprobe für die Fehleranzahl im Prüffeld alternativ mit Hilfe von Tabellen oder mit Hilfe von **RSW** bestimmt werden kann.[12] Dabei werden die Beispiele so ausgewählt, daß sie die besonderen Probleme bei der Anwendung von Tabellenwerken verdeutlichen.

Es werden folgende Prüfungssituationen dargestellt:

Beispiel 1: Die gesuchte Parameterkombination ist der Tabellensammlung direkt zu entnehmen.

Beispiel 2: Die zulässige Fehleranzahl M_1 ist nicht tabelliert.

Beispiel 3: Die unzulässige Fehleranzahl M_2 ist nicht tabelliert.

Beispiel 4: Der Umfang des Prüffeldes ist nicht direkt tabelliert, ist jedoch nicht größer als der maximal tabellierte Umfang.

Beispiel 5: Der Umfang des Prüffeldes ist größer als der maximal tabellierte Umfang.

Beispiele 6 u. 7: Der Prüfplan soll für einen vorgegebenen Stichprobenumfang bestimmt werden.

Als Tabellenwerk wird "**Attribute Sampling Plans, Tables of Tests and Confidence Limits for Proportions**" von **Odeh/Owen**[13] herangezogen, das für alternative Umfänge von Prüffeldern mit verschiedenen Fehleranteilen Prüfpläne für einige Kombinationen der Risiken α und β ausgibt. Diese Tabellensammlung bietet sich insbesondere deshalb an, weil sehr viele Parameterkombinationen tabelliert sind. Bei den folgenden Beispielrechnungen kommen die Tabellen **Table 4** für die **Hypergeometrische Verteilung**[14], **Table 2** für die Approximation durch die **Binomialverteilung**[15] und letztlich

---

12 Auf die Beschreibung der Bestimmung des Prüfplans einer Annahmestichprobe für den Fehleranteil im Prüffeld wird verzichtet, da dies durch einfache Umformungen hergeleitet werden kann.

13 Vgl. **Odeh/Owen**, Tables.

14 Vgl. **ebenda**, Table 4, Sample size requirements for hypergeometric sampling plans, Tables 4.1.1 - 4.9.9, S. 146 ff.

15 Vgl. **ebenda**, Table 2, Sample size requirements for binomial sampling plans, Tables 2.1.1 - 2.9.5 S. 19 ff.

Table 1 für die **Poissonverteilung**[16] zur Anwendung. Es wird gezeigt, wie bei verschiedenen Wertekombinationen zu verfahren ist, um mit Hilfe der Tabellen die Prüfpläne zu bestimmen.

Der Anwendung des obigen Tabellenwerks wird die Anwendung des Programms **RSW** gegenübergestellt. Es wird gezeigt, wie die Untersuchungsmethode hinreichend spezifiziert wird und in welcher Form die Daten ein- bzw. ausgegeben werden. Die genaue Eingabefolge wird nicht beschrieben, da diese bei Bedarf dem Handbuch zum Programm entnommen werden kann.[17]

Beispiel 1: Die gesuchte Parameterkombination ist der Tabellensammlung direkt zu entnehmen.

Bei einem Prüffeld vom Umfang **N = 2000** soll über die Ordnungsmäßigkeit entschieden werden. Die zulässige Fehleranzahl beträgt $\mathbf{M_1 = 20}$ und die unzulässige Fehleranzahl $\mathbf{M_2 = 60}$. Die Risiken des Geprüften und des Prüfers dürfen jeweils **5 %** nicht überschreiten.

Der Prüfplan ist in diesem Fall Table 4.7.9 der Tabellensammlung **direkt** zu entnehmen.[18] Es werden dort der Stichprobenumfang n = 414, eine kritische Fehlerzahl c = 7, sowie die Risiken $\alpha = 0.038$ und $\beta = 0.049$ ausgewiesen.

Diese Zahlen sind wie folgt zu interpretieren:

> Es ist eine Stichprobe vom Umfang n = 414 Elementen zu ziehen. Finden sich darin nicht mehr als c = 7 Fehler, ist mit $1-\beta = 95.1$%iger Sicherheit das Prüffeld ordnungsmäßig. Finden sich jedoch mehr als c = 7 Fehler, ist mit $1-\alpha = 96.2$%iger Sicherheit das Prüffeld nicht ordnungsmäßig.

Bei Anwendung des Programms **RSW** wird im Auswahlfenster "**Prüfungen**" des Hauptmenüs die Option "**Berechnungen**" gewählt und anschließend die Untersuchungsmethode wie folgt spezifiziert:[19]

---

16 Vgl. **Odeh/Owen,** Tables, Table 1, Poisson ratios for single sampling plans, Tables 1.1 - 1.3, S. 15 ff.

17 Vgl. Teil B, Handbuch, insb. Abschnitt 7.2.

18 Vgl. **Odeh/Owen,** Tables, S. 209.

19 Vgl. Teil B, Handbuch, Abschnitt 7.2.

Stichprobe: **Annahmestichprobe**

Untersuchungsmerkmal: **Fehleranzahl bzw. Fehleranteil im Prüffeld**

Daraufhin erscheint die in Abb. 4.3 dargestellte Eingabemaske, in der die zur Berechnung benötigten Werte eingegeben werden können.

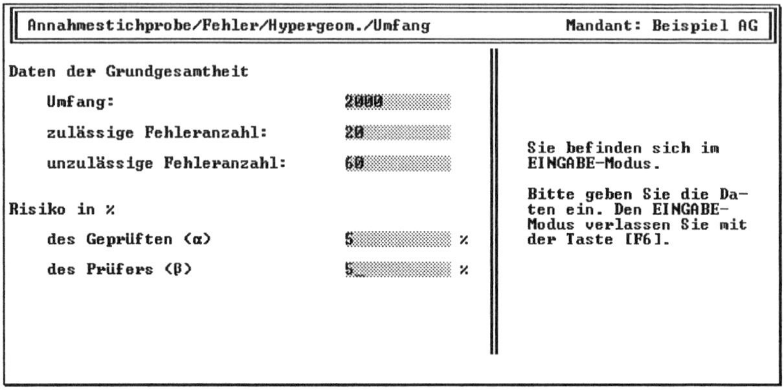

Abb. 4.3: ***Eingabemaske des Programms RSW zur Bestimmung des Prüfplans einer Annahmestichprobe für die Fehleranzahl bzw. den Fehleranteil im Prüffeld***

Sofern eine Buchwertdatei mit Hilfe des Programms aufgegriffen wurde, wird deren Umfang als Umfang der Grundgesamtheit voreingestellt. Sind bei der Standardvorgabenverwaltung[20] Werte für die Fehleranteile Θ_1 und Θ_2 sowie die Risiken α und β abgespeichert, werden die entprechenden Werte für die Berechnungen ebenfalls vorbelegt. Im einfachsten Fall müssen somit keine Eingaben mehr erfolgen. Nach den Berechnungen erscheint die in Abb. 4.4 dargestellte Ausgabemaske mit den Berechnungsergebnissen. Die mitgelieferte Handlungsanweisung lautet:

> ***Ziehen Sie eine Stichprobe im Umfang von n = 414. Entdecken Sie nicht mehr als c = 7 Fehler darin, dann ist mit mind. 95.063%iger Sicherheit das Prüffeld ordnungsmäßig. Entdecken Sie mehr als c = 7 Fehler, dann ist mit mind. 96.199%iger Sicherheit das Prüffeld nicht ordnungsmäßig.***

---

20 Vgl. Teil B, Handbuch, Abschnitt. 8.1.

Tabelle 4.1 stellt die beiden Prüfpläne gegenüber.

Hilfsmittel	N	M_1	M_2	n	c	α	β
Tabelle	2000	20	60	414	7	0.038	0.049
RSW	2000	20	60	414	7	0.03801	0.04937

Tab. 4.1: Prüfpläne für Beispiel 1

```
Annahmestichprobe/Fehler/Hypergeom./Umfang                Mandant: Beispiel AG

Sie haben den Prüfplan einer Annahmestichprobe für    Vorgaben:
die Fehleranzahl im Prüffeld unter Verwendung der      N=     2000
HYPERGEOMETRISCHEN VERTEILUNG berechnen lassen.        M1=      20  M2=      60
Vorgaben:                                              α=   5.000%  β=   5.000%
In einem Prüffeld vom Umfang N=   2000 gelte eine     Ergebnis:
Fehleranzahl von M=    20 als akzeptabel; M=    60     Untergrenze:
hingegen führe zwingend zur Ablehnung der Ordnungs-     n=     414  c=        7
mäßigkeit. Wie groß muß die zu ziehende Stichprobe      α=  3.801%  β=   4.937%
(n) sein, und wieviele Fehler (c) dürfen darin ent-    Obergrenze:
deckt werden, damit in nur α=  5.000 % der Fälle die    n=     435  c=        7
Ordnungsmäßigkeit, und in β=  5.000 % der Fälle das     α=  4.965%  β=   3.276%
Fehlen der Ordnungsmäßigkeit aufgrund der Stichpro-
be nicht erkannt wird?                                 Die Daten wurden proto-
Ergebnis:                                              kolliert. Wählen Sie
Ziehen Sie eine Stichprobe im Umfang von n=    414.   bitte im Menü aus...
Entdecken Sie nicht mehr als c=    7 Fehler darin,
dann ist mit mind.  95.063%iger Sicherheit das
Prüffeld ordnungsmäßig. Entdecken Sie mehr als
c=    7 Fehler, dann ist mit mind.  96.199%iger
Sicherheit das Prüffeld nicht ordnungsmäßig.

Druck          Umfang vorgeben          Wiederholung          Hauptmenü
```

Abb. 4.4: Ausgabe des berechneten Prüfplans einer Annahmestichprobe für die Fehleranzahl bzw. den Fehleranteil im Prüffeld

Bei dieser Datenkonstellation ist bei den Ergebnissen **kein wesentlicher Unterschied** zwischen der Verwendung von Tabellenwerken oder von **RSW** zu verzeichnen. Die Prüfpläne sind im Grunde identisch, wenn auch bei **RSW** die Sicherheiten etwas genauer berechnet werden. Jedoch bietet **RSW** noch **drei weitere Möglichkeiten** an:

[1] Für die Prüfungsunterlagen kann nach der Berechnung ein **Arbeitspapier** ausgedruckt werden.[21]

[2] Es wird eine **Obergrenze für den Stichprobenumfang** von **n = 435** ausgewiesen, für die die gleiche kritische Fehleranzahl **c = 7** gilt. Sofern also auf eine bereits gezogenene Stichprobe zurückgegriffen wird, deren Umfang in dem Bereich **414 ≤ n ≤ 435** liegt, kann ohne weitere Berechnungen unter Einhaltung der Risiken **α** und **β** direkt über die Ordnungsmäßigkeit entschieden werden. Die für die Obergrenze berechneten Risiken sind mit **α = 4.965 %** und **β = 3.276 %** ebenfalls ausgewiesen.

21 Vgl. das ausgedruckte Arbeitspapier auf der Seite A.18.

[3] Es ist möglich, einen **Stichprobenumfang vorzugeben**, für den **RSW** die Entscheidungsregel und die betreffenden Risiken berechnet.

Unterschiede bei den Prüfplänen sind zu erwarten, wenn Ausgangswerte in die Berechnung eingehen sollen, die nicht direkt tabelliert sind, so daß Interpolationen erforderlich werden. Dies kann bei den zulässigen bzw. unzulässigen Fehleranzahlen M_1 und M_2, beim Umfang des Prüffeldes N und letztlich bei den Risiken α und β auftreten. Wie in einigen dieser Fälle zu verfahren ist, zeigen die folgenden Beispiele.

Beispiel 2: Die zulässige Fehleranzahl M_1 ist nicht tabelliert.

Es gilt die Datenkonstellation aus Beispiel 1, jedoch beträgt die zulässige Fehleranzahl **M_1=15**.

In der Tabellensammlung sind lediglich Parameterkombinationen für **$M_1 = 10$** und **$M_1 = 20$** direkt ablesbar. Für sie ergeben sich die Prüfpläne

Prüfplan I:
$N = 2000$, $M_1 = 10$, $M_2 = 60$, $n = 247$, $c = 3$, $\alpha = 0.026$, $\beta = 0.049$;

Prüfplan II:
$N = 2000$, $M_1 = 20$, $M_2 = 60$, $n = 414$, $c = 7$, $\alpha = 0.038$, $\beta = 0.049$.

Um den Prüfplan für die zulässige Fehleranzahl **$M_1 = 15$** zu erhalten, muß eine lineare Interpolation vorgenommen werden:[22]

$$n = 247 + \frac{414-247}{20-10} \cdot (15-10) = 330.5 \qquad \text{und}$$

$$c = 3 + \frac{7-3}{20-10} \cdot (15-10) = 5.$$

Wegen der Ganzzahligkeitsbedingung für den Stichprobenumfang n wird dieser aufgerundet auf n = 331. Die Werte für die Risiken α und β lassen sich bei Anwendung die-

22 Vgl. **Odeh/Owen**, Tables, S. 8 f. Es wird die lineare Interpolation als rechnerisch einfachste Möglichkeit zur Ergebnisfindung verwendet.

ser Tabelle nach Angaben von **Odeh/Owen** nicht interpolieren, betragen aber ungefähr 5 %.[23]

Bei der Berechnung mit **RSW** können die Ausgangswerte wie im Beispiel 1 direkt eingegeben werden. Es ergibt sich der Prüfplan, der in Tab. 4.2 dem soeben berechneten gegenübergestellt wird.[24]

Hilfsmittel	N	M_1	M_2	n	c	α	β
Tabelle	2000	15	60	331	5	≈ 0.05	≈ 0.05
RSW	2000	15	60	333	5	0.02677	0.04907

Tab. 4.2: Prüfpläne für Beispiel 2

Weil **RSW** den Prüfplan mit dem geringstmöglichen Stichprobenumfang n ausgibt, bei dem die Risiken α und β gerade noch eingehalten werden, reicht der mit Hilfe der Tabellensammlung berechnete Prüfplan demnach nicht aus, um die gewünschten Sicherheitsvorgaben zu erfüllen. Eine Überprüfung mit **RSW** ergab, daß bei $n = 331$ und $c = 5$ die tatsächlichen Risiken $\alpha = 2.604$ % und $\beta = 5.111$ % betragen.[25]

Beispiel 3: Die unzulässige Fehleranzahl M_2 ist nicht tabelliert.

Es gelte die Datenkonstellation aus Beispiel 1, jedoch beträgt die unzulässige Fehleranzahl **$M_2 = 65$**.

Aus der Tabellensammlung können nur die Prüfplane für **$M_2 = 60$** und **$M_2 = 70$** direkt abgelesen werden:

Prüfplan I:
$M_1 = 20$, $M_2 = 60$, $n = 414$, $c = 7$, $\alpha = 0.038$, $\beta = 0.049$;

Prüfplan II:
$M_1 = 20$, $M_2 = 70$, $n = 322$, $c = 6$, $\alpha = 0.031$, $\beta = 0.050$.

Der Prüfplan für **$M_2 = 65$** ist wiederum durch lineare Interpolation zu berechnen:[26]

---

23 Vgl. **Odeh/Owen,** Tables, S. 9.

24 Vgl. das ausgedruckte Arbeitspapier im Anhang auf der Seite A.19.

25 Vgl. das ausgedruckte Arbeitspapier im Anhang auf der Seite A.20.

26 Vgl. **Odeh/Owen,** Tables, S. 8 f.

$$n = 322 + \frac{414\text{-}322}{60\text{-}70} \cdot (65\text{-}70) = 368 \quad \text{und}$$

$$c = 6 + \frac{7\text{-}6}{60\text{-}70} \cdot (65\text{-}70) = 6{,}5 \approx 7.$$

Er wird in Tab. 4.3 dem von **RSW** berechneten Prüfplan gegenübergestellt.[27]

Hilfsmittel	N	M_1	M_2	n	c	α	β
Tabelle	2000	20	65	368	7	≈ 0.05	≈ 0.05
RSW	2000	20	65	346	6	0.04364	0.04955

Tab. 4.3: Prüfpläne für Beispiel 3

In diesem Fall weist **RSW** sowohl einen **geringeren Stichprobenumfang n** als auch eine **geringere kritische Fehlerzahl c** aus. Das Vorgehen mit Hilfe von Tabellen führt somit zu einem unnötig hohen Aufwand. Eine Überprüfung mit **RSW** zeigte außerdem, daß für dem mit der Tabellensammlung bestimmten Stichprobenumfang von n = 368 **keine zulässige kritische Fehleranzahl c existiert**, die beide Risiken zugleich einhält. Der nächste gültige Prüfplan für n > 368 beträgt n = 383, c = 7.[28] Damit ist bei der Verwendung von Tabellenwerken nicht nur der Aufwand für die Stichprobenziehung zu hoch, vielmehr wird auch eine Entscheidung **mit Hilfe einer unzulässigen Wertekombination** getroffen.

Beispiel 4: Der Umfang des Prüffeldes ist nicht direkt tabelliert, ist jedoch nicht größer als der maximal tabellierte Umfang.

Der Umfang des Prüffeldes beträgt **N = 1900**, die zulässige Fehleranzahl $\mathbf{M_1 = 20}$ und die unzulässige Fehleranzahl $\mathbf{M_2 = 57}$. Die Risiken α und β dürfen jeweils **5 %** nicht überschreiten.

Die Bestimmung des Prüfplans kann in diesem Fall nicht durch eine einfache Interpolation zweier tabellierter Prüfpläne erfolgen, da einerseits nur für N = 1800 und N = 2000 Tabellen existieren, andererseits auch M_1 und M_2 nicht direkt in den Tabellen enthalten sind. Es sind deshalb mehrere Interpolationen notwendig. Dieses Beispiel wurde so gewählt, daß zumindest für die unzulässige Fehleranzahl M_2 über die Beziehung

27 Vgl. das ausgedruckte Arbeitspapier im Anhang auf der Seite A.21.

28 Vgl. das ausgedruckte Arbeitspapier im Anhang auf der Seite A.22.

$M_2 = \Theta_2 \cdot N$ keine Interpolation erfolgen muß, da die entprechenden Werte in den benötigten Tabellen vorhanden sind. Für die zulässige Fehleranzahl M_1 muß jedoch für $N = 1800$ und $N = 2000$ jeweils interpoliert werden.

Zunächst erfolgt eine Interpolation hinsichtlich der zulässigen Fehleranzahl M_1 für **$N = 1800$**. Aus $N = 1900$ und $M_1 = 20$ ergibt sich $\Theta_1 = 0.010526316$. Dies bedeutet, daß für die Tabelle mit $N = 1800$ eine Fehleranzahl von $\Theta_1 \cdot 1800 = 18.94736842$, wegen der Ganzzahligkeitsbedingung aufgerundet zu **$M_1 = 19$**, zugrundegelegt werden muß. Die unzulässige Fehleranzahl M_2 ergibt sich analog zu **$M_2 = 54$**.

In der Tabellensammlung können die Prüfpläne für **$M_1 = 18$** und **$M_1 = 27$** direkt abgelesen werden:

Prüfplan I:
$N = 1800, M_1 = 18, M_2 = 54, n = 411, c = 7, \alpha = 0.034, \beta = 0.050$;

Prüfplan II:
$N = 1800, M_1 = 27, M_2 = 54, n = 673, c = 14, \alpha = 0.041, \beta = 0.050$.

Daraus wird der gesuchte Prüfplan III für **$M_1 = 19$** zu

$$n = 411 + \frac{673-411}{27-18} \cdot (19-18) = 440.\overline{11} \approx 441 \quad \text{und}$$

$$c = 7 + \frac{14-7}{27-18} \cdot (19-18) = 7.\overline{77} \approx 8$$

berechnet. Die gleiche Interpolation muß für die Prüfpläne mit **$N = 2000$** erfolgen. Es ergibt sich analog **$M_1 = 22$** und **$M_2 = 60$**. Aus der Tabellensammlung zu entnehmen sind die Prüfpläne IV und V für **$M_1 = 20$** und **$M_1 = 30$**.

Prüfplan IV:
$N = 2000, M_1 = 20, M_2 = 60, n = 414, c = 7, \alpha = 0.038, \beta = 0.049$;

Prüfplan V:
$N = 2000, M_1 = 30, M_2 = 60, n = 678, c = 14, \alpha = 0.049, \beta = 0.050$.

Daraus berechnet sich Prüfplan VI für **$M_1 = 22$** zu

$$n = 414 + \frac{678\text{-}414}{30\text{-}20} \cdot (22\text{-}20) = 466.8 \approx 467 \quad \text{und}$$

$$c = 7 + \frac{14\text{-}7}{27\text{-}18} \cdot (22\text{-}20) = 8.\overline{55} \approx 9.$$

Die beiden bereits interpolierten Prüfpläne lauten demnach

Prüfplan III:
$N = 1800$, $M_1 = 19$, $M_2 = 60$, $n = 441$, $c = 8$, $\alpha \approx 0.05$, $\beta \approx 0.05$;

Prüfplan VI:
$N = 2000$, $M_1 = 22$, $M_2 = 60$, $n = 467$, $c = 9$, $\alpha \approx 0.05$, $\beta \approx 0.05$.

Durch eine weitere Interpolation ergibt sich der eigentlich gesuchte Prüfplan

$$n = 441 + \frac{467\text{-}441}{2000\text{-}1800} \cdot (1900\text{-}1800) = 454 \quad \text{und}$$

$$c = 8 + \frac{9\text{-}8}{2000\text{-}1800} \cdot (1900\text{-}1800) = 8.5 \approx 9.$$

Dieser Prüfplan wird in Tab. 4.4 dem von **RSW** berechneten gegenübergestellt.[29]

Hilfsmittel	N	M_1	M_2	n	c	α	β
Tabelle	1900	20	57	454	9	≈ 0.05	≈ 0.05
RSW	1900	20	57	413	7	0.04944	0.04923

Tab. 4.4: Prüfpläne für Beispiel 4

Dieses Beispiel zeigt, daß die Bestimmung des Prüfplans durch Interpolation bei der Verwendung der Tabellensammlung **sehr aufwendig** ist, wobei noch erheblich komplexere Berechnungen nötig gewesen wären, wenn der unzulässige Fehleranteil Θ_2 nicht genau 0.03 betragen hätte. Außerdem wird in diesem Beispiel ein deutlich zu hoher Stichprobenumfang für die Annahmestichprobe ausgewiesen, der den Aufwand für die Ziehung der Stichprobenelemente und somit die Kosten unnötig erhöht. Dieser Prüfplan ist zudem ungültig, da eine zu hohe kritische Fehleranzahl c berechnet wird.[30]

---

29 Vgl. das ausgedruckte Arbeitspapier im Anhang auf der Seite A.23.

30 Vgl. das ausgedruckte Arbeitspapier im Anhang auf der Seite A.24.

Beispiel 5: Der Umfang des Prüffeldes ist größer als der maximal tabellierte Umfang.

Der Umfang des Prüffeldes beträgt **N = 2200**, die zulässige Fehleranzahl $\mathbf{M_1} = \mathbf{22}$ und die unzulässige Fehleranzahl $\mathbf{M_2} = \mathbf{66}$. Die Risiken $\boldsymbol{\alpha}$ und $\boldsymbol{\beta}$ dürfen jeweils **5 %** nicht überschreiten.

In diesem Beispiel kann nicht auf die Tabelle für die **Hypergeometrische Verteilung** zurückgegriffen werden, weil der höchste tabellierte Umfang N = 2000 beträgt. Dadurch wird eine Approximation mit Hilfe einer anderen Verteilung nötig. Wird dafür die **Binomialverteilung** verwendet, kann der Prüfplan mit Hilfe von Table 2.7.1 der Tabellensammlung von **Odeh/Owen** bestimmt werden.[31] Zunächst müssen die zulässige und die unzulässige Fehleranzahl in den zulässigen und den unzulässigen Fehleranteil umgerechnet werden:

$$\Theta_1 = \frac{M_1}{N} = \frac{22}{2200} = 0.01 \qquad \text{und} \qquad \Theta_2 = \frac{M_2}{N} = \frac{66}{2200} = 0.03.$$

Für einen zulässigen Fehleranteil von $\mathbf{\Theta_1 = 0.01}$ kann ein Prüfplan für die unzulässigen Fehleranteile $\mathbf{\Theta_2 = 0.029}$ und $\mathbf{\Theta_2 = 0.031}$ der Tabelle direkt entnommen werden.

Prüfplan I:
$N = 2200, \Theta_1 = 0.01, \Theta_2 = 0.029, n = 539, c = 9, \alpha = 0.047, \beta = 0.049;$

Prüfplan II:
$N = 2200, \Theta_1 = 22, \Theta_2 = 0.031, n = 463, c = 8, \alpha = 0.046, \beta = 0.050.$

Entnommen wurden dabei jeweils die geringsten Stichprobenumfänge, die die Risiken gerade noch erfüllen. Da $\Theta_2 = 0.031$ der kleinste Fehleranteil für c = 8 ist, muß für $\Theta_2 = 0.03$ die kritische Fehleranzahl c = 9 sein. Der zugehörige Stichprobenumfang ergibt sich durch Interpolation

$$n = 463 + \frac{539\text{-}463}{0.029\text{-}0.031} \cdot (0.030\text{-}0.031) = 501.$$

Die Werte für α und β liegen unter 5 %, da der so bestimmte Prüfplan konservativ ist.[32]

---

31 Vgl. **Odeh/Owen,** Tables, S. 65.

32 Vgl. **ebenda,** S. 6.

Bei der Berechnung mit **RSW** ergibt sich der Prüfplan, der in Tab. 4.5 dem mit Hilfe der Tabelle bestimmten Prüfplan gegenübergestellt ist.[33]

Hilfsmittel	N	M_1	M_2	n	c	α	β
Tabelle	2200	22	66	501	9	< 0.05	< 0.05
RSW	2200	22	66	416	7	0.04109	0.04935

Tab. 4.5: Prüfpläne für Beispiel 5

In diesem Fall liegt der mit Hilfe der Tabelle bestimmte Stichprobenumfang für den Prüfplan deutlich zu hoch, auch wenn, wie eine Überprüfung mit **RSW** gezeigt hat, ein gültiger Prüfplan bestimmt wurde.[34] Diese Approximation der Hypergeometrischen Verteilung durch die Binomialverteilung ist jedoch auch nur für große Werte von N, M und N-M und relativ kleine Werte von n zulässig (Faustregel: $f = \frac{n}{N} < 0.05$).[35] In diesem Fall beträgt der Auswahlsatz jedoch $f = \frac{501}{2200} = 0.227727273$, so daß die Binomialverteilung zur Approximation der Hypergeometrischen Verteilung nicht geeignet ist. Wegen der Unabhängigkeit der Binomialverteilung vom Umfang des Prüffeldes N wird die Anwendung nach der Faustformel für $\Theta_1 = 0.01$ und $\Theta_2 = 0.03$ erst für Prüffelder ab $N > \frac{501}{0.05} = 10020$ möglich. Der mit Hilfe von RSW zur Kontrolle berechnete Prüfplan für N = 10100 und $M_1 = 101$, $M_2 = 303$ zeigt jedoch, daß die Abweichungen zu dem bei Anwendung der Hypergeometrischen Verteilung bestimmten Prüfplan, für den n = 473 und c = 8 gilt, immer noch sehr groß sind.[36]

Es ist zu beachten, daß diese Faustregel für die Approximation einer Funktion vorgeschlagen wird. Hier sind jedoch die beiden Ungleichungen für α und β einzuhalten, so daß zwei Approximationen erfolgen, wobei sich die Abweichungen u. U. addieren. Weiterhin ist die Ganzzahligkeitsbedingung für n und für c in beiden Fällen einzuhalten, was die Abweichungen noch verstärken kann. Bei Einhaltung von $\Theta_1 = 0.01$ und $\Theta_2 = 0.03$ ist eine Approximation erst bei N = 17400 mit $M_1 = 174$ und $M_2 = 522$ sinnvoll, also mit einem Auswahlsatz von $f = \frac{501}{17400} = 0.028793103$. Dann ergibt sich bei der Berechnung mit Hilfe der Hypergeometrischen Verteilung ein Prüfplan mit n = 517

33 Vgl. das ausgedruckte Arbeitspapier im Anhang auf der Seite A.25.

34 Vgl. das ausgedruckte Arbeitspapier im Anhang auf der Seite A.26.

35 Vgl. **Bleymüller/Gehlert/Gülicher**, WiSt-Statistik, S. 55.

36 Vgl. das ausgedruckte Arbeitspapier im Anhang auf der Seite A.27.

und c = 9.[37] Die verbleibende Abweichung bzgl. des Stichprobenumfangs n kann als Interpolationsfehler angesehen werden.[38]

Soll dagegen eine Approximation mit Hilfe der **Poissonverteilung** durchgeführt werden, ist Table 1.3 der Tabellensammlung von **Odeh/Owen** zu verwenden.[39] Dazu muß zunächst das Verhältnis **R** nach

$$R = \frac{\Theta_2}{\Theta_1} = \frac{M_2}{M_1}$$

bestimmt werden (hier: **R = 3**).[40] Daraufhin ist in der Spalte für den Wert $\boldsymbol{\beta = 0.05}$ die Zeile zu bestimmen, in der der Wert für R erstmalig unter dem berechneten R liegt (hier: **R = 2.895**). In dieser Zeile kann der Wert für die kritische Fehleranzahl **c** abgelesen werden (hier: **c = 9**). Weiterhin findet sich in der Zeile eine Position, die den Wert $\boldsymbol{n \cdot \Theta_2}$ enthält (hier: $\boldsymbol{n \cdot \Theta_2 = 15.705}$). Dieser Wert ist durch den unzulässigen Fehleranteil $\boldsymbol{\Theta_2}$ zu dividieren und ggf. aufzurunden (hier: $\boldsymbol{n = \frac{15.705}{0.03} = 523.5 \approx 524}$). Die Werte für $\boldsymbol{\alpha}$ und $\boldsymbol{\beta}$ entsprechen in etwa den Vorgaben. Damit ergibt sich der in Tab. 4.6 dargestellte Prüfplan. Der Prüfplan ist gültig, jedoch ist der Stichprobenumfang deutlich zu hoch.[41] Die Risiken sind entsprechend niedriger.

Hilfsmittel	**N**	$\boldsymbol{M_1}$	$\boldsymbol{M_2}$	**n**	**c**	$\boldsymbol{\alpha}$	$\boldsymbol{\beta}$
Tabelle	2200	22	66	524	9	≈ 0.05	≈ 0.05

Tab. 4.6: Mit Hilfe der Poissonverteilung bestimmter Prüfplan für Beispiel 5

Damit diese Approximation zulässig ist, muß jedoch Θ sehr klein und N im Vergleich zu n groß sein (Faustregel: $\Theta < 0.05$, $n > 10$ und $f < 0.05$).[42] Sowohl der zulässige als

---

37 Vgl. das ausgedruckte Arbeitspapier im Anhang auf der Seite A.28. Der Umfang des Prüffeldes **N = 17400** ergibt sich, wenn erreicht werden soll, daß trotz der Ganzzahligkeitsbedingung für $\boldsymbol{M_1}$ und $\boldsymbol{M_2}$ aus $\boldsymbol{M_1 = \Theta_1 \cdot N}$ und $\boldsymbol{M_2 = \Theta_2 \cdot N}$ keine Rundungen notwendig werden sollen, damit $\boldsymbol{\Theta_1}$ und $\boldsymbol{\Theta_2}$ konstant sind.

38 Es ist zu überlegen, ob bei der Durchführung einer Annahmestichprobe für die Fehleranzahl bzw. den Fehleranteil von der Anwendung der Faustregel mit $f < 0.05$ abgewichen werden sollte. Eine allgemeingültige Faustregel kann hier nicht gegeben werden, weil die Werte von der gewählten Parameterkombination abhängen. Jedoch kann eine Orientierung an der Regel $f < 0.025$ wegen der gleichzeitigen Erfüllungsnotwendigkeit für zwei Ungleichungen sicherlich zu brauchbaren Ergebnissen führen.

39 Vgl. **Odeh/Owen,** Tables, S. 18.

40 Vgl. **ebenda,** S. 3 f.

41 Vgl. das ausgedruckte Arbeitspapier im Anhang auf der Seite A.29.

42 Vgl. **Bleymüller/Gehlert/Gülicher,** WiSt-Statistik, S. 56.

auch der unzulässige Fehleranteil sind klein genug, n ist groß genug, aber der Auswahlsatz $f = \frac{524}{2200} = 0.23\overline{81}$ ist um ein Vielfaches zu groß. Zur Erfüllung der Faustregel müßte der Umfang des Prüffeldes mindestens $N > \frac{524}{0.05} = 10480$ betragen. Für N = 10500 ergibt sich jedoch bei Verwendung der Hypergeometrischen Verteilung ein Prüfplan mit n = 478 und c = 8, so daß auch hier die Faustregel wegen der Notwendigkeit zur Erfüllung zweier Ungleichungen zu nicht zufriedenstellenden Ergebnissen führt.[43]

Beispiele 6 u. 7: Der Prüfplan soll für einen vorgegebenen Stichprobenumfang bestimmt werden.

Diese Beispiele bauen auf den bisherigen Berechnungen auf, so daß einige Werte nicht mehr erneut bestimmt werden müssen. Das Prüffeld umfaßt **N = 2000** Elemente, die zulässige Fehleranzahl beträgt $\mathbf{M_1 = 20}$ und die unzulässige Fehleranzahl $\mathbf{M_2 = 60}$. Die Risiken $\boldsymbol{\alpha}$ und $\boldsymbol{\beta}$ dürfen jeweils **5 %** nicht übersteigen. Zur Auswertung soll für das **Beispiel 6** eine Stichprobe herangezogen werden, deren Umfang **n = 430** beträgt, und für das **Beispiel 7** eine Stichprobe vom Umfang **n = 440**.

Der Prüfplan mit dem minimalen Stichprobenumfang wurde bereits im Beispiel 1 mit **n = 414** und **c = 7** berechnet. Da bei der Verwendung der Tabellenwerke lediglich der Mindeststichprobenumfang der Prüfpläne ausgegeben wird, gibt es keinerlei Anhaltspunkte dafür, wie der Prüfplan für **n = 430** oder für **n = 440** bestimmt werden kann. Dies kann lediglich erreicht werden, wenn eine Approximation mit Hilfe der **Binomialverteilung** erfolgt. In der dann verwendeten Tabelle Table 2 wird jeweils der Mindeststichprobenumfang und der höchste Stichprobenumfang für eine kritische Fehleranzahl ausgegeben, so daß beide Risken α und β gerade noch nicht überschritten werden. Jedoch hat bereits das Beispiel 5 gezeigt, daß die Anwendung der Binomialverteilung bei solch kleinem Umfang des Prüffeldes N nicht gestattet ist. Selbst wenn die Approximation zulässig ist, kann eine Entscheidung nur dann getroffen werden, wenn der Umfang der vorliegenden Stichprobe innerhalb des in der Tabelle für die Binomialverteilung ausgewiesenen Intervalls liegt. Eine Berechnung des Prüfplans für einen größeren Stichprobenumfang n ist nicht möglich.

Dieses Problem gibt es nicht bei der Anwendung von **RSW**. Bereits bei der Bestimmung des Prüfplans zu Beispiel 1 wurde eine Obergrenze berechnet, die den maximalen

---

43 Vgl. das ausgedruckte Arbeitspapier im Anhang auf der Seite A.30. Einige durchgeführte Berechnungen haben ergeben, daß auch in diesem Fall bei einem Auswahlsatz von f = 0.025 recht gute Approximationsergebnisse erzielt werden können.

Stichprobenumfang n für das ausgewiesene c angibt.[44] Diese Obergrenze für c = 7 beträgt n = 435. Ohne weitere Berechnungen durchführen zu müssen, steht somit bereits fest, daß die kritische Fehleranzahl für die bereits gezogene Stichprobe vom Umfang n = 430 ebenfalls c = 7 beträgt. Dabei werden die Risiken α und β nicht überschritten.

Sollen für diesen Prüfplan die genauen Risiken berechnet werden (Beispiel 6), oder soll ein Stichprobenumfang zugrunde gelegt werden, der über die ausgewiesene Obergrenze von **n = 435** hinausgeht, genügt es, nach der Berechnung des Prüfplans in der Menüzeile die Option "**Umfang_vorgeben**" auszuwählen.[45] Es erscheint die in Abb. 4.5 dargestellte Eingabemaske, in der der Umfang der vorliegenden Stichprobe eingegeben werden kann.

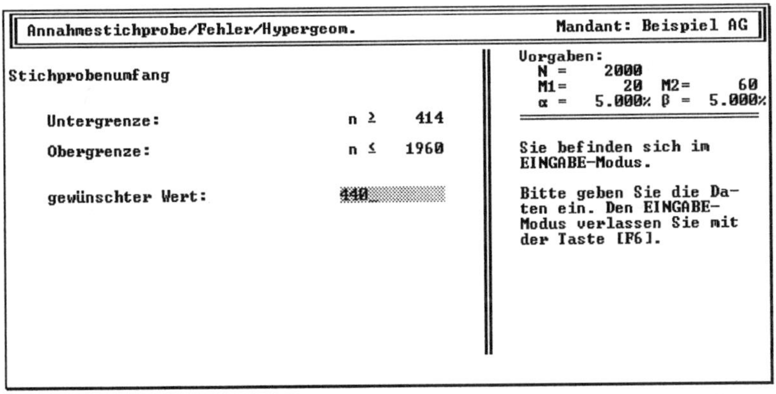

Abb. 4.5: Eingabemaske zur Bestimmung des Prüfplans für einen vorgegebenen Stichprobenumfang

Nach der Berechnung wird das Ergebnis, wie in Abb. 4.6 für das Beispiel 7 dargestellt, am Bildschirm ausgegeben.

44 Vgl. das ausgedruckte Arbeitspapier im Anhang auf der Seite A.18.

45 S. Abb. 4.4.

```
Annahmestichprobe/Fehler/Hypergeom.                    Mandant: Beispiel AG

Sie haben den Prüfplan einer Annahmestichprobe für     Vorgaben:
die Fehleranzahl im Prüffeld unter Verwendung der        N =     2000
HYPERGEOMETRISCHEN VERTEILUNG berechnen lassen.          M1=       20  M2=      60
Vorgaben:                                                α =   5.000% β =  5.000%
Sie haben einen Stichprobenumfang von n=    440          n =      440  (gefordert)
sowie die rechts ausgewiesenen Annahmegrenzen und      Ergebnis:
Sicherheiten vorgegeben.                                 n =      453  c =       8
Ergebnis:                                                α =   2.178% β =  4.976%
Für das gewünschte n existiert keine Lösung.             n wurde korrigiert
Es wurde das nächst zulässige n berechnet.
Ziehen Sie eine Stichprobe im Umfang von n=    453.
Entdecken Sie nicht mehr als c=      8 Fehler darin,   Die Daten wurden proto-
dann ist mit mind.  95.024%iger Sicherheit das         kolliert. Wählen Sie
Prüffeld ordnungsmäßig. Entdecken Sie mehr als         bitte im Menü aus...
c=      8 Fehler, dann ist mit mind.  97.822%iger
Sicherheit das Prüffeld nicht ordnungsmäßig.

Druck                      Wiederholung                              Zurück
```

Abb. 4.6: Ausgabe des Prüfplans für einen vorgegebenen Stichprobenumfang

Wird die Entscheidung auf der Basis der Stichprobe vom Umfang n = 430 mit Hilfe der kritischen Fehleranzahl c = 7 gefällt, so betragen die Risiken genau $\alpha = 0.03801$ und $\beta = 0.04937$. Für den Stichprobenumfang n = 440 wurde dagegen der Umfang auf n = 453 korrigiert, weil es für n = 440 keinen gültigen Prüfplan gibt.[46] In diesem Fall ist die Stichprobe, die bereits 440 Elemente enthält, unter Einhaltung der Anwendungsvoraussetzungen um weitere 13 Elemente zu ergänzen. Keinesfalls erlaubt ist es demgegenüber, aus der bestehenden Stichprobe vom Umfang n = 440 zehn Elemente "zurückzulegen". Diesem Vorgehen liegt ein anderes Modell zugrunde, so daß die berechneten Sicherheiten nicht eingehalten würden.[47]

Hilfsmittel	N	M_1	M_2	n	c	α	β
RSW	2000	20	60	430	7	0.03801	0.04937
RSW	2000	20	60	453	8	0.02178	0.04976

Tab. 4.7: Prüfpläne für die Beispiele 6 und 7

Die folgende Tabelle 4.8 faßt alle berechneten Prüfpläne zusammen, damit eine direkte Gegenüberstellung möglich ist.

46 Vgl. die ausgedruckten Arbeitspapiere im Anhang auf den Seiten A.31 und A.32.

47 Vgl. **Gründer**, Zufallsstichprobenverfahren, S. 27.

Beispiel	Hilfs-mittel	Inter-polation	Vertei-lung	N	M_1	M_2	n	c	α	β
1	Tabelle		H	2000	20	60	414	7	0.038	0.049
1	RSW		H	2000	20	60	414	7	0.03801	0.04937
2	Tabelle	x	H	2000	15	60	331	5	≈ 0.05	≈ 0.05
2	RSW		H	2000	15	60	333	5	0.02677	0.04907
3	Tabelle	x	H	2000	20	65	368	7	≈ 0.05	≈ 0.05
3	RSW		H	2000	20	65	346	6	0.04364	0.04955
4	Tabelle	x	H	1900	20	57	454	9	≈ 0.05	≈ 0.05
4	RSW		H	1900	20	57	413	7	0.04944	0.04923
5	Tabelle	x	B	2200	22	66	501	9	< 0.05	< 0.05
5	RSW		H	2200	22	66	416	7	0.04109	0.04935
5	Tabelle		P	2200	22	66	524	9	≈ 0.05	≈ 0.05
6	RSW		H	2000	20	60	430	7	0.03801	0.04937
7	RSW		H	2000	20	60	453	8	0.02178	0.4976

Tab. 4.8:* *Zusammenfassung der berechneten Prüfpläne
Legende:
H = Hypergeometrische Verteilung
B = Binomialverteilung
P = Poissonverteilung

Es hat sich gezeigt, daß bei der Anwendung der Tabellensammlung von **Odeh/Owen** nur in den Fällen eine korrekte Bestimmung des Prüfplans möglich ist, in denen alle benötigten Parameter direkt aus dem **Table 4** für die **Hypergeometrische Verteilung** entnommen werden können.

Sobald eine **Interpolation** notwendig wird, weil die Parameter nicht direkt tabelliert sind, muß einerseits der hohe Aufwand für die Berechnung in Kauf genommen werden, andererseits treten häufig ungenaue Ergebnisse auf. Dies kann bewirken, daß wegen eines zu niedrigen Stichprobenumfangs die Sicherheiten nicht eingehalten werden (vgl. Beispiel 2), oder auch, daß ein zu hoher Aufwand durch einen zu hohen Stichprobenumfang notwendig ist (vgl. Beispiel 4). In einigen Fällen werden sogar Prüfpläne bestimmt, die nicht nur einen zu hohen Stichprobenumfang ausweisen, sondern außerdem keine gültige Kombination von n und c darstellen, so daß letztlich eine Entscheidung auf der Basis eines ungültigen Prüfplans gefällt wird (vgl. Beispiel 3).

Übersteigt der Umfang des Prüffeldes den maximal tabellierten Wert, muß die Bestimmung des Prüfplans mit Hilfe von **Approximationen** durch die **Binomialverteilung** oder die **Poissonverteilung** erfolgen. Dies ist jedoch problematisch, da beide Verteilungen nur bei sehr großem N und sehr kleinem n zur Approximation der Hypergeometrischen Verteilung eingesetzt werden dürfen. Dabei hat sich gezeigt, daß die vorgeschlagene Faustregel mit $f < 0.05$ nicht zu befriedigenden Ergebnissen führt. In dem gezeigten Beispiel war eine akzeptable Approximation erst bei $f \approx 0.025$ zu erreichen, da sich die Unterschiede zwischen den Verteilungen in beiden einzuhaltenden Ungleichungen für die Risiken α und β niederschlagen können. Dieser Auswahlsatz sollte in den meisten Fällen zu befriedigenden Ergebnissen führen. Dadurch bedingt, gibt es einen breiten Bereich von N = 2000 als maximal tabellierten Umfang des Prüffeldes bis $N = \frac{n}{0.05}$ bzw. $N = \frac{n}{0.025}$, innerhalb dessen eine Prüfplanbestimmung mit Hilfe der Tabellensammlung nicht möglich ist, da die Anwendungsvoraussetzungen für eine Approximation nicht erfüllt sind.

Unmöglich wird die **Anwendung der Tabellensammlung**, wenn die Prüfungsvorschriften **Risiken** vorschreiben, die in der Tabellensammlung nicht tabelliert sind. In diesem Fall kann mit Hilfe der Tabellensammlung keine Bestimmung des Prüfplans erfolgen, da nach **Odeh/Owen** eine Interpolation der Risiken ausgeschlossen ist.[48] In der Literatur wird vorgeschlagen, daß bei der Vorgabe der Risiken β kleiner als α zu halten ist, weil ein α-Fehler i. d. R. später erkannt, ein β-Fehler dagegen normalerweise nicht mehr erkannt wird.[49] Dem wird die Tabellensammlung von **Odeh/Owen** nicht gerecht, da für alle verwendbaren Tabellen $\boldsymbol{\alpha \leq \beta}$ gilt. Auch ist mit der Tabellensammlung keine Bestimmung von Prüfplänen für vorgegebene Stichprobenumfänge möglich. Aus diesen Gründen ist die Anwendungsfähigkeit der Tabellensammlung für die Praxis in Frage zu stellen.

Diese Probleme treten nicht auf, wenn die Bestimmung der Prüfpläne mit Hilfe des Programms **RSW** erfolgt. Sämtliche Prüfpläne werden aktuell unter Verwendung der **Hypergeometrischen Verteilung** berechnet, so daß keine Ungenauigkeiten durch Interpolationen bzw. Approximationen auftreten können. Eine Variation der Risiken kann in den Bereichen $0 < \alpha < 1$ und $0 < \beta < 1$ stufenlos erfolgen. Zu der im Prüfplan ausgewiesenen kritischen Fehleranzahl m wird zusätzlich eine Obergrenze für den Stichprobenumfang n ausgegeben, mit der die Entscheidung unter Einhaltung der vorgegebenen Risiken getroffen werden kann. Bei der Vorgabe eines Stichprobenumfangs n wird die dazugehörige kritische Fehleranzahl c berechnet. Existiert für das gewünschte n kein gültiger Prüfplan, wird der Stichprobenumfang nach oben korrigiert. Dies erfolgt innerhalb einer kurzen Rechenzeit, da die Rechenalgorithmen für die PC-Anwendung opti-

---

48 Vgl. **Odeh/Owen**, Tables, S. 3 ff, insb. S. 9.

49 Vgl. **Leffson**, Wirtschaftsprüfung, S. 183.

miert wurden. Nicht zu vernachlässigen ist auch die Möglichkeit, bei Vorliegen einer Buchwertdatei die Stichprobenziehung unter Einhaltung der Anwendungsvoraussetzungen vom Programm duchführen zu lassen. Zusätzlich kann zu jeder Berechnung ein Arbeitspapier ausgedruckt werden.

Unter Berücksichtigung dieser Vorteile und der im Vergleich zu Tabellenwerken sehr leichten und damit sicheren Handhabung des Programms, dürfte dem Einsatz von **RSW** bei Annahmestichproben für die Fehleranzahl bzw. den Fehleranteil im Prüffeld nichts im Wege stehen.

4.2.2 Bestimmung des Prüfplans einer Annahmestichprobe für den Gesamtwert des Prüffeldes

Sofern die Bestimmung von Prüfplänen einer Annahmestichprobe für den Gesamtwert des Prüffeldes nicht mit Hilfe eines Computer-Programms erfolgt, bedarf es eines Tabellenwerks, um bei den gegebenen Risiken α und β die dazugehörigen Werte $z_{(1-0.5\cdot\alpha)}$ und z_β der Verteilungsfunktion der Standardnormalverteilung zu bestimmen. Dazu soll die Tabellensammlung "**Statistische Formeln, Tabellen und Programme**" von **Bleymüller/Gehlert** herangezogen werden, bei der die betreffenden Werte aus sehr übersichtlichen Tabellen entnommen werden können.[50] Verwendung findet dabei die Tabelle 12 "**Standardnormalverteilung - Verteilungsfunktion**".[51] Auf die ebenfalls mögliche Verwendung der Tabelle 14 "**Standardnormalverteilung - Zweiseitige symmetrische Flächenanteile**" sei jedoch hingewiesen[52].

Die Verwendung der Tabelle und des Programms **RSW** wird anhand zweier Beispiele gezeigt. Beispiel 8 zeigt die Ausgangssituation der Bestimmung eines Prüfplans und Beispiel 9 schildert das Vorgehen, wenn der Prüfplan nachträglich korrigiert werden muß.

---

50 Vgl. **Bleymüller/Gehlert**, WiSt-Tabellen.

51 Vgl. **ebenda**, Tabelle 12, Standardnormalverteilung - Verteilungsfunktion, S. 114 ff.

52 Vgl. **ebenda**, Tabelle 14, Standardnormalverteilung- Zweiseitige symmetrische Flächenanteile, S. 121.

Beispiel 8:

Bei einem Prüffeld vom Umfang **N = 1500** mit einem Gesamtbuchwert von **X = 700000 DM** soll über die Ordnungsmäßigkeit entschieden werden. Der kritische Abweichungsbetrag beträgt **D = 20000 DM**. Eine Vorstichprobe vom Umfang **n = 35** ergab eine Stichprobenvarianz von $\mathbf{s_Y^2 = 1650\ DM^2}$. Die Risiken des Geprüften $\boldsymbol{\alpha}$ und des Prüfers $\boldsymbol{\beta}$ dürfen jeweils **5 %** betragen.

Zur Berechnung des Prüfplans mit Hilfe der Tabellensammlung müssen zunächst die Parameter $z_{(1-0.5 \cdot \alpha)}$ und z_β der Standardnormalverteilung bestimmt werden, die zu den vorgegebenen Risiken α und β gehören. Diese Werte können der Tabelle 12 der Tabellensammlung entnommen werden. Für $\beta = 0.05$ ist $z_\beta = -1.645$ und für $1\text{-}0.5 \cdot \alpha = 0.975$ ist $z_{(1-0.5 \cdot \alpha)} = 1.96$. Nach Gleichung (2.30) entspricht die notwendige Genauigkeit demnach

$$\sigma^*_{(\hat{Y})} = \frac{D}{z_{(1-0.5\cdot\alpha)} - z_\beta} = \frac{20000}{1.96 - (-1.645)} = 5547.850208.$$

Die Varianz der Wahren Werte im Prüffeld wird durch die Stichprobenvarianz der Vorstichprobe geschätzt. Der notwendige Stichprobenumfang beträgt dann laut Ungleichung (2.36)

$$n \geq \frac{N^2 \cdot s_Y^2}{\left(\frac{D}{z_{(1-0.5\cdot\alpha)} - z_\beta}\right)^2 + N \cdot s_Y^2}$$

$$n \geq \frac{1500^2 \cdot 1650}{5547.850208^2 + 1500 \cdot 1650}$$

$$n \geq 111.641907,$$

also **n = 112**. Die kritischen Werte berechnen sich nach

$$Y_{cu} = (X) - z_{(1-0.5\cdot\alpha)} \cdot \sigma^*_{(\hat{Y})}$$

zu $Y_{cu} = 689126.2136$, also $\mathbf{Y_{cu} = 689126.21}$, und nach

$$Y_{co} = (X) + z_{(1-0.5\cdot\alpha)} \cdot \sigma^*_{(\hat{Y})}$$

zu Y_{CO} = 710873.7864, also $\mathbf{Y_{co}}$ **= 710873.79**.

Wird eine Stichprobe vom Umfang **n = 112** gezogen, und liegt der mit ihr berechnete Schätzwert für den Gesamtwert des Prüffeldes $\hat{Y}$ nicht zwischen $\mathbf{Y_{cu}}$ **= 689126.21 DM** und $\mathbf{Y_{co}}$ **= 710873.79 DM**, muß die Ordnungsmäßigkeit des Prüffeldes abgelehnt werden.

Bei Anwendung des Programms **RSW** wird im Auswahlfenster "**Prüfungen**" des Hauptmenüs die Option "**Berechnungen**" gewählt und anschließend die Untersuchungsmethode wie folgt spezifiziert:[53]

Stichprobe: **Annahmestichprobe**
Untersuchungsmerkmal: **Gesamtwert des Prüffeldes**

Daraufhin erscheint die in Abb. 4.7 dargestellte Eingabemaske, in der die zur Berechnung benötigten Ausgangswerte eingegeben werden.

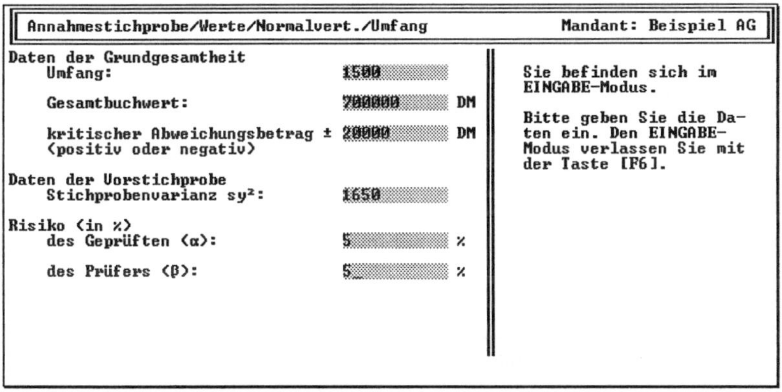
Annahmestichprobe/Werte/Normalvert./Umfang   Mandant: Beispiel AG

Daten der Grundgesamtheit
Umfang: 1500
Gesamtbuchwert: 700000 DM
kritischer Abweichungsbetrag ± 20000 DM
(positiv oder negativ)

Daten der Vorstichprobe
Stichprobenvarianz sy²: 1650

Risiko (in %)
des Geprüften (α): 5 %
des Prüfers (β): 5 %

Sie befinden sich im EINGABE-Modus.

Bitte geben Sie die Daten ein. Den EINGABE-Modus verlassen Sie mit der Taste [F6].

Abb. 4.7: Eingabemaske zur Berechnung des Prüfplans einer Annahmestichprobe für den Gesamtwert des Prüffeldes

Alle Werte außer dem kritischen Abweichungsbetrages sind - soweit möglich - durch Standardvorgaben oder Berechnungsergebnisse von Dateiauswertungen vorbelegt. Nach der Berechnung erscheint die in Abb. 4.8 dargestellte Ausgabemaske.

53 Vgl. Teil B, Handbuch, Abschnitt 7.3.

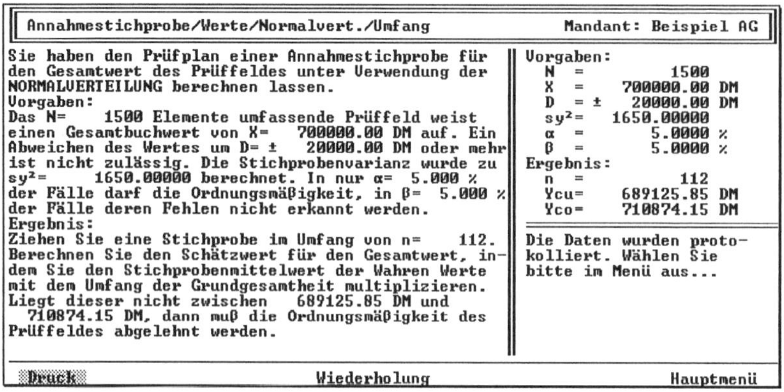

Abb. 4.8: ***Ausgabe des berechneten Prüfplans einer Annahmestichprobe für den Gesamtwert des Prüffeldes***

Die mitgelieferte Handlungsanweisung lautet:

> ***Ziehen Sie eine Stichprobe im Umfang von n = 112. Berechnen Sie den Schätzwert für den Gesamtwert, indem Sie den Stichprobenmittelwert der Wahren Werte mit dem Umfang der Grundgesamtheit multiplizieren. Liegt dieser nicht zwischen 689125.85 DM und 710874.15 DM, dann muß die Ordnungsmäßigkeit des Prüffeldes abgelehnt werden.***

Tab. 4.9 stellt die berechneten Prüfpläne gegenüber:

Hilfsmittel	N	X	D	s_Y^2	n	Y_{cu}	Y_{co}	α	β
Tabelle	1500	700000	20000	1650	112	689126.21	710873.79	0.05	0.05
RSW	1500	700000	20000	1650	112	689125.85	710874.15	0.05	0.05

Tab. 4.9: ***Prüfpläne für Beispiel 8***

Zwischen dem Ergebnis bei Verwendung des Tabellenwerks und dem bei Verwendung von **RSW** sind kaum Unterschiede zu verzeichnen. Die Prüfpläne sind beinahe identisch, lediglich die von **RSW** berechneten kritischen Werte weichen wegen der höheren Genauigkeit der Werte $z_{(1-0{\cdot}5{\cdot}\alpha)}$ bzw. z_β etwas von den mit der Tabellensammlung bestimmten ab. Zusätzlich zu der Bestimmung des Prüfplans kann jedoch bei der Anwendung von **RSW** ein Arbeitspapier für die Prüfungsunterlagen ausgedruckt werden, welches sonst von Hand zu erstellen wäre.[54] Auch wird eine eindeutige Handlungsanweisung ausgegeben, die dem weniger geübten Anwender die Interpretation der berechneten Werte vorgibt. Vor allem aber wird der Aufwand für die Durchführung der Berechnung minimiert, wodurch gleichzeitig eine mögliche Fehlerquelle ausgeschaltet wird. Vorteilhaft ist zudem, daß bei Vorliegen der entsprechenden Dateien die zur Bestimmung des Prüfplans benötigten Werte ebenfalls von **RSW** ermittelt werden können. Insbesondere kann auch die Stichprobenziehung unter Einhaltung der Anwendungsvoraussetzungen vom Programm vorgenommen oder eine Vorstichprobe um die fehlenden Elemente ergänzt werden.

Beispiel 9:

Die Stichprobe vom Unfang **n = 112** hat eine Stichprobenvarianz der Wahren Werte von $\mathbf{s_Y^2 = 2100\ DM^2}$, so daß eine **Korrektur des Prüfplans** notwendig wird.

Dazu ist lediglich der **Stichprobenumfang n** neu zu bestimmen, da sich an den Parametern zur Berechnung der kritischen Werte nichts geändert hat. Bei Einsatz der Tabellensammlung muß der Stichprobenumfang neu bestimmt werden:

$$n \geq \frac{N^2 \cdot s_Y^2}{\left(\frac{D}{z_{(1-0.5\cdot\alpha)} - z_\beta}\right)^2 + N \cdot s_Y^2}$$

$$n \geq \frac{1500^2 \cdot 2100}{5547.850208^2 + 1500 \cdot 2100}$$

$$n \geq 139.2628685,$$

also **n = 140**. Die Bestimmung des Prüfplans mit **RSW** erfolgt wie im Beispiel 8.[55]

Hilfsmittel	**N**	**X**	**D**	s_Y^2	**n**	Y_{cu}	Y_{co}	α	β
Tabelle	1500	700000	20000	2100	140	689126.21	710873.79	0.05	0.05
RSW	1500	700000	20000	2100	140	689125.85	710874.15	0.05	0.05

Tab. 4.10: Prüfpläne für Beispiel 9

54 Vgl. das ausgedruckte Arbeitspapier im Anhang auf der Seite A.33.

55 Vgl. das ausgedruckte Arbeitspapier im Anhang auf der Seite A.34.

Auch hier ist kein deutlicher Unterschied zwischen den Prüfplänen festzustellen. Dies war allerdings auch zu erwarten, da sich die kritischen Werte nicht geändert haben. Vorteilhaft bei der Verwendung des Programms **RSW** ist jedoch, daß die zur Kontrolle des Schätzwertes benötigte Stichprobenvarianz der Wahren Werte vom Programm berechnet werden kann. Weiterhin kann auch der zur Berechnung des Punktschätzwertes für den Gesamtwert benötigte Stichprobenmittelwert vom Programm errechnet werden.

Zusammenfassend ist festzuhalten, daß bei der Durchführung einer Annahmestichprobe für den Gesamtwert des Prüffeldes beim Prüfplan **keine großen Unterschiede** zwischen der Verwendung eines Tabellenwerks und der Verwendung von **RSW** zu erkennen sind. Die Genauigkeit ist bei beiden Hilfsmitteln annähernd gleich. Die Vorteile des Programms **RSW** sind demnach insbesondere im vereinfachten und damit auch sichereren Umgang zu sehen. Vorteilhaft ist außerdem, daß einige Rechengänge zur **Bereitstellung der benötigten Informationen**, insbesondere bei der **Auswertung** einer **Buchwertdatei** und einer **Stichprobendatei**, vom Programm übernommen werden können und daß ein **Arbeitspapier** ausgedruckt werden kann. Anhand des Arbeitspapiers ist der Rechengang jederzeit nachvollziehbar. Weiterhin kann die Stichprobe mit dem berechneten Umfang bei Vorliegen einer Buchwertdatei vom Programm **RSW** automatisch unter Einhaltung der Anwendungsvoraussetzungen gezogen werden bzw. eine bestehende Stichprobendatei kann um die fehlenden Elemente ergänzt werden.

4.3 Durchführung von Schätzstichproben mit Hilfe von Tabellensammlungen und mit dem Programm RSW

4.3.1 Bestimmung eines Konfidenzintervalls für die Fehleranzahl im Prüffeld

In diesem Abschnitt soll **anhand ausgewählter Beispiele** gezeigt werden, wie ein Konfidenzintervall für die Fehleranzahl im Prüffeld[56] mit Hilfe von Tabellen und mit Hilfe von **RSW** bestimmt wird. Um die möglichen Probleme aufzuzeigen, werden folgende Prüfungssituationen dargestellt:

Beispiel 10: Die gesuchte Parameterkombination ist der Tabellensammlung direkt zu entnehmen.

---

56 Auf die Darstellung der Bestimmung eines Konfidenzintervalls für den Fehleranteil im Prüffeld wird verzichtet, da dieses Intervall durch einfache Umformungen berechnet werden kann.

Beispiel 11:	Der Stichprobenumfang ist nicht direkt tabelliert, ist jedoch nicht größer als der maximal tabellierte.
Beispiel 12:	Der Umfang des Prüffeldes ist nicht direkt tabelliert, ist jedoch nicht größer als der maximal tabellierte.
Beispiel 13:	Der Umfang des Prüffeldes ist größer als der maximal tabellierte.
Beispiel 14:	Der Stichprobenumfang ist kleiner als der minimal tabellierte.
Beispiel 15:	Das Konfidenzintervall hat eine gewünschte Genauigkeit einzuhalten.

Bei der Beschreibung der Vorgehensweise bei Anwendung von Tabellensammlungen wird auf das Tabellenwerk "**Attribute Sampling Plans, Tables of Tests and Confidence Limits for Proportions**" von **Odeh/Owen**[57] zurückgegriffen. Hieraus werden die Tabellen **Table 5** für die **Hypergeometrische Verteilung**[58] und **Table 3** für die Approximation durch die **Binomialverteilung**[59] verwendet.

Beispiel 10: Die gesuchte Parameterkombination ist der Tabellensammlung direkt zu entnehmen.

Aus einem Prüffeld vom Umfang **N = 2000** wird eine Stichprobe vom Umfang **n = 200** entnommen. Alle Stichprobenelemente werden im Hinblick auf ein genau definiertes Merkmal auf Fehlerfreiheit untersucht. Dabei stellt sich heraus, daß **m = 4** Elemente fehlerhaft sind. Es ist das Intervall zu bestimmen, in dem die Fehleranzahl im Prüffeld mit einer Sicherheitswahrscheinlichkeit von **1-α = 0.95** liegt.

Das gesuchte Konfidenzintervall ist in Table 5.9.1 direkt tabelliert.[60] Es ergibt sich eine Untergrenze von $\mathbf{M_u = 11}$ und $\mathbf{M_o = 98}$. Die zugehörigen Sicherheitswahrscheinlichkeiten können ebenfalls für jede Grenze einzeln entnommen werden. Insgesamt beträgt die Sicherheitswahrscheinlichkeit **1-α = 95.72** %.

Nach **Odeh/Owen** ist dieses Ergebnis so zu interpretieren, daß mit einer Sicherheit von **1-α = 95.72 %** die Fehleranzahl im Prüffeld M **größer oder gleich 11 und kleiner oder gleich 98** ist.[61]

---

57 Vgl **Odeh/Owen,** Tables.

58 Vgl. **ebenda,** Table 5, Confidence limits on the number of defective units in a lot, Tables 5.1.1 - 5.9.12, S. 228 ff.

59 Vgl. **ebenda,** Table 3, Confidence limits on a proportion, Tables 3.1 - 3.61, S. 83 ff.

60 Vgl. **ebenda,** S. 289.

61 Vgl. **ebenda,** S. 10.

Zur Bestimmung des Konfidenzintervalls mit Hilfe des Programms **RSW** wird im Auswahlfenster "**Prüfungen**" des Hauptmenüs die Option "**Berechnungen**" gewählt und anschließend die Untersuchungsmethode wie folgt spezifiziert:[62]

Stichprobe:	**Schätzstichprobe**
Untersuchungsmerkmal:	**Fehleranzahl bzw. Fehleranteil im Prüffeld**
Stichprobenumfang:	**Eingabe durch den Benutzer**

In der dann erscheinenden Eingabemaske können die zur Berechnung benötigten Werte wie in Abb. 4.9 dargestellt eingegeben werden.

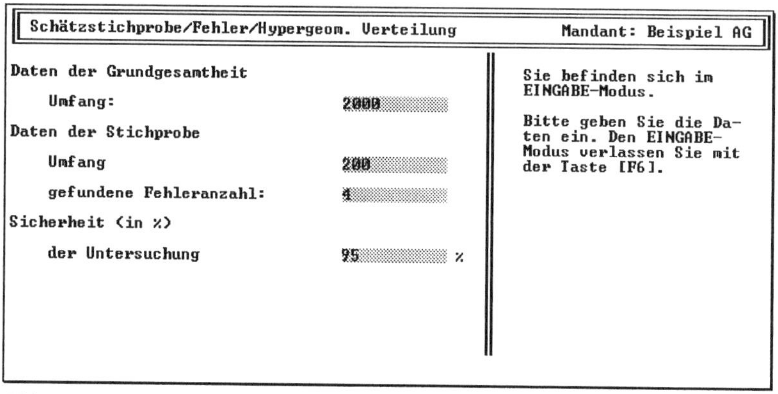

Abb. 4.9: Eingabemaske zur Bestimmung eines Konfidenzintervalls für die Fehleranzahl bzw. den Fehleranteil im Prüffeld

Die Werte sind - soweit möglich - bereits mit Standardvorgaben oder den Ergebnissen von Dateiauswertungen vorbelegt. Nach der Eingabe der Werte kann bestimmt werden, ob die Berechnung eines zweiseitigen Konfidenzintervalls gewünscht wird, oder ob nur die Ober- bzw. Untergrenze zu berechnen ist. Zum Vergleich mit der Anwendung der Tabellensammlung wird in den folgenden Beispielen jeweils ein zweiseitiges Konfidenzintervall bestimmt.

Im Anschluß an die Berechnung erfolgt die Ausgabe der Berechnungsergebnisse in der in Abb. 4.10 dargestellten Ausgabemaske.

---

62 Vgl. Teil B, Handbuch, Abschnitt 7.4.

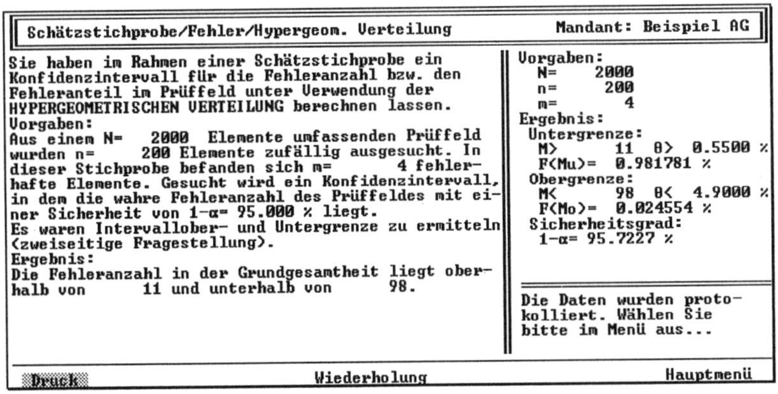

Abb. 4.10: Ausgabe des Konfidenzintervalls für die Fehleranzahl bzw. den Fehleranteil im Prüffeld

Das Programm liefert die Interpretation der Ergebnisse mit:

Die Fehleranzahl in der Grundgesamtheit liegt oberhalb von 11 und unterhalb von 98.

Der Sicherheitsgrad der Untersuchung weicht mit 1-α = 95.7227 % wegen der einzuhaltenden Ganzzahligkeit der Intervallgrenzen von der Vorgabe geringfügig ab. Die Ergebnisse bei der Verwendung der beiden Hilfsmittel werden in der Tab. 4.11 gegenübergestellt.

Hilfsmittel	**N**	**n**	**m**	**M_u**	**M_o**	**1-α**
Tabelle	2000	200	4	11	98	0.957200
RSW	2000	200	4	11	98	0.957227

Tab. 4.11: Konfidenzintervalle für Beispiel 10

Die Grenzen des Konfidenzintervalls sind bei beiden Vorgehensweisen identisch. Abgesehen davon, daß sie geringfügig genauer bestimmt wurde, stimmt auch die von **RSW** berechnete Sicherheitswahrscheinlichkeit mit der aus der Tabellensammlung überein. Allerdings existiert ein deutlicher Unterschied bei der **Interpretation** der Werte: Während **Odeh/Owen** die Intervallgrenzen mit zum Konfidenzintervall rechnen,[63] werden diese beim Programm **RSW** richtigerweise ausgeschlossen. Dies ist darin begründet,

63 Vgl. **Odeh/Owen**, Tables, S. 10.

daß bei der Anwendung von diskreten Verteilungen wie der Hypergeometrischen Verteilung die Intervallgrenzen selbst i. d. R. nicht zum Intervall gehören.[64]

Ein weiterer Unterschied besteht darin, daß **RSW** gleichzeitig auch das Konfidenzintervall für den **Fehleranteil** angibt, so daß ein Umrechnen nicht mehr nötig ist. Die Untergrenze des Konfidenzintervalls für den Fehleranteil beträgt $\Theta_u = 0.55$ %, die Obergrenze $\Theta_o = 4.9$ %.

Wie bereits bei den anderen Untersuchungen, kann mit dem Programm **RSW** auch in diesem Fall ein **Arbeitspapier** für die Prüfungsunterlagen ausgedruckt werden, während dieses bei der Anwendung von Tabellenwerken manuell zu erstellen ist.[65]

Beispiel 11: **Der Stichprobenumfang ist nicht direkt tabelliert, ist jedoch nicht größer als der maximal tabellierte.**

Es gelten die Daten aus Beispiel 10, jedoch beträgt der Stichprobenumfang **n = 215**.

Nur die Konfidenzintervalle für die Stichprobenumfänge **n = 200** und **n = 220** können der Tabellensammlung direkt entnommen werden, wobei die Sicherheitswahrscheinlichkeiten jeweils aus den ausgewiesenen Werten für die Intervallgrenzen zu berechnen sind:.

Konfidenzintervall I:
$N = 2000$, $n = 200$, $m = 4$, $M_u = 11$, $M_o = 98$, $1\text{-}\alpha = 0.9572$;

Konfidenzintervall II:
$N = 2000$, $n = 220$, $m = 4$, $M_u = 10$, $M_o = 89$, $1\text{-}\alpha = 0.9581$.

Durch lineare Interpolation berechnen sich die Intervallgrenzen zu:

$$M_u = 10 + \frac{11\text{-}10}{200\text{-}220} \cdot (215\text{-}220) = 10.25$$

und

---

64 Vgl. **Gründer**, Zufallsstichprobenverfahren, S. 101 f.

65 Vgl. das ausgedruckte Arbeitspapier im Anhang auf der Seite A.35.

$$M_o = 89 + \frac{98\text{-}89}{200\text{-}220} \cdot (215\text{-}220) = 91.25.$$

Wie bei den Beispielrechnungen von **Odeh/Owen** muß die Untergrenze abgerundet, die Obergrenze aufgerundet werden,[66] also:

$M_u = 10$ und $M_o = 92$.

Eine Interpolation der Sicherheitswahrscheinlichkeit kann nicht durchgeführt werden, sie wird jedoch annähernd der Vorgabe entsprechen.[67]

Bei Verwendung des Programms **RSW** ergibt sich das Konfidenzintervall direkt.[68] Es wird in Tab. 4.12 dem eben berechneten Konfidenzintervall gegenübergestellt.

Hilfsmittel	**N**	**n**	**m**	M_u	M_o	**1-α**
Tabelle	2000	215	4	10	92	≈ 0.95
RSW	2000	215	4	11	91	0.952057

Tab. 4.12: Konfidenzintervalle für Beispiel 11

Die berechneten Intervallgrenzen weichen voneinander ab, d. h. die Bestimmung des Intervalls mit Hilfe der Tabellensammlung führt zu einem fehlerhaften Ergebnis.

Beispiel 12: Der Umfang des Prüffeldes ist nicht direkt tabelliert, ist jedoch nicht größer als der maximal tabellierte.

Es gelten die Daten aus Beispiel 10, jedoch beträgt der Umfang des Prüffeldes **N = 1950.**

Für die Umfänge der Grundgesamtheit von N = 1800 und N = 2000 können die Parameter der Tabellensammlung entnommen werden:

Konfidenzintervall I:
$N = 1800$, $n = 200$, $m = 4$, $M_u = 10$, $M_o = 88$, $1\text{-}\alpha = 0.9576$;

---

66 Vgl. **Odeh/Owen**, Tables, S.10 f.

67 Vgl. **ebenda**, Tables, S.10.

68 Vgl. das ausgedruckte Arbeitspapier im Anhang auf der Seite A.36.

Konfidenzintervall II:
$N = 2000$, $n = 200$, $m = 4$, $M_u = 11$, $M_o = 98$, $1\text{-}\alpha = 0.9572$.

Zur Bestimmung der Intervallgrenzen muß wiederum eine lineare Interpolation durchgeführt werden.[69]

$$M_u = 10 + \frac{11\text{-}10}{2000\text{-}1800}(1950\text{-}1800) = 10.75 \approx 10$$

und

$$M_o = 88 + \frac{98\text{-}88}{2000\text{-}1800}(1950\text{-}1800) = 95.5 \approx 96.$$

Dieses Konfidenzintervall wird in Tab. 4.13 dem bei Verwendung des Programms **RSW** berechneten gegenübergestellt.[70]

Hilfsmittel	**N**	**n**	**m**	M_u	M_o	**1-α**
Tabelle	1950	200	4	10	96	≈ 0.95
RSW	1950	200	4	11	96	0.956526

Tab. 4.13: Konfidenzintervalle für Beispiel 12

Hier ist bei der Verwendung der Tabellensammlung die Untergrenze des Konfidenzintervalls falsch bestimmt worden.

Eine weitere denkbare Alternative ist, daß sowohl der Umfang des Prüffeldes N als auch der Stichprobenumfang n nicht direkt tabelliert sind, z. B. **N = 1950** und **n = 215**. Eine Darstellung erübrigt sich jedoch, da die Schritte denen aus den Beispielen 11 und 12 entsprechen.

Bei den bisher durchgeführten Interpolationen waren die Abweichungen der Intervallgrenzen nicht sehr groß, so daß die Ergebnisse bei Anwendung der Tabellensammlung durchaus als zufriedenstellend angesehen werden können. Problematischer wird die Anwendung des Tabellenwerks jedoch, wenn auf eine Approximation durch eine andere Verteilung zurückgegriffen werden muß. Dies wird dann notwendig, wenn der Umfang der Grundgesamtheit (Beispiel 13) oder der Stichprobenumfang nicht mehr tabelliert sind (Beispiel 14).

---

69 Vgl. **Odeh/Owen**, Tables, S.11.

70 Vgl. das ausgedruckte Arbeitspapier im Anhang auf der Seite A.37.

Beispiel 13: Der Umfang des Prüffeldes ist größer als der maximal tabellierte.

Es gelten die Daten aus Beispiel 10, aber der Umfang des Prüffeldes beträgt **N = 3000**. Damit ist er größer als der maximal tabellierte Umfang.

Hier muß die Bestimmung mit der Tabelle Table 3 erfolgen, der die **Binomialverteilung** zugrunde liegt. In Table 3.25 sind die Intervallgrenzen für die Fehleranzahl einer Stichprobe vom Umfang n = 200 und einer vorgefundenen Fehleranzahl von m = 4 mit $\Theta_u = 0.0055$ und $\Theta_o = 0.0504$ ausgewiesen.[71] Hieraus ergeben sich die Intervallgrenzen für die Fehleranzahl zu:

$$M_u = 2200 \cdot 0.0055 = 12.1 \approx 12$$

und

$$M_o = 2200 \cdot 0.0504 = 110.88 \approx 111.$$ [72]

Dieses Intervall wird in Tab. 4.14 dem mit dem Programm **RSW** unter Anwendung der Hypergeometrischen Verteilung berechneten Intervall gegenübergestellt.[73]

Hilfsmittel	**N**	**n**	**m**	M_u	M_o	**1-α**
Tabelle	2200	200	4	12	111	≈ 0.95
RSW	2200	200	4	13	108	0.950668

Tab. 4.14: Konfidenzintervalle für Beispiel 13

In diesem Fall weichen beide Intervallgrenzen voneinander ab. Die Voraussetzung zur Approximation der Hypergeometrischen Verteilung durch die Binomialverteilung (Faustregel: $f < 0.05$) sind hier allerdings mit $f = \frac{200}{2200} \approx 0.091$ nicht erfüllt, so daß die anhand der Tabelle bestimmten Intervallgrenzen mit Hilfe der von **v. Wysocki** vorgeschlagenen Endlichkeitskorrektur nach den Gleichungen (3.12) und (3.13) modifiziert werden sollten:[74]

---

71 Vgl. **Odeh/Owen,** Tables, S. 109.

72 Zur Einhaltung der Sicherheitswahrscheinlichkeit muß auch hier die Untergrenze abgerundet und die Obergrenze aufgerundet werden.

73 Vgl. das ausgedruckte Arbeitspapier im Anhang auf der Seite A.38.

74 Vgl. Abschnitt 3.2.3. Bei den korrigierten Werten wird wie bei **Odeh/Owen** ebenfalls die Untergrenze abgerundet und die Obergrenze aufgerundet.

$$\Theta_{u(korr)} = 0.02 + (0.0055 - 0.02) \cdot \sqrt{\frac{2200\text{-}200}{2200\text{-}1}} = 0.006171649$$

$$=> M_{u(korr)} = 2200 \cdot 0.006171649 = 13.5776278 \approx 13$$

und

$$\Theta_{o(korr)} = 0.02 + (0.0504 - 0.02) \cdot \sqrt{\frac{2200\text{-}200}{2200\text{-}1}} = 0.048991853$$

$$=> M_{o(korr)} = 2200 \cdot 0.048991853 = 107.7820766 \approx 108.$$

Hilfsmittel	**N**	**n**	**m**	M_u	M_o	**1-α**
Tabelle	2200	200	4	13	108	≈ 0.95

Tab. 4.15: Mit Hilfe der Endlichkeitskorrektur modifiziertes Konfidenzintervall für Beispiel 13

Durch die Endlichkeitskorrektur ergeben sich in diesem Fall die korrekten Intervallgrenzen. Auch wenn dies nicht immer gewährleistet ist, ist die Endlichkeitskorrektur nach **v. Wysocki** auf jeden Fall dazu geeignet, die Approximation der Hypergeometrischen Verteilung durch die Binomialverteilung zu verbessern.

Ein anderes Problem ergibt sich, wenn der Stichprobenumfang so klein ist, daß er für die Hypergeometrische Verteilung noch nicht tabelliert ist. Dies zeigt Beispiel 14.

Beispiel 14: Der Stichprobenumfang ist kleiner als der minimal tabellierte.

Es gelten die Daten aus Beispiel 10, der Stichprobenumfang beträgt jedoch **n = 180**.

In diesem Fall kann die Bestimmung des Konfidenzintervalls nicht mit Hilfe der Hypergeometrischen Verteilung erfolgen, da der kleinste tabellierte Stichprobenumfang für ein Prüffeld vom Umfang N = 2000 in der Tabelle Table 5 n = 200 beträgt. Deshalb wird auch hier die Approximation durch die Binomialverteilung notwendig. Die Werte können Table 3.23 entnommen werden, wo $\Theta_u = 0.0061$ und $\Theta_o = 0.0559$ ausgewiesen werden.[75] Es ergeben sich somit die Intervallgrenzen für die Fehleranzahl:

$$M_u = 2000 \cdot 0.0061 = 12.2 \approx 12$$

---

75 Vgl. **Odeh/Owen**, Tables, S. 107.

und

$M_o = 2000 \cdot 0.0559 = 111.8 \approx 112.$

Da auch hier die Approximationsbedingung wegen $f = \frac{180}{2000} = 0.09$ nicht erfüllt ist, werden die Intervallgrenzen mit Hilfe der Endlichkeitskorrektur modifiziert:

$$\Theta_{u(korr)} = 0.0\bar{2} + (0.0061 - 0.0\bar{2}) \cdot \sqrt{\frac{2000\text{-}200}{2000\text{-}1}} = 0.006923514$$

$$\Rightarrow M_{u(korr)} = 2000 \cdot 0.006923514 = 13.847028 \approx 13$$

und

$$\Theta_{o(korr)} = 0.0\bar{2} + (0.0559 - 0.0\bar{2}) \cdot \sqrt{\frac{2000\text{-}200}{2000\text{-}1}} = 0.054179758$$

$$\Rightarrow M_{o(korr)} = 2000 \cdot 0.054179758 = 108.359516 \approx 109.$$

Bei der Berechnung mit **RSW** ergeben sich dieselben Intervallgrenzen, was noch einmal die Leistungsfähigkeit dieser Endlichkeitskorrektur zeigt.[76]

Hilfsmittel	**N**	**n**	**m**	M_u	M_o	**1-α**
Tabelle	2000	180	4	13	109	≈ 0.95
RSW	2000	180	4	13	109	0.951618

Tab. 4.16: Konfidenzintervalle für Beispiel 14

Soll mit Hilfe der Tabellensammlung lediglich die Unter- oder die Obergrenze (einseitiges Konfidenzintervall) bestimmt werden, bringt dies keine Probleme mit sich. Es wird dann entsprechend aus den Tabellen Table 5 oder Table 3 nur eine Grenze entnommen.

Bei den gezeigten Beispielen war die Genauigkeit der mit Hilfe der Tabellensammlung bestimmten Intervallgrenzen durchaus zufriedenstellend, so daß der Vorteil des Programms **RSW** eher in der erheblich leichteren und dadurch auch sichereren Handhabung zu sehen ist, als in der höheren Rechengenauigkeit. Auch ist das Konfidenzintervall mit dem Programm **RSW** schneller zu bestimmen als bei der Verwendung einer Tabellensammlung.

---

76 Vgl. das ausgedruckte Arbeitspapier im Anhang auf der Seite A.39.

Es gibt aber Fälle, in denen die **Anwendung der Tabellensammlung nicht möglich** ist, wohingegen das Programm die Werte problemlos berechnen kann. So sind z. B. in der unter Verwendung der Hypergeometrischen Verteilung erstellten Tabelle Table 5 nur Intervallgrenzen für die Sicherheitswahrscheinlichkeiten $1\text{-}\alpha = 0.95$ und $1\text{-}\alpha = 0.90$ tabelliert. Soll dagegen die Sicherheitswahrscheinlichkeit bei der Berechnung eines zweiseitigen Konfidenzintervalls den Wert $1\text{-}\alpha = 0.975$ annehmen, ist der Einsatz der Tabelle nicht möglich. Eine Interpolation für Sicherheitswahrscheinlichkeiten zwischen den tabellierten Werten ist nach **Odeh/Owen** nicht zulässig.[77] Wird dagegen auf Table 3 mit den unter Anwendung der Binomialverteilung berechneten Konfidenzintervallen ausgewichen, werden bei Stichprobenumfängen bis n = 1000 zusätzlich die Sicherheitswahrscheinlichkeiten $1\text{-}\alpha = 0.99$, $1\text{-}\alpha = 0.98$ und $1\text{-}\alpha = 0.80$ angeboten. Doch auch hier verbietet sich die Interpolation, wenn eine andere Sicherheitswahrscheinlichkeit verwendet werden soll.

Beim Einsatz des Programms **RSW** dagegen ist die Sicherheitswahrscheinlichkeit in den Grenzen $0 < 1\text{-}\alpha < 1$ stufenlos zu variieren. Es werden jeweils die korrekten Ergebnisse unter Anwendung der Hypergeometrischen Verteilung bestimmt.

Beispiel 15: Das Konfidenzintervall hat eine gewünschte Genauigkeit einzuhalten.

Das Prüffeld umfaßt **N = 2000** Elemente. Eine Vorstichprobe hat einen Fehleranteil von $\hat{p}$ **= 2 %**. Es soll ein Konfidenzintervall bestimmt werden, innerhalb dessen die Fehleranzahl in Prüffeld mit einer Sicherheitswahrscheinlichkeit von **1-α = 95 %** liegt, wobei die Länge des Konfidenzintervalls höchstens **L = 5 %** betragen darf. Wie hoch muß der Stichprobenumfang sein?

Die Vorgabe der **Genauigkeit der Untersuchung**, ausgedrückt durch die **Länge des Konfidenzintervalls L**, ist mit Hilfe der Tabellensammlung so gut wie unmöglich. Dazu müßte zunächst der erwartete Fehleranteil in der Stichprobe geschätzt werden, um dann für alternative Stichprobenumfänge und der jeweils erwarteten Fehleranzahl die Intervallgrenzen aus der Tabelle zu entnehmen und damit die Intervallängen zu berechnen, bis eine befriedigende Länge gefunden wird. Ist in Table 5 kein passender Stichprobenumfang ausgemacht worden, ist im Anschluß Table 3 zu durchsuchen. Bei Anwendung des Programms **RSW** dagegen kann der notwendige Stichprobenumfang ohne Probleme berechnet werden. Dazu wird im Auswahlfenster "**Prüfungen**" des Hauptme-

77 Vgl. **Odeh/Owen**, Tables, S. 10.

nüs die Option "**Berechnungen**" gewählt und die Untersuchungsmethode wie folgt spezifiziert:[78]

Stichprobe:	**Schätzstichprobe**
Untersuchungsmerkmal:	**Fehleranzahl bzw. Fehleranteil im Prüffeld**
Stichprobenumfang:	**Berechnung durch RSW**

Im Anschluß müssen die zur Berechnung erforderlichen Werte in einer Eingabemaske erfaßt werden.

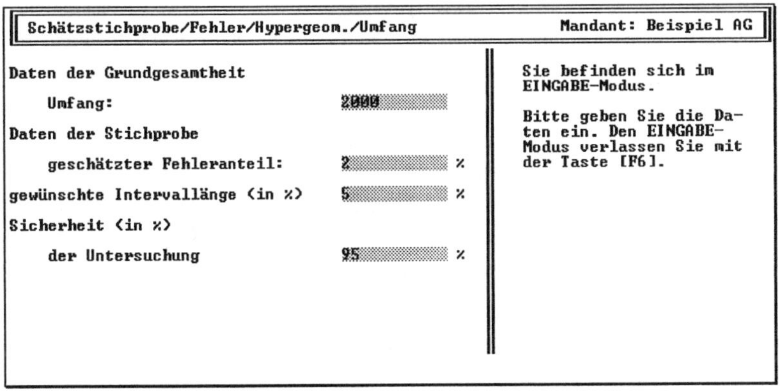

Abb. 4.11: Eingabemaske zur Bestimmung des notwendigen Stichprobenumfangs einer Schätzstichprobe für die Fehleranzahl bzw. den Fehleranteil im Prüffeld

Danach ist festzulegen, daß ein zweiseitiges Konfidenzintervall bestimmt werden soll. Nach der Berechnung wird der notwendige Stichprobenumfang wie in Abb. 4.12 dargestellt ausgegeben.[79] Wiederum liefert das Programm eine klare Handlungsanweisung an den Prüfer.

78 Vgl. Teil B, Handbuch, Abschnitt 7.4.

79 Vgl. das ausgedruckte Arbeitspapier im Anhang auf der Seite A.40.

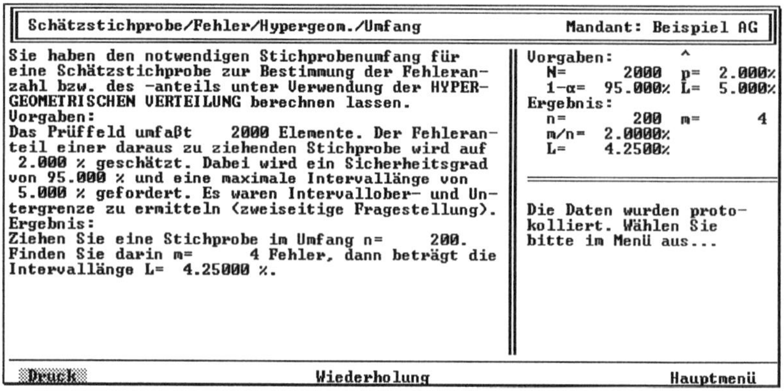

***Abb. 4.12:* Ausgabe des notwendigen Stichprobenumfangs einer Schätzstichprobe für die Fehleranzahl bzw. den Fehleranteil im Prüffeld**

Zusammenfassend bleibt festzuhalten, daß der Einsatz von Tabellenwerken zur Bestimmung von Konfidenzintervallen für die Fehleranzahl selbst bei notwendigen Interpolationen meist zu Ergebnissen führt, die von den tatsächlichen Werten nicht stark abweichen. Auch bei einer Approximation mit Hilfe der Binomialverteilung können durch die Endlichkeitskorrektur nach **v. Wysocki** sehr gute Ergebnisse erzielt werden. Bei diesen Fällen liegt der Vorteil des Programms **RSW** demnach vor allem in der leichten Handhabung, der damit verbundenen höheren Anwendungssicherheit sowie in der schnelleren Ergebnisbestimmung.

Soll jedoch die Sicherheitswahrscheinlichkeit variiert oder der zur Einhaltung der gewünschten Genauigkeit benötigte Stichprobenumfang berechnet werden, ist die Verwendung von Tabellensammlungen nicht möglich. In diesen Fällen ist das Programm **RSW** den Tabellensammlungen deutlich überlegen.

Wie bei den anderen Verfahren ist weiterhin sehr vorteilhaft, daß vom Programm die benötigten Werte ggf. selbst berechnet, Arbeitspapiere zur Dokumentation ausgedruckt und auch die Stichprobenziehung unter Einhaltung der Anwendungsvoraussetzungen vorgenommen werden können.

4.3.2 Bestimmung eines Konfidenzintervalls für den Gesamtwert des Prüffeldes bei Anwendung der Freien Hochrechnung

Zur Gegenüberstellung der Vorgehensweise bei Anwendung einer Tabellensammlung und des Programms **RSW** wird wiederum die Tabellensammlung "**Statistische Formeln, Tabellen und Programme**" von **Bleymüller/Gehlert**, hier die Tabelle 14 "**Standardnormalverteilung - Zweiseitige symmetrische Flächenanteile**", herangezogen.[80] Auf die Darstellung der Berechnung eines Konfidenzintervalls mit Hilfe der Studentverteilung wird verzichtet, da die Vorgehensweise gleich ist. Es werden zwei Prüfungsfälle dargestellt:

Beispiel 16:	Das Konfidenzintervall wird auf der Basis einer Stichprobe gegebenen Umfangs berechnet.
Beispiel 17:	Das Konfidenzintervall hat eine gewünschte Genauigkeit einzuhalten.

Beispiel 16: Das Konfidenzintervall wird auf der Basis einer Stichprobe gegebenen Umfangs berechnet.

Aus einem Prüffeld vom Umfang **N = 2000** wird eine Stichprobe vom Umfang **n = 200** entnommen. Der Mittelwert der Wahren Werte aller Stichprobenelemente beträgt $\bar{y} = 65.88$ **DM**, die Stichprobenvarianz der Wahren Werte $s_Y^2 = 218.81172$ **DM**^{2}. Es soll ein Konfidenzintervall bestimmt werden, in dem der Gesamtwert des Prüffeldes mit einer Wahrscheinlichkeit von **95 %** liegt **(1-α = 0.95)**.

Der Schätzwert für den durchschnittlichen Wahren Wert des Prüffeldes wird nach Gleichung (3.18) zu

$$\hat{\mu}_{YF} = \bar{y} = 65.88$$

bestimmt. Die Bedingungen für die Verwendung der Normalverteilung zur Berechnung des Konfidenzintervalls sind erfüllt, so daß um diesen Wert ein Konfidenzintervall der Form

$$\bar{y} - z \cdot \sigma_{\bar{y}} \leq \mu_Y \leq \bar{y} + z \cdot \sigma_{\bar{y}}$$

80 Vgl. **Bleymüller/Gehlert**, WiSt-Tabellen, S. 121.

gebildet werden kann, innerhalb dessen der durchschnittliche Wahre Wert mit einer Wahrscheinlichkeit von $1-\alpha = 0.95$ liegt. Der zu dieser Wahrscheinlichkeit gehörende Wert z der Standardnormalverteilung kann bei **Bleymüller/Gehlert** der Tabelle 14 als $z = 1.96$ entnommen werden.[81] Die Standardabweichung der Schätzfunktion für den durchschnittlichen Wahren Wert im Prüffeld wird unter Verwendung der bekannten Stichprobenvarianz der Wahren Werte s_Y^2 zu

$$\hat{V}(\hat{\mu}_{YF}) = \hat{\sigma}_{\bar{y}} = \sqrt{\frac{s_Y^2}{n} \cdot \frac{N-n}{N-1}} = \sqrt{\frac{218.81172}{200} \cdot \frac{2000-200}{2000-1}} = 0.992544867$$

geschätzt. Das gesuchte Konfidenzintervall lautet damit

$$65.88 - 1.96 \cdot 0.992544867 \leq \mu_Y \leq 65.88 + 1.96 \cdot 0.992544867$$

$$\Leftrightarrow \quad 63.93461206 \leq \mu_Y \leq 67.82538794$$

$$\Leftrightarrow \quad 127869.2241 \leq Y \leq 135650.7759 \; .$$

Die Berechnung ergibt also, daß der Gesamtwert des Prüffeldes mit einer Sicherheitswahrscheinlichkeit von $1-\alpha = 0.95$ größer oder gleich 127869.22 DM und kleiner oder gleich 135650.78 DM ist.

Bei der Verwendung des Programms **RSW** ist zunächst die Untersuchungsmethode festzulegen:

Stichprobe:	**Schätzstichprobe**
Untersuchungsmerkmal:	**Gesamtwert des Prüffeldes**
Stichprobenumfang:	**Eingabe durch den Benutzer**
Hochrechnung:	**Freie Hochrechnung**
Verteilung:	**Normalverteilung**

Die zur Berechnung benötigten Werte können in der daraufhin erscheinenden Maske, wie in Abb. 4.13 dargestellt, eingegeben werden.

81 Vgl. **Bleymüller/Gehlert,** WiSt-Tabellen, S. 121.

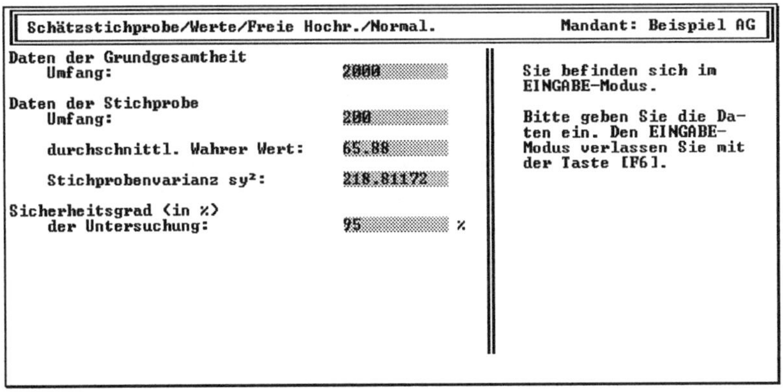

Abb. 4.13: Eingabemaske zur Berechnung eines Konfidenzintervalls für den Gesamtwert des Prüffeldes bei Anwendung der Freien Hochrechnung

Die Werte, die dem Programm durch Auswertungen von Dateien oder als Standardvorgabe bekannt sind, werden entsprechend vorbelegt. Nach der Eingabe der benötigten Daten wird festgelegt, daß die Berechnung eines zweiseitigen Konfidenzintervalls erfolgen soll. Die Ausgabe der Berechnungsergebnisse erfolgt wie in Abb. 4.14.

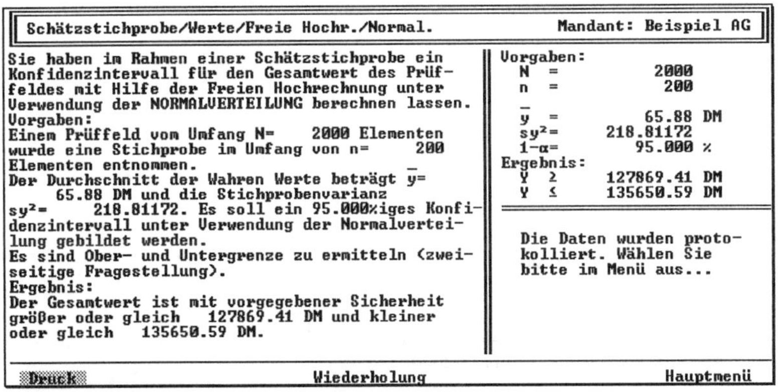

Abb. 4.14: Ausgabe des Konfidenzintervalls für den Gesamtwert des Prüffeldes bei Anwendung der Freien Hochrechnung

Hilfsmittel	N	n	$\bar{y}$	s_Y^2	Y_u	Y_o	1-α
Tabelle	2000	200	65.88	218.81172	127869.22	135650.78	0.95
RSW	2000	200	65.88	218.81172	127869.41	135650.59	0.95

Tab. 4.17: Konfidenzintervalle zu Beispiel 16

Bezüglich des Ergebnisses sind die beiden Berechnungsmethoden als gleichwertig anzusehen, weil nur marginale Abweichungen auftreten, die aus dem genauer berechneten Wert z der Standardnormalverteilung im Programm **RSW** resultieren. Vorteilhaft ist aber auch in diesem Fall, daß alle zur Berechnung benötigten Kennzahlen vom Programm **RSW** berechnet werden können und der Rechenaufwand dem Programm übertragen wird, welches die Berechnungen schneller und sicherer durchführt. Wiederum ist der Ausdruck eines Arbeitspapiers möglich.[82]

Beispiel 17: Das Konfidenzintervall hat eine gewünschte Genauigkeit einzuhalten.

Das soeben berechnete Konfidenzintervall sei mit seiner Länge von **L ≈ 7781 DM** nicht akzeptabel, weil diese Länge einem relativen Stichprobenfehler von $\mathbf{e_r \approx 2.95\ \%}$ entspricht. Eine Intervallänge von **L = 3982.80 DM** mit einem entsprechenden relativen Stichprobenfehler von $\mathbf{e_r \approx 1.5\ \%}$ sei dagegen akzeptabel. Wie groß muß der Stichprobenumfang sein, damit diese Länge eingehalten wird?

Der notwendige Stichprobenumfang n berechnet sich nach Ungleichung (3.40) unter Verwendung der Stichprobenvarianz der Wahren Werte zu:

$$n \geq \frac{z^2 \cdot N^2 \cdot s_Y^2}{E^2 + z^2 \cdot s_Y^2 \cdot N}$$

mit $E = \frac{1}{2} \cdot L$.

In diesem Beispiel ergibt sich

$$n \geq \frac{1.96^2 \cdot 2000^2 \cdot 218.81172}{1991.4^2 + 1.96^2 \cdot 218.81172 \cdot 2000},$$

$n \geq 595.4380771,$

also **n = 596**.

82 Vgl. das ausgedruckte Arbeitspapier im Anhang auf der Seite A.41.

Bei der Verwendung des Programms **RSW** wird die Untersuchungsmethode folgendermaßen festgelegt:

Stichprobe:	**Schätzstichprobe**
Untersuchungsmerkmal:	**Gesamtwert des Prüffeldes**
Stichprobenumfang:	**Berechnung durch RSW**
Hochrechnung:	**Freie Hochrechnung**

Eine Festlegung der anzuwendenden Verteilung muß nicht erfolgen, da die Anwendung der Normalverteilung vorausgesetzt wird. Deshalb wird vor der Berechnung darauf hingewiesen, daß die Anwendungsvoraussetzungen wirklich erfüllt sein müssen. In der anschließend erscheinenden Maske sind die zur Berechnung benötigten Daten einzugeben:

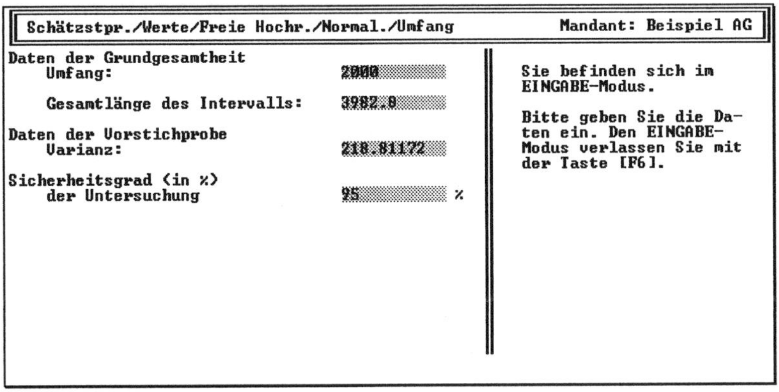

Abb. 4.15: Eingabemaske zur Bestimmung des notwendigen Stichprobenumfangs einer Schätzstichprobe für den Gesamtwert des Prüffeldes bei Anwendung der Freien Hochrechnung

Soweit möglich, sind auch hier einige Werte bereits vorbelegt. Die Berechnung führt zu dem in Abb. 4.16 dargestellten Ergebnis.[83]

83 Vgl. das ausgedruckte Arbeitspapier im Anhang auf der Seite A.42.

```
Schätzstpr./Werte/Freie Hochr./Normal./Umfang                Mandant: Beispiel AG

Sie haben den notwendigen Stichprobenumfang für      Vorgaben:
eine Schätzstichprobe zur Bestimmung des Gesamt-      N   =          2000
wertes des Prüffeldes unter Verwendung der            L   =       3982.80 DM
NORMALVERTEILUNG berechnen lassen.                    sy²=      218.81172
Vorgaben:                                             1-α=       95.0000 %
Das vorliegende Prüffeld umfaßt      2000 Elemente.  Ergebnis:
Durch Schätzung, z. B. durch eine Vorstichprobe,      n  ≥          596
wurde eine Stichprobenvarianz von       218.81172
ermittelt. Es soll ein Konfidenzintervall gebildet
werden, innerhalb dessen mit einer Sicherheit von
95.000 % der Gesamtwert des Prüffeldes liegt und     Die Daten wurden proto-
dessen Obergrenze nicht mehr als      3983 DM von    kolliert. Wählen Sie
der Untergrenze abweicht (E= ±   1991 DM). Wie       bitte im Menü aus...
groß muß der Stichprobenumfang sein?
Ergebnis:
Ziehen Sie eine Stichprobe im Umfang n=      596.

Druck                    Wiederholung                              Hauptmenü
```

Abb. 4.16: Ausgabe des notwendigen Stichprobenumfangs einer Schätzstichprobe für den Gesamtwert des Prüffeldes bei Anwendung der Freien Hochrechnung

Die vom Programm mitgelieferte Handlungsanweisung lautet:

Ziehen Sie eine Stichprobe im Umfang n = 596.

Hier ist das Berechnungsergebnis bei beiden Berechnungsmethoden identisch. Das Programm **RSW** führt demnach zu keiner Ergebnisverbesserung, sondern bietet die bereits beschriebenen Vorteile. Zudem kann die Stichprobe bei Vorliegen der entsprechenden Dateien vom Programm **RSW** unter Einhaltung der Anwendungsvoraussetzungen um die noch fehlenden Elemente ergänzt werden.

4.3.3 Bestimmung eines Konfidenzintervalls für den Gesamtwert des Prüffeldes bei Anwendung der Verfahren der Gebundenen Hochrechnung

Da für die Berechnungen mit den Verfahren der Gebundenen Hochrechnung ebenfalls nur der Parameter z der Standardnormalverteilung einer Tabellensammlung zu entnehmen ist, wird auch hier die Tabellensammlung "**Statistische Formeln, Tabellen und Programme**" von **Bleymüller/Gehlert,** insbesondere die Tabelle 14 "**Standardnormalverteilung - Zweiseitige symmetrische Flächenanteile**", zur Gegenüberstellung mit der Vorgehensweise bei Anwendung des Programms **RSW** herangezogen.[84] Zur Darstellung der Vorgehensweise werden wiederum zwei Prüfungsfälle konstruiert:

---

84 Vgl. **Bleymüller/Gehlert,** WiSt-Tabellen, S. 121.

Beispiel 18: Das Konfidenzintervall wird auf der Basis einer Stichprobe gegebenen Umfangs mit den drei Verfahren der Gebundenen Hochrechnung berechnet.

Beispiel 19: Das Konfidenzintervall hat eine gewünschte Genauigkeit einzuhalten.

Beispiel 18: Das Konfidenzintervall wird auf der Basis einer Stichprobe gegebenen Umfangs mit den drei Verfahren der Gebundenen Hochrechnung berechnet.

Aus einem Prüffeld vom Umfang **N = 2000** mit einem Gesamtbuchwert von **X = 130000.00 DM** wird eine Stichprobe vom Umfang **n = 200** entnommen, die folgende Kennzahlen aufweist:

$$\sum_{i=1}^{n} x_i = 13222.00 \qquad \sum_{i=1}^{n} x_i^2 = 918241.7803 \qquad \sum_{i=1}^{n} y_i = 13176.00$$

$$\sum_{i=1}^{n} y_i^2 = 911578.4123 \qquad \sum_{i=1}^{n} x_i y_i = 912778.4081$$

Es soll ein Konfidenzintervall bestimmt werden, in dem der Gesamtwert des Prüffeldes mit einer Wahrscheinlichkeit von **95 %** liegt **($1-\alpha = 0.95$)**. Dabei soll das Konfidenzintervall mit allen drei Verfahren der Gebundenen Hochrechnung bestimmt werden.

Zunächst müssen aus den gegebenen Kennzahlen weitere Parameter berechnet werden, die bei allen drei Verfahren verwendet werden:

$$\mu_X = \frac{130000}{2000} = 65.00 \qquad \bar{x} = \frac{13222}{200} = 66.11 \qquad \bar{y} = \frac{13176}{200} = 65.88$$

$$s_X^2 = \frac{1}{n-1} \cdot \left(\sum_{i=1}^{n} x_i^2 - \frac{1}{n} \cdot \left(\sum_{i=1}^{n} x_i \right)^2 \right) = 221.78573$$

$$s_Y^2 = \frac{1}{n-1} \cdot \left(\sum_{i=1}^{n} y_i^2 - \frac{1}{n} \cdot \left(\sum_{i=1}^{n} y_i \right)^2 \right) = 218.81172$$

$$s_{XY} = \frac{1}{n-1} \cdot \left(\sum_{i=1}^{n} x_i y_i - \frac{1}{n} \cdot \sum_{i=1}^{n} x_i \cdot \sum_{i=1}^{n} y_i \right) = 209.61331$$

Die Darstellung der Berechnung des Konfidenzintervalls erfolgt für die drei Verfahren getrennt.

[1] Differenzenschätzung

Die Bedingungen für die Anwendung der Normalverteilung zur Berechnung des Konfidenzintervalls seien erfüllt. [85] Der Schätzwert für den durchschnittlichen Wahren Wert beträgt nach Gleichung (3.48)

$$\hat{\mu}_{YD} = \bar{y} + (\mu_X - \bar{x}) = 65.88 + (65.00 - 66.11) = 64.77,$$

die geschätzte Varianz der Schätzfunktion nach Gleichung (3.49)

$$\begin{aligned} \hat{V}(\hat{\mu}_{YD}) &= \left(\frac{1}{n} - \frac{1}{N}\right) \cdot (s_Y^2 - 2 \cdot s_{XY} + s_X^2) \\ &= \left(\frac{1}{200} - \frac{1}{2000}\right) \cdot (218.81172 - 2 \cdot 209.61331 + 221.78573) \\ &= 0.096168735, \end{aligned}$$

und damit die zur Berechnung benötigte geschätzte Standardabweichung der Schätzfunktion

$$\sqrt{\hat{V}(\hat{\mu}_{YD})} = \sqrt{0.096168735} = 0.310110843.$$

Der benötigte z-Wert der Standardnormalverteilung kann dann der Tabelle 14 zu z = 1.96 entnommen werden.[86] Damit kann das Konfidenzintervall durch Einsetzen in die allgemeine Gleichung (3.45) berechnet werden:

$$\begin{aligned} & 64.77 - 1.96 \cdot 0.310110843 \leq \mu_Y \leq 64.77 + 1.96 \cdot 0.310110843 \\ <=> \quad & 4.16218275 \leq \mu_Y \leq 65.37781725 \\ <=> \quad & 128324.3655 \leq Y \leq 130755.6345 \ . \end{aligned}$$

---

85 Vgl. Abschnitt 3.4.2.

86 Vgl. **Bleymüller/Gehlert**, WiSt-Tabellen, S. 121.

Die Berechnung nach dem Verfahren der **Differenzenschätzung** ergibt also, daß der Gesamtwert des Prüffeldes mit einer Sicherheitswahrscheinlichkeit von $1-\alpha = 0.95$ größer oder gleich 128324.37 DM und kleiner oder gleich 130755.63 DM ist.

[2] Verhältnisschätzung

Die Verhältnisschätzung darf erst bei genügend großen Stichprobenumfängen eingesetzt werden (Faustregel: $\mathbf{n \geq 30}$), was mit $\mathbf{n = 200}$ gewährleistet ist. Weiterhin müssen die Variationskoeffizenten $\mathbf{VC_{\bar{x}}}$ und $\mathbf{VC_{\bar{y}}}$ kleiner als **10 %** sein. Dies gilt es zunächst zu überprüfen:

$$VC_{\bar{x}} = \frac{s_X}{\bar{x} \cdot \sqrt{n}} = \frac{\sqrt{221.78573}}{66.11 \cdot \sqrt{200}} = 0.015928858 \approx 1.59\,\%$$

und

$$VC_{\bar{y}} = \frac{s_Y}{\bar{y} \cdot \sqrt{n}} = \frac{\sqrt{218.81172}}{65.88 \cdot \sqrt{200}} = 0.015876936 \approx 1.59\,\%\,.$$

Der Anwendung des Verfahrens der Verhältnisschätzung steht demnach nichts im Wege. Der Schätzwert für den durchschnittlichen Wahren Wert im Prüffeld beträgt nach Gleichung (3.51)

$$\hat{\mu}_{YV} = \frac{\bar{y}}{\bar{x}} \cdot \mu_X = \frac{65.88}{66.11} \cdot 65.00 = 64.77386175$$

und die entprechende geschätzte Varianz der Schätzfunktion nach Gleichung (3.52)

$$\hat{V}(\hat{\boldsymbol{\mu}}_{YV}) \approx \left(\frac{1}{n} - \frac{1}{N}\right) \cdot \left(s_Y^2 - 2 \cdot \left(\frac{\bar{y}}{\bar{x}}\right) \cdot s_{XY} + \left(\frac{\bar{y}}{\bar{x}}\right)^2 \cdot s_X^2\right)$$

$$= \left(\frac{1}{200} - \frac{1}{2000}\right) \cdot \left(218.81172 - 2 \cdot \frac{65.88}{66.11} \cdot 209.61331 + \left(\frac{65.88}{66.11}\right)^2 \cdot 221.78573\right)$$

$$= 0.095799679,$$

sowie daraus resultierend die geschätzte Standardabweichung der Schätzfunktion

$$\sqrt{\hat{V}(\hat{\mu}_{YV})} \approx \sqrt{0.095799679} = 0.309515232.$$

Somit berechnet sich das Konfidenzintervall zu:

$$64.77386175 - 1.96 \cdot 0.309515232 \leq \mu_Y \leq 64.77386175 + 1.96 \cdot 0.309515232$$

$$\Leftrightarrow \quad 64.1672119 \leq \mu_Y \leq 65.3805116$$

$$\Leftrightarrow \quad 128334.4238 \leq Y \leq 130761.0232 \;.$$

Die Berechnung nach dem Verfahren der **Verhältnisschätzung** ergibt also, daß der Gesamtwert des Prüffeldes mit einer Sicherheitswahrscheinlichkeit von $1\text{-}\alpha = 0.95$ größer oder gleich 128334.42 DM und kleiner oder gleich 130761.02 DM ist.

[3] Lineare Regressionsschätzung

Zur Anwendung der Linearen Regressionsschätzung sollte der Stichprobenumfang genügend groß (Faustregel : **n > 50**) sein. Der Schätzwert für den durchschnittlichen Wahren Wert im Prüffeld beträgt nach Gleichung (3.55)

$$\hat{\mu}_{YR} = \bar{y} + \frac{s_{XY}}{s_X^2} \cdot (\mu_X - \bar{x}) = 65.88 + \frac{209.61331}{221.78573} \cdot (65.00 - 66.11) = 64.8309209,$$

die geschätzte Varianz der Schätzfunktion nach Gleichung (3.56)

$$\begin{aligned}\hat{V}(\hat{\mu}_{YR}) &\approx \left(\frac{1}{n} - \frac{1}{N}\right) \cdot \left(s_Y^2 - \frac{s_{XY}^2}{s_X^2}\right)\\ &= \left(\frac{1}{200} - \frac{1}{2000}\right) \cdot \left(218.81172 - \frac{209.61331^2}{221.78573}\right)\\ &= 0.093162432,\end{aligned}$$

und damit die geschätzte Standardabweichung der Schätzfunktion

$$\sqrt{\hat{V}(\hat{\mu}_{YR})} \approx \sqrt{0.093162432} = 0.305225215.$$

Mit diesen Werten läßt sich das Konfidenzintervall wie folgt bestimmen:

$$64.8309209 - 1.96 \cdot 0.305225215 \leq \mu_Y \leq 64.8309209 + 1.96 \cdot 0.305225215$$

$$\Leftrightarrow \quad 64.23267948 \leq \mu_Y \leq 65.42916232$$

$$\Leftrightarrow \quad 128465.359 \leq Y \leq 130858.3246 \ .$$

Die Berechnung nach dem Verfahren der **Linearen Regressionsschätzung** ergibt also, daß der Gesamtwert des Prüffeldes mit einer Sicherheitswahrscheinlichkeit von $1\text{-}\alpha = 0.95$ größer oder gleich 128465.36 DM und kleiner oder gleich 130858.32 DM ist.

Gerade bei der Anwendung der Verfahren der Gebundenen Hochrechnung ist der Rechenaufwand nicht gering, was auch die Gefahr von Berechnungsfehlern in sich birgt. Weiterhin ist insbesondere die Bereitstellung und Aufbereitung der in die Berechnung eingehenden Stichprobendaten sehr aufwendig.

Erfolgt die Berechnung dagegen mit Hilfe des Programms **RSW**, entfällt diese Aufbereitung der Daten. Einerseits können alle zur Berechnung benötigten Daten ebenfalls vom Programm berechnet werden, sofern auf die entsprechenden Dateien zurückgegriffen werden kann, andererseits sind in der Eingabemaske nur die Ausgangskennzahlen des Beipiels einzugeben. Eine Berechnung der entsprechenden arithmetischen Mittel, Stichprobenvarianzen und der Stichprobenkovarianz nimmt dann das Programm vor.

Zunächst ist im Auswahlfenster "**Prüfungen**" des Hauptmenüs die Option "**Berechnungen**" auszuwählen und die Untersuchungsmethode zu spezifizieren:

Stichprobe:	**Schätzstichprobe**
Untersuchungsmerkmal:	**Gesamtwert des Prüffeldes**
Stichprobenumfang:	**Eingabe durch den Benutzer**
Hochrechnung:	**Gebundene Hochrechnung**

In der daraufhin erscheinenden Eingabemaske sind die Daten wie in Abb. 4.17 einzugeben.

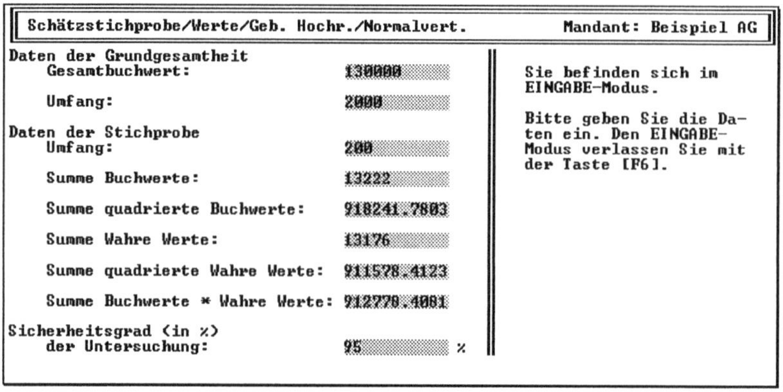

Abb. 4.17: Eingabemaske der Schätzstichprobe für den Gesamtwert des Prüffeldes bei Anwendung der Verfahren der Gebundenen Hochrechnung

Sofern vorher eine Buchwertdatei bzw. eine Stichprobendatei ausgewertet wurde, werden die entprechenden Kennzahlen vom Programm vorbelegt. Die geforderte Sicherheitswahrscheinlichkeit wird so voreingestellt, wie sie bei den Standardvorgaben gespeichert ist.

Nach der Eingabe der Daten kontrolliert das Programm, welche der drei Verfahren der Gebundenen Hochrechnung überhaupt zulässig sind. Ist die Anwendung eines Verfahrens nicht zulässig, wird darauf hingewiesen. Anschließend kann zwischen den zulässigen Verfahren ausgewählt und dann festgelegt werden, ob die Bestimmung eines zweiseitigen oder einseitigen Konfidenzintervalls erfolgen soll.

Nach der Berechnung wird das Ergebnis, wie in Abb. 4.18 für die Differenzenschätzung dargestellt, ausgegeben.

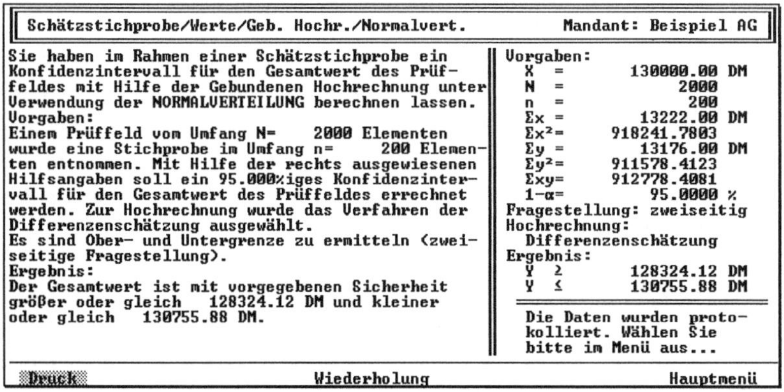
Schätzstichprobe/Werte/Geb. Hochr./Normalvert. Mandant: Beispiel AG

Sie haben im Rahmen einer Schätzstichprobe ein
Konfidenzintervall für den Gesamtwert des Prüf-
feldes mit Hilfe der Gebundenen Hochrechnung unter
Verwendung der NORMALVERTEILUNG berechnen lassen.
Vorgaben:
Einem Prüffeld vom Umfang N= 2000 Elementen
wurde eine Stichprobe im Umfang n= 200 Elemen-
ten entnommen. Mit Hilfe der rechts ausgewiesenen
Hilfsangaben soll ein 95.000%iges Konfidenzinter-
vall für den Gesamtwert des Prüffeldes errechnet
werden. Zur Hochrechnung wurde das Verfahren der
Differenzenschätzung ausgewählt.
Es sind Ober- und Untergrenze zu ermitteln (zwei-
seitige Fragestellung).
Ergebnis:
Der Gesamtwert ist mit vorgegebenen Sicherheit
größer oder gleich 128324.12 DM und kleiner
oder gleich 130755.88 DM.

Vorgaben:
X = 130000.00 DM
N = 2000
n = 200
Σx = 13222.00 DM
Σx² = 918241.7803
Σy = 13176.00 DM
Σy² = 911578.4123
Σxy = 912778.4081
1-α = 95.0000 %
Fragestellung: zweiseitig
Hochrechnung:
Differenzenschätzung
Ergebnis:
Y ≥ 128324.12 DM
Y ≤ 130755.88 DM

Die Daten wurden proto-
kolliert. Wählen Sie
bitte im Menü aus...

Druck Wiederholung Hauptmenü

Abb. 4.18: Ausgabe des Konfidenzintervalls einer Schätzstichprobe für den Gesamtwert des Prüffeldes mit Hilfe der Differenzenschätzung

Dieses Konfidenzintervall und die unter Anwendung der anderen Verfahren der Gebundenen Hochrechnung bestimmten Konfidenzintervalle werden in Tab. 4.18 den mit Hilfe der Tabellensammlung berechneten Konfidenzintervallen gegenübergestellt.

Hilfsmittel	Verfahren	N	n	Y_u	Y_o	1-α
Tabelle	D	2000	200	128324.37	130755.63	0.95
RSW	D	2000	200	128324.12	130755.88	0.95
Tabelle	V	2000	200	128334.42	130761.02	0.95
RSW	V	2000	200	128334.18	130761.27	0.95
Tabelle	R	2000	200	128465.36	130858.32	0.95
RSW	R	2000	200	128465.12	130858.57	0.95

Tab. 4.18: Konfidenzintervalle zu Beispiel 18
Legende:
D = Differenzenschätzung
V = Verhältnisschätzung
R = Lineare Regressionsschätzung

Sind auch in diesem Beispiel bzgl. der Ergebnisse keine deutlichen Unterschiede zwischen der Anwendung eines Tabellenwerks und des Programms **RSW** zu verzeichnen, so wiegt bei den Verfahren der Gebundenen Hochrechnung die Vereinfachung der Berechnungen umso schwerer. Einerseits brauchen lediglich die relativ leicht zu bestimmenden Kennzahlen der Stichprobe zur Berechnung eingegeben zu werden, so daß die manuelle Bestimmung der Mittelwerte, der Stichprobenvarianzen und der Stichprobenkovarianz entfällt, zum anderen gestalten sich die Berechnungen bei den Verfahren der

Gebundenen Hochrechnung recht aufwendig, so daß bei der Anwendung eines Tabellenwerks zusätzliche Fehlerquellen auftreten können. Insbesondere bei der Bestimmung der zur Berechnung benötigten Kennzahlen kann das Programm sinnvoll eingesetzt werden, da einmal bestimmte Kennzahlen von Buchwertdateien und Stichprobendateien in der Eingabemaske voreingestellt werden und nicht mehr einzugeben sind. Im einfachsten Fall muß kein Wert manuell eingegeben werden, so daß das Risiko von Fehlern deutlich geringer ist.

Ist die Berechnung für ein Verfahren der Gebundenen Hochrechnung durchgeführt, können die Berechnungen im Anschluß auch für die anderen Verfahren erfolgen, indem in der Menüleiste in der Ausgabemaske die Option "**Wiederholen**" gewählt wird. Daraufhin erscheint erneut die Eingabemaske, wobei die vorher bereits eingegebenen Werte in den Eingabefeldern vorbelegt bleiben. Es ist nur ein anderes zulässiges Hochrechnungsverfahren auszuwählen, mit dem das Konfidenzintervall bestimmt werden soll. Auch hier kann zu jeder Untersuchung ein Arbeitspapier für die Prüfungsunterlagen ausgedruckt werden.[87]

Beispiel 19: Das Konfidenzintervall hat eine gewünschte Genauigkeit einzuhalten.

Der Berechnung liegt die gleiche Stichprobe zu Grunde wie im Beispiel 18. Allerdings soll die Länge des Konfidenzintervalls **L = 2200 DM** nicht überschreiten. Wie groß muß die Stichprobe jeweils sein, damit dies bei den einzelnen Verfahren der Gebundenen Hochrechnung gewährleistet ist?

[1] Differenzenschätzung

Nach der Ungleichung (3.59) wird der notwendige Stichprobenumfang für die Differenzenschätzung auf der Basis der Kennzahlen einer Vorstichprobe zu

$$n \geq \frac{N \cdot z^2 \cdot \left(s_Y^2 - 2 \cdot s_{XY} + s_X^2\right)}{N \cdot e^2 + z^2 \cdot \left(s_Y^2 - 2 \cdot s_{XY} + s_X^2\right)}$$

$$\text{mit} \quad e = \frac{L}{2 \cdot N}$$

87 Vgl. die ausgedruckten Arbeitspapiere im Anhang auf den Seiten A.43 bis A.45.

berechnet; hier ergibt sich

$$e = \frac{2200}{2 \cdot 2000} = 0.55 .$$

Die artihmetischen Mittel, Stichprobenvarianzen und die Stichprobenkovarianz müßten ebenfalls bestimmt werden, jedoch ist dies bereits unter Beispiel 18 erfolgt, so daß auf die Werte zurückgegriffen wird:

$$n \geq \frac{2000 \cdot 1.96^2 \cdot (218.81172 - 2 \cdot 209.61331 + 221.78573)}{2000 \cdot 0.55^2 + 1.96^2 \cdot (218.81172 - 2 \cdot 209.61331 + 221.78573)}$$

$$n \geq 238.9707406 .$$

Der notwendige Stichprobenumfang beträgt für das Verfahren der **Differenzenschätzung** demnach **n = 239** Elemente.

[2] Verhältnisschätzung

Der notwendige Stichprobenumfang ergibt sich beim Verfahren der Verhältnisschätzung nach der Ungleichung (3.60) zu:

$$n \geq \frac{N \cdot z^2 \cdot \left(s_Y^2 - 2 \cdot \left(\frac{\bar{y}}{\bar{x}} \right) \cdot s_{XY} + \left(\frac{\bar{y}}{\bar{x}} \right)^2 \cdot s_X^2 \right)}{N \cdot e^2 + z^2 \cdot \left(s_Y^2 - 2 \cdot \left(\frac{\bar{y}}{\bar{x}} \right) \cdot s_{XY} + \left(\frac{\bar{y}}{\bar{x}} \right)^2 \cdot s_X^2 \right)}$$

$$n \geq \frac{2000 \cdot 1.96^2 \cdot \left(218.81172 - 2 \cdot \left(\frac{65.88}{66.11} \right) \cdot 209.61331 + \left(\frac{65.88}{66.11} \right)^2 \cdot 221.78573 \right)}{2000 \cdot 0.55^2 + 1.96^2 \cdot \left(218.81172 - 2 \cdot \left(\frac{65.88}{66.11} \right) \cdot 209.61331 + \left(\frac{65.88}{66.11} \right)^2 \cdot 221.78573 \right)}$$

$$n \geq 238.1628752 .$$

Für das Verfahren der **Verhältnisschätzung** beträgt der notwendige Stichprobenumfang also ebenfalls **n = 239** Elemente.

[3] Lineare Regressionsschätzung

Der notwendige Stichprobenumfang ergibt sich beim Verfahren der Linearen Regressionsschätzung nach der Ungleichung (3.61) zu:

$$n \geq \frac{N \cdot z^2 \cdot \left(s_Y^2 - \frac{s_{XY}^2}{s_X^2} \right)}{N \cdot e^2 + z^2 \cdot \left(s_Y^2 - \frac{s_{XY}^2}{s_X^2} \right)}$$

$$n \geq \frac{2000 \cdot 1.96^2 \cdot \left(218.81172 - \frac{209.61331^2}{221.78573} \right)}{2000 \cdot 0.55^2 + 1.96^2 \cdot \left(218.81172 - \frac{209.61331^2}{221.78573} \right)}$$

$$n \geq 232.3682865 .$$

Zur Einhaltung der gewünschten Genauigkeit bedarf es beim Verfahren der **Linearen Regressionsschätzung** also eines Stichprobenumfangs von **n = 233** Elementen.

Bei der Anwendung des Programms **RSW** werden die notwendigen Stichprobenumfänge für alle drei Verfahren der Gebundenen Hochrechnung zugleich bestimmt. Dazu wird im Auswahlfenster "**Prüfungen**" die Option "**Berechnungen**" aufgerufen und daraufhin die Untersuchungsmethode wie folgt konkretisiert:

Stichprobe:	**Schätzstichprobe**
Untersuchungsmerkmal:	**Gesamtwert des Prüffeldes**
Stichprobenumfang:	**Berechnung durch RSW**
Hochrechnung:	**Gebundene Hochrechnung**

In der Eingabemaske können die Kennzahlen der Stichprobe eingegeben werden. Eine vorherige Berechnung der arithmetischen Mittel, der Stichprobenvarianzen und der Stichprobenkovarianz durch den Prüfer ist nicht notwendig, da diese vom Programm vorgenommen wird.

```
Schätzstpr./Werte/Geb. Hochr./Normal./Umfang              Mandant: Beispiel AG

Daten der Grundgesamtheit
     Umfang:                             2000            Sie befinden sich im
                                                         EINGABE-Modus.
     Gesamtlänge des Intervalls:         2200
                                                         Bitte geben Sie die Da-
Daten der Vorstichprobe                                  ten ein. Den EINGABE-
     Umfang:                             200             Modus verlassen Sie mit
                                                         der Taste [F6].
     Summe Buchwerte:                    13222

     Summe quadrierte Buchwerte:         918241.7883

     Summe Wahre Werte:                  13176

     Summe quadrierte Wahre Werte:       911578.4123

     Summe Buchwerte * Wahre Werte:      912778.4001

Sicherheitsgrad (in %)
     der Untersuchung:                   95          %
```

Abb. 4.19: Eingabemaske zur Bestimmung der notwendigen Stichprobenumfänge einer Schätzstichprobe für den Gesamtwert des Prüffeldes bei Anwendung der Verfahren der Gebundenen Hochrechnung

Wie bereits bei der Bestimmung des Konfidenzintervalls für den Gesamtwert des Prüffeldes sind die Werte ggf. vorbelegt, so daß im einfachsten Fall nur die gewünschte Länge des Intervalls eingegeben werden muß. Nach der Validitätsprüfung und der anschließenden Berechnung werden die Ergebnisse wie in Abb. 4.20 ausgegeben.

```
Schätzstpr./Werte/Geb. Hochr./Normal./Umfang              Mandant: Beispiel AG

Sie haben die notwendigen Stichprobenumfänge der    Vorgaben:
Schätzstichproben der Gebundenen Hochrechnung für    N  =         2000.00 DM
den Gesamtwert des Prüffeldes unter Verwendung der   L  =            2200
NORMALVERTEILUNG berechnen lassen.                   n  =             200
Vorgaben:                                            Σx =        13222.00 DM
Einem Prüffeld vom Umfang N=    2000 Elementen       Σx²=     918241.7883
wurde eine Vorstichprobe im Umfang n=     200        Σy =        13176.00 DM
Elementen entnommen. Diese wies die rechts darge-    Σy²=     911578.4123
stellten Kennzahlen auf. Es soll ein Konfidenzin-    Σxy=     912778.4001
tervall gebildet werden, innerhalb dessen mit ei-    1-α=         95.0000 %
ner Sicherheit von 95.000 % der Gesamtwert des      Ergebnis:
Prüffeldes liegt und dessen Obergrenze nicht mehr     Differenzenschätzung
als        2200 DM von der Untergrenze abweicht       n ≥              240
(E= ±      1100 DM). Wie groß müssen die Stichpro-    Verhältnisschätzung
benumfänge bei den einzelnen Verfahren sein?          n ≥              239
Ergebnis:                                             Lin. Regressionsschätzung
Für die Differenzenschätzung ziehen Sie eine          n ≥              233
Stichprobe vom Umfang n=     240, für die Verhält-
nisschätzung vom Umfang n=     239 und für die        Wählen Sie bitte im
Lin. Regressionsschätzung vom Umfang n=     233.      Menü aus...

  Druck                   Wiederholung                        Hauptmenü
```

Abb. 4.20: Ausgabe der notwendigen Stichprobenumfänge einer Schätzstichprobe für den Gesamtwert des Prüffeldes bei Anwendung der Verfahren der Gebundenen Hochrechnung

Die notwendigen Stichprobenumfänge betragen

[1] für die **Differenzenschätzung**: **n = 240**,
[2] für die **Verhältnisschätzung**: **n = 239** und
[3] für die **Lineare Regressionsschätzung**: **n = 233**.

Der mit **RSW** berechnete notwendige Stichprobenumfang weicht nur im Falle der Differenzenschätzung um 1 Element von dem bei Anwendung der Tabellensammlung berechneten ab; der Grund hierfür liegt in dem genauer berechneten Parameter z der Standardnormalverteilung. Diese Abweichung sollte jedoch nicht überbewertet werden, da bei einer Stichprobe auf der Basis von **n = 239** Elementen die gewünschte Länge des Konfidenzintervalls nur wenig überschritten wird. Außerdem sind in die Berechnung die Schätzwerte für die Stichprobenvarianzen, die Stichprobenkovarianz und der Schätzwert für den durchschnittlichen Wahren Wert im Prüffeld, gebildet ebenfalls unter Verwendung der Kennzahlen der Vorstichprobe, eingegegangen. So können bereits bei Variation nur eines Parameters in der letztlich gezogenen Stichprobe Abweichungen bei der Länge des Konfidenzintervalls auftreten.

Zusammenfassend ist festzuhalten, daß die Vorteile des Programms **RSW** auch bei den Verfahren der Gebundenen Hochrechnung hauptsächlich in der Rechengeschwindigkeit, im Anwendungskomfort und in der geringeren Gefahr eines Berechnungsfehlers liegen. Gerade bei diesen Verfahren, bei denen sehr viele Eingabedaten benötigt werden, die zunächst anhand einer Vorstichprobe zu berechnen sind, ist es vorteilhaft, daß die Daten durch Auswertung der entsprechenden Dateien ermittelt werden können und ggf. voreingestellt werden.[88] Auch hier kann die Stichprobenziehung bzw. das Nachziehen der fehlenden Stichprobenelemente vom Programm vorgenommen werden.[89] Weiterhin ist es ist möglich, zu allen Berechnungen ein Arbeitspapier für die Prüfungsunterlagen auszudrucken, welches sonst manuell zu erstellen wäre.[90]

---

88 Vgl. Teil B, Handbuch, Abschnitt 5.5 und Abschnitt 6.7.

89 Vgl. Teil B, Handbuch, Abschnitt 6.5 und Abschnitt 6.6.

90 Vgl. das ausgedruckte Arbeitspapier im Anhang auf der Seite A.46.

5 Zusammenfassung

Ziel dieser Arbeit war, dem Wirtschaftsprüfer ein PC-Programm als Hilfsmittel für die Planung, Durchführung und Auswertung von Zufallsstichproben bereitzustellen. Dazu wurde das Programm **RSW** erstellt. Die Umsetzung der entsprechenden Verfahren in einem Computer Programm bot sich an, da einerseits die zu prüfenden Daten zunehmend mit Hilfe von Computern erfaßt, bearbeitet und ausgewertet werden, zum anderen, weil der PC wegen seiner vielfältigen Möglichkeiten auch im Bereich des Prüfungswesens immer stärkere Verbreitung findet. Das Programm **RSW** bietet die Möglichkeit zur Durchführung von Annahmestichproben und Schätzstichproben, jeweils für die Fehleranzahl bzw. den Fehleranteil im Prüffeld und für den Gesamtwert des Prüffeldes. Bei den Schätzstichproben für den Gesamtwert des Prüffeldes wird weiterhin zwischen der Anwendung der Freien Hochrechnung und den Verfahren der Gebundenen Hochrechnung differenziert. Zusätzlich beinhaltet das Programm einige Funktionen zur Mandanten- und Dateiverwaltung.

Im Rahmen dieser Arbeit wurden zunächst die vom Programm angebotenen Verfahren vorgestellt. Dabei wurde deutlich, daß die Verfahren ökonomisch nicht ohne Hilfsmittel angewendet werden können. Bisher werden dazu hauptsächlich Tabellenwerke eingesetzt, deren Anwendung jedoch nicht unproblematisch ist, wie aus der direkten Gegenüberstellung der Anwendung von Tabellenwerken und des Programms **RSW** ersichtlich wurde.

Bei der **Annahmestichprobe für die Fehleranzahl bzw. den Fehleranteil im Prüffeld** ist als besonders vorteilhaft anzusehen, daß die Berechnung der Prüfpläne immer unter Verwendung der modelltheoretisch richtigen Hypergeometrischen Verteilung erfolgt. Zudem wird jeder Prüfplan aktuell auf der Basis der eingegebenen Ausgangswerte bestimmt, so daß - anders als bei der Verwendung einer Tabellensammlung - keine Interpolationen zwischen benachbarten Werten erfolgen müssen. Es zeigte sich, daß bei der Anwendung einer Tabellensammlung durch die Interpolation bzw. Approximation z. T. ungültige Prüfpläne bestimmt werden.

Das Programm ist bei der Vergabe der Ausgangswerte völlig flexibel und nicht an vorgegebene Parameterkombinationen gebunden. Dieses ist insbesondere bei der Festlegung der Risiken des Geprüften und des Prüfers als vorteilhaft anzusehen, da sie stufenlos variiert werden können. In Tabellenwerken können dagegen nur wenige Risiken aufgenommen werden können. Durch die freie Vergabe der Risiken wird das Programm auch der Forderung gerecht, das Risiko des Prüfers geringer zu halten als das Risiko des Geprüften. Mit der verwendeten Tabellensammlung ist dieses nicht möglich.

Weiterhin ist mit dem Programm die Berechnung von Prüfplänen für vorgegebene Stichprobenumfänge möglich. Existiert für den betreffenden Stichprobenumfang kein gültiger Prüfplan, wird automatisch der nächste gültige Prüfplan bestimmt. Bei der Anwendung von Tabellensammlungen ist die Bestimmung eines Prüfplans für einen vorgegebenen Stichprobenumfang dagegen nicht möglich.

Bei der **Annahmestichprobe für den Gesamtwert des Prüffeldes** liegen die Vorteile des Programms insbesondere im vereinfachten und damit sichereren Umgang, weil die Berechnungen vom Programm vorgenommen werden. Da die Verteilungsfunktion der Standardnormalverteilung sehr gut tabelliert ist (wie auch die Studentverteilung bis zu den benötigten Freiheitsgraden), ergeben sich beim Prüfplan nur unerhebliche Abweichungen.

Bei der **Schätzstichprobe für die Fehleranzahl bzw. den Fehleranteil im Prüffeld** ergeben sich wiederum Vorteile hinsichtlich der Genauigkeit der Untersuchung, da im Programm immer die Hypergeometrische Verteilung angewendet wird. Allerdings zeigte sich, daß bei den unter Verwendung der approximativen Verteilung berechneten Intervallgrenzen mit Hilfe der von **v. Wysocki** vorgeschlagenen Endlichkeitskorrektur sehr gute Ergebnisse erzielt werden können. Jedoch können beim Einsatz von Tabellen nur die (wenigen) angebotenen Sicherheitswahrscheinlichkeiten verwendet werden. Eine freie Vorgabe ist nur beim Programm möglich. Zusätzlich bietet das Programm die Option, den zur Erreichung einer gewünschten Genauigkeit erforderlichen Stichprobenumfang zu berechnen, was mit einer Tabelle nicht möglich ist.

Bei der **Schätzstichprobe für den Gesamtwert des Prüffeldes** gilt wiederum, daß die Vorteile des Programms insbesondere in der leichteren und sichereren Durchführung der Berechnungen zu sehen sind. Gerade bei der Anwendung der Verfahren der Gebundenen Hochrechnung wird dieser Vorteil besonders deutlich.

Die für die dargestellten Berechnungen verwendeten Algorithmen sind für die PC-Anwendung optimiert worden, so daß die Ergebnisse - selbst bei Berechnungen auf der Basis der Hypergeometrischen Verteilung - in sehr kurzer Rechenzeit bestimmt werden können.

Für alle Verfahren stellen sich die **Sonderfunktionen des Programms RSW** als sehr vorteilhaft heraus. Wurde eine Datei über die Importschnittstelle in **RSW** integriert, ist es möglich, die für die Stichprobenverfahren benötigten Kennzahlen zu berechnen. Diese werden dann bei der Anwendung eines Verfahrens an der entsprechenden Stelle in der Eingabemaske voreingestellt. Bei den Verfahren der Gebundenen Hochrechnung erweist sich dies als besonders vorteilhaft. Häufig verwendete Werte können als Standardvorgaben abgespeichert werden. Besteht der Zugriff auf eine Buchwertdatei, kann vom Programm die erforderliche Stichprobenziehung vorgenommen werden, wobei die an die Ziehung zu stellenden Bedingungen eingehalten werden. Ebenso kann eine Stichprobe bei Bedarf um fehlende Elemente ergänzt werden.

Durch die Menüsteuerung wird für den Prüfer die Anwendung der Verfahren stark vereinfacht. Zudem werden alle Ergebnisse kommentiert und es wird ggf. eine klare Handlungsanweisung gegeben, so daß Fehlinterpretationen der Berechnungsergebnisse vermieden werden. Zu jeder Berechnung kann zudem ein Arbeitspapier für die Prüfungsunterlagen ausgedruckt werden.

Somit bietet das Programm deutliche Vorteile gegenüber der Verwendung von Tabellenwerken. Dem Prüfer wird ein Hilfsmittel bereitgestellt, das die Anwendung der dargestellten Zufallsstichprobenverfahren erheblich vereinfachen kann. Da das Programm außerdem mit einer minimalen Hardwareausstattung ablauffähig ist, steht auch dem praktischen Einsatz während einer Prüfung nichts im Wege.

Teil B

1 Vorbemerkungen

Bei dem Programm **RSW** handelt es sich um ein Hilfsmittel, das Ihnen viele der aufwendigen Berechnungen im Rahmen von Prüfungen auf der Basis von Zufallsstichproben, insbesondere bei der **Prüfungsplanung** und der **Prüfungsdurchführung**, abnehmen kann.

Es werden Berechnungsmöglichkeiten für **Annahmestichproben** und **Schätzstichproben** angeboten, wobei das Untersuchungsmerkmal jeweils die **Fehleranzahl bzw. der Fehleranteil im Prüffeld** oder der **Gesamtwert des Prüffeldes** sein kann.

Das Programm verwendet zur Bestimmung der benötigten Werte **keine Datenbank**, in der bestimmte Parameterkombinationen abgespeichert sind und bei Bedarf abgerufen werden können, sondern es berechnet jeden Wert aktuell neu. Dies hat den Vorteil, daß die Berechnungen jeweils für die eingegebene Parameterkombination erfolgen und demnach **keine Interpolation** mit den damit verbundenen Ungenauigkeiten nötig ist. Weiterhin wird im Programm bei Annahmestichproben und Schätzstichproben für die Fehleranzahl bzw. den Fehleranteil im Prüffeld immer die **modelltheoretisch richtige Hypergeometrische Verteilung** verwendet, so daß **keine Ungenauigkeiten durch Approximationen**, für die oft die Anwendungsvoraussetzungen gar nicht erfüllt sind, entstehen. Außerdem können Sie mit dem Programm Berechnungen für Parameterkombinationen durchführen, die in keiner Tabellensammlung zu finden sind. Des weiteren hebt sich das Programm durch die freie Vorgabe der Sicherheitsanforderungen von den Tabellenwerken ab.

Betreffen die genannten Vorteile des Programms vor allem die Flexibilität der Parametervorgaben und die Genauigkeit der Berechnungen, so bietet das Programm weitere Vorzüge, die dem Anwendungskomfort zugute kommen:

- Das Programm ist menügesteuert, so daß Sie die gewünschten Funktionen einfach und sicher aufrufen können.

- Die Ein- und Ausgabemasken sind so aufgebaut, daß eine Beschreibung der Eingabewerte und der Ergebnisse stattfindet. Es werden demnach keine "nackten Zahlen" berechnet, sondern **kommentierte Werte**, die zudem eine **klare Handlungsanweisung** beinhalten. Die Gefahr der Fehlinterpretation der Berechnungen wird dadurch minimiert.
- Jede Berechnung im Rahmen der Prüfungsplanung und -durchführung kann **protokolliert** werden, so daß Sie später direkt darauf zugreifen können.
- Des weiteren ist es möglich, zu jeder Berechnung ein **Arbeitspapier** für die Prüfungsunterlagen auszudrucken. Falls Sie während der Auswertung nicht über einen Drucker verfügen, kann die Berechnung protokolliert werden und später bei der Bearbeitung der Berechnungsprotokolle ein Arbeitspapier gedruckt werden.
- Das Programm verfügt über eine **Mandantenverwaltung**, so daß die Daten für die einzelnen Mandanten getrennt erfaßt und ausgewertet werden können.
- Insbesondere bietet sich jetzt die Möglichkeit, **Buchwert- und Stichprobendateien** in das Programm zu **importieren** und diese für die Prüfung **auszuwerten**. Gehen die Kennzahlen einer Datei in eine Berechnung ein, werden sie in der Eingabemaske entsprechend voreingestellt.
- Sofern auf die entsprechenden Dateien zugegriffen werden kann, ist es möglich, die **Stichprobenziehung** unter Zugrundelegung des Modells "**Ziehen ohne Zurücklegen**" vom Programm durchführen zu lassen, wobei die **Zufälligkeit** der Ziehung gewährleistet wird. Stellt sich heraus, daß die Stichprobe zu klein war, können weitere **Elemente nachgezogen** werden; auch dabei wird das Modell "**Ziehen ohne Zurücklegen**" verwendet und die **Zufälligkeit** der Entnahme der Elemente sichergestellt.

Insgesamt steht Ihnen somit ein leistungsfähiges Programm zur Verfügung, das die Prüfungsplanung und -durchführung nicht nur genauer, sondern auch erheblich komfortabler sowie letztlich auch effizienter gestaltet. Verbunden ist dies mit einer hohen Anwendungssicherheit, da einerseits durch die Benutzerführung die Anwendungsfehler vermieden, andererseits die zur Berechnung eingegebenen Daten zunächst überprüft werden. Des weiteren können Interpretationsfehler vermieden werden, da die Interpretation der Ergebnisse vom Programm mit ausgegeben wird.

Das vorliegende **Handbuch zum Programm RSW** ist **problemorientiert** aufgebaut, wobei die **Reihenfolge der Abschnitte**, abgesehen von der Installationsanleitung, dem **Menüaufbau** des Programms entspricht. Dadurch können Sie alle Beschreibungen sofort finden.

Das Handbuch sucht einen Kompromiß zwischen folgenden Alternativen:

- umfassende Beschreibung der einzelnen Menüpunkte mit den daraus resultierenden Redundanzen und
- knappe Beschreibung der einzelnen Menüpunkte, was zu häufigen Verweisen führen würde.

Alle zur Bearbeitung einer Programmfunktion benötigten Informationen werden auch bei dessen Beschreibung dargestellt. Verweise erfolgen nur auf bestimmte vorhergehende oder nachfolgende Arbeiten mit dem Programm, die in sich als abgeschlossene Einheit betrachtet werden können. Als Beispiel dafür können die Ziehung von Stichproben und auch der Import der Dateien betrachtet werden, die nur einmal dargestellt werden müssen, weil ansonsten der Lesefluß behindert würde. Anwendungsvoraussetzungen und auch Eingaben, die bei mehreren Menüpunkten gleich oder zumindest ähnlich sind, werden jedoch bei jeder Beschreibung dargestellt, weil dadurch ein unnötiges Blättern vermieden werden kann.

Diese Konzeption des Handbuchs hat natürlich zur Folge, daß einige Informationen mehrfach dargestellt werden. Das dürfte jedoch nicht störend wirken, weil das Handbuch wohl kaum von "vorne bis hinten" durchgelesen wird. Da **RSW** als selbsterklärendes Programm konzipiert ist, dürfte i. d. R. kein Nachsehen im Handbuch nötig sein. Verwenden Sie das Handbuch deshalb nur dann, wenn bei der Bearbeitung Unklarheiten mit dem Programmumgang auftreten. Vollziehen Sie in diesem Fall auch die im Handbuch dargestellten Beispiele nach.

Sollten Probleme auftreten, die die Anwendung des Programms unmöglich machen, schauen Sie zunächst im Kapitel 9 "Sonderprobleme und Lösungen" nach, ob dort ein Lösungshinweis existiert.

2 Installation des Programms RSW

2.1 Systemvoraussetzungen

Damit Sie das Programm **RSW** nutzen können, müssen Sie über einen IBM-PC, -AT, -PS/2 oder Compaq-Deskpro bzw. einen dazu kompatiblen Computer verfügen. Die weitere zum Betrieb des Programms **RSW** erforderliche Hardwareausstattung können Sie der nachfolgenden Tab. 2.1 entnehmen. In ihr wird neben der Mindestausstattung auch eine empfohlene Ausstattung aufgezeigt.

Software/ Hardware	Mindestausstattung	Empfohlene Ausstattung
Betriebssystem	PC-DOS bzw. MS-DOS 3.0	MS-DOS 5.0
Prozessor	8086 oder 8088	80386
Festplatten-kapazität	1 MB freier Festplattenspeicher	5 MB freier Festplattenspeicher (zur Integration externer Dateien)
Laufwerk	3,5 " 720 KB oder 5,25 " 360 KB (jeweils DD)	3,5 " 1,44 MB und 5,25 " 1,2 MB (jeweils HD)
Hauptspeicher	640 KB	2 MB
Grafik-Karte	jede Standard-Grafik-Karte	VGA-Color mit hoher Bildwiederholfrequenz
Monitor	Monitor passend zur verwendeten Grafik-Karte	VGA-Color mit hoher Bildwiederholfrequenz
Drucker	NEC / EPSON / IBM bzw. kompatibler Nadeldrucker	Laserdrucker (HP-Laserjet kompatibel)

Tab. 2.1: Hardwareausstattung zur Verwendung des Programms RSW

2.2 Vorbereitung der Installation

Damit die Originaldiskette vor Veränderungen geschützt bleibt, sollten Sie die Installation mit Hilfe einer **Kopie der Originaldiskette** "**RSW**" durchführen. Da das Programm ohne einen Kopierschutz ausgeliefert wird, können Sie die Kopie mit Hilfe des DOS-Befehls **DISKCOPY** erstellen. Geben Sie dazu den Befehl

DISKCOPY A: A: [↵]

ein. Sofern Sie die Kopie in einem anderen Diskettenlaufwerk durchführen wollen, sind die Laufwerkskennbuchstaben entsprechend zu ändern.

Sie werden zunächst aufgefordert, die **Quell-Diskette** in das betreffende Laufwerk einzulegen. Legen Sie also die **Originaldiskette** "**RSW**" als Quelldiskette in das Laufwerk ein und betätigen Sie erneut die Taste **[↵]**. Anschließend werden Sie aufgefordert, die **Zieldiskette** einzulegen und erneut die Taste **[↵]** zu betätigen. Der Kopiervorgang ist abgeschlossen, wenn die Abfrage erscheint, ob eine weitere Kopie erstellt werden soll. Beantworten Sie diese Frage mit **[N]** für "**Nein**".

Alternativ können Sie mit Hilfe der **DOS-Shell** (ab DOS 4.0), einer **anderen Benutzungsoberfläche** oder auch eines speziellen **Kopierprogramms** die Diskettenkopie erstellen.

☞ **Wichtig: Tragen Sie dafür Sorge, daß die Originaldiskette sicher abgelegt wird, um sie vor Beschädigungen zu schützen.**

2.3 Einrichtung des Programms RSW auf der Festplatte

Zur Einrichtung des Programms **RSW** auf Ihrer Festplatte wird ein **Installationsprogramm** mitgeliefert, das die benötigten Verzeichnisse anlegt und die Dateien automatisch auf die Festplatte kopiert. Verwenden Sie zur Installation die **Kopie der Programmdiskette**.

Zur Einrichtung sind folgende Schritte durchzuführen:

[1] Legen Sie die Diskette in das Laufwerk.

[2] Wechseln Sie zum betreffenden Laufwerk durch Eingabe des Laufwerkskennbuchstabens und Betätigen der Taste **[↵]**.

Beispiel: **A:** **[↵]**

[3] Rufen Sie die **automatische Installation** auf durch Eingabe von

SETUP **[↵]**.

Existiert das Verzeichnis **C:\RSW** bei der Installation noch nicht, wird es automatisch erstellt. Dieses Verzeichnis enthält die Programmdatei **RSW.EXE** sowie einige Zusatzdateien, die der Programmsteuerung dienen. Zusätzlich werden die Daten eines **Beispielmandanten** auf die Festplatte kopiert. Dieser Mandant bekommt das Unterverzeichnis **C:\RSW\00000001** zugeordnet. In dem Verzeichnis werden künftig seine Dateien abgelegt. Werden weitere Mandanten eingerichtet, werden Ihnen die Verzeichnisse **C:\RSW\00000002, C:\RSW\00000003** etc. zugeordnet. Diese Zuordnungen dienen der eindeutigen Trennung der Daten mehrerer Mandanten. Da die Verzeichnisse vom Programm bei Bedarf von selbst angelegt werden, brauchen Sie sich um die Erstellung nicht zu kümmern.

Gleichzeitig werden bei der Installation die Dateien **AUTOEXEC.BAT** und **CONFIG.SYS** im Hauptverzeichnis der Festplatte geändert. Wurde mit Hilfe des Befehls **PATH** in der Datei **AUTOEXEC.BAT** ein Zugriffspfad gesetzt, wird dieser um das Verzeichnis **C:\RSW** erweitert; ist kein Zugriffspfad gesetzt, wird ein neuer für das Verzeichnis **C:\RSW** erstellt. Dadurch wird erreicht, daß Sie das Programm **RSW** später von jedem Verzeichnis aus aufrufen können. In der Datei **CONFIG.SYS** werden die Befehle **FILES=30** und **BUFFERS=30** eingefügt bzw. lediglich geändert, wenn sie mit anderen Werten bereits vorhanden waren.

Im Anschluß entfernen Sie die Diskette aus dem Laufwerk und führen einen **Neustart** durch, damit diese Änderungen in den Dateien **AUTOEXEC.BAT** und **CONFIG.SYS** wirksam werden.

3 Das Programm RSW im Überblick

Sofern Sie den Umgang mit menügesteuerten PC-Programmen gewöhnt sind, können Sie dieses Kapitel überschlagen. Das Programm ist so aufgebaut, daß ein erfahrener PC-Benutzer ohne Zurateziehen des Handbuchs auskommen kann. Dies betrifft allerdings nur die **Steuerung** des Programms. **Statistische Grundkenntnisse** sind für das Verständnis der Routinen **unabdingbar**.

3.1 Der Start des Programms

Da bei der Installation ein Zugriffspfad zum Verzeichnis **C:\RSW** angelegt wurde, kann das Programm von jedem Verzeichnis aus durch Eingabe von

RSW **[↵]**

gestartet werden. Sollten Sie diesen Zugriffspfad geändert haben, oder sollten Sie nach der Installation keinen Neustart des PC durchgeführt haben, müssen Sie zunächst in das Verzeichnis **C:\RSW** wechseln. Dazu ist ggf. auch ein Wechsel auf die Festplatte notwendig. Geben Sie dann folgende Befehle ein:

C: **[↵]**
CD C:\RSW **[↵]**
RSW **[↵]**.

Zunächst erscheint eine Startmaske mit der Angabe der Versionsnummer und einem Copyright-Hinweis. Nach Drücken der Taste **[↵]** folgt das **RSW**-Hauptmenü (s. Abb. 3.1).

3.2 Die Menüsteuerung

Um die Bedienung des Programms möglichst unkompliziert und benutzerfreundlich zu gestalten, wird zur Steuerung des gesamten Programms die **Menütechnik** eingesetzt. Dazu werden entweder **Menüleisten** oder **Auswahlfenster** verwendet, bei denen mit Hilfe der Pfeiltasten und anschließender Betätigung der Taste **[↵]** die gewünschten Optionen aufgerufen werden.

Das **Hauptmenü** besteht aus einer Menüleiste mit den Optionen (s. Abb. 3.1):

- **Mandant**
- **Buchwerte**
- **Stichproben**
- **Prüfungen**
- **Programmverwaltung** und
- **Ende** .

Dabei ist die Option "**Mandant**" beim Programmstart markiert (bei einem Farb-Monitor rot unterlegt, bei einem Monochrom-Monitor invers oder intensiv).

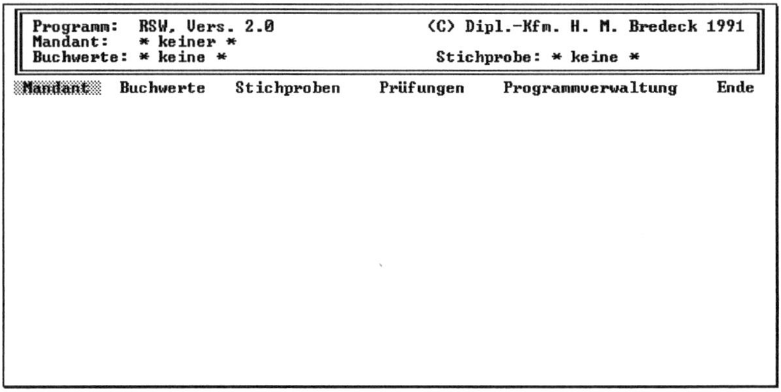

Abb. 3.1: RSW-Hauptmenü

Um eine der Optionen des Menüs auszuwählen, bewegen Sie die Markierung mit Hilfe der Pfeiltasten **[→]** oder **[←]** auf die gewünschte Option und betätigen anschließend die Taste **[↵]**. Daraufhin wird ein **Auswahlfenster** geöffnet, welches die weiteren Möglichkeiten zu der betreffenden Option des Hauptmenüs anbietet. Die Funktionen der einzelnen Auswahlfenster werden in den folgenden Kapiteln dargestellt. Das Verlassen eines Auswahlfensters ist durch Drücken der Taste **[ESC]** möglich. Der direkte Wechsel zum nächsten Auswahlfenster kann mit Hilfe der Pfeiltasten **[→]** oder **[←]** erfolgen.

Analog zum beschriebenen Hauptmenü erfolgt auch die weitere Programmführung innerhalb der aufgerufenen Programmteile durch Menüs. Diese sind in der Regel in der untersten Bildschirmzeile als **Menüleiste** aufgebaut. Die Auswahl der einzelnen Optionen erfolgt mit Hilfe der Pfeiltasten **[→]** und **[←]** und anschließender Betätigung der

Taste **[↵]**. Alternativ kann der Wechsel zwischen den angebotenen Optionen innerhalb einer Menüleiste auch mit Hilfe der Tasten **[TAB]**, **[SHIFT-TAB]** und der **[LEERTASTE]** erfolgen. Der direkte Aufruf einer Option erfolgt dagegen durch Eingabe des ersten Buchstabens.

Einen Überblick über die Menüstruktur des Programms **RSW** gibt die folgende Abbildung 3.2. Sie zeigt die Optionen des Hauptmenüs und der jeweiligen Auswahlfenster.

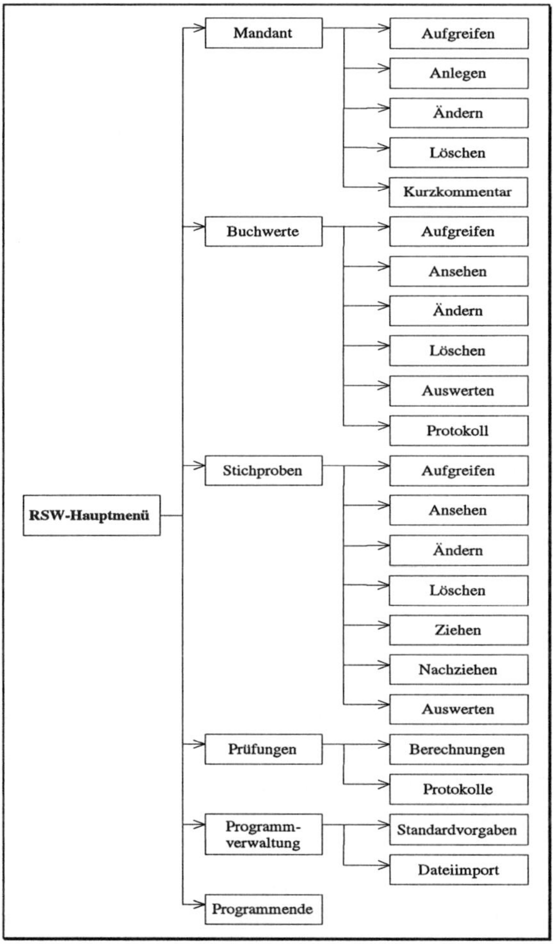

Abb. 3.2: Menüstruktur des Programms RSW

3.3 Die Eingabefelder

In den meisten Programmteilen werden Sie aufgefordert, einige Eingaben vorzunehmen. Dafür werden im Programm **RSW** spezielle Eingabefelder verwendet; Beispiele sind in Abb. 3.3 dargestellt.

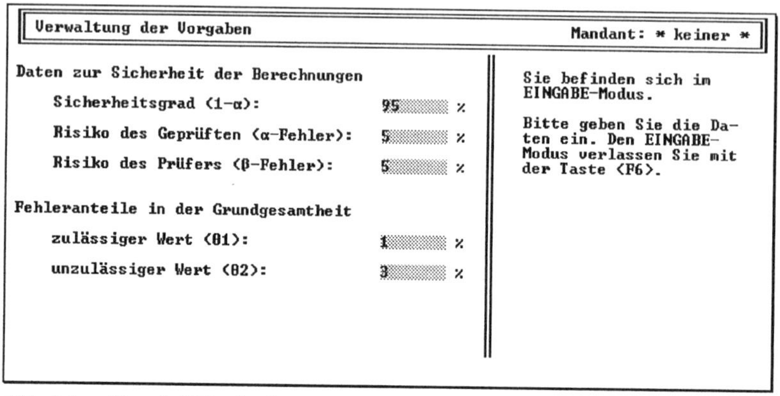

Abb. 3.3: Eingabefelder im Programm RSW

Innerhalb der Eingabefelder gelten bestimmte Bedingungen:

[1] Wechsel zwischen Überschreibemodus und Einfügemodus

Jede Eingabe startet i. d. R. im **Überschreibemodus**. Sie können das daran erkennen, daß die Schreibmarke in den Eingabefeldern sehr klein dargestellt wird. Der Überschreibemodus bewirkt, daß ein bereits vorhandener Inhalt bei der Eingabe überschrieben wird. Soll jedoch an der aktuellen Position etwas eingefügt werden, wechseln Sie in den **Einfügemodus**. Dies erreichen Sie, indem Sie auf die Taste **[EINFG]** drücken. Die Schreibmarke wird fortan in der halben Buchstabenhöhe dargestellt. Ihre Eingaben werden links vor der aktuellen Position der Schreibmarke im Feld eingefügt. Der Einfügemodus bleibt solange aktiv, bis Sie erneut auf die Taste **[EINFG]** drücken.

[2] Abschließen der Eingabe eines Feldes

Die Eingabe des gerade aktuellen Feldes wird abgeschlossen, indem Sie die Taste **[↵]** drücken. Sofern weitere Eingabefelder folgen, wechseln Sie automatisch in das nächste Feld. Alternativ kann die Eingabe eines Feldes auch mit den Pfeiltasten **[↑]** oder **[↓]** und der Taste **[F6]** beendet werden, wobei diesen Tasten jeweils noch die nachfolgend beschriebene zusätzliche Bedeutung zukommt.

[3] Tasten mit Sonderfunktionen bei der Eingabe

Einige Tasten haben bei der Eingabe eine besondere Bedeutung:

- Taste **[↵]**

Mit der Taste **[↵]** wird die Eingabe eines Feldes abgeschlossen (s. o.). Im letzten Eingabefeld wird die Eingabe insgesamt abgeschlossen.

- Pfeiltasten **[←]**, **[→]**, **[↑]** und**[↓]**

Mit den Tasten **[←]** und **[→]** bewegen Sie sich im Eingabefeld jeweils ein Zeichen nach links bzw. nach rechts. Mit den Tasten **[↑]** und **[↓]** bewegen Sie sich entsprechend zum vorhergehenden bzw. zum nächsten Eingabefeld. Sofern Sie sich im ersten Eingabefeld befinden, bewirkt das Drücken der Taste **[↑]**, daß Sie sich in das letzte Eingabefeld bewegen. Das Betätigen der Taste **[↓]** im letzten Eingabefeld schließt die Eingabe für alle Eingabefelder endgültig ab.

- Tasten **[POS1]** und **[ENDE]**

Das Betätigen der Taste **[POS1]** innerhalb eines Eingabefeldes bewirkt, daß Sie sich zur ersten Position im aktuellen Eingabefeld bewegen; die Taste **[ENDE]** bewirkt entsprechend, daß Sie sich an das Ende des Feldinhaltes begeben.

- Tasten **[BILD ↑]** und **[BILD ↓]**

Mit der Taste **[BILD ↑]** bewegen Sie sich zum ersten Eingabefeld, mit der Taste **[BILD ↓]** zum letzten Eingabefeld.

- Taste **[F6]**

Die Taste **[F6]** schließt die Eingabe **aller aktuellen Felder** ab (analog zur Taste **[↵]** im letzten Eingabefeld).

- Taste **[ESC]**

Das Betätigen der Taste **[ESC]** bewirkt einen Abbruch der Eingabe; bereits vorgenommene Eingaben werden verworfen.

- Taste **[ENTF]**

Das Betätigen der Taste **[ENTF]** bewirkt, daß das Zeichen, auf dem sich die Schreibmarke befindet, gelöscht wird.

- Taste **[RÜCK]**

Das Betätigen der Taste **[RÜCK]** bewirkt, daß das Zeichen links neben der Schreibmarke gelöscht wird.

Hinweis: Das Programm RSW unterscheidet, ob in einem Eingabefeld Texteingaben erfolgen dürfen, oder ob lediglich Zahlen zugelassen sind. In einem Zahlenfeld können somit keine Texte eingegeben werden. Zahlen müssen in der Dezimalschreibweise erfaßt werden; die Exponentialschreibweise wird nicht unterstützt. Beachten Sie, daß zur Abtrennung der Nachkommastellen ein Dezimalpunkt verwendet wird. Zu Ihrer Erleichterung wird innerhalb der numerischen Eingabefelder bei Eingabe eines Kommas dieses automatisch in einen Dezimalpunkt umgewandelt.

3.4 Der Umgang mit Auswahllisten

In einigen Programmteilen können Sie zwischen vorgegebenen Alternativen mit Hilfe von Auswahlfenstern wählen. Die Auswahl erfolgt dann jeweils analog zu der Menüsteuerung mit Hilfe der Pfeiltasten **[↑]** oder **[↓]** und anschließender Betätigung der Taste **[↵]**. Sofern die Liste länger als das angebotene Fenster ist, können Sie mit Hilfe der Taste **[BILD ↓]** jeweils eine Seite "weiterblättern". Ein Abbruch ist auch hier mit der Taste **[ESC]** möglich.

Ein Beispiel für eine Auswahlliste sehen Sie in der Abb. 3.4, in der die Auswahlliste der vorhandenen Felder einer Buchwertdatei gezeigt wird.

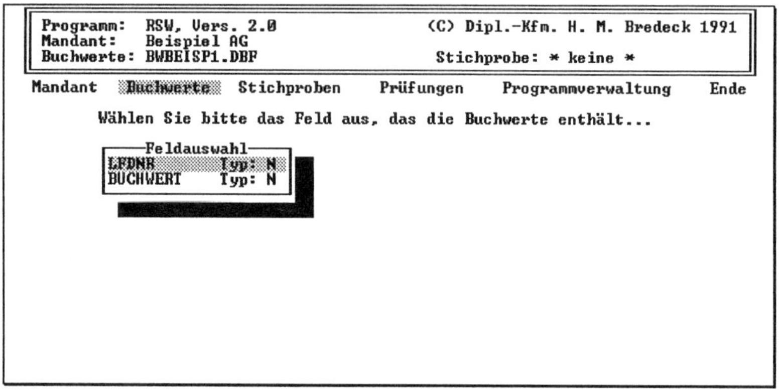

Abb. 3.4: Auswahlliste der vorhandenen Felder einer Buchwertdatei

3.5 Die Statusbox

Innerhalb des Programms **RSW** finden Sie bei allen dargestellten Bildschirmmasken eine **Box** in den obersten Zeilen des Bildschirms. Innerhalb dieser Box werden jeweils die Informationen über den **aktuellen Status** innerhalb des Programms ausgegeben.

Bei **aktiviertem Hauptmenü** (s. Abb. 3.1) enthält die Statusbox als Informationen:

[1] die Version des Programms **RSW**,
[2] einen Copyright-Hinweis,
[3] den Namen des zugeordneten Mandanten (vgl. Kapitel 4),
[4] den Namen der aufgegriffenen Buchwertdatei (vgl. Kapitel 5) und
[5] den Namen der aufgegriffenen Stichprobendatei (vgl. Kapitel 6).

Innerhalb eines aufgerufenen Programmteils (s. Abb. 3.3) werden in der Statusbox folgende Informationen ausgegeben:

[1] die Bezeichnung des aufgerufenen Programmteils und
[2] der Name des zugeordneten Mandanten.

Somit sind alle evtl. benötigten Informationen jederzeit ersichtlich.

4 Verwaltung der Mandanten

Mit der vorliegenden Version 2.0 des Programms **RSW** ist es möglich, individuelle Auswertungen und Berechnungen für die einzelnen Mandanten voneinander getrennt durchzuführen, damit eine eindeutige Zuordnung der Dateien zum jeweiligen Mandanten erfolgen kann. Dies betrifft neben den zur Untersuchung heranzuziehenden Buchwert- und Stichprobendateien auch die Protokolldateien, in denen die Berechnungsergebnisse abgespeichert werden. Das Programm **RSW** legt für jeden Mandanten ein eigenes Unterverzeichnis an, so daß absolute Klarheit bei der Zuordnung herrscht.

Die Zuordnung wird ständig in der **Statusbox** des Programms ausgewiesen (vgl. Abschnitt 3.5). Wenn keine Zuordnung erfolgt ist, heißt die Auskunft:

Mandant: * keiner * .

Ist noch kein Mandant angelegt worden, müssen Sie dieses zunächst durchführen (vgl. Abschnitt 4.2).

Bei der Auswahl der Option "**Mandant**" des Hauptmenüs wird ein Auswahlfenster geöffnet, das die Optionen

- **Aufgreifen,**
- **Anlegen,**
- **Ändern,**
- **Löschen** und
- **Kurzkommentar**

enthält (s. Abb. 4.1). In den folgenden Abschnitten werden die Möglichkeiten dieser Optionen beschrieben.

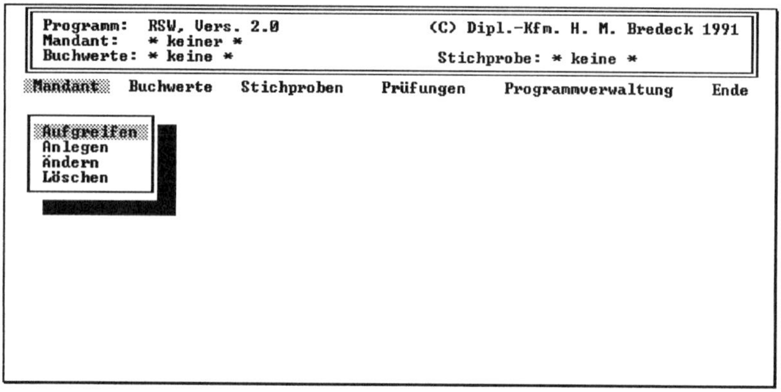

Abb. 4.1: Auswahlfenster "Mandant"

4.1 Aufgreifen eines Mandanten

Um die Daten für weitere Untersuchungen einem bestimmten Mandanten zuzuordnen, wählen Sie im Auswahlfenster "**Mandant**" die Option "**Aufgreifen**". Es erscheint daraufhin ein Fenster, in dem die zur Zeit angelegten Mandanten aufgelistet werden (s. Abb. 4.2).

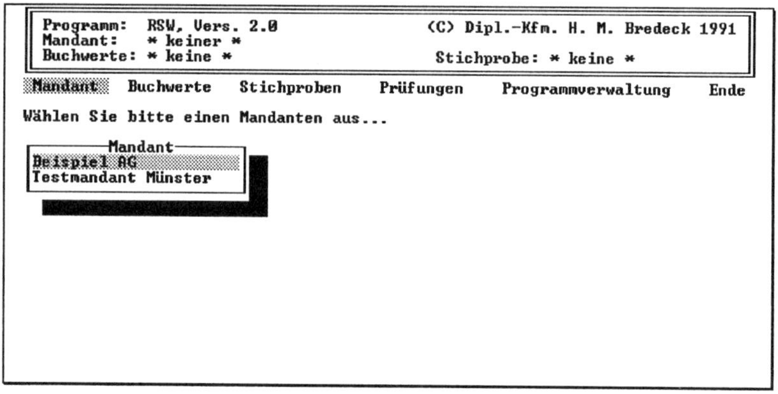

Abb. 4.2: Auswahlliste zum Aufgreifen eines Mandanten

Wählen Sie den gewünschten Mandanten mit Hilfe der Pfeiltasten [↑] und [↓] und bestätigen Sie die Auswahl mit der Taste [↵]. Das Programm führt daraufhin selbständig einen Wechsel in das Verzeichnis des Mandanten durch und greift die ihm zugeordneten Dateien auf. Brechen Sie die Auswahl des Mandanten mit der Taste **[ESC]** ab, wird kein Mandant zugeordnet.

Eine Zuordnung der Untersuchungen zu einem Mandanten muß jedoch nicht zwingend erfolgen. Sie können auch unabhängig von Mandanten durchgeführt werden, so daß auch allgemeine Berechnungen möglich sind. Greifen Sie dazu nach dem Programmstart keinen Mandanten auf, oder brechen die Auswahl eines Mandanten mit der Taste **[ESC]** ab.

4.2 Anlegen eines Mandanten

Soll ein neuer Mandant angelegt werden, wählen Sie im Auswahlfenster "**Mandant**" die Option "**Anlegen**". Es erscheint daraufhin ein Eingabefeld, in dem Sie den **Namen des Mandanten** eingeben müssen. Betätigen Sie die Taste **[↵]**, wird der eingegebene Name übernommen und für den neuen Mandanten ein entsprechendes Unterverzeichnis mit allen notwendigen Dateien angelegt. Beim nächsten Aufgreifen eines Mandanten (vgl. Abschnitt 4.1) wird dieser neue Mandant mit in der Auswahlliste angezeigt (s. Abb. 4.3).

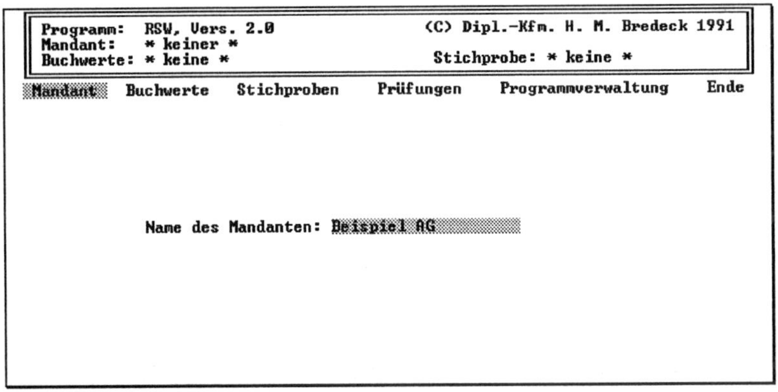

Abb. 4.3: Neuanlage eines Mandanten

Ein **Abbruch** der Neuanlage ist möglich, wenn Sie **keinen Namen** in das Feld eingeben. In diesem Fall wird kein neuer Mandant angelegt.

4.3 Ändern eines Mandantennamens

Um Fehleingaben beim Anlegen eines neuen Mandanten korrigieren zu können, oder auch eine Umfirmierung des Mandanten erfassen zu können, besteht die Möglichkeit, den Mandantennamen zu ändern. Wählen Sie dazu im Auswahlfenster "**Mandant**" die Option "**Ändern**". Die Änderung kann nur bei dem aktuell aufgegriffenen Mandanten erfolgen. Sollten Sie keinen Mandanten aufgegriffen haben, erhalten Sie einen entsprechenden Hinweis in der untersten Bildschirmzeile. Greifen Sie dann zunächst den Mandanten auf, dessen Name geändert werden soll (vgl. Abschnitt 4.1).

Sofern ein Mandant aufgegriffen ist, erscheint ein Eingabefeld, mit dem bisherigen Mandantennamen, der nun geändert werden kann. Nach dem Betätigen der Taste [↵] werden die Änderungen übernommen.

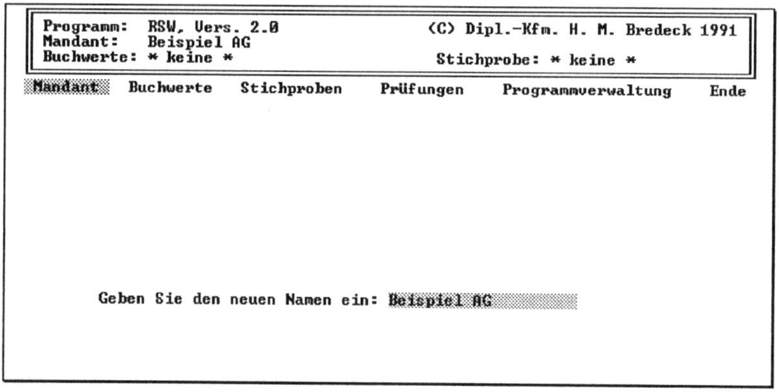

Abb. 4.4: Änderung des Mandantennamens

4.4 Löschen eines Mandanten

Werden die Daten eines angelegten Mandanten nicht mehr benötigt, können sie gelöscht werden. Wählen Sie dazu im Auswahlfenster "**Mandant**" die Option "**Löschen**" aus. Damit wird der aktuelle Mandant gelöscht. Ist zur Zeit kein Mandant aufgegriffen, werden Sie durch eine Meldung in der letzten Bildschirmzeile darauf hingewiesen. Greifen Sie den zu löschenden Mandanten dann zunächst auf (vgl. Abschnitt 4.1).

Sofern ein Mandant aufgegriffen ist, erfolgt eine Sicherheitsabfrage, ob der Mandant wirklich gelöscht werden soll (s. Abb. 4.5).

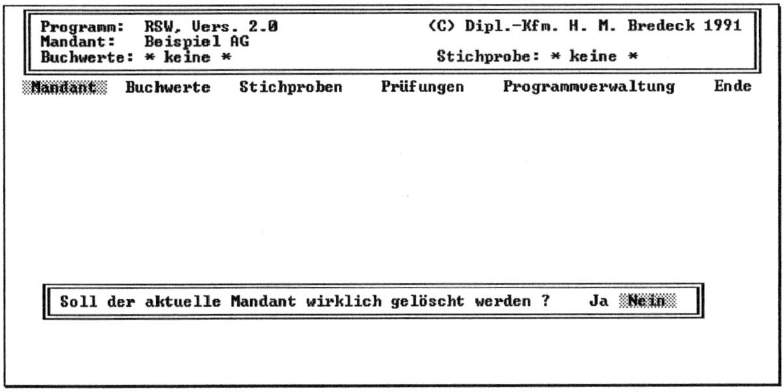

Abb. 4.5: Sicherheitsabfrage beim Löschen eines Mandanten

Wählen Sie in dem angebotenen Auswahlmenü "**Ja**", werden alle zum Mandanten gehörenden Daten (Buchwerte, Stichproben, Prüfungsprotokolle etc.) und auch dessen Verzeichnis gelöscht, und er wird aus der Auswahlliste gestrichen.

Wollen Sie den Mandanten doch nicht löschen, wählen Sie entweder "**Nein**" oder brechen den Löschvorgang durch Drücken der Taste **[ESC]** ab.

4.5 Bearbeiten eines Kurzkommentars

Mit der Einführung der Mandantenverwaltung in der Version 2.0 des Programms **RSW** bietet es sich an, **für jeden Mandanten** einen **Kurzkommentar** einzuführen, der bei jedem Ausdruck eines Arbeitspapiers in der Kopfzeile des Formulars unter dem Mandantennamen ausgegeben wird. Dieser Kurzkommentar umfaßt drei Zeilen, deren Inhalt Sie frei bestimmen können. Beachten Sie, daß die Vergabe eines Kurzkommentars an einen Mandanten gebunden ist. Sofern Sie keinen Mandanten aufgegriffen haben, können Sie auch keinen Kurzkommentar vergeben.

Zur Vergabe des Kurzkommentars wählen Sie die Option "**Kurzkommentar**" im Auswahlfenster "**Programmverwaltung**". Wurde noch kein Mandant aufgegriffen, erscheint eine entsprechende Meldung in der untersten Bildschirmzeile und das Programm kehrt zum Hauptmenü zurück. Greifen Sie in diesem Fall zunächst den Mandanten auf. Ist ein Mandant aufgegriffen, erscheint die in Abb. 4.6 dargestellte Eingabemaske, in der Sie den Kurzkommentar vergeben können.

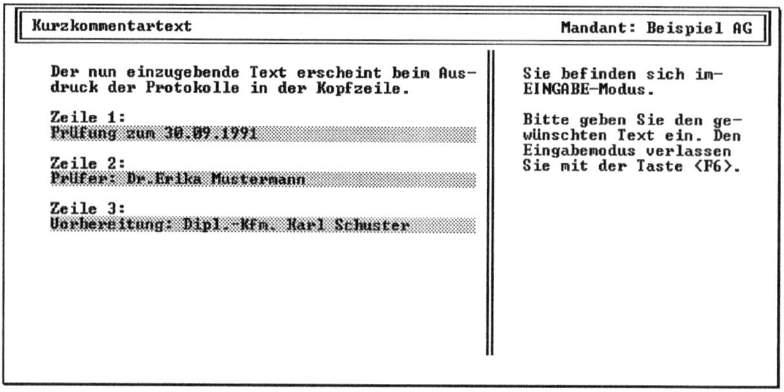

Abb. 4.6: Eingabe eines Kurzkommentars für den aufgegriffenen Mandanten

Die Eingabe wird abgeschlossen, indem im letzten Eingabefeld die Taste **[↵]** oder in jedem anderen Feld die Taste **[F6]** gedrückt wird. Daraufhin werden Sie gefragt, ob diese Änderungen wirklich übernommen werden sollen. Beantworten Sie dies durch die Auswahl von "**Ja**", werden die Änderungen dauerhaft gespeichert und stehen auch bei späteren Arbeiten mit **RSW** zur Verfügung. Sie können die Eingabe jederzeit **abbrechen**, indem Sie in einem beliebigen Eingabefeld die Taste **[ESC]** drücken.

5 Bearbeitung der Buchwertdateien

In die vorliegende Version des Programms **RSW** ist eine umfangreiche Schnittstelle zur Auswertung vorhandenen Datenmaterials in das Programm integriert worden. Das bedeutet, daß einerseits vom Programm alle für die Prüfungen notwendigen Informationen aus den **Originalwerten** berechnet werden können, andererseits auch eine **Fortschreibung der Originaldaten** ermöglicht wird. In diesem Kapitel wird beschrieben, wie bereits in das Programm integrierte Buchwertdateien ausgewertet werden können. Um eine korrekte Integration externer Buchwertdateien in das Programm zu erreichen, führen Sie zunächst einen Import der Dateien durch. Nur so ist gewährleistet, daß die Dateien dem richtigen Mandanten zugeordnet werden und auch vom Programm richtig aufgegriffen werden (vgl. Abschnitt 8.2).

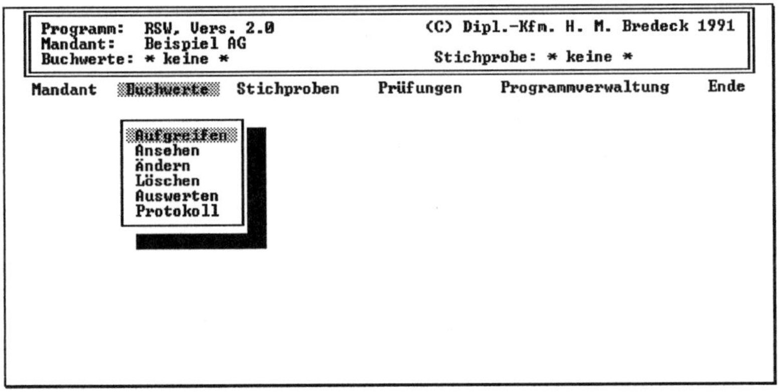

Abb. 5.1: Auswahlfenster "Buchwerte"

Bei der Auswahl der Option "**Buchwerte**" des Hauptmenüs öffnet sich ein Auswahlfenster, das die Optionen

- **Aufgreifen,**
- **Ansehen,**
- **Ändern,**
- **Löschen,**
- **Auswerten** und
- **Protokoll**

enthält (s. Abb. 5.1). In den folgenden Abschnitten werden die Möglichkeiten dieser Optionen beschrieben.

5.1 Aufgreifen einer Buchwertdatei

Um eine Buchwertdatei aufzugreifen, wählen Sie im Auswahlfenster "**Buchwerte**" die Option "**Aufgreifen**" aus. Ist keine Buchwertdatei vorhanden, werden Sie durch eine Meldung in der untersten Bildschirmzeile darauf hingewiesen und das Programm **RSW** springt nach Betätigung einer Taste zurück in das Auswahlfenster "**Buchwerte**". Führen Sie in diesem Fall zunächst einen Dateiimport durch (vgl. Abschnitt 8.2).

Sofern Buchwertdateien vorhanden sind, werden diese in einem Fenster aufgelistet (s. Abb. 5.2).

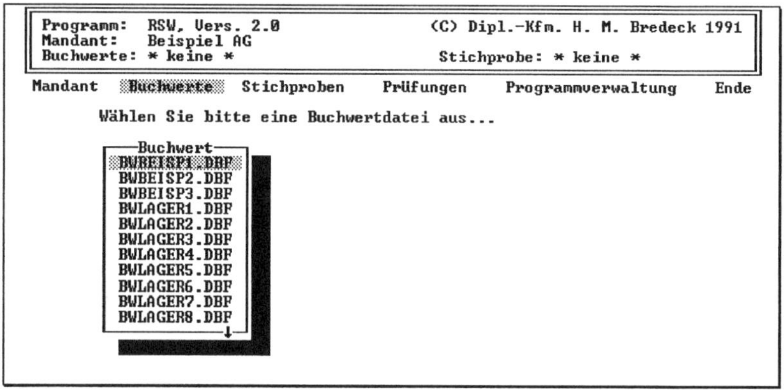

Abb. 5.2: Auswahlfenster zum Aufgreifen einer Buchwertdatei

Wählen Sie die aufzugreifende Datei mit Hilfe der Pfeiltasten [↑] und [↓] aus und betätigen Sie anschließend die Taste [↵]. Es erfolgt automatisch eine Prüfung, ob es sich bei der Datei um eine **dBase III** (+) Datei handelt, da dieses Dateiformat von **RSW** verwendet wird. Sollte dies nicht der Fall sein, wird eine entsprechende Meldung in der untersten Bildschirmzeile ausgegeben und das Programm **RSW** springt nach Betätigung einer Taste zurück in das Auswahlfenster "**Buchwerte**".

Ist die Datei aufgegriffen, erscheint der Dateiname in der Statusbox.

Ein **Abbrechen** des Aufgreifens ist im Auswahlfenster durch Drücken der Taste **[ESC]** möglich.

5.2 Ansehen einer Buchwertdatei

Um eine bereits aufgegriffene Buchwertdatei anzusehen, wählen Sie im Auswahlfenster "**Buchwerte**" die Option "**Ansehen**" aus. Es folgt zunächst eine Überprüfung, ob eine Buchwertdatei aufgegriffen ist. Ist dies nicht der Fall, verzweigt das Programm **RSW** automatisch zum im Abschnitt 5.1 erläuterten "**Aufgreifen einer Buchwertdatei**".

Ist eine Datei aufgegriffen und ist diese **nicht leer**, wird ihr Inhalt in einem Fenster dargestellt (s. Abb. 5.3).

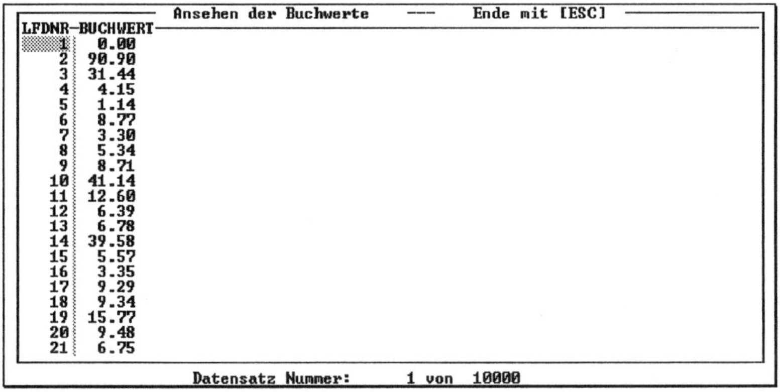

Abb. 5.3: Ansehen der Buchwerte

Jedem Feld wird dabei eine Spalte zugeordnet. In der obersten Zeile des Fensters werden die Namen der Felder angezeigt. Innerhalb dieser Darstellung können Sie sich mit den Pfeiltasten und den Tasten **[BILD ↑]** bzw. **[BILD ↓]** bewegen. In der untersten Zeile des Fensters wird Ihnen mitgeteilt, auf welchem Datensatz sich die Markierung befindet und wieviele Datensätze insgesamt vorhanden sind.

Ein **Verlassen** der Anzeige ist durch Drücken der Taste **[ESC]** möglich.

5.3 Ändern einer Buchwertdatei

Um die Werte in einer bereits aufgegriffenen Buchwertdatei zu ändern, wählen Sie im Auswahlfenster "**Buchwerte**" die Option "**Ändern**" aus. Es folgt zunächst eine Überprüfung, ob eine Buchwertdatei aufgegriffen ist. Ist dies nicht der Fall, verzweigt das Programm **RSW** automatisch zum im Abschnitt 5.1 erläuterten "**Aufgreifen einer Buchwertdatei**".

Ist eine Datei aufgegriffen, wird ihr Inhalt am Bildschirm dargestellt (s. Abb. 5.4).

```
                 Ändern der Buchwerte   ---   Ende mit [ESC]
LFDNR-BUCHWERT
    1    0.00
    2   90.90
    3   31.44
    4    4.15
    5    1.14
    6    8.77
    7    3.30
    8    5.34
    9    8.71
   10   41.14
   11   12.60
   12    6.39
   13    6.78
   14   39.58
   15    5.57
   16    3.35
   17    9.29
   18    9.34
   19   15.77
   20    9.48
   21    6.75

              Datensatz Nummer:      1 von   10000
```

Abb. 5.4: Ändern der Buchwerte

Jedem Feld wird dabei eine Spalte zugeordnet. In der obersten Zeile des Fensters werden die Namen der Felder angezeigt. Innerhalb dieser Darstellung können Sie sich mit den Pfeiltasten und den Tasten **[BILD ↑]** bzw. **[BILD ↓]** bewegen. In der untersten Zeile des Fensters wird Ihnen mitgeteilt, auf welchem Datensatz sich die Markierung befindet und wieviele Datensätze insgesamt vorhanden sind.

Jetzt können die Inhalte der einzelnen Zellen geändert werden. Um eine Änderung durchzuführen, bewegen Sie die Markierung auf die betreffende Zelle und geben die Modifikationen ein. Die Änderung einer Zelle wird mit der Taste **[↵]** beendet. Alternativ können Sie dies auch durch ein Verlassen der Zelle mit Hilfe der Pfeiltasten **[↑]** oder **[↓]** bewirken. Sobald eine Änderung in einer Zelle abgeschlossen wurde, wird der Inhalt der Zelle automatisch in der Datei gespeichert.

Um den Änderungsmodus insgesamt zu **verlassen**, drücken Sie die Taste **[ESC]**. Sofern Sie gerade den Inhalt einer Zelle ändern, müssen Sie zunächst die Änderung dieser Zelle mit der Taste **[↵]** bzw. mit den Pfeiltasten **[↑]** oder **[↓]** abschließen.

5.4 Löschen einer Buchwertdatei

Durch die Auswahl der Option "**Löschen**" im Auswahlfenster "**Buchwerte**" können Sie die derzeit aufgegriffene Buchwertdatei löschen. Sollte zu dem Zeitpunkt keine Buchwertdatei aufgegriffen sein, werden Sie durch eine Meldung in der untersten Bildschirmzeile darauf hingewiesen. Greifen Sie die zu löschende Datei dann zunächst auf (vgl. Abschnitt 6.1).

Ist eine Datei aufgegriffen, kann diese gelöscht werden. Da nach diesem Löschvorgang die Daten jedoch unwiederbringlich verloren sind, erfolgt zunächst eine Sicherheitsabfrage, ob die Datei wirklich gelöscht werden soll. Wählen Sie dort "**Ja**", wird die Datei gelöscht. Durch die Auswahl von "**Nein**" oder das Drücken der Taste **[ESC]** wird der Löschvorgang abgebrochen.

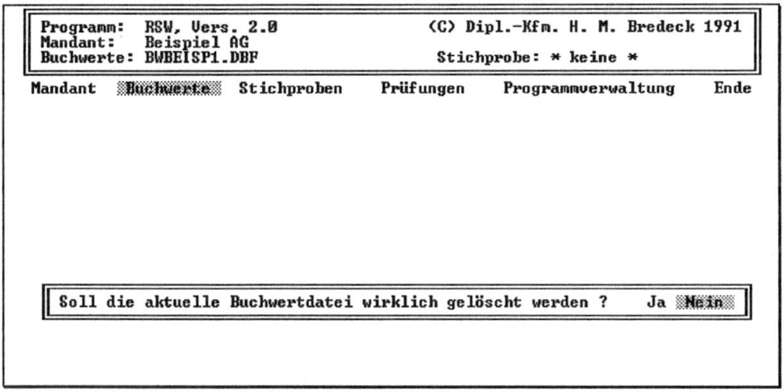

Abb. 5.5: Sicherheitsabfrage beim Löschen einer Buchwertdatei

5.5 Auswerten einer Buchwertdatei

Durch die Auswahl der Option "**Auswerten**" im Auswahlfenster "**Buchwerte**" können **Kennzahlen** der aktuell aufgegriffenen Buchwertdatei berechnet werden. Sofern keine Buchwertdatei aufgegriffen ist, verzweigt das Programm **RSW** automatisch zum im Abschnitt 5.1 erläuterten "**Aufgreifen einer Buchwertdatei**".

Bei aufgegriffener Buchwertdatei erhalten Sie ein Auswahlfenster, das alle Felder der Buchwertdatei mit **Feldnamen** und **Feldtyp** angibt. Für die Feldtypen gibt es nach der **dBase III** (+) Norm die Möglichkeiten:

N	für ein numerisches Feld	(N = Numeric),
C	für ein Zeichenfeld	(C = Character),
D	für ein Datumsfeld	(D = Date) und
M	für ein Memofeld	(M = Memo).

Sie werden zunächst aufgefordert, das **Feld auszuwählen**, das die **Buchwerte** enthält.

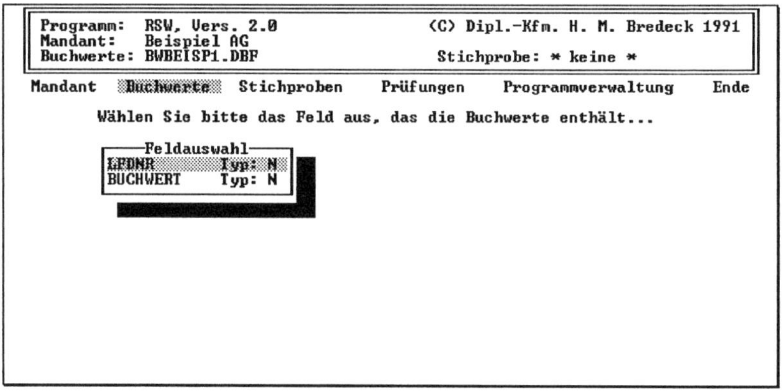

Abb. 5.6: Feldauswahl zur Auswertung der Buchwerte

Dieses Feld muß ein numerisches Feld (Typ N) sein, da der Feldinhalt zu Berechnungen herangezogen wird. Die Auswahl erfolgt dann jeweils analog zu der Menüsteuerung mit Hilfe der Pfeiltasten [↑] oder [↓] und anschließender Betätigung der Taste [↵]. Das Programm **RSW** überprüft sofort, ob es sich bei dem von Ihnen ausgewählten Feld auch tatsächlich um ein numerisches Feld handelt. Ist dies nicht der Fall, werden Sie durch eine Meldung in der letzten Bildschirmzeile darauf hingewiesen und erhalten die Möglichkeit, ein anderes Feld auszuwählen.

Vor der Berechnung der Kennzahlen erfolgt eine Abfrage, ob die Berechnung protokolliert werden soll. Sofern Sie später auf die Ergebnisse zurückgreifen wollen, ohne die Berechnungen erneut durchführen zu müssen, empfiehlt sich die Aufnahme der Ergebnisse in eine Protokolldatei; unabhängig davon kann in jedem Fall ein Arbeitspapier, wie im Anhang auf der Seite A.6 abgebildet, ausgedruckt werden.

Im einzelnen werden die folgenden Kennzahlen berechnet:

- der **Umfang** der Grundgesamtheit (Anzahl der Buchwerte)	**N**,
- der **Mittelwert** der Buchwerte	μ_X,
- die **Standardabweichung** der Buchwerte	σ_X,
- die **Varianz** der Buchwerte	σ_X^2,
- der **Gesamtbuchwert**	**X**,
- der **kleinste Buchwert** (Minimum)	**MIN**,
- der **größte Buchwert** (Maximum)	**MAX** und
- das **Fisher'sche Schiefemaß**	G_1.

Nach der Berechnung werden die Werte am Bildschirm ausgegeben (s. Abb. 5.7).

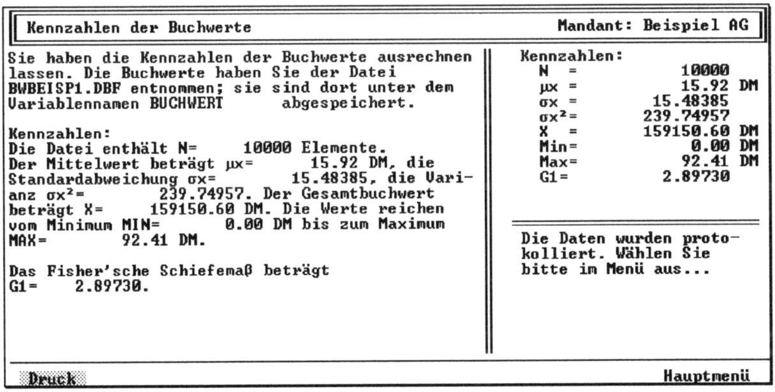

Abb. 5.7: Kennzahlen der Buchwerte

In der letzten Bildschirmzeile erscheint eine Menüzeile mit den beiden Optionen "**Druck**" und "**Hauptmenü**". Bei Auswahl der Option "**Druck**" wird das im Anhang auf der Seite A.6 dargestellte Arbeitspapier ausgedruckt, die Auswahl von

"**Hauptmenü**" oder das Drücken der Taste **[ESC]** führen zurück zum Auswahlfenster "**Buchwerte**" des Hauptmenüs.

5.6 Protokolle zu den Auswertungen der Buchwertdateien

Auf Wunsch können die Ergebnisse der Auswertung einer Buchwertdatei (vgl. Abschnitt 5.5) protokolliert werden. Durch Auswahl der Option "**Protokoll**" im Auswahlfenster "**Buchwerte**" können diese Protokolle eingesehen werden (s. Abb. 5.8).

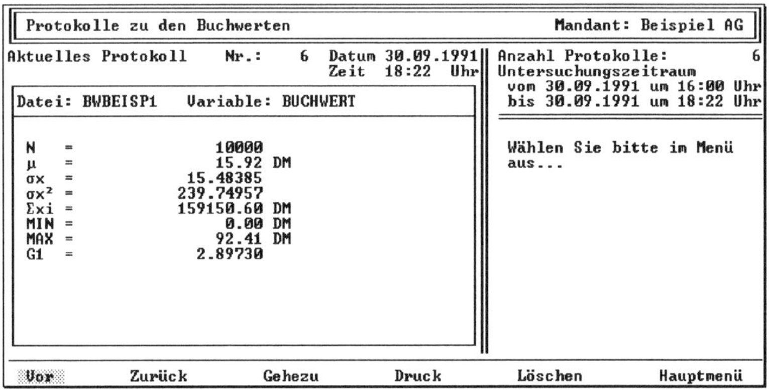

Abb. 5.8: Protokolle zu den Kennzahlen der Buchwertdateien

In der ersten Zeile unter der Statusbox wird angegeben, welches Protokoll gerade angezeigt wird und wann die Berechnungen durchgeführt wurden. Rechts daneben wird die Gesamtzahl der Protokolle sowie der Untersuchungszeitraum, also Datum und Uhrzeit des jeweils ersten und letzten Protokolls, ausgegeben.

Darunter werden auf der linken Bildschirmseite in einem Fenster die Auswertungsergebnisse dargestellt. Sie enthalten alle im Abschnitt 5.5 beschriebenen Kennzahlen in Kurzform.

Das weitere Vorgehen bestimmen Sie mit Hilfe der in der letzten Bildschirmzeile erscheinenden Menüleiste. Die Optionen bedeuten im einzelnen:

Vor: Anzeige des nächsten Protokolls,

Zurück: Anzeige des vorhergehenden Protokolls,

Gehezu: Anzeige des Protokolls, dessen Position in der Datei von Ihnen eingegeben wird,

Druck: Ausdruck des im Anhang auf der Seite A.6 dargestellten Arbeitspapiers,

Löschen: Löschen des angezeigten Protokolls; anschließend wird das erste Protokoll der Datei angezeigt, und

Hauptmenü: Verlassen der Protokolldatei und Rücksprung zum Auswahlfenster "**Buchwerte**" des Hauptmenüs.

Ein Ändern der Daten ist nicht ermöglicht worden, da es sich hier um Auswertungsprotokolle handelt, die nicht manipuliert werden dürfen.

6 Bearbeitung der Stichprobendateien

In der vorliegenden Version des Programms **RSW** ist eine umfangreiche Schnittstelle zur Auswertung vorhandenen Datenmaterials in das Programm integriert worden. Das bedeutet, daß einerseits vom Programm alle für die Prüfungen notwendigen Informationen aus den **Originalwerten** berechnet werden können, andererseits auch eine **Fortschreibung der Originaldaten** ermöglicht wird. In diesem Kapitel wird beschrieben, wie bereits in das Programm integrierte Stichprobendateien ausgewertet werden können. Um eine korrekte Integration externer Stichprobendateien in das Programm zu erreichen, führen Sie zunächst einen **Dateiimport** durch; nur so ist gewährleistet, daß die Dateien dem richtigen Mandanten zugeordnet werden und auch vom Programm richtig aufgegriffen werden können (vgl. Abschnitt 8.2).

Im Gegensatz zu einer Buchwertdatei hat eine Stichprobendatei immer eine fest vorgegebene Struktur. Sie besteht aus mindestens zwei Feldern, einem, das die Buchwerte enthält und einem für die Wahren Werte. Das Feld für die Buchwerte kann dabei jeden möglichen Feldnamen haben, abhängig davon, aus welcher Buchwertdatei die Stichprobe stammt. Das Feld für die Wahren Werte lautet demgegenüber immer "**WAHRERWERT**", da es erst während der Erstellung der Stichprobendatei bei der Ziehung der Stichprobenelemente erstellt wird und der Name von **RSW** vergeben wird (beim zugrundegelegten dBase III (+) Format dürfen keine Leerzeichen im Feldnamen verwendet werden). In dieses Feld tragen Sie die Wahren Werte der Stichprobenelemente ein. Eine Stichprobendatei kann noch ein drittes Feld für einen Kommentar zu den Stichprobenelementen enthalten. Dieser Kommentar kann z. B. aus einer Beschreibung des Elements, aus der laufenden Nummer o. ä. bestehen. In jedem Fall sollte dieses Feld eindeutig sein, damit die Elemente voneinander abgegrenzt werden können. Der Name dieses Feldes ist nicht fest vorgegeben. Er wird von der Buchwertdatei übernommen, aus der die Elemente gezogen werden.

Bei der Auswahl der Option "**Stichproben**" des Hauptmenüs öffnet sich ein Auswahlfenster, das die Optionen

- **Aufgreifen**,
- **Ansehen**,
- **Ändern**,
- **Löschen**,
- **Ziehen**,
- **Nachziehen** und
- **Auswerten**

enthält (s. Abb. 6.1). Im folgenden werden die Möglichkeiten dieser Optionen beschrieben.

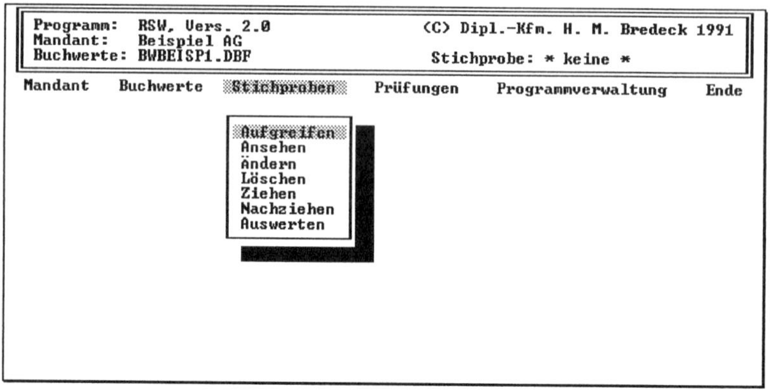

Abb. 6.1: Auswahlfenster "Stichproben"

6.1 Aufgreifen einer Stichprobendatei

Um eine Stichprobendatei aufzugreifen, wählen Sie im Auswahlfenster "**Stichproben**" die Option "**Aufgreifen**" aus. Ist keine Stichprobendatei vorhanden, werden Sie durch eine entsprechende Meldung in der untersten Bildschirmzeile darauf hingewiesen und das Programm **RSW** springt nach Betätigung einer Taste in das Auswahlfenster "**Stichproben**" zurück. Importieren Sie in diesem Fall zunächst eine Stichprobendatei (vgl. Abschnitt 8.2), oder lassen Sie vom Programm **RSW** eine Stichprobe ziehen (vgl. Abschnitt 6.5).

Sofern Stichprobendateien vorhanden sind, erscheint ein Fenster, in dem diese aufgelistet werden (s. Abb. 6.2).

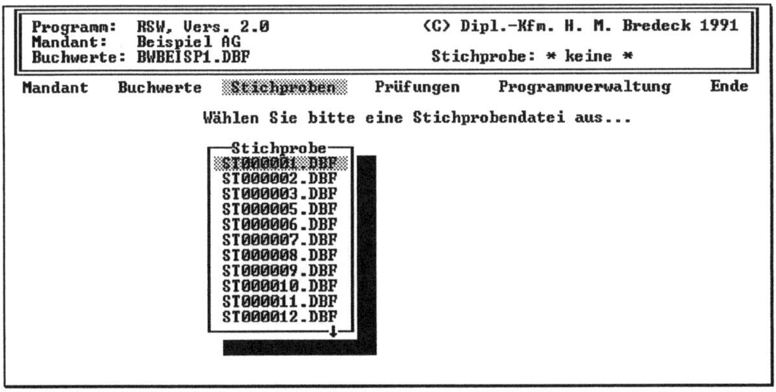

Abb. 6.2: Auswahlliste zum Aufgreifen einer Stichprobendatei

Wählen Sie die aufzugreifende Datei mit Hilfe der Pfeiltasten [↑] und [↓] aus und betätigen Sie die Auswahl mit der Taste [↵]. Es erfolgt zunächst eine Prüfung, ob es sich bei der Datei um eine **dBase III** (+) Datei handelt, da dieses Dateiformat von **RSW** verwendet wird, und anschließend anhand der Datenstruktur, ob es sich um Stichprobendaten handeln kann. Sollte dies nicht der Fall sein, wird eine entsprechende Meldung in der untersten Bildschirmzeile ausgegeben. Ist die Datei aufgegriffen, erscheint der Dateiname in der Statusbox.

Ein **Abbrechen** des Aufgreifens ist im Auswahlfenster durch Drücken der Taste **[ESC]** möglich.

6.2 Ansehen einer Stichprobendatei

Um eine bereits aufgegriffene Stichprobendatei anzusehen, wählen Sie im Auswahlfenster "**Stichproben**" die Option "**Ansehen**" aus. Es wird zunächst überprüft, ob eine Stichprobendatei aufgegriffen ist. Ist dies nicht der Fall, verzweigt das Programm **RSW** automatisch zum im Abschnitt 6.1 erläuterten "**Aufgreifen einer Stichprobendatei**".

Ist eine Datei aufgegriffen und ist diese **nicht leer**, wird ihr Inhalt in einem Fenster dargestellt (s. Abb. 6.3).

Ansehen der Stichprobe --- Ende mit [ESC]

LFDNR	BUCHWERT	WAHRERWERT
105	24.33	24.33
127	26.05	26.05
152	0.00	0.00
344	26.98	26.98
346	1.63	1.63
475	8.61	8.61
520	1.42	1.42
550	23.01	23.01
677	15.34	15.34
848	40.03	40.03
998	18.38	18.38
1203	4.35	4.35
1211	3.32	3.32
1232	2.29	2.29
1242	5.14	5.14
1245	5.77	5.77
1263	4.41	4.41
1267	6.64	6.64
1359	56.85	56.85
1379	7.80	7.80
1382	8.69	8.69

Datensatz Nummer: 1 von 150

Abb. 6.3: Ansehen der Stichprobendaten

Jedem Feld wird dabei eine Spalte zugeordnet. In der obersten Zeile des Fensters werden die Namen der Felder angezeigt. Innerhalb dieser Darstellung können Sie sich mit den Pfeiltasten und den Tasten **[BILD ↑]** bzw. **[BILD ↓]** bewegen. In der untersten Zeile des Fensters wird Ihnen mitgeteilt, auf welchem Datensatz sich die Markierung befindet und wieviele Datensätze insgesamt vorhanden sind.

Ein **Verlassen** der Anzeige ist durch Drücken der Taste **[ESC]** möglich.

6.3 Ändern einer Stichprobendatei

Um die Werte in einer bereits aufgegriffenen Stichprobendatei zu verändern, wählen Sie im Auswahlfenster "**Stichproben**" die Option "**Ändern**" aus. Es erfolgt zunächst eine Überprüfung, ob eine Stichprobendatei aufgegriffen ist. Ist dies nicht der Fall, verzweigt das Programm **RSW** automatisch zum im Abschnitt 6.1 erläuterten "**Aufgreifen einer Stichprobendatei**".

Ist eine Datei aufgegriffen, wird ihr Inhalt anschließend am Bildschirm dargestellt (s. Abb. 6.4).

Ändern der Stichprobe --- Ende mit [ESC]

LFDNR	BUCHWERT	WAHRERWERT
105	24.33	25.90
127	26.05	26.05
152	0.00	0.00
344	26.98	26.98
346	1.63	1.63
475	8.61	8.61
520	1.42	1.42
550	23.01	23.01
677	15.34	15.34
848	40.03	40.03
998	18.38	18.38
1203	4.35	4.35
1211	3.32	3.32
1232	2.29	2.29
1242	5.14	5.14
1245	5.77	5.77
1263	4.41	4.41
1267	6.64	6.64
1359	56.85	56.85
1379	7.80	7.80
1382	8.69	8.69

Datensatz Nummer: 1 von 150

Abb. 6.4: Ändern der Stichprobendaten

Jedem Feld wird dabei eine Spalte zugeordnet. In der obersten Zeile des Fensters werden die Namen der Felder angezeigt. Innerhalb dieser Darstellung können Sie sich mit den Pfeiltasten und den Tasten **[BILD ↑]** bzw. **[BILD ↓]** bewegen. In der untersten Zeile des Fensters wird Ihnen mitgeteilt, auf welchem Datensatz sich die Markierung befindet und wieviele Datensätze insgesamt vorhanden sind.

Jetzt können die Inhalte der einzelnen Zellen **geändert** werden. Um eine Änderung durchzuführen, bewegen Sie die Markierung auf die betreffende Zelle und geben die Modifikationen ein. Die Änderung einer Zelle wird mit der Taste **[↵]** beendet; alternativ können Sie dies auch durch ein Verlassen der Zelle mit Hilfe der Pfeiltasten **[↑]** oder **[↓]** bewirken. Sobald eine Änderung einer Zelle abgeschlossen wurde, wird der Inhalt der Zelle automatisch in der Datei gespeichert.

Um den Änderungsmodus insgesamt zu **verlassen**, drücken Sie die Taste **[ESC]**. Sofern Sie gerade den Inhalt einer Zelle ändern, müssen Sie zunächst die Änderung dieser Zelle mit der Taste **[↵]** bzw. mit den Pfeiltasten **[↑]** oder **[↓]** abschließen.

6.4 Löschen einer Stichprobendatei

Durch die Auswahl der Option "**Löschen**" im Auswahlfenster "**Stichproben**" können Sie **die derzeit aufgegriffene** Stichprobendatei löschen. Sollte zu dem Zeitpunkt keine Stichprobendatei aufgegriffen sein, werden Sie durch eine Meldung in der untersten Bildschirmzeile darauf hingewiesen. Greifen Sie die zu löschende Datei dann zunächst auf (vgl. Abschnitt 6.1).

Ist eine Datei aufgegriffen, kann diese gelöscht werden. Da nach diesem Löschvorgang die Daten jedoch unwiederbringlich verloren sind, erfolgt zunächst eine Sicherheitsabfrage, ob die Datei wirklich gelöscht werden soll. Wählen Sie dort "**Ja**", wird die Datei gelöscht. Durch die Auswahl von "**Nein**" oder das Drücken der Taste **[ESC]** wird der Löschvorgang abgebrochen.

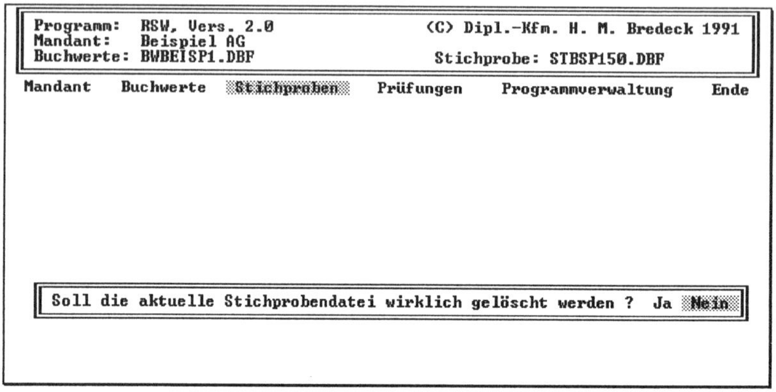

Abb. 6.5: Sicherheitsabfrage beim Löschen einer Stichprobendatei

6.5 Ziehen einer Stichprobe

Durch die Auswahl der Option "**Ziehen**" im Auswahlfenster "**Stichproben**" kann aus der aufgegriffenen Buchwertdatei eine Stichprobe gezogen werden. Grundsätzlich erfolgt diese Ziehung in der Form, daß nach der Auswahl der Felder und Eingabe des Stichprobenumfangs "**Zufallszahlen**" gebildet werden, die jeweils einen Datensatz repräsentieren. Es handelt sich hier um **Pseudozufallszahlen**, die auf der Grundlage des **Wichmann/Hill-Pseudozufallszahlengenerators** berechnet werden; die so generierten Pseudozufallszahlen kommen echten Zufallszahlen sehr nahe (im folgenden wird nur noch von Zufallszahlen gesprochen; gemeint sind damit jedoch eigentlich Pseudozufallszahlen). Dieser Generator wurde um eine Normierung auf die maximale Größe des Stichprobenumfangs und - damit das Entnahmemodell "**Ziehen ohne Zurücklegen**" nachgebildet werden kann - um eine Überprüfung auf "Doppelte" ergänzt.

Ist beim Aufruf dieser Option keine Buchwertdatei aufgegriffen, verzweigt das Programm **RSW** automatisch zum im Abschnitt 5.1 erläuterten "**Aufgreifen einer Buchwertdatei** ".

Ist eine Buchwertdatei aufgegriffen, überprüft das Programm **RSW**, ob diese Datei auch Daten enthält. Ist dies nicht der Fall, werden Sie darauf hingewiesen. Ansonsten werden Ihnen in einem Fenster alle Felder der Datei unter Angabe des **Feldnamens** sowie des **Feldtyps** aufgelistet. Für die **Feldtypen** gibt es nach der **dBase III** (+) Norm die Möglichkeiten:

N	für ein numerisches Feld	(N = Numeric),
C	für ein Zeichenfeld	(C = Character),
D	für ein Datumsfeld	(D = Date) und
M	für ein Memofeld	(M = Memo).

Sie werden zunächst aufgefordert, das **Feld auszuwählen**, das die **Buchwerte** enthält.

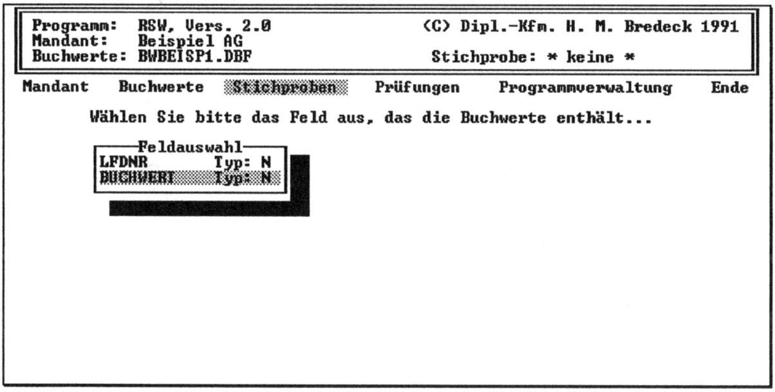

Abb. 6.6: Auswahl des Buchwertfeldes bei der Stichprobenziehung

Dieses Feld muß ein numerisches Feld (Typ N) sein. Die Auswahl erfolgt dann jeweils analog zu der Menüsteuerung mit Hilfe der Pfeiltasten [↑] oder [↓] und anschließender Betätigung der Taste [↵]. Das Programm **RSW** überprüft sofort, ob es sich bei dem von Ihnen ausgewählten Feld auch tatsächlich um ein numerisches Feld handelt. Ist dies nicht der Fall, werden Sie durch eine entsprechende Meldung in der untersten Bildschirmzeile darauf hingewiesen und erhalten die Möglichkeit, ein anderes Feld auszuwählen.

Sofern die Buchwertdatei mehr als ein Feld enthält, werden Sie im Anschluß aufgefordert, das Feld auszuwählen, das die Kommentare enthält.

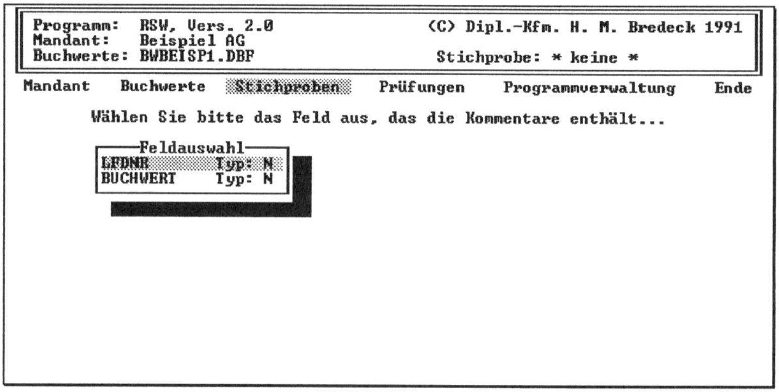

Abb. 6.7: Auswahl des Kommentarfeldes bei der Stichprobenziehung

Dieses Feld muß nicht zwingend ein numerisches sein, da es nicht für Berechnungen benötigt wird. Es darf allerdings kein Memo-Feld (Typ M) sein, da dies ein Feld zur Speicherung von Text ohne feste Struktur ist und als solches nicht bearbeitet werden kann. Weiterhin darf das Feld nicht identisch mit dem Feld sein, das die Buchwerte enthält. Das Kommentarfeld dient dazu, die Stichprobenelemente voneinander abzugrenzen. Wählen Sie deshalb ein Feld aus, dessen Inhalt **eindeutig** einem Element zugeordnet werden kann (z. B. die laufende Buchungsnummer). Die Auswahl eines Kommentarfeldes ist nicht zwingend. wollen Sie kein Feld auswählen, weil z. B. kein Feld existiert, dessen Inhalt eindeutig zugeordnet werden kann, können Sie die Auswahl durch Betätigung der Taste **[ESC]** übergehen.

Haben Sie ein Feld ausgewählt, überprüft **RSW**, ob dieses Feld mit dem identisch ist, das die Buchwerte enthält. Ist dies der Fall, werden Sie in der untersten Bildschirmzeile durch eine Meldung darauf hingewiesen und können ein neues Feld auswählen. Weiterhin findet eine Überpüfung statt, ob es sich bei dem ausgewählten Feld um ein Memo-Feld (Typ M) handelt. Auch in diesem Fall können Sie nach einem entsprechenden Hinweis in der untersten Bildschirmzeile ein anderes Feld auswählen.

Im Anschluß wird Ihnen mitgeteilt, wieviele Elemente die Grundgesamtheit der Buchwerte enthält. Sie können dann den gewünschten Stichprobenumfang **n** eingeben (s. Abb. 6.8). Beachten Sie, daß der Stichprobenumfang kleiner oder gleich der Anzahl der Elemente der Grundgesamtheit **N** sein muß (**n** ≤ **N**). Sollten Sie aus Versehen eine größere Zahl eingeben, werden Sie vom Programm **RSW** darauf hingewiesen und können den Wert korrigieren. Geben Sie als Stichprobenumfang den Wert "**0**" ein, wird die Stichprobenziehung **abgebrochen**.

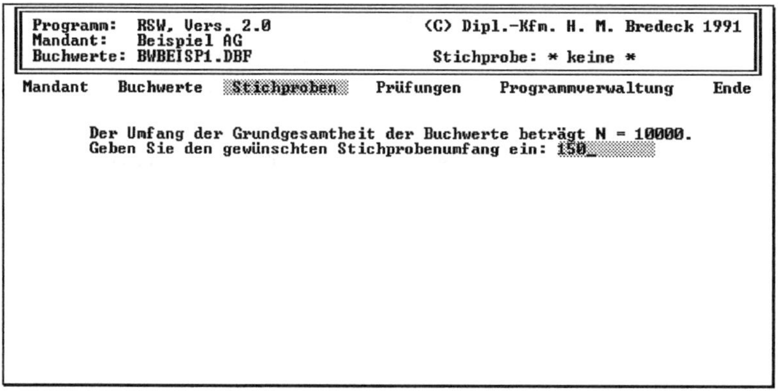

Abb. 6.8: Eingabe des gewünschten Stichprobenumfangs

Danach werden Sie nach dem Namen für die Stichprobendatei gefragt, in der die nachfolgend gezogenen Elemente gespeichert werden sollen (s. Abb. 6.9). Die ersten beiden Buchstaben des Dateinamens sind mit **ST** vorgegeben, damit die Datei als Stichprobendatei von anderen Dateien unterschieden werden kann. Die Dateinamensendung wird nach dem Standard für **dBase III (+)** Dateien mit **.DBF** fest vorgegeben. Sie können demnach noch sechs Buchstaben frei vergeben. Existiert bereits eine Datei mit dem von Ihnen gewählten Namen, werden Sie gefragt, ob die Datei überschrieben werden soll. Soll dies nicht geschehen, können Sie einen anderen Dateinamen eingeben.

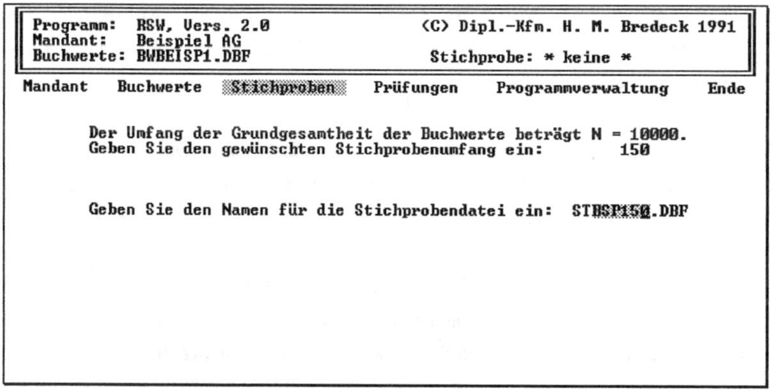

Abb. 6.9: Eingabe des Namens der Stichprobendatei

Anschließend werden die **Zufallszahlen** erzeugt, wobei durch den modifizierten Generator sofort eine Überprüfung auf "Doppelte" erfolgt. Der Anteil der bereits erstellten Zufallszahlen wird am Bildschirm dargestellt. Sind alle benötigten Zufallszahlen entwickelt worden, findet die **eigentliche Ziehung** der Elemente aus der Buchwertdatei und die **Speicherung** in der neuen Stichprobendatei statt. Der Anteil der bereits gezogenen Elemente wird ebenfalls am Bildschirm dargestellt. Während der Ziehung werden für jedes Stichprobenelement die Inhalte der Felder entnommen, die Sie vorher für die Buchwerte und die Kommentare bestimmt haben. Zusätzlich wird ein Feld mit dem Namen "**WAHRERWERT**" in die Stichprobendatei aufgenommen. In dieses Feld tragen Sie die bei der Stichprobeninventur vorgefundenen Wahren Werte ein, damit sie den entsprechenden Buchwerten gegenübergestellt werden können. Eine Beschreibung, wie diese Werte eingetragen werden können, finden Sie im Abschnitt 6.3.

6.6 Nachziehen von Stichprobenelementen

In einigen Fällen kann es notwendig sein, eine bestehende Stichprobe um weitere Elemente zu ergänzen, z. B. wenn sich herausstellt, daß wegen der großen Streuung der Werte der Stichprobenumfang für hinreichend genaue oder gesicherte Aussagen zu gering ist. Sie können dann durch Auswahl der Option "**Nachziehen**" im Auswahlfenster "**Stichproben**" mit Hilfe von Zufallszahlen weitere Elemente aus der Buchwertdatei entnehmen lassen. Dabei wird gewährleistet, daß die bereits gezogenen Elemente nicht mehr in die Stichprobe gelangen können (Modell: "**Ziehen ohne Zurücklegen**").

Für die Ziehung muß die Buchwertdatei, aus der die Elemente gezogen werden sollen, und die dazugehörige Stichprobendatei aufgegriffen sein. Anderenfalls verzweigt das Programm automatisch zu dem im Abschnitten 5.1 erläuterten "**Aufgreifen einer Buchwertdatei**" und/oder zu dem im Abschnitten 6.1 erläuterten "**Aufgreifen einer Stichprobendatei**".

Zunächst erhalten Sie die Informationen, wie groß die Grundgesamtheit **N** der Buchwerte und der Umfang der bisher "gezogenen" Elemente **n** ist (s. Abb. 6.10). Sie können dann eingeben, wieviele Elemente noch zusätzlich entnommen werden sollen. Anschließend wird überprüft, ob die von Ihnen vorgegebene Zahl größer als **N-n**, also größer als die Anzahl der noch nicht gezogenen Elemente ist. Trifft dies zu, werden Sie darauf aufmerksam gemacht und können die Eingabe korrigieren. Eine Eingabe von "**0**" führt dazu, daß das Nachziehen von Stichprobenelementen **abgebrochen** wird.

```
Programm:   RSW, Vers. 2.0                    (C) Dipl.-Kfm. H. M. Bredeck 1991
Mandant:    Beispiel AG
Buchwerte:  BWBEISP1.DBF                      Stichprobe: STBSP150.DBF

Mandant    Buchwerte    Stichproben    Prüfungen    Programmverwaltung    Ende

          Der Umfang der Grundgesamtheit der Buchwerte beträgt N = 10000.
          Bereits gezogen wurden n = 150 Elemente.
          Geben Sie den zusätzlichen Stichprobenumfang ein: 30_
```

Abb. 6.10: Eingabe des zusätzlichen Stichprobenumfangs

Daraufhin findet eine Überprüfung statt, ob die Felder, die die aufgegriffene Stichprobendatei enthält, überhaupt aus der aufgegriffenen Buchwertdatei stammen können. Ansonsten bricht das Programm **RSW** die Stichprobenziehung mit einer entsprechenden Meldung ab.

Können die Daten der Stichprobendatei aufgrund ihrer Feldstruktur aus der Buchwertdatei stammen, ist dennoch nicht gewährleistet, daß sie wirklich der Buchwertdatei entnommen wurden, da durchaus mehrere Buchwertdateien mit gleicher oder ähnlicher Feldstruktur vorhanden sein können. Deshalb findet zusätzlich ein **Vergleich** der **Daten der Stichprobendatei** mit den **Daten der Buchwertdatei** statt. Sobald eine Datenkombination in der Stichprobendatei auftritt, die **nicht** aus der Buchwertdatei stammen kann, bricht das Programm **RSW** die Stichprobenziehung ebenfalls mit einer entsprechenden Meldung ab. Diese Überprüfung ist auch deshalb notwendig, damit gewährleistet ist, daß keine Elemente doppelt gezogen werden. Da die Überprüfung bei großen Buchwertdateien einige Zeit in Anspruch nehmen kann, gibt das Programm an, wieviel Prozent der Überprüfung bereits erfolgt sind.

Steht fest, daß die Stichprobendatei aus der Buchwertdatei entnommen wurde, findet die Ziehung der zusätzlichen Stichprobenelemente statt. Um die vorgegebene Anzahl von Elementen aus der Buchwertdatei zu ziehen, werden zunächst weitere Zufallszahlen erzeugt; diese werden dabei fortlaufend überprüft, damit keine Elemente entnommen werden, die bereits in der Stichprobe enthalten sind. Daraufhin findet die eigentliche Ziehung der Elemente aus der Buchwertdatei und ihre Speicherung in der Stichprobendatei statt. In das zusätzlich angelegte Feld "**WAHRERWERT**" tragen Sie die vorgefundenen Wahren Werte ein (vgl. Abschnitt 6.3).

6.7 Auswerten einer Stichprobendatei

Durch die Auswahl der Option "**Auswerten**" im Auswahlfenster "**Stichproben**" können **Kennzahlen** der aufgegriffenen Stichprobendatei berechnet werden. Sofern keine Buchwertdatei aufgegriffen ist, verzweigt das Programm **RSW** automatisch zu dem im Abschnitt 6.1 erläuterten "**Aufgreifen einer Stichprobendatei**". Ist eine Stichprobendatei aufgegriffen, beginnt die Auswertung. Eine Abfrage, ob die Berechnung **protokolliert** werden soll, erfolgt **nicht**, da die Stichprobendaten i. d. R. von so **geringem Umfang** sind, daß die Kennzahlen **jederzeit neu berechnet** werden können. Unabhängig davon kann in jedem Fall ein Arbeitspapier ausgedruckt werden.

Im einzelnen werden die folgenden Kennzahlen der Stichprobendatei berechnet:

- der **Stichprobenumfang** n,
- der **Mittelwert der Buchwerte** $\bar{x}$,
- die **Stichprobenstandardabweichung** der Buchwerte s_X,
- die **Stichprobenvarianz** der Buchwerte s_X^2,
- die **Summe der Buchwerte** $\sum_{i=1}^{n} x_i$,
- die **Summe der quadrierten Buchwerte** $\sum_{i=1}^{n} x_i^2$,
- der **Mittelwert der Wahren Werte** $\bar{y}$,
- die **Stichprobenstandardabweichung** der Wahren Werte s_Y,
- die **Stichprobenvarianz** der Wahren Werte s_Y^2,
- die **Summe der Wahren Werte** $\sum_{i=1}^{n} y_i$,
- die **Summe der quadrierten Wahren Werte** $\sum_{i=1}^{n} y_i^2$,
- die **Fehleranzahl** m,
- die **Stichprobenkovarianz** s_{XY} und
- die **Summe der Produkte aus Buch- und Wahren Werten** $\sum_{i=1}^{n} x_i y_i$.

Nach der Berechnung werden die Werte am Bildschirm ausgegeben (s. Abb. 6.11). Da die Bildschirmausgabe zeilenorientiert erfolgt, wurde dort auf die Summationsindizes verzichtet.

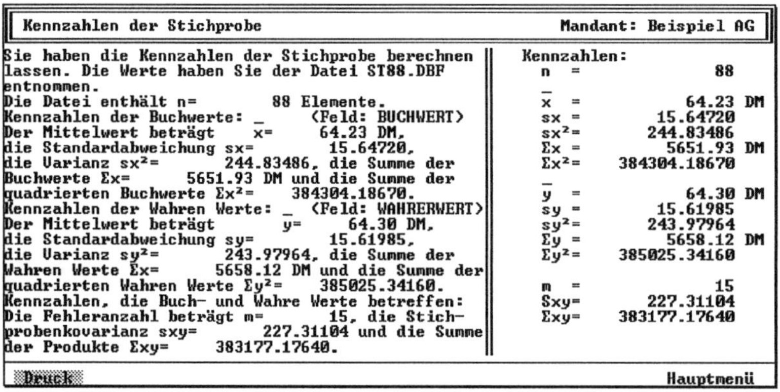

Abb. 6.11: Ausgabe der Kennzahlen einer Stichprobendatei

In der letzten Bildschirmzeile erscheint eine Menüleiste, die die beiden Optionen "**Druck**" und "**Hauptmenü**" anbietet. Bei Auswahl der Option "**Druck**" wird das im Anhang auf der Seite A.7 dargestellte Arbeitspapier gedruckt. Die Auswahl von "**Hauptmenü**" oder das Drücken der Taste **[ESC]** führen Sie zurück zum Auswahlfenster "**Stichproben**" des Hauptmenüs.

7 Vorbereitung und Durchführung von Stichprobenprüfungen

7.1 Überblick

Um die für die Urteilsbildung im Rahmen einer Prüfung notwendigen Berechnungen durchzuführen, wählen Sie im Auswahlfenster "**Prüfungen**" des Hauptmenüs die Option "**Berechnungen**". Daraufhin können Berechnungen zur Erstellung von **Prüfplänen** oder zur Schätzung von **Konfidenzintervallen** durchgeführt werden, wobei das Untersuchungsmerkmal jeweils die **Fehleranzahl** bzw. der **Fehleranteil im Prüffeld** oder der **Gesamtwert des Prüffeldes** sein kann. Die Festlegung der Untersuchungsmethode erfolgt, indem Sie von den nachfolgend angebotenen Alternativen die gewünschte mit Hilfe der Pfeiltasten **[↑]** bzw. **[↓]** und Bestätigung durch die Taste **[↵]** auswählen. Im einzelnen können Sie dabei zwischen den folgenden Alternativen wählen:

[I] nach der **Art der Stichprobe** zwischen
   (1) **Schätzstichprobe** und
   (2) **Annahmestichprobe,**

[II] nach dem **Untersuchungsmerkmal** zwischen
   (1) **Fehleranzahl bzw. -anteil im Prüffeld** und
   (2) **Gesamtwert des Prüffeldes,**

[III] je nachdem, ob der **Stichprobenumfang** bekannt ist oder berechnet werden soll zwischen
   (1) **Eingabe durch den Benutzer** und
   (2) **Berechnung durch RSW,**

[IV] nach der **Art des Hochrechnungsverfahrens** zwischen
   (1) **Freier Hochrechnung** und
   (2) **Gebundener Hochrechnung**

[V] und nach der **anzuwendenden Stichprobenverteilung** zwischen
   (1) **Studentverteilung** und
   (2) **Normalverteilung.**

☞ Wichtig: **Nicht immer muß zwischen jeder dieser Alternativen gewählt werden! Wenn die Untersuchungsmethode hinreichend spezifiziert ist, erfolgt keine weitere Abfrage und das Programm RSW ersetzt die noch feh-**

lenden Angaben durch die verfahrensabhängig richtigen Angaben. Wurde z. B. als Art der Stichprobe die Annahmestichprobe und als Untersuchungsmerkmal die Fehleranzahl bzw. der Fehleranteil im Prüffeld bestimmt, brauchen keine weiteren Angaben mehr gemacht zu werden. Das Programm RSW verwendet automatisch die Hypergeometrische Verteilung als modelltheoretisch richtige anzuwendende Stichprobenverteilung und erkennt, daß zur Bestimmung des Prüfplans der Stichprobenumfang berechnet werden muß. In diesem Fall erscheint keine weitere Auswahlliste. Dies ist der Grund dafür, daß bei der oben unter Punkt [V] aufgezählten Auswahl der anzuwendenden Stichprobenverteilung nie die Hypergeometrische Verteilung vorgeschlagen wird. Sobald das Programm RSW diese als richtige Verteilung erkennt, wird sie voreingestellt und es wird keine Auswahl mehr benötigt.

Nachfolgend wird für alle durchzuführenden Berechnungen aufgezeigt, wie die Untersuchungsmethode **hinreichend genau** festgelegt werden kann, welche Eingaben durch Sie erfolgen müssen, und letztlich, welche Ergebnisse die Berechnungen des Programms **RSW** liefern. Dazu wird jeweils exemplarisch eine Berechnung durchgeführt.

Damit Sie diese Ausführungen möglichst direkt auf die konkrete Prüfungssituation übertragen können, werden sie **prozeßorientiert** dargestellt. Das bedeutet, daß die Ausführungen den tatsächlichen Ablauf von

- **Prüfungsvorbereitung,**
- **Prüfungsdurchführung**,
- **Prüfungsauswertung** und ggf. **Prüfungsentscheidung**

abbilden. Es wird jeweils geschildert,

- welche Anwendungsvoraussetzungen erfüllt sein müssen,
- welche Informationen Sie bereitstellen müssen,
- wie Sie diese Informationen erhalten,
- welche Berechnungsergebnisse **RSW** aus diesen Informationen liefert und
- ggf. welche Entscheidung aufgrund dieser Ergebnisse zu treffen ist.

Auf eine genaue Beschreibung der jeweils zur Anwendung kommenden mathematischen Formeln wird an dieser Stelle bewußt verzichtet. Die Formeln werden nur dann angegeben, wenn Sie Werte bestimmen müssen. Informieren Sie sich bei Bedarf in der statistischen Fachliteratur.

Es ist in der Praxis nicht zwingend, immer alle Schritte unter Zuhilfenahme von **RSW** durchzuführen. Sofern z. B. eine bereits gezogene Stichprobe vorliegt, können in einigen Fällen die Punkte der **Prüfungsvorbereitung** und der **Prüfungsdurchführung** zumindest teilweise entfallen und Sie können **RSW** direkt verwenden, um die zur Entscheidungsfindung benötigten Berechnungen durchzuführen.

Zur Veranschaulichung der Anwendungsmöglichkeiten von **RSW** werden jeweils Prüfungssituationen konstruiert, die die folgenden **vier Prüfungsbereiche** betreffen:

[1] **Beurteilung der Ordnungsmäßigkeit eines Prüffeldes im Hinblick auf die Fehleranzahl bzw. den Fehleranteil im Prüffeld mit Hilfe einer Annahmestichprobe** (Abschnitt 7.2),

[2] **Beurteilung der Ordnungsmäßigkeit eines Prüffeldes im Hinblick auf den Gesamtwert des Prüffeldes mit Hilfe einer Annahmestichprobe** (Abschnitt 7.3),

[3] **Bestimmung eines Konfidenzintervalls für die Fehleranzahl bzw. den Fehleranteil im Prüffeld** (Abschnitt 7.4) und

[4] **Bestimmung eines Konfidenzintervalls für den Gesamtwert des Prüffeldes** (Abschnitt 7.5).

Zu diesen Prüfungsbereichen finden Sie im Anhang auf den Seiten A.1 bis A.5 Ablaufpläne, die die Vorgehensweise verdeutlichen.

7.2 Ordnungsmäßigkeitsprüfung mit Hilfe einer Annahmestichprobe für die Fehleranzahl bzw. den Fehleranteil im Prüffeld

Ziel dieser stichprobengestützten Untersuchung ist es, aufgrund einer Stichprobe eine Aussage über die **Ordnungsmäßigkeit** eines Prüffeldes treffen zu können. Gegenstand der Untersuchung ist dabei die **Fehleranzahl** bzw. der **Fehleranteil** im Prüffeld. Das Programm **RSW** hilft Ihnen festzulegen, wie groß die zu ziehende Stichprobe sein muß und wie Sie dann aufgrund der in der Stichprobe vorgefundenen Fehleranzahl - unter Einhaltung bestimmter Sicherheitsgrenzen - über die Ordnungsmäßigkeit befinden müssen. Eine Kurzübersicht über den Prüfungsablauf finden Sie in Form eines Ablaufplans im Anhang auf der Seite A.1.

Die folgenden Schilderungen sind zur besseren Übersichtlichkeit unterteilt in

(A) Vorbemerkungen zum anzuwendenden Verfahren,
(B) Prüfungsvorbereitung,
(C) Durchführung der Stichprobenuntersuchung,
(D) Auswertung der Stichprobenprüfung und
(E) Verwendung einer bereits gezogenen Stichprobe.

(A) Vorbemerkungen zum anzuwendenden Verfahren

Bei diesem Verfahren handelt es sich um ein statistisches Testverfahren, das auf der Formulierung von **zwei sich ausschließenden Hypothesen** über die Ordnungsmäßigkeit des Prüffeldes basiert. Die erste Hypothese wird als **Nullhypothese** bezeichnet und lautet:

H_0: Das Prüffeld ist ordnungsmäßig.

Die zweite Hypothese wird **Alternativhypothese** genannt. Da die beiden Hypothesen sich gegenseitig ausschließen sollen, muß sie lauten:

H_A: Das Prüffeld ist nicht ordnungsmäßig.

Diese Hypothesen werden getestet. Wesentlich bei der Anwendung dieser Hypothesentests ist, daß **nie eine Hypothese bestätigt**, sondern nur eine Hypothese **abgelehnt** werden kann. Damit wird dann die Gültigkeit der anderen angenommen.

Da diese Tests mit Hilfe von mathematisch-statistischen Verfahren durchgeführt werden, muß die Formulierung der Hypothesen so konkretisiert werden, daß sie aus mathematisch-statistisch erfaßbaren Aussagen bestehen. Dies erfolgt, indem die Hypothesen jeweils eine Aussage über die Fehleranzahl **M** im Prüffeld treffen. Sie lauten:

$$\mathbf{H_0: \quad M = M_1} \qquad \text{und}$$

$$\mathbf{H_A: \quad M = M_2},$$

wobei gelten muß:

$$\mathbf{0 \leq M_1 < M_2 \leq N}.$$

Dabei stellt $\mathbf{M_1}$ die **zulässige Fehleranzahl** und M_2 die **unzulässige Fehleranzahl** im Prüffeld dar.

Die Werte $\mathbf{M_1}$ und $\mathbf{M_2}$ müssen von Ihnen vorgegeben werden. Die Bestimmung von $\mathbf{M_2}$ wird dabei keine Probleme bereiten, da dieser Wert als unzulässige Fehleranzahl sehr leicht zu interpretieren ist. Schwierigkeiten bereitet dagegen regelmäßig $\mathbf{M_1}$, da dem Verständnis nach der Wert $\mathbf{M_2-1}$ der letzte noch zulässige Wert sein dürfte. Jedoch bewirkt eine sinkende Differenz zwischen $\mathbf{M_1}$ und $\mathbf{M_2}$, daß der notwendige Stichprobenumfang steigt. Betrachten Sie deshalb $\mathbf{M_1}$ als hypothetische Fehleranzahl, die mit Sicherheit noch zu tolerieren ist.

Da die Hypothesentests auf Stichprobenbasis erfolgen und die Stichprobe eine **Fehleranzahl** enthalten kann, die **untypisch für das Prüffeld** ist, bleibt immer auch die Möglichkeit, daß das getroffene Urteil **falsch** ist. Fehlentscheidungen können dabei in zwei Arten auftreten:

[1] Das Prüffeld ist tatsächlich **ordnungsmäßig**, jedoch wird dies aufgrund der Stichprobe nicht erkannt und die **Ordnungsmäßigkeit** wird dementsprechend **nicht testiert** (sog. **Fehler 1. Art** bzw. **α-Fehler**).

[2] Das Prüffeld ist tatsächlich **nicht ordnungsmäßig**, jedoch wird dies aufgrund der Stichprobe nicht erkannt und die **Ordnungsmäßigkeit wird testiert** (sog. **Fehler 2. Art** bzw. **β-Fehler**).

Bei Anwendung von mathematisch-statistischen Verfahren lassen sich die **Risiken**, daß einer der beiden Fälle auftritt, **beschränken**. Deshalb müssen Sie weiterhin festlegen, wie groß die **Sicherheit der Entscheidung** sein soll bzw. wie groß das **Risiko einer Fehlentscheidung** sein darf.

Das Risiko, daß der **1. Fall** einer Fehlentscheidung eintritt (**Risiko des Geprüften**), wird durch den Wert $\boldsymbol{\alpha}$ ausgedrückt. $(\mathbf{0} \leq \boldsymbol{\alpha} \leq \mathbf{1})$, und das Risiko, daß der **2. Fall** einer Fehlentscheidung eintritt (**Risiko des Prüfers**), durch den Wert $\boldsymbol{\beta}$ $(\mathbf{0} \leq \boldsymbol{\beta} \leq \mathbf{1})$. Im Programm **RSW** werden diese Risiken zur Vereinfachung als Prozentzahl eingegeben.

(B) Prüfungsvorbereitung

Die Prüfungsvorbereitung besteht bei diesem Verfahren hauptsächlich aus
- der **Abgrenzung des kritischen Merkmals**,
- der **Abgrenzung des Prüffeldes**,
- der **Überprüfung der Anwendungsvoraussetzungen**,
- der **Festlegung der Fehleranzahlen M_1 und M_2 sowie der Risiken α und β** und
- der **Bestimmung des Prüfplans**.

☞ Wichtig: **Auch wenn Sie bereits eine Stichprobe "gezogen" haben, müssen Sie diese Schritte der Prüfungsvorbereitung ausführen und insbesondere auch einen Prüfplan berechnen lassen. Stellt sich z. B. heraus, daß der von Ihnen verwendete Stichprobenumfang zu gering war, können Sie entsprechend weitere Elemente nachziehen. War er dagegen größer als benötigt, können Sie sich im Anschluß speziell für den verwendeten Stichprobenumfang die Entscheidungsregeln bestimmen lassen.**

Die **Abgrenzung des kritischen Merkmals** ist erforderlich, weil ein Objekt mehrere Merkmale besitzen kann, jedoch die Ordnungsmäßigkeitsprüfung mit Hilfe einer Annahmestichprobe auf ein Merkmal beschränkt ist. Deshalb müssen Sie das interessierende Merkmal eindeutig beschreiben, um es von den anderen Merkmalen unterscheiden zu können.

Die **Abgrenzung des Prüffeldes** ist erforderlich, damit klargestellt ist, welche Elemente zum Prüffeld gehören. Bei dieser Abgrenzung sind nach **v. Wysocki** zu berücksichtigen:

- die **Zuordnung zu den Abschlußpositionen**,
- die **anzuwendende Prüfungsmethode** und
- **personelle** und **zeitliche Aspekte**.

Nach der Abgrenzung des Prüffeldes ist die Einhaltung der **Anwendungsvoraussetzungen** zu überprüfen, da eine Annahmestichprobe nur dann zu statistisch gesicherten Ergebnissen führen kann, wenn diese erfüllt sind. Die Anwendungsvoraussetzungen beziehen sich zum einen auf die Grundgesamtheit, also das Prüffeld, zum anderen auf die Stichprobenziehung. Einzuhalten sind insbesondere folgende Bedingungen:

[1] Der Zugriff auf **jedes Element** im Prüffeld muß möglich sein, d. h. alle Elemente des Prüffeldes müssen eine **von Null verschiedene, berechenbare Wahrscheinlichkeit** besitzen, in die Stichprobe zu gelangen.

[2] Beim untersuchten Merkmal muß es sich um einen **Häufigkeitsfall** handeln, so daß Größen wie die Wahrscheinlichkeit und die Sicherheit des Entdeckens überhaupt berechnet werden können. Das bedeutet, daß es sich bei dem Untersuchungsmerkmal nicht um einen Ausnahmefall handeln darf.

[3] Die Auswahl der Stichprobenelemente muß **zufallsgesteuert** erfolgen. Verwenden Sie deshalb die in **RSW** integrierte Stichprobenziehung oder benutzen Sie Zufallszahlentafeln bzw. Zufallszahlengeneratoren.

[4] Bei der Stichprobenziehung muß das Entnahmemodell "**Ziehen ohne Zurücklegen**" zugrundegelegt werden. Weiterhin muß als Ergänzung zur Voraussetzung [1] gewährleistet sein, daß jedes Element nicht nur eine berechenbare Wahrscheinlichkeit besitzt, in die Stichprobe zu gelangen, sondern wegen des unterstellten Modells muß **jedes noch nicht gezogene Element** die **gleiche Auswahlwahrscheinlichkeit** besitzen.

Sollte auch nur eine dieser Bedingungen nicht erfüllt sein, kann keine Urteilsbildung auf der Basis einer Annahmestichprobe erfolgen, die den noch zu definierenden Sicherheitsanforderungen entspricht. In diesem Fall ist eine Urteilsbildung nur mit Hilfe einer Vollerhebung sinnvoll.

Zur **Bestimmung des Prüfplans** gehen Sie wie folgt vor:

Bei der nach Auswahl von "**Berechnungen**" im Auswahlfenster "**Prüfungen**" durchzuführenden Festlegung der Untersuchungsmethode wählen Sie aus:

[I]	**Stichprobe:**	**Annahmestichprobe**
[II]	**Untersuchungsmerkmal:**	**Fehleranzahl bzw. -anteil im Prüffeld**

Damit ist die Untersuchungsmethode hinreichend spezifiziert. **RSW** erkennt, daß zur Festlegung des Prüfplans zunächst der Stichprobenumfang berechnet werden muß. Bezüglich der Art der Hochrechnung kann keine Auswahl erfolgen und die anzuwendende Verteilung ist zwangsläufig die modelltheoretisch richtige **Hypergeometrische Verteilung**. Es folgt eine Maske, in der Sie die zur Berechnung benötigten Werte eingeben können (s. Abb. 7.1).

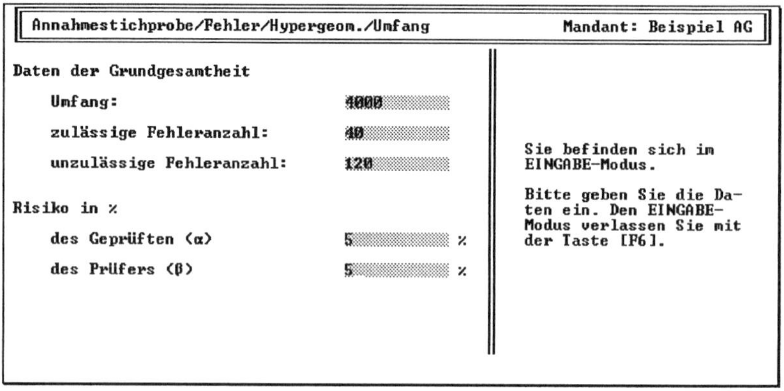

Abb. 7.1: Eingabemaske zur Bestimmung des Prüfplans einer Annahmestichprobe für die Fehleranzahl bzw. den Fehleranteil im Prüffeld

Im einzelnen werden benötigt:

- *Daten, die sich auf die Grundgesamtheit beziehen*:
  - (a) der Umfang **N**,
  - (b) die zulässige Fehleranzahl $\mathbf{M_1}$ und
  - (c) die unzulässige Fehleranzahl $\mathbf{M_2}$;

- *Daten, die sich auf das Risiko eines Fehlurteils beziehen*:
  - (d) das Risiko des Geprüften $\boldsymbol{\alpha}$ und
  - (e) das Risiko des Prüfers $\boldsymbol{\beta}$.

zu (a) Den **Umfang N** der Grundgesamtheit entnehmen Sie der Buchhaltung oder lassen ihn von **RSW** berechnen (vgl. Abschnitt 5.1). Er entspricht der Anzahl der Buchwerte. Haben Sie mit **RSW** eine Buchwertdatei aufgegriffen (vgl. Abschnitt 5.1), wird der Umfang dieser Datei voreingestellt.

zu (b) Die **zulässige Fehleranzahl** $\mathbf{M_1}$ müssen Sie festlegen. Wählen Sie diese Zahl als hypothetische Fehleranzahl, die mit Sicherheit noch zu tolerieren ist. Bedenken Sie, daß eine geringe Differenz zwischen zulässiger und unzulässiger Fehleranzahl zu einem sehr hohen Stichprobenumfang führt, andererseits aber alle Fehleranzahlen zwischen der zulässigen und der unzulässigen nicht für eine Entscheidungsfindung interpretierbar sind. Sofern Sie bei der Standardvorgabenverwaltung (vgl. Abschnitt 8.1) den allgemein zulässigen fehlerhaften Anteil in Prozent eingegeben haben, wird die zulässige Fehleranzahl berechnet und entsprechend voreingestellt.

zu (c) Die **unzulässige Fehleranzahl M_2** müssen Sie festlegen. Wählen Sie die Fehleranzahl, ab der die Ordnungsmäßigkeit des Prüffeldes abgelehnt werden muß. Sofern Sie bei der Standardvorgabenverwaltung (vgl. Abschnitt 8.1) den allgemein unzulässigen fehlerhaften Anteil in Prozent eingegeben haben, wird die unzulässige Fehleranzahl berechnet und entsprechend voreingestellt.

zu (d) Für das **Risiko des Geprüften α** wählen Sie den Wert, der durch die Prüfungsvorschriften vorgegeben wird. Geben Sie diesen Wert in Prozent ein. Sofern Sie bei der Standardvorgabenverwaltung (vgl. Abschnitt 8.1) den allgemein geforderten Wert für das Risiko des Geprüften eingegeben haben, wird dieser voreingestellt.

zu (e) Für das **Risiko des Prüfers β** wählen Sie den Wert, der durch die Prüfungsvorschriften vorgegeben wird. Geben Sie diesen Wert in Prozent ein. Sofern Sie bei der Standardvorgabenverwaltung (vgl. Abschnitt 8.1) den allgemein geforderten Wert für das Risiko des Prüfers eingegeben haben, wird dieser voreingestellt.

Sind diese Daten eingegeben, erfolgt sofort eine Validitätsprüfung. Sollte ein Fehler auftreten, der eine Berechnung unmöglich macht, werden Sie darauf hingewiesen und können die Eingaben korrigieren. Anschließend werden Sie gefragt, ob die Ergebnisse der Untersuchung protokolliert werden sollen. Dies dient dazu, später direkt auf die Berechnungsergebnisse zurückgreifen zu können ohne eine erneute Berechnung durchführen zu müssen (vgl. Abschnitt 7.6). Unabhängig von Ihrer Wahl kann in jedem Fall ein Arbeitspapier ausgedruckt werden, das die Ergebnisse der Berechnung wiedergibt.

Beispiel 1:

Der Umfang des Prüffeldes beträgt **N = 4000** Buchungen. Sofern lediglich **1 %** der Buchungen fehlerhaft sind, gilt das Prüffeld noch als ordnungsmäßig. Sind jedoch **3 %** der Buchungen fehlerhaft, muß die Ordnungsmäßigkeit abgelehnt werden. Daraus ergibt sich die zulässige Fehleranzahl $M_1 = 4000 \cdot 0.01 = 40$ und die unzulässige Fehleranzahl $M_2 = 4000 \cdot 0.03 = 120$. Das **Risiko des Geprüften**, daß die Ordnungsmäßigkeit nicht erkannt wird, und auch das **Risiko des Prüfers**, daß das Fehlen der Ordnungsmäßigkeit nicht erkannt wird, dürfen jeweils 5 % betragen, also: $\alpha = 5\ \%$, $\beta = 5\ \%$.

Nach Eingabe der Werte und Durchführung der Berechnung erhalten Sie die in Abb. 7.2 dargestellte Ausgabe:

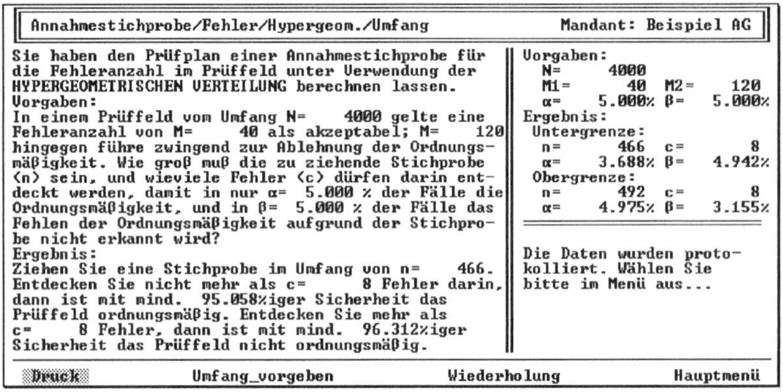

Abb. 7.2: Ausgabe des errechneten Prüfplans einer Annahmestichprobe für die Fehleranzahl bzw. den Fehleranteil im Prüffeld

Die Handlungsanweisung von **RSW** lautet:

> ***Ziehen Sie eine Stichprobe im Umfang von n = 466. Entdecken Sie nicht mehr als c = 8 Fehler darin, dann ist mit mind. 95.058%iger Sicherheit das Prüffeld ordnungsmäßig. Entdecken Sie mehr als c = 8 Fehler, dann ist mit mind. 96.312%iger Sicherheit das Prüffeld nicht ordnungsmäßig.***

Der Umfang von **n = 466** stellt den **Mindeststichprobenumfang** dar, bei dem die Risiken **α** und **β** beide gerade noch eingehalten werden. Er wird deshalb in der Handlungsanweisung vorgegeben, weil dann der Aufwand, der mit der Ziehung verbunden ist, möglichst gering gehalten werden kann. Für diesen Stichprobenumfang wird als kritische Fehlerzahl **c = 8** ausgegeben. Sofern also in der noch zu ziehenden Stichprobe nicht mehr als **c = 8** Fehler gefunden werden, d. h. **$m \leq c$**, können Sie mit einer Sicherheit von mind. **$1-\beta$ = 95.058 %** bzw. einem Risiko von höchstens **β = 4.942 %** das Prüffeld als ordnungsmäßig anerkennen, weil im gesamten Prüffeld weniger als **M_2 = 120** fehlerhafte Buchungen vorhanden sind. Finden Sie jedoch mehr als **c = 8** Fehler, d. h. **$m > c$**, dann können Sie mit einer Sicherheit von mind. **$1-\alpha$ = 96.312 %** bzw. mit einem Risiko von höchstens **α = 3.688 %** die Ordnungsmäßigkeit des Prüffeldes ablehnen, weil im gesamten Prüffeld mehr als **M_1 = 40** fehlerhafte Buchungen vorhanden sind.

Hier wird auch eine Problematik des angewendeten Verfahrens deutlich:

> **Sind in der Grundgesamtheit mehr als M_1 = 40, jedoch weniger als M_2 = 120 fehlerhafte Buchungen vorhanden, wird diese Fehleranzahl für beide Entscheidungen herangezogen!**

Die Berechnungen von **RSW** liefern noch ein weiteres Ergebnis. In der rechten Bildschirmhälfte wird die Handlungsanweisung in formaler Darstellung etwas differenzierter angeboten. Der bereits erwähnte Stichprobenumfang von **n = 466** wird dort als **Untergrenze** ausgewiesen, bei der die kritische Fehleranzahl von **c = 8** zur Entscheidung verwendet werden kann. Führen Sie eine Stichprobe im Umfang größer als **n = 466**, aber nicht größer als **n = 492** durch, also **466 < n < 492**, gilt die kritische Fehleranzahl von **c = 8** ebenfalls, da **n = 492** als **Obergrenze** ausgewiesen wird. Je nach eingegebener Wertekombination kann die Spanne zwischen Unter- und Obergrenze größer oder kleiner sein. Die entsprechenden Risiken für die Obergrenze sind ebenfalls ausgegeben. Sie sind nicht identisch mit den berechneten Risiken für **n = 466**, halten die vorgegebenen Risikogrenzen jedoch ein. Für höhere Stichprobenumfänge können Sie im Anschluß die Entscheidungsregeln berechnen lassen.

In der letzten Bildschirmzeile erscheint eine Menüleiste, die die Optionen "**Druck**", "**Umfang_vorgeben**", "**Wiederholung**" und "**Hauptmenü**" anbietet. Bei der Auswahl von "**Druck**" wird das im Anhang auf der Seite A.8 abgebildete Arbeitspapier für die Prüfungsunterlagen ausgedruckt. Wählen Sie dagegen "**Umfang_vorgeben**" aus, können Sie die Entscheidungsregeln für einen **höheren Stichprobenumfang** als den berechneten Mindeststichprobenumfang berechnen lassen. Dies wird insbesondere dann notwendig, wenn der verwendete Stichprobenumfang **höher** als die **ausgewiesene Obergrenze** ist (vgl. die Ausführungen unter (E)). Um die Berechnungen erneut durchführen zu lassen, wählen Sie "**Wiederholung**" aus, wobei Sie zunächst die Möglichkeit erhalten, die Eingaben zu verändern. Durch die Auswahl von "**Hauptmenü**" verlassen Sie diese Berechnungen und kehren zum Auswahlfenster "**Prüfungen**" des Hauptmenüs zurück.

(C) Durchführung der Stichprobenuntersuchung

Die Durchführung der Stichprobenuntersuchung besteht in der **Ziehung der Stichprobenelemente** sowie deren **Erfassung**. Bedenken Sie, daß auch an die Ziehung der Stichprobenelemente - ob sie noch erfolgen muß oder bereits erfolgt ist - die Bedingung gestellt wird, daß die im vorigen Abschnitt beschriebenen Anwendungsvoraussetzungen erfüllt sind.

Sofern Sie auf die Buchwerte als **dBase III** (+) Datei zurückgreifen können, führen Sie einen Dateiimport zum Programm **RSW** durch (vgl. Abschnitt 8.2). Dann können Sie die Stichprobenziehung von **RSW** vornehmen lassen (vgl. Abschnitt 6.5), wobei die Anwendungsvoraussetzungen [1], [3] und [4] automatisch eingehalten werden. Dadurch vermeiden Sie die aufwendige Ermittlung der Stichprobenelemente mit Hilfe von Zufallszahlentafeln oder Zufallszahlengeneratoren. Ein weiterer Vorteil besteht darin, daß Sie alle für die spätere Entscheidungsfindung benötigten Kennzahlen vom Programm **RSW** berechnen lassen können (vgl. Abschnitt 6.7). Diese Stichprobe kann auch weiter verwendet werden, wenn z. B. im Anschluß Berechnungen durchgeführt werden sollen, die sich mit dem Gesamtwert des Prüffeldes beschäftigen (vgl. Abschnitt 7.3 und Abschnitt 7.5).

Für die gezogene Stichprobe müssen noch einige **Kennzahlen** ermittelt werden, die für die Urteilsfindung benötigt werden. Dies sind:

[1] Der **Umfang der Stichprobe n** (bereits bekannt!) und

[2] die **Fehleranzahl in der Stichprobe m** (z. B. durch den Vergleich der Buchwerte mit den Wahren Werten der Stichprobenelemente).

Wollen Sie für die Entscheidungsfindung eine **bereits gezogene Stichprobe** verwenden, wird der Stichprobenumfang i. d. R. nicht in dem von **RSW** in diesem Abschnitt unter (B) berechneten Intervall liegen, so daß ggf. eine weitere Berechnung nötig ist. Beachten Sie die Ausführungen in diesem Abschnitt unter (E) zur Vorgehensweise in einem solchen Fall.

(D) Auswertung der Stichprobenprüfung

Die Auswertung der Stichprobenprüfung besteht in diesem Fall in der Entscheidung, ob aufgrund dieser Stichprobe die Ordnungsmäßigkeit des Prüffeldes angenommen werden kann oder nicht. Die Entscheidungsregel wurde vom Programm **RSW** bereits bei der Berechnung des Prüfplans mitgeliefert. Liegt die vorgefundene Fehleranzahl **m** in der Stichprobe nicht über der kritischen Fehleranzahl **c = 8**, also $\mathbf{m \leq c}$, lautet die Entscheidung, daß das Prüffeld unter Einhaltung des gewünschten Risikos $\boldsymbol{\beta}$ als **ordnungsmäßig** anzusehen ist. Liegt die vorgefundene Fehleranzahl **m** jedoch höher als die kritische

Fehleranzahl **c = 8**, also **m > c**, lautet die Entscheidung, daß das Prüffeld unter Einhaltung des gewünschten Risikos **α** als **nicht ordnungsmäßig** anzusehen ist.

(E) Verwendung einer bereits gezogenen Stichprobe

Sofern Sie zur Entscheidungsfindung eine **bereits gezogene Stichprobe** heranziehen wollen, wird deren Umfang i. d. R. nicht in dem unter (B) berechneten Intervall liegen, so daß die ausgewiesene kritische Fehleranzahl **c** nicht verwendet werden kann.

Für den Fall, daß der Umfang der gezogenen Stichprobe **kleiner als der Mindeststichprobenumfang** ist, müssen Sie entsprechend **weitere Elemente** in die Stichprobe aufnehmen, bis der Mindeststichprobenumfang erreicht ist. Für diese nachzuziehenden Elemente müssen ebenfalls unbedingt die unter (B) geschilderten Anwendungsvoraussetzungen erfüllt sein, da ansonsten keine Wahrscheinlichkeitsberechnungen durchgeführt werden können, und deshalb mit Hilfe der Stichprobe keine fundierte Aussage über die Ordnungsmäßigkeit des Prüffeldes gemacht werden kann. Wurde die Stichprobe bereits vom Programm **RSW** gezogen (vgl. Abschnitt 6.5), können auch die weiteren Stichprobenelemente von **RSW** gezogen werden. Dabei werden automatisch die Voraussetzungen [1], [3] und [4] aus (B) eingehalten. Eine Beschreibung der Vorgehensweise finden Sie im Abschnitt 6.6.

Ist der Umfang der gezogenen Stichprobe **größer** als die unter (B) berechnete Obergrenze, können Sie sich speziell für diesen Stichprobenumfang eine **Entscheidungsregel** berechnen lassen. Da nicht für jeden Stichprobenumfang eine kritische Fehleranzahl so bestimmt werden kann, daß gleichzeitig die Risiken **α** und **β** eingehalten werden, kann es notwendig sein, weitere Elemente nachzuziehen.

☞ Wichtig: **Ein "Zurücklegen" der Stichprobenelemente, um den bestehenden Stichprobenumfang zu verkleinern, ist *nicht* möglich, da in einem solchen Fall die Anwendungsvoraussetzungen für die mathematisch-statistischen Verfahren nicht mehr erfüllt sind.**

Zur Bestimmung der Entscheidungsregeln wählen Sie im Auswahlmenü, das nach der durchgeführten Berechnung des Prüfplans angeboten wird (s. Abb. 7.2), die Option "**Umfang_vorgeben**". Es erscheint daraufhin eine Eingabemaske, in der Sie nach dem Stichprobenumfang gefragt werden, der bei der weiteren Berechnung zugrunde gelegt werden soll (s. Abb. 7.3).

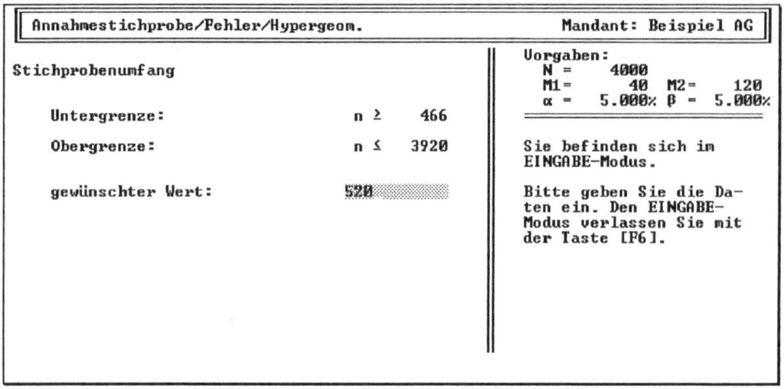

Abb. 7.3: Vorgabe eines Stichprobenumfangs

Geben Sie den Umfang **n** der vorliegenden Stichprobe ein. Beachten Sie dabei, daß der Stichprobenumfang aus dem in der Eingabemaske angegebenen Intervall stammen muß. Verwechseln Sie dieses Intervall nicht mit dem unter (B) berechneten Intervall. Das dort berechnete bezog sich lediglich auf die ausgewiesene kritische Fehleranzahl von **c = 8**, während dieses Intervall alle überhaupt sinnvollen Stichprobenumfänge umfaßt.

Sobald der gewünschte Stichprobenumfang eingegeben ist, wird eine Validitätsprüfung vorgenommen, ob er sich tatsächlich in dem vorgeschriebenen Intervall befindet. Ist dies der Fall, wird die kritische Fehleranzahl der Stichprobe berechnet, mit deren Hilfe Sie die Entscheidung treffen können.

Beispiel 2:

Sie möchten eine bereits vorliegende Stichprobe zur Auswertung heranziehen, deren Umfang **n = 520** beträgt. Bei der Stichprobenziehung war sichergestellt, daß die Anwendungsvoraussetzungen erfüllt waren.

Nach der Berechnung meldet sich das Programm **RSW** mit der in Abb. 7.4 dargestellten Ausgabemaske.

```
Annahmestichprobe/Fehler/Hypergeom.                    Mandant: Beispiel AG

Sie haben den Prüfplan einer Annahmestichprobe für  | Vorgaben:
die Fehleranzahl im Prüffeld unter Verwendung der   |  N =     4000
HYPERGEOMETRISCHEN VERTEILUNG berechnen lassen.     |  M1=       40  M2=     120
Vorgaben:                                           |  α =   5.000% β =  5.000%
Sie haben einen Stichprobenumfang von n=    520     |  n =      520  (gefordert)
sowie die rechts ausgewiesenen Annahmegrenzen und   | Ergebnis:
Sicherheiten vorgegeben.                            |  n =      520  c =      9
                                                    |  α =   2.835% β =  3.957%

Ergebnis:                                           |
Ziehen Sie eine Stichprobe im Umfang von n=    520. |
Entdecken Sie nicht mehr als c=        9 Fehler darin, | Die Daten wurden proto-
dann ist mit mind.  96.043%iger Sicherheit das      | kolliert. Wählen Sie
Prüffeld ordnungsmäßig. Entdecken Sie mehr als      | bitte im Menü aus...
c=      9 Fehler, dann ist mit mind.  97.165%iger   |
Sicherheit das Prüffeld nicht ordnungsmäßig.        |

Druck                       Wiederholung                              Zurück
```

Abb. 7.4: ***Prüfplan für einen vorgegebenen Stichprobenumfang***

Die Handlungsanweisung von **RSW** lautet:

> ***Ziehen Sie eine Stichprobe im Umfang von n = 520. Entdecken Sie nicht mehr als c = 9 Fehler darin, dann ist mit mind. 96.043%iger Sicherheit das Prüffeld ordnungsmäßig. Entdecken Sie mehr als c = 9 Fehler, dann ist mit mind. 97.165%iger Sicherheit das Prüffeld nicht ordnungsmäßig.***

In der letzten Bildschirmzeile erscheint erneut eine Menüleiste, die jetzt die Optionen "**Druck**", "**Wiederholung**" und "**Zurück**" anbietet. Bei der Auswahl von "**Druck**" wird das im Anhang auf der Seite A.9 abgebildete Arbeitspapier für die Prüfungsunterlagen ausgedruckt. Wählen Sie dagegen "**Wiederholung**" aus, können Sie die Berechnung erneut durchführen lassen, wobei Sie zunächst die Möglichkeit erhalten, die Eingaben zu verändern. Durch die Auswahl von "**Zurück**" verlassen Sie schließlich diese Berechnungen und kehren zu der unter (B) beschriebenen Ausgabemaske zurück.

☞ **Wichtig:** **Da nicht für jeden Stichprobenumfang eine kritische Fehleranzahl berechnet werden kann, bei der gleichzeitig die Risiken α und β eingehalten werden, kann es vorkommen, daß auch für den von Ihnen vorgegebenen Stichprobenumfang keine kritische Fehleranzahl existiert. In diesem Fall errechnet RSW den nächst möglichen Stichprobenumfang und weist Sie darauf hin, daß der vorgegebene Stichprobenumfang korrigiert wurde. Sie müssen die entsprechende Anzahl an Elementen nachziehen. Beachten Sie, daß für das Nachziehen der Stichprobenelemente die unter (B) geschilderten Voraussetzungen erfüllt sein müssen. Sofern die Stichprobe vorher bereits von RSW gezogen wurde, können**

Sie jetzt die zusätzlichen Stichprobenelemente ebenfalls von RSW nachziehen lassen (vgl. Abschnitt 6.6).

Beispiel: 3

Sie möchten eine bereits vorliegende Stichprobe zur Auswertung heranziehen, deren Umfang **n = 500** beträgt. Bei der Stichprobenziehung waren die Anwendungsvoraussetzungen erfüllt.

Nach der Berechnung meldet sich das Programm **RSW** mit der in Abb. 7.5 dargestellten Ausgabemaske.

```
Annahmestichprobe/Fehler/Hypergeom.                    Mandant: Beispiel AG

Sie haben den Prüfplan einer Annahmestichprobe für
die Fehleranzahl im Prüffeld unter Verwendung der
HYPERGEOMETRISCHEN VERTEILUNG berechnen lassen.
Vorgaben:
Sie haben einen Stichprobenumfang von n=    500
sowie die rechts ausgewiesenen Annahmegrenzen und
Sicherheiten vorgegeben.
Ergebnis:
Für das gewünschte n existiert keine Lösung.
Es wurde das nächst zulässige n berechnet.
Ziehen Sie eine Stichprobe im Umfang von n=     506.
Entdecken Sie nicht mehr als c=      9 Fehler darin,
dann ist mit mind.  95.015%iger Sicherheit das
Prüffeld ordnungsmäßig. Entdecken Sie mehr als
c=     9 Fehler, dann ist mit mind.  97.613%iger
Sicherheit das Prüffeld nicht ordnungsmäßig.

Vorgaben:
 N =      4000
 M1=        40  M2=     120
 α =    5.000%  β =  5.000%
 n =       500  (gefordert)
Ergebnis:
 n =       506  c =       9
 α =    2.387%  β =  4.985%
 n wurde korrigiert

Die Daten wurden proto-
kolliert. Wählen Sie
bitte im Menü aus...

Druck                     Wiederholung                     Zurück
```

Abb. 7.5: Prüfplan mit Korrektur des vorgegebenen Stichprobenumfangs

Das Berechnungsergebnis und die daraus resultierende Handlungsanweisung von **RSW** lauten:

> ***Für das gewünschte n existiert keine Lösung.***
> ***Es wurde das nächst zulässige n berechnet.***
> ***Ziehen Sie eine Stichprobe im Umfang von n = 506. Entdecken Sie nicht mehr als c = 9 Fehler darin, dann ist mit mind. 95.015%iger Sicherheit das Prüffeld ordnungsmäßig. Entdecken Sie mehr als c = 9 Fehler, dann ist mit mind. 97.613%iger Sicherheit das Prüffeld nicht ordnungsmäßig.***

Der Stichprobenumfang wurde auf **n = 506** korrigiert, da für **n = 500** keine kritische Fehleranzahl existiert, die gleichzeitig die beiden Risiken **α** und **β** erfüllt. Sie müssen nun weitere 6 Elemente nachziehen. Beachten Sie unbedingt, daß dabei die unter (B) aufgeführten Anwendungsvoraussetzungen erfüllt sind.

7.3 Ordnungsmäßigkeitsprüfung mit Hilfe einer Annahmestichprobe für den Gesamtwert des Prüffeldes

Ziel dieser stichprobengestützten Untersuchung ist es, aufgrund einer Stichprobe eine Aussage über die **Ordnungsmäßigkeit** eines Prüffeldes treffen zu können. Gegenstand der Untersuchung ist dabei der **Gesamtwert** des Prüffeldes. Das Programm **RSW** hilft Ihnen dabei festzulegen, wie groß die zu ziehende Stichprobe sein muß und wie Sie aufgrund der vorgefundenen Wahren Werte unter Einhaltung bestimmter Sicherheitsgrenzen über die Ordnungsmäßigkeit befinden müssen.

Eine Kurzübersicht über den Prüfungsablauf finden Sie in Form eines Ablaufplans im Anhang auf der Seite A.2.

Die folgenden Schilderungen sind zur besseren Übersichtlichkeit unterteilt in

(A) Vorbemerkungen zum anzuwendenden Verfahren,
(B) Prüfungsvorbereitung,
(C) Durchführung der Stichprobenuntersuchung,
(D) Auswertung der Stichprobenprüfung und
(E) Verwendung einer bereits gezogenen Stichprobe.

(A) Vorbemerkungen zum anzuwendenden Verfahren

Bei diesem Verfahren handelt es sich um ein statistisches Testverfahren, das auf der Formulierung von **zwei sich ausschließenden Hypothesen** über die Ordnungsmäßigkeit des Prüffeldes basiert. Die erste Hypothese wird als **Nullhypothese** bezeichnet und lautet:

H_0: Das Prüffeld ist ordnungsmäßig.

Die zweite Hypothese wird **Alternativhypothese** genannt. Da die beiden Hypothesen sich gegenseitig ausschließen sollen, muß sie lauten:

H_A: Das Prüffeld ist nicht ordnungsmäßig.

Diese Hypothesen werden getestet. Wesentlich bei der Anwendung dieser Hypothesentests ist, daß **nie eine Hypothese bestätigt**, sondern nur eine Hypothese **abgelehnt** werden kann. Damit wird dann die Gültigkeit der anderen angenommen.

Da diese Tests mit Hilfe von mathematisch-statistischen Verfahren durchgeführt werden, muß die Formulierung der Hypothesen so konkretisiert werden, daß sie aus mathematisch-statistisch erfaßbaren Aussagen bestehen. Dies erfolgt, indem die Hypothesen jeweils eine Aussage über den Gesamtwert des Prüffeldes treffen. Sie lauten:

H_0: Der Gesamtwert des Prüffeldes Y entspricht dem Gesamtbuchwert des Prüffeldes X,

also:

$$H_0: \quad Y = X$$

und

H_A: Der Gesamtwert des Prüffeldes Y weicht um den Betrag D vom Gesamtbuchwert des Prüffeldes X ab,

also:

$$H_A: \quad Y = X \pm D.$$

Der kritische Abweichungsbetrag **D** ist von Ihnen festzulegen. Er stellt die Abweichung vom Gesamtbuchwert dar, die **nicht mehr zu tolerieren** ist, so daß deshalb die Ordnungsmäßigkeit abgelehnt werden muß.

Da Hypothesentests auf Stichprobenbasis erfolgen und die Stichprobe einen **für das Prüffeld untypischen** durchschnittlichen Wahren Wert aufweisen kann, bleibt immer auch die Möglichkeit, daß das getroffene Urteil **falsch** ist. Fehlentscheidungen können dabei in zwei Arten auftreten:

[1] Das Prüffeld ist tatsächlich **ordnungsmäßig**, jedoch wird dies aufgrund der Stichprobe nicht erkannt und die **Ordnungsmäßigkeit** wird dementsprechend **nicht testiert** (sog. **Fehler 1. Art** bzw. **α-Fehler**).

[2] Das Prüffeld ist tatsächlich **nicht ordnungsmäßig**, jedoch wird dies aufgrund der Stichprobe nicht erkannt und die **Ordnungsmäßigkeit wird testiert** (sog. **Fehler 2. Art** bzw. **β-Fehler**).

Bei Anwendung von mathematisch-statistischen Verfahren lassen sich die **Risiken**, daß einer der beiden Fälle auftritt, **beschränken**. Deshalb müssen Sie weiterhin festlegen, wie groß die Sicherheit der Entscheidung sein soll bzw. wie groß das Risiko einer Fehlentscheidung sein darf.

Das Risiko, daß der **1. Fall** einer Fehlentscheidung eintritt (**Risiko des Geprüften**), wird durch den Wert α ausgedrückt. ($0 \leq \alpha \leq 1$), und das Risiko, daß der **2. Fall** einer Fehlentscheidung eintritt (**Risiko des Prüfers**), durch den Wert β ($0 \leq \beta \leq 1$). Im Programm **RSW** werden diese Risiken zur Vereinfachung als Prozentzahl eingegeben.

Damit ein Prüfplan berechnet werden kann, muß weiterhin eine Information darüber vorliegen, inwieweit die Wahren Werte im Prüffeld "**streuen**". Je weniger die Werte streuen, je näher Sie also alle beieinander liegen, umso niedriger kann der Stichprobenumfang sein, mit dem die oben erwähnten Risiken eingehalten werden. Das Maß für die Streuung ist die **Varianz der Wahren Werte des Prüffeldes** σ_Y^2. Ein **Problem** bei der Bestimmung des Prüfplans besteht darin, daß diese Varianz i. d. R. **nicht bekannt** ist und demnach **geschätzt** werden muß. Dazu gibt es drei Ansätze:

[1] Sofern Sie auf eine bereits gezogene Stichprobe zurückgreifen können, kann die **Stichprobenvarianz dieser Vorstichprobe** s_Y^2 verwendet werden. Diese Varianz können Sie sich von **RSW** direkt berechnen lassen, wenn die Stichprobe von **RSW** gezogen wurde (vgl. Abschnitt 6.5 und 6.6) oder Sie die Datei importiert haben (vgl. Abschnitt 8.3).

[2] Die Varianz kann durch einen **Erfahrungswert** geschätzt werden. Dies unterstellt implizit, daß die Varianz **im Zeitablauf konstant** ist. Das dürfte jedoch nur in Ausnahmefällen zutreffen.

[3] Die letzte Alternative stellt die Verwendung der **Varianz der Buchwerte des Prüffeldes** σ_X^2 dar. Zumindest bei Ordnungsmäßigkeit des Prüffeldes sind dabei keine allzu gravierenden Abweichungen von der zu schätzenden Varianz zu erwarten. Diese Varianz können Sie sich von **RSW** direkt berechnen lassen, wenn Sie die Buchwerte als Datei importiert haben (vgl. Abschnitt 8.3).

Im Programm **RSW** wird davon ausgegangen, daß diese Schätzung mit **Hilfe einer Vorstichprobe** erfolgt. Deshalb wird in der Eingabemaske für die zur Berechnung benötigten Werte auch nach der Stichprobenvarianz der Wahren Werte einer Vorstichprobe gefragt.

(B) Prüfungsvorbereitung

Die Prüfungsvorbereitung besteht im wesentlichen aus
- der **Abgrenzung des Prüffeldes**,
- der **Überprüfung der Anwendungsvoraussetzungen**,
- der **Ermittlung des Gesamtbuchwertes X**,
- der **Festlegung des kritischen Abweichungsbetrages D sowie der Risiken α und β**,
- der **Schätzung der Varianz der Wahren Werte des Prüffeldes σ_Y^2** und
- der **Bestimmung des Prüfplans**.

☞ Wichtig: **Auch wenn Sie bereits eine Stichprobe "gezogen" haben, müssen Sie diese Schritte der Prüfungsvorbereitung ausführen und insbesondere auch einen Prüfplan berechnen lassen. Stellt sich heraus, daß der von Ihnen verwendete Stichprobenumfang zu gering war, können Sie entsprechend weitere Elemente nachziehen; stellt sich dagegen heraus, daß der von Ihnen verwendete Stichprobenumfang größer als benötigt war, können Sie die Stichprobe dennoch zur Entscheidungsfindung verwenden. Lesen Sie dazu auch die Ausführungen in diesem Abschnitt unter (E).**

Die **Abgrenzung des Prüffeldes** ist erforderlich, damit klargestellt ist, welche Elemente zum Prüffeld gehören. Bei dieser Abgrenzung sind nach **v. Wysocki** zu berücksichtigen:

- die **Zuordnung zu den Abschlußpositionen**,
- die **anzuwendende Prüfungsmethode** und
- **personelle** und **zeitliche Aspekte**.

Nach der Abgrenzung des Prüffeldes ist die Einhaltung der **Anwendungsvoraussetzungen** zu überprüfen, da eine Annahmestichprobe nur dann zu statistisch gesicherten Ergebnissen führen kann, wenn diese erfüllt sind. Die Anwendungsvoraussetzungen beziehen sich zum einen auf die Grundgesamtheit, also das Prüffeld, zum anderen auf die Stichprobenziehung. Einzuhalten sind insbesondere folgende Bedingungen:

[1] Der Zugriff auf **jedes Element** im Prüffeld muß möglich sein, d. h. alle Elemente des Prüffeldes müssen eine **von Null verschiedene, berechenbare Wahrscheinlichkeit** besitzen, in die Stichprobe zu gelangen.

[2] Die Auswahl der Stichprobenelemente muß **zufallsgesteuert** erfolgen. Verwenden Sie deshalb die in **RSW** integrierte Stichprobenziehung oder benutzen Sie Zufallszahlentafeln bzw. Zufallszahlengeneratoren.

[3] Bei der Stichprobenziehung muß das Entnahmemodell "**Ziehen ohne Zurücklegen**" zugrundegelegt werden. Weiterhin muß als Ergänzung zur Voraussetzung [1] gewährleistet sein, daß jedes Element nicht nur eine berechenbare Wahrscheinlichkeit besitzt, in die Stichprobe zu gelangen, sondern wegen des unterstellten Modells muß **jedes noch nicht gezogene Element** die **gleiche Auswahlwahrscheinlichkeit** besitzen.

[4] Da den Berechnungen die **Normalverteilung** zu Grunde liegt, sollten die Positionswerte in der Grundgesamtheit normalverteilt sein. Da davon jedoch i. d. R. nicht ausgegangen werden kann, muß der **Stichprobenumfang genügend groß** sein, damit nach dem **Zentralen Grenzwertsatz** auch bei **beliebiger Verteilung der Positionswerte** der Grundgesamtheit die **Normalverteilung** angewendet werden darf. Insbesondere in folgenden Fällen ist aber dennoch von der Durchführung einer Annahmestichprobe unter Zugrundelegung der Normalverteilung **abzuraten**:

1. Der **Stichprobenumfang liegt unter 30** (dies ist nach der Berechnung des Prüfplans zu überprüfen).
2. Die Werte der Positionen im Prüffeld sind zu **inhomogen**.
3. Das Prüffeld enthält "**Ausreißer**".

[5] Beachten Sie, daß **RSW** sich grundsätzlich nur zur Untersuchung der **Positionswerte, nicht** aber zur Untersuchung der **Fehlerwerte** (Abweichung der Buchwerte von den Wahren Werten) eignet.

Sollte auch nur eine dieser Bedingungen nicht erfüllt sein, kann keine Urteilsbildung auf der Basis einer Annahmestichprobe erfolgen, die den noch zu definierenden Sicherheitsanforderungen entspricht. In diesem Fall ist eine Urteilsbildung nur mit Hilfe einer Vollerhebung sinnvoll.

Zur **Bestimmung des Prüfplans** gehen Sie wie folgt vor:

Bei der nach Auswahl von "**Berechnungen**" im Auswahlfenster "**Prüfungen**" durchzuführenden Festlegung der Untersuchungsmethode wählen Sie aus:

[I] Stichprobe: Annahmestichprobe

[II] Untersuchungsmerkmal: Gesamtwert des Prüffeldes

Damit ist die Untersuchungsmethode hinreichend spezifiziert. **RSW** erkennt, daß zur Festlegung des Prüfplans zunächst der Stichprobenumfang berechnet werden muß. Bezüglich der Art der Hochrechnung kann keine Auswahl erfolgen und die anzuwendende Verteilung ist die **Normalverteilung**.

Da die Anwendung der **Normalverteilung** an die Erfüllung der Anwendungsvoraussetzungen geknüpft ist, erscheint zunächst ein Hinweis, daß Sie sicherstellen müssen, daß diese auch erfüllt sind.

Daraufhin erscheint eine Maske, in der Sie die zur Berechnung benötigten Werte eingeben können (s. Abb. 7.6).

```
Annahmestichprobe/Werte/Normalvert./Umfang                  Mandant: Beispiel AG

Daten der Grundgesamtheit                                  │ Sie befinden sich im
    Umfang:                          1500                  │ EINGABE-Modus.
                                                           │
    Gesamtbuchwert:                  200000        DM      │ Bitte geben Sie die Da-
                                                           │ ten ein. Den EINGABE-
    kritischer Abweichungsbetrag ±   20000         DM      │ Modus verlassen Sie mit
    (positiv oder negativ)                                 │ der Taste [F6].
                                                           │
Daten der Vorstichprobe                                    │
    Stichprobenvarianz sy²:          2100                  │
                                                           │
Risiko (in %)                                              │
    des Geprüften (α):               5             %       │
                                                           │
    des Prüfers (β):                 5             %       │
```

Abb. 7.6: Eingabemaske zur Prüfplanbestimmung einer Annahmestichprobe für den Gesamtwert des Prüffeldes

Im einzelnen werden benötigt:

- *Daten, die sich auf die Grundgesamtheit beziehen*:

(a) der Umfang **N**,

(b) der Gesamtbuchwert **X** und

(c) der kritische Abweichungsbetrag **D**;

- *Daten, die sich auf die Vorstichprobe beziehen*:

(d) die Stichprobenvarianz der Wahren Werte $\mathbf{s_Y^2}$;

- *Daten, die sich auf das Risiko eines Fehlurteils beziehen*:

(e) das Risiko des Geprüften α und

(f) das Risiko des Prüfers β.

zu (a) Den **Umfang N** der Grundgesamtheit entnehmen Sie der Buchhaltung oder lassen ihn von **RSW** berechnen (vgl. Abschnitt 5.1). Er entspricht der Anzahl der Buchwerte. Haben Sie mit **RSW** eine Buchwertdatei aufgegriffen (vgl. Abschnitt 5.1), wird der Umfang dieser Datei voreingestellt.

zu (b) Den **Gesamtbuchwert X** entnehmen Sie der Buchhaltung oder lassen ihn von **RSW** errechnen (vgl. Abschnitt 5.5). Haben Sie diese Berechnung bereits durchgeführt, wird der errechnete Gesamtwert voreingestellt.

zu (c) Die **kritische Abweichung D** müssen Sie festlegen. Wählen Sie die Abweichung, ab der das Prüffeld nicht mehr als ordnungsmäßig eingestuft werden kann.

zu (d) Die **Stichprobenvarianz der Wahren Werte** s_Y^2 einer Vorstichprobe wird zur Schätzung der Varianz der Grundgesamtheit der Wahren Werte verwendet, da diese bei der Bestimmung des Stichprobenumfangs i. d. R. nicht bekannt ist. Alternativ können Sie dazu auch

- einen **Erfahrungswert** oder
- die **Varianz der Grundgesamtheit der Buchwerte**

verwenden. Die Verwendung von **Erfahrungswerten** ist dabei die **schlechteste** Möglichkeit, weil damit implizit davon ausgegangen wird, daß die **Varianz im Zeitablauf konstant** ist. Dies wird i. d. R. jedoch nicht zutreffen. Die Stichprobenvarianz einer Vorstichprobe oder die Varianz der Grundgesamtheit der Buchwerte können Sie ggf. nach dem Import der entsprechenden Dateien vom Programm **RSW** berechnen lassen (vgl. Abschnitt 5.5 und Abschnitt 6.7). Ist die Stichprobenvarianz einer Vorstichprobe vom Programm **RSW** berechnet worden, wird diese voreingestellt.

zu (e) Für das **Risiko des Geprüften** α wählen Sie den Wert, der durch die Prüfungsvorschriften vorgegeben wird. Geben Sie diesen Wert in Prozent ein. Sofern Sie bei der Standardvorgabenverwaltung (vgl. Abschnitt 8.1) den allgemein geforderten Wert für das Risiko des Geprüften eingegeben haben, wird dieser voreingestellt.

zu (f) Für das **Risiko des Prüfers** β wählen Sie den Wert, der durch die Prüfungsvorschriften vorgegeben wird. Geben Sie diesen Wert in Prozent ein. Sofern Sie bei der Standardvorgabenverwaltung (vgl. Abschnitt 8.1) den allgemein geforderten Wert für das Risiko des Prüfers eingegeben haben, wird dieser voreingestellt.

Sind diese Daten eingegeben, erfolgt sofort eine Validitätsprüfung. Sollte ein Fehler auftreten, der eine Berechnung unmöglich macht, werden Sie darauf hingewiesen und können die Eingaben korrigieren. Anschließend werden Sie gefragt, ob die Ergebnisse der Untersuchung protokolliert werden sollen. Dies dient dazu, später direkt auf die Berechnungsergebnisse zurückgreifen zu können, ohne eine erneute Berechnung durchführen zu müssen (vgl. Abschnitt 7.6). Unabhängig von Ihrer Wahl kann in jedem Fall ein Arbeitspapier ausgedruckt werden, das die Ergebnisse der Berechnung wiedergibt.

Beispiel 4:

Der Umfang eines Prüffeldes beträgt **N = 1500** Positionen, die zusammen einen Gesamtbuchwert von **200000 DM** besitzen. Weicht der Gesamtwert um **D = 20000 DM** vom Gesamtbuchwert **X** ab, dann ist das Prüffeld nicht mehr ordnungsmäßig. Die Varianz der Wahren Werte im Prüffeld wird durch die Stichprobenvarianz der Wahren Werte einer Vorstichprobe zu $\mathbf{s_Y^2 = 2100}$ geschätzt. Das Risiko des Geprüften, daß die Ordnungsmäßigkeit nicht erkannt wird, und auch das Risiko des Prüfers, daß das Fehlen der Ordnungsmäßigkeit nicht erkannt wird, dürfen jeweils 5 % betragen, also $\boldsymbol{\alpha = 5\ \%}$, $\boldsymbol{\beta = 5\ \%}$.

Nach Eingabe der Werte und Durchführung der Berechnung erhalten Sie die in Abb. 7.7 dargestellte Ausgabe:

```
Annahmestichprobe/Werte/Normalvert./Umfang                Mandant: Beispiel AG

Sie haben den Prüfplan einer Annahmestichprobe für  ║ Vorgaben:
den Gesamtwert des Prüffeldes unter Verwendung der  ║   N   =          1500
NORMALVERTEILUNG berechnen lassen.                  ║   X   =     200000.00 DM
Vorgaben:                                           ║   D   = ±    20000.00 DM
Das N=    1500 Elemente umfassende Prüffeld weist   ║   sy²=    2100.00000
einen Gesamtbuchwert von X=   200000.00 DM auf. Ein ║   α   =        5.0000 %
Abweichen des Wertes um D= ±   20000.00 DM oder mehr║   β   =        5.0000 %
ist nicht zulässig. Die Stichprobenvarianz wurde zu ║ Ergebnis:
sy²=     2100.00000 berechnet. In nur α=  5.000 %   ║   n   =           140
der Fälle darf die Ordnungsmäßigkeit, in β=  5.000 %║   Ycu=     189125.85 DM
der Fälle deren Fehlen nicht erkannt werden.        ║   Yco=     210874.15 DM
Ergebnis:                                           ║ ═══════════════════════
Ziehen Sie eine Stichprobe im Umfang von n=    140. ║ Die Daten wurden proto-
Berechnen Sie den Schätzwert für den Gesamtwert, in-║ kolliert. Wählen Sie
dem Sie den Stichprobenmittelwert der Wahren Werte  ║ bitte im Menü aus...
mit dem Umfang der Grundgesamtheit multiplizieren.  ║
Liegt dieser nicht zwischen   189125.85 DM und      ║
  210874.15 DM, dann muß die Ordnungsmäßigkeit des  ║
Prüffeldes abgelehnt werden.                        ║

 Druck                     Wiederholung                              Hauptmenü
```

Abb. 7.7: Ausgabe des errechneten Prüfplans einer Annahmestichprobe für den Gesamtwert des Prüffeldes

Die Handlungsanweisung von **RSW** lautet:

> ***Ziehen Sie eine Stichprobe im Umfang von n = 140. Berechnen Sie den Schätzwert für den Gesamtwert, indem Sie den Stichprobenmittelwert der Wahren Werte mit dem Umfang der Grundgesamtheit multiplizieren. Liegt dieser nicht zwischen 189125.85 DM und 210874.15 DM, dann muß die Ordnungsmäßigkeit des Prüffeldes abgelehnt werden.***

Die Werte $\mathbf{Y_{cu}}$ und $\mathbf{Y_{co}}$ begrenzen also einen Bereich, in dem sich der Punktschätzwert für den Gesamtwert des Prüffeldes befinden muß, damit das Prüffeld mit einer Sicherheit **1-β** als ordnungsmäßig beurteilt werden kann. Sollte der Schätzwert nicht in diesem Bereich liegen, muß das Prüffeld mit einer Sicherheit von **1-α** als **nicht ordnungsmäßig** beurteilt werden.

In der letzten Bildschirmzeile erscheint eine Menüleiste, die die Optionen "**Druck**", "**Wiederholung**" und "**Hauptmenü**" anbietet. Bei der Auswahl von "**Druck**" wird das im Anhang auf der Seite A.11 abgebildete Arbeitspapier für die Prüfungsunterlagen ausgedruckt. Wählen Sie dagegen "**Wiederholung**" aus, können Sie die Berechnung erneut durchführen lassen, wobei Sie zunächst die Möglichkeit erhalten, die Eingaben zu verändern. Durch die Auswahl von "**Hauptmenü**" verlassen Sie diese Berechnungen und kehren zum Auswahlfenster "**Prüfungen**" des Hauptmenüs zurück.

(C) Durchführung der Stichprobenuntersuchung

Die Durchführung der Stichprobenuntersuchung besteht in der **Ziehung der Stichprobenelemente** sowie deren **Erfassung**. Bedenken Sie, daß auch an die Ziehung der Stichprobenelemente - ob sie noch erfolgen muß oder bereits erfolgt ist - die Bedingung gestellt wird, daß die im vorigen Abschnitt beschriebenen Anwendungsvoraussetzungen erfüllt sind.

Sofern Sie auf die Buchwerte als **dBase III (+)** Datei zurückgreifen können, führen Sie einen Dateiimport zum Programm **RSW** durch (vgl. Abschnitt 8.2). Dann können Sie die Stichprobenziehung von **RSW** durchführen lassen (vgl. Abschnitt 6.5), wobei die Anwendungsvoraussetzungen [1], [2] und [3] automatisch eingehalten werden. Dadurch vermeiden Sie auch die aufwendige Ermittlung der Stichprobenelemente mit Hilfe von Zufallszahlentafeln oder Zufallszahlengeneratoren. Ein weiterer Vorteil besteht darin, daß Sie alle für die spätere Entscheidungsfindung benötigten Kennzahlen vom Programm **RSW** berechnen lassen können (vgl. Abschnitt 6.7). Diese Stichprobe kann auch weiter verwendet werden, wenn z. B. im Anschluß Berechnungen im Rahmen einer Schätzstichprobe durchgeführt werden sollen (vgl. Abschnitt 7.4 und Abschnitt 7.5) oder bei Untersuchungen, die die Fehleranzahl bzw. den Fehleranteil im Prüffeld zum Gegenstand haben (vgl. Abschnitt 7.2 und Abschnitt 7.4). Ist die Stichprobenziehung abgeschlossen, erfassen Sie die Wahren Werte der Stichprobenelemente. Eine Beschreibung, wie diese Werte in der Stichprobendatei erfaßt werden können, finden Sie im Abschnitt 5.3.

Für die gezogene Stichprobe müssen noch einige **Kennzahlen** ermittelt werden, die für die Urteilsfindung benötigt werden. Dies sind:

[1] Der **Mittelwert der Wahren Werte** der Stichprobe $\bar{\mathbf{y}}$.

Dieser Wert wird durch Aufsummieren aller Wahren Werte der Stichprobenelemente $\mathbf{y_i}$ und anschließende Division durch den Stichprobenumfang **n** errechnet:

$$\bar{y} = \frac{1}{n} \sum_{i=1}^{n} y_i.$$

Wurde die Stichprobe vom Programm **RSW** gezogen, können Sie sich den Mittelwert der Wahren Werte vom Programm **RSW** berechnen lassen (vgl. Abschnitt 6.7).

[2] Der **Schätzwert** für den **Gesamtwert** des Prüffeldes $\hat{\mathbf{Y}}$.

Diesen Wert berechnen Sie durch Multiplikation des Mittelwertes der Wahren Werte $\bar{\mathbf{y}}$ mit dem Umfang der Grundgesamtheit **N:**

$$\hat{Y} = N \cdot \bar{y}.$$

[3] Die **Stichprobenvarianz der Wahren Werte** s_Y^2.

Dieser Wert wird **nicht direkt zur Entscheidung** benötigt, sollte aber unbedingt zur **Kontrolle** verwendet werden, ob der zur Berechnung des Prüfplans verwendete **Schätztwert** (annähernd) richtig war. Diese Kennzahl können Sie sich von **RSW** berechnen lassen, wenn die Stichprobe vom Programm **RSW** gezogen wurde.

☞ Wichtig: **Ist die ermittelte Stichprobenvarianz deutlich höher, als die zur Bestimmung des Prüfplans verwendete, sollte der Prüfplan mit Hilfe dieser Stichprobenvarianz erneut bestimmt werden, da ansonsten die Risiken nicht eingehalten werden.**

(D) Auswertung der Stichprobenprüfung

Die Auswertung der Stichprobenprüfung besteht in diesem Fall in der **Entscheidung**, ob aufgrund der Stichprobe die Ordnungsmäßigkeit des Prüffeldes abgelehnt werden muß oder nicht. Die **Entscheidungsregel** wurde vom Programm **RSW** bereits bei der Berechnung des Prüfplans mitgeliefert. Liegt der soeben berechnete Schätzwert für den Gesamtwert des Prüffeldes innerhalb der angegebenen Grenzen $\mathbf{Y_{cu}}$ und $\mathbf{Y_{co}}$, also

$$\mathbf{Y_{cu} < \hat{Y} < Y_{co}},$$

in unserem Beispiel

$$\mathbf{189125.85\ DM < \hat{Y} < 218874.15\ DM},$$

ist das Prüffeld unter Einhaltung des vorgegebenen Risikos $\boldsymbol{\beta}$ als ordnungsmäßig anzusehen. Anderenfalls ist das Prüffeld unter Einhaltung des vorgegebenen Risikos $\boldsymbol{\alpha}$ als nicht ordnungsmäßig anzusehen.

(E) Verwendung einer bereits gezogenen Stichprobe

Sofern Sie zur Entscheidungsfindung eine bereits gezogene Stichprobe verwenden wollen, wird deren Umfang i. d. R. nicht dem unter (B) berechneten entsprechen. Der Stichprobenumfang kann **kleiner** oder aber auch **größer** als der unter (B) bestimmte Stichprobenumfang sein.

Für den Fall, daß der Umfang der gezogenen Stichprobe **kleiner als der berechnete Stichprobenumfang** ist, müssen Sie entsprechend **weitere Elemente** in die Stichprobe aufnehmen, bis der Stichprobenumfang erreicht ist. Für die nachzuziehenden Elemente müssen ebenfalls unbedingt die unter (B) geschilderten Anwendungsvoraussetzungen erfüllt sein, da ansonsten keine Wahrscheinlichkeitsberechnungen durchgeführt werden können und deshalb mit Hilfe der Stichprobe keine fundierte Aussage über die Ordnungsmäßigkeit des Prüffeldes gemacht werden kann. Wurde die Stichprobe bereits vom Programm **RSW** gezogen (vgl. Abschnitt 6.5), können auch die weiteren Stichprobenelemente von **RSW** gezogen werden. Dabei werden automatisch die Voraussetzungen [1], [2] und [3] aus (B) eingehalten. Eine Beschreibung der Vorgehensweise finden Sie im Abschnitt 6.6.

Ist der Umfang der gezogenen Stichprobe **größer** als der unter (B) berechnete, können Sie die Entscheidung anhand der ausgewiesenen kritischen Werte auf der Basis dieser Stichprobe fällen, wobei die Risiken sogar noch kleiner als die vorgegebenen sind.

7.4 Bestimmung eines Konfidenzintervalls für die Fehleranzahl bzw. den Fehleranteil im Prüffeld

Zur Bestimmung des Konfidenzintervalls ist eine **Schätzstichprobe** für die **Fehleranzahl** bzw. den **Fehleranteil** im Prüffeld durchzuführen. Dabei ist es wichtig, daß die Berechnungen mit Hilfe der **Hypergeometrischen Verteilung** durchgeführt werden, damit keine Ungenauigkeiten durch die Verwendung einer approximativen Verteilung entstehen. Die Hypergeometrische Verteilung ist im Programm **RSW** implementiert und wird bei der Auswahl dieses Verfahrens automatisch angewendet, so daß die genauen Werte berechnet werden.

Im Gegensatz zur Annahmestichprobe ist eine Schätzstichprobe nicht dazu konzipiert, eine Entscheidungsregel über die Ordnungsmäßigkeit zu geben, sondern mit ihrer Hilfe kann anhand der Parameter einer Stichprobe die Höhe eben dieser für die Grundgesamtheit **hochgerechnet** werden. Demnach werden im Rahmen dieser Schätzstichprobe auch **keine Hypothesen getestet**, sondern es findet eine **Schätzung der Fehleranzahl im Prüffeld** statt. Ob, und ggf. wie aufgrund der geschätzten Fehleranzahl über die Ordnungsmäßigkeit des Prüffeldes geurteilt werden soll, obliegt Ihnen selbst. **Eine Entscheidungsvorgabe wird nicht geliefert.**

Eine Kurzübersicht über den Prüfungsablauf finden Sie in Form eines Ablaufplans im Anhang auf der Seite A.3.

Die folgenden Schilderungen sind zur besseren Übersichtlichkeit unterteilt in

(A) Prüfungsvorbereitung,
(B) Durchführung der Stichprobenuntersuchung,
(C) Auswertung der Stichprobenprüfung,
(D) Prüfungsentscheidung bzw. Urteilsbildung und
(E) Verwendung einer bereits gezogenen Stichprobe.

(A) Prüfungsvorbereitung

Die Prüfungsvorbereitung besteht bei diesem Verfahren hauptsächlich aus
- der **Abgrenzung des kritischen Merkmals,**
- der **Abgrenzung des Prüffeldes,**
- der **Überprüfung der Anwendungsvoraussetzungen** und
- der **Festlegung der Sicherheitswahrscheinlichkeit 1-α.**

Soll die Genauigkeit der Untersuchung über die Länge des Konfidenzintervalls vorgegeben werden, müssen in dieser Phase weiterhin
- die **Schätzung des in der Stichprobe auftretenden Fehleranteils $\hat{p}$,**
- die **Festlegung der maximalen Intervallänge L** sowie
- die **Bestimmung** des zur Einhaltung der gewünschten Genauigkeit **notwendigen Stichprobenumfangs n**

erfolgen. Wenn die Stichprobe zur **Entscheidungsfindung über die Ordnungsmäßigkeit** des Prüffeldes verwendet werden soll, muß außerdem ein **Toleranzbereich** festgelegt werden, innerhalb dessen die Fehleranzahl bzw. der Fehleranteil liegen muß, damit das Prüffeld noch als ordnungsmäßig anzuerkennen ist.

Die **Abgrenzung des kritischen Merkmals** ist erforderlich, weil ein Objekt mehrere Merkmale besitzen kann, jedoch die Berechnung eines Konfidenzintervalls mit Hilfe einer Schätzstichprobe auf ein Merkmal beschränkt ist. Deshalb müssen Sie das interessierende Merkmal eindeutig beschreiben, um es von den anderen Merkmalen unterscheiden zu können.

Die **Abgrenzung des Prüffeldes** ist erforderlich, damit klargestellt ist, welche Elemente zum Prüffeld gehören. Bei dieser Abgrenzung sind nach **v. Wysocki** zu berücksichtigen:

- die **Zuordnung zu den Abschlußpositionen**,
- die **anzuwendende Prüfungsmethode** und
- **personelle** und **zeitliche Aspekte**.

Nach der Abgrenzung des Prüffeldes ist die Einhaltung der **Anwendungsvoraussetzungen** zu überprüfen, da eine Annahmestichprobe nur dann zu statistisch gesicherten Ergebnissen führen kann, wenn diese erfüllt sind. Die Anwendungsvoraussetzungen beziehen sich zum einen auf die Grundgesamtheit, also das Prüffeld, zum anderen auf die Stichprobenziehung. Einzuhalten sind insbesondere folgende Bedingungen:

[1] Der Zugriff auf **jedes Element** im Prüffeld muß möglich sein, d. h. alle Elemente des Prüffeldes müssen eine **von Null verschiedene**, **berechenbare Wahrscheinlichkeit** besitzen, in die Stichprobe zu gelangen.

[2] Beim untersuchten Merkmal muß es sich um einen **Häufigkeitsfall** handeln, so daß Größen wie die Wahrscheinlichkeit und die Sicherheit des Entdeckens überhaupt berechnet werden können. Das bedeutet, daß es sich bei dem Untersuchungsmerkmal nicht um einen Ausnahmefall handeln darf.

[3] Die Auswahl der Stichprobenelemente muß **zufallsgesteuert** erfolgen. Verwenden Sie deshalb die in **RSW** integrierte Stichprobenziehung oder benutzen Sie Zufallszahlentafeln bzw. Zufallszahlengeneratoren.

[4] Bei der Stichprobenziehung muß das Entnahmemodell "**Ziehen ohne Zurücklegen**" zugrundegelegt werden. Weiterhin muß als Ergänzung zur Voraussetzung [1] gewährleistet sein, daß jedes Element nicht nur eine berechenbare Wahrscheinlichkeit besitzt, in die Stichprobe zu gelangen, sondern wegen des unterstellten Modells muß **jedes noch nicht gezogene Element** die **gleiche Auswahlwahrscheinlichkeit** besitzen.

Sollte auch nur eine dieser Bedingungen nicht erfüllt sein, kann auf der Basis einer Stichprobe keine Schätzung der Fehleranzahl im Prüffeld erfolgen, die der noch zu definierenden Sicherheitsanforderung entspricht. Dann ist eine Vollerhebung notwendig.

Ein **Toleranzbereich** muß **nicht in jedem Fall** festgelegt werden, sondern nur, wenn aufgrund der Berechnungen eine Entscheidung über die Ordnungsmäßigkeit des Prüffeldes getroffen werden soll. Mit dem **Toleranzbereich** wird festgelegt, in welchem Intervall die Fehleranzahl bzw. der Fehleranteil liegen darf, damit das Prüffeld noch als ordnungsmäßig angenommen werden kann. Eine einheitliche Aussage über die Größe dieses Toleranzbereichs kann nicht getroffen werden. Vielmehr müssen Sie die Größe jeweils in Abhängigkeit von der Art des festgestellten Fehlers und von den möglichen Auswirkungen auf die Rechnungslegung festlegen.

Prinzipiell kann die Schätzstichprobe auf der Basis eines jeden Stichprobenumfangs durchgeführt werden. Die Bestimmung des **Mindeststichprobenumfangs** ist nur dann notwendig, wenn sichergestellt werden soll, daß eine gewünschte **Genauigkeit** der Ergebnisse, ausgedrückt durch die **Intervallänge L**, und die gewünschte bzw. vorgeschriebene **Sicherheit**, ausgedrückt durch die **Sicherheitswahrscheinlichkeit 1-α**, eingehalten werden. Die Sicherheitswahrscheinlichkeit besagt, mit welcher Wahrscheinlichkeit die **tatsächliche Fehleranzahl** bzw. der **tatsächliche Fehleranteil** in dem mit Hilfe der Stichprobe berechneten Konfidenzintervall liegt.

Möchten Sie eine **bereits gezogene Stichprobe** zur Auswertung heranziehen, sollten Sie - sofern Sie Anforderungen an die **Genauigkeit** der Untersuchung stellen - dennoch den Mindeststichprobenumfang berechnen lassen, um zu überprüfen, ob die Anforderungen eingehalten werden. Stellen Sie weiterhin unbedingt sicher, daß bei der Ziehung der Stichprobe die in diesem Abschnitt beschriebenen **Anwendungsvoraussetzungen** tatsächlich erfüllt waren, da sonst mit Hilfe von mathematisch-statistischen Verfahren keine gesicherten Aussagen über die Kennzahlen der Grundgesamtheit getroffen werden können.

Zur **Bestimmung des Mindeststichprobenumfangs** gehen Sie wie folgt vor:

Bei der nach Auswahl von "**Berechnungen**" im Auswahlfenster "**Prüfungen**" durchzuführenden Festlegung der Untersuchungsmethode wählen Sie aus:

[I]	**Stichprobe:**	**Schätzstichprobe**
[II]	**Untersuchungsmerkmal:**	**Fehleranzahl bzw. -anteil im Prüffeld**
[III]	**Stichprobenumfang:**	**Berechnung durch RSW**

Damit ist die Untersuchungsmethode hinreichend spezifiziert. Bei der Art der Hochrechnung kann keine Auswahl erfolgen und die anzuwendende Verteilung ist zwangsläufig die **Hypergeometrische Verteilung**. Es folgt zunächst eine Maske, in der Sie die zur Berechnung benötigten Zahlen eingeben können (s. Abb. 7.8).

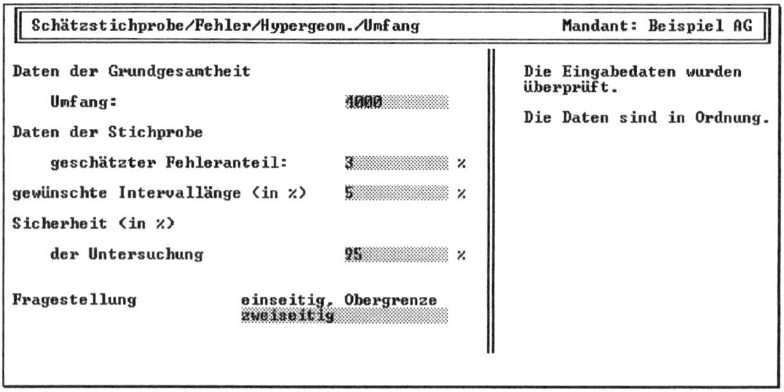

*Abb. 7.8: **Eingabemaske zur Bestimmung des Mindeststichprobenumfangs einer Schätzstichprobe für die Fehleranzahl bzw. den Fehleranteil im Prüffeld***

Im einzelnen werden benötigt:

- *Daten, die sich auf die Grundgesamtheit beziehen*:
  (a) der Umfang **N;**

- *Daten, die sich auf die Stichprobe beziehen*:
  (b) der geschätzte Fehleranteil $\hat{p}$;

- *Daten, die sich auf das Konfidenzintervall beziehen*:
  (c) die gewünschte Intervallänge (in Prozent) **L;**

- *Angaben zum gewünschten Sicherheitgrad der Untersuchung*:
  (d) der Sicherheitsgrad der Untersuchung **$1-\alpha$.**

zu (a) Den **Umfang der Grundgesamtheit N** entnehmen Sie der Buchhaltung oder lassen ihn von **RSW** errechnen (vgl. Abschnitt 5.5). Er entspricht der Anzahl der Buchwerte. Haben Sie mit **RSW** eine Buchwertdatei aufgegriffen (vgl. Abschnitt 5.1), wird der Umfang dieser Datei voreingestellt.

zu (b) Den **geschätzten Fehleranteil $\hat{p}$** müssen Sie festlegen. Dazu müssen Sie jedoch über **Vorinformationen** verfügen. Das können einerseits **Erfahrungswerte**, andererseits aber auch Ergebnisse einer **Vorstichprobe** sein, was insbesondere dann der Fall sein wird, wenn Sie die Untersuchung bereits durchgeführt haben, der geschätzte Fehleranteil jedoch falsch war und Sie deshalb eine erneute Berechnung durchführen wollen. Haben Sie von **RSW** eine Stichprobendatei auswerten lassen (vgl. Abschnitt 6.7), wird der dort berechnete Wert voreingestellt.

zu (c) Die gewünschte **Intervallänge L** gibt die **Spannweite** zwischen **Obergrenze** und **Untergrenze** des zu berechnenden Konfidenzintervalls an, die ins Verhältnis zur Grundgesamtheit gesetzt wird. Diesen Wert müssen Sie festlegen. Wählen Sie eine Intervallänge, die Ihre Genauigkeitsanforderungen an die Untersuchung erfüllt. Das Programm **RSW** wird den Stichprobenumfang so bestimmen, daß die Intervallänge höchstens den von Ihnen eingegebenen Wert erreicht.

zu (d) Der gewünschte **Sicherheitsgrad 1-α** gibt an, mit welcher Wahrscheinlichkeit die tatsächliche Fehleranzahl bzw. der tatsächliche Fehleranteil in dem aufgrund der Stichprobe später berechneten Intervall liegen wird. Wählen Sie die Sicherheit, die durch die Prüfungsvorschriften vorgegeben wird. Geben Sie diesen Wert in Prozent ein. Sofern Sie bei der **Standardvorgabenverwaltung** (vgl. Abschnitt 8.1) den allgemein geforderten Sicherheitsgrad eingegeben haben, wird dieser entsprechend voreingestellt.

Sind diese Daten eingegeben, erfolgt sofort eine Validitätsprüfung. Sollte ein Fehler auftreten, der eine Berechnung unmöglich macht, werden Sie darauf hingewiesen und können die Eingaben korrigieren.

Sofern es nicht aus der von Ihnen eingegebenen Datenkonstellation bereits eindeutig hervorgeht, können Sie anschließend festlegen, ob bei der Bestimmung des Konfidenzintervalls beide Intervallgrenzen berechnet werden sollen, oder ob sich die Berechnung auf die Bestimmung der Obergrenze beschränken soll (s. Abb. 7.1). Die Abfrage lautet:

Fragestellung	**einseitig, Obergrenze**
	zweiseitig

Wählen Sie die gewünschte Fragestellung mit Hilfe der Pfeiltasten [↑] und [↓] aus und bestätigen Sie die Auswahl mit der Taste [↵]. Daraufhin werden Sie gefragt, ob die Ergebnisse der Untersuchung protokolliert werden sollen. Dies dient dazu, später direkt auf die Berechnungsergebnisse zurückgreifen zu können, ohne eine erneute Berechnung durchführen zu müssen (vgl. Abschnitt 7.6). Unabhängig von Ihrer Wahl kann in jedem Fall ein Arbeitspapier ausgedruckt werden, das die Ergebnisse der Berechnung wiedergibt.

Beispiel 5:

Sie schätzen den Fehleranteil in der Stichprobe aufgrund von Erfahrungswerten auf $\hat{p}$ = **3 %**. Der Umfang der Grundgesamtheit beträgt **N = 4000**. Eine Intervallänge von **L = 5 %** ist akzeptabel. Die Prüfungsvorschriften setzen eine Sicherheitswahrscheinlichkeit von **95 %** voraus **(1-α = 0.95)**. Es sind Intervallober- und -untergrenze zu bestimmen.

Nach Eingabe der Werte erhalten Sie die in Abb. 7.9 dargestellte Ausgabe:

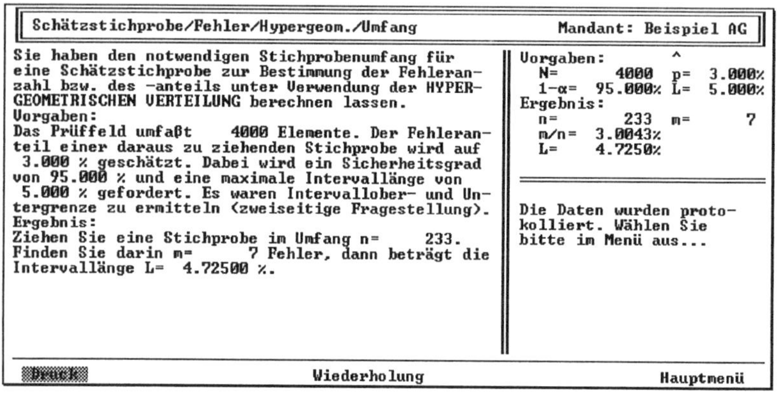

Abb. 7.9: Ausgabe des berechneten Mindeststichprobenumfangs einer Schätzstichprobe für die Fehleranzahl bzw. den Fehleranteil im Prüffeld

Die Handlungsanweisung von **RSW** lautet:

> ***Ziehen Sie eine Stichprobe im Umfang von n = 233. Finden Sie darin m = 7 Fehler, dann beträgt die Intervallänge L = 4.72500 %.***

Der Umfang von **n = 233** stellt den **Mindeststichprobenumfang** dar, damit die vorgegebene Sicherheit eingehalten wird. Ein höherer Stichprobenumfang erfüllt selbstverständlich die Anforderungen an die **Genauigkeit** und die **Sicherheit** noch besser, ist allerdings auch mit einem höheren Aufwand verbunden. Die von Ihnen gewünschte Intervallänge von 5 % wird durch den hier berechneten Wert von **L = 4.72500 %** eingehalten.

Wie die Stichprobenziehung erfolgen kann, wird unter (B) beschrieben. **Beachten Sie aber folgendes:**

☞ Wichtig: **Der berechnete Mindeststichprobenumfang von n = 233 gilt nur für die von Ihnen eingegebene Wertekombination, d. h. nur wenn sich in der Stichprobe tatsächlich genau m = 7 Fehler befinden! Sollten Sie in der Stichprobe mehr als m = 7 Fehler finden, ist eine der Bedingungen für die Berechnung des Mindeststichprobenumfangs nicht mehr erfüllt, da p ≠ 3 %. Sie sollten in diesem Fall die Berechnung des Mindeststichprobenumfangs erneut durchführen und als geschätzten Fehleranteil den soeben ermittelten verwenden. Finden Sie weniger als m = 7 Fehler, ist zwar auch in diesem Fall eine der Bedingungen nicht erfüllt, jedoch würde eine erneute Berechnung einen geringeren Mindestichprobenumfang ergeben. Somit erhalten Sie durch den höheren Stichprobenumfang bei gleicher Intervallänge eine größere Sicherheit bzw. bei gleicher Sicherheit eine kürzere Intervallänge als gefordert.**

In der letzten Bildschirmzeile erscheint eine Menüleiste, die die Optionen "**Druck**", "**Wiederholung**" und "**Hauptmenü**" anbietet. Bei der Auswahl von "**Druck**" wird das im Anhang auf der Seite A.12 abgebildete Arbeitspapier für die Prüfungsunterlagen ausgedruckt. Wählen Sie dagegen "**Wiederholung**" aus, können Sie die Berechnung erneut durchführen lassen, wobei Sie zunächst die Möglichkeit erhalten, die Eingaben zu verändern. Durch die Auswahl von "**Hauptmenü**" verlassen Sie diese Berechnungen und kehren zum Auswahlfenster "**Prüfungen**" des Hauptmenüs zurück.

(B) Durchführung der Stichprobenuntersuchung

Die Durchführung der Stichprobenuntersuchung besteht in der **Ziehung der Stichprobenelemente** sowie deren **Erfassung**. Bedenken Sie, daß auch an die Ziehung der Stichprobenelemente - ob sie noch erfolgen muß oder bereits erfolgt ist - die Bedingung gestellt wird, daß die unter (A) beschriebenen Anwendungsvoraussetzungen erfüllt sind.

Sofern Sie auf die Buchwerte als **dBase III** (+) Datei zurückgreifen können, führen Sie einen Dateiimport zum Programm **RSW** durch (vgl. Abschnitt 8.2). Dann können Sie mit Hilfe von **RSW** die Stichprobenziehung durchführen lassen (vgl. Abschnitt 6.5), wobei die Bedingungen [1], [3] und [4] automatisch erfüllt sind. Dadurch vermeiden Sie die aufwendige Ermittlung der Stichprobenelemente mit Hilfe von Zufallszahlentafeln oder Zufallszahlengeneratoren. Ein weiterer Vorteil besteht darin, daß Sie alle für die spätere Entscheidungsfindung benötigten Kennzahlen vom Programm **RSW** berechnen lassen können (vgl. Abschnitt 6.7). Die Stichprobe kann auch weiter verwendet werden, wenn z. B. im Anschluß Berechnungen im Rahmen einer Annahmestichprobe durchgeführt werden sollen (vgl. Abschnitt 7.2 und Abschnitt 7.3) oder Untersuchungen folgen, die den Gesamtwert des Prüffeldes zum Gegenstand haben (vgl. Abschnitt 7.3 und Abschnitt 7.5). Ist die Stichprobenziehung abgeschlossen, erfassen Sie die Wahren Werte der Stichprobenelemente. Eine Beschreibung, wie die Daten in der Stichprobendatei erfaßt werden können, finden Sie im Abschnitt 5.3.

Für die gezogene Stichprobe müssen noch einige **Kennzahlen** ermittelt werden, die für die Ergebnisfindung benötig werden. Dies sind:

[1] Der **Umfang der Stichprobe n** (bereits bekannt!) und

[2] die **Fehleranzahl in der Stichprobe m** (z. B. durch den Vergleich der Buchwerte mit den Wahren Werten der Stichprobenelemente).

Wurde die Stichprobe vom Programm **RSW** gezogen, können Sie die Fehleranzahl u. U. ebenfalls von **RSW** ermitteln lassen (vgl. Abschnitt 6.7).

(C) Auswertung der Stichprobenprüfung

Die Auswertung der Stichprobenprüfung besteht in diesem Fall in der **Bestimmung des Konfidenzintervalls** für die **Fehleranzahl** bzw. den **Fehleranteil** im untersuchten Prüffeld. Um diese Berechnung durchzuführen, wählen Sie wie folgt aus:

[I]	**Stichprobe:**	**Schätzstichprobe**
[II]	**Untersuchungsmerkmal:**	**Fehleranzahl bzw. -anteil im Prüffeld**
[III]	**Stichprobenumfang:**	**Eingabe durch den Benutzer**

Damit ist die Untersuchungsmethode hinreichend spezifiziert. Bei der Art der Hochrechnung kann keine Auswahl erfolgen. Die anzuwendende Verteilung ist zwangsläufig die modelltheoretisch richtige **Hypergeometrische Verteilung**. Es folgt zunächst eine Maske, in der Sie die zur Berechnung benötigten Zahlen eingeben können (s. Abb. 7.10).

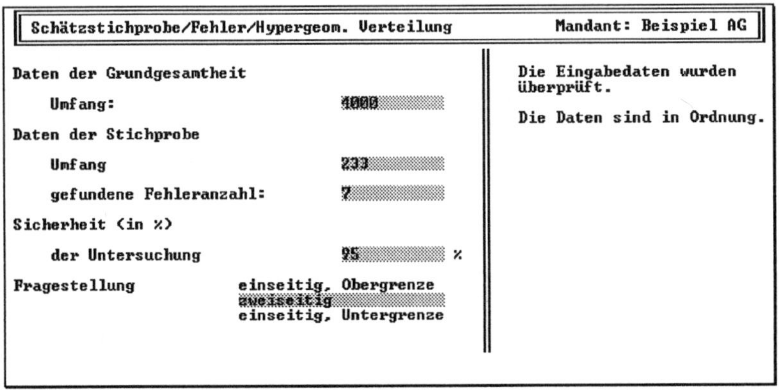

Abb. 7.10: Eingabemaske zur Berechnung eines Konfidenzintervalls für die Fehleranzahl bzw. den Fehleranteil im Prüffeld

Im einzelnen werden benötigt:

- *Daten, die sich auf die Grundgesamtheit beziehen*:
  (a) der Umfang **N**;

- *Daten, die sich auf die Stichprobe beziehen*:
  (b) der Umfang **n** und
  (c) die gefundene Fehleranzahl **m**;

- *Angaben zum gewünschten Sicherheitgrad der Untersuchung*:
  (d) der Sicherheitsgrad der Untersuchung **1-α**.

zu (a) Den **Umfang der Grundgesamtheit N** entnehmen Sie der Buchhaltung oder lassen ihn von **RSW** berechnen (vgl. Abschnitt 5.1). Er entspricht der Anzahl der Buchwerte. Haben Sie mit **RSW** eine Buchwertdatei aufgegriffen (vgl. Abschnitt 5.1), wird der Umfang dieser Datei voreingestellt.

zu (b) Den **Umfang der Stichprobe n** haben Sie unter (A) berechnen lassen bzw. kennen ihn, wenn bereits eine gezogene Stichprobe vorlag. Sofern Sie mit **RSW** eine Stichprobendatei aufgegriffen haben (vgl. Abschnitt 6.1), wird der Umfang dieser Datei voreingestellt.

zu (c) Die **Fehleranzahl m** haben Sie bereits unter (B) ermittelt bzw. ermitteln Sie z. B. durch den Vergleich der Buchwerte mit den Wahren Werten der Stichprobenelemente. Wurde die Stichprobe vom Programm **RSW** gezogen, können Sie u. U. die Fehleranzahl von **RSW** ermitteln lassen (vgl. Abschnitt 6.7). In diesem Fall wird die ermittelte Fehleranzahl voreingestellt.

zu (d) Der **gewünschte Sicherheitsgrad 1-α** gibt an, mit welcher Wahrscheinlichkeit die tatsächliche Fehleranzahl bzw. der tatsächliche Fehleranteil in dem aufgrund der Stichprobe später berechneten Intervall liegen wird. Wählen Sie die Sicherheit, die durch die Prüfungsvorschriften vorgegeben wird. Geben Sie diesen Wert in Prozent ein. Sofern Sie bei der **Standardvorgabenverwaltung** (vgl. Abschnitt 8.1) den allgemein geforderten Sicherheitsgrad eingegeben haben, wird dieser entsprechend voreingestellt.

Sind diese Daten eingegeben, erfolgt sofort eine Validitätsprüfung. Sollte ein Fehler auftreten, der eine Berechnung unmöglich macht, werden Sie darauf hingewiesen und können die Eingaben korrigieren.

Sofern es nicht aus der von Ihnen eingegebenen Datenkonstellation bereits eindeutig hervorgeht, können Sie anschließend festlegen, ob bei der Bestimmung des Konfidenzintervalls beide Intervallgrenzen berechnet werden sollen, oder ob sich die Berechnung auf die Bestimmung der Ober- bzw. Untergrenze beschränken soll (s. Abb. 7.10). Die Abfrage lautet:

Fragestellung	**einseitig, Obergrenze**
	zweiseitig
	einseitig, Untergrenze

Wählen Sie die gewünschte Fragestellung mit Hilfe der Pfeiltasten [↑] und [↓] aus und bestätigen Sie die Auswahl mit der Taste [↵]. Danach werden Sie gefragt, ob die Ergebnisse der Untersuchung protokolliert werden sollen. Dies dient dazu, später direkt auf die Berechnungsergebnisse zurückgreifen zu können, ohne eine erneute Berechnung durchführen zu müssen (vgl. Abschnitt 7.6). Unabhängig von Ihrer Wahl kann in jedem Fall ein Arbeitspapier ausgedruckt werden, das die Ergebnisse der Berechnung wiedergibt.

Beispiel 6: (Fortsetzung des Beispiels 5)

Die vorgefundene Fehleranzahl in der nach Anweisung im Umfang von **n = 233** durchgeführten Stichprobe beträgt tatsächlich **m = 7**. Der Umfang der Grundgesamtheit beträgt **N = 4000**. Die Prüfungsvorschriften setzen eine Sicherheitswahrscheinlichkeit von **95 %** voraus **(1-α = 0.95)**. Es sollen die Intervallober- und -untergrenze bestimmt werden.

Nach Eingabe der Werte und Durchführung der Berechnungen erhalten Sie die in Abb. 7.11 dargestellte Ausgabe:

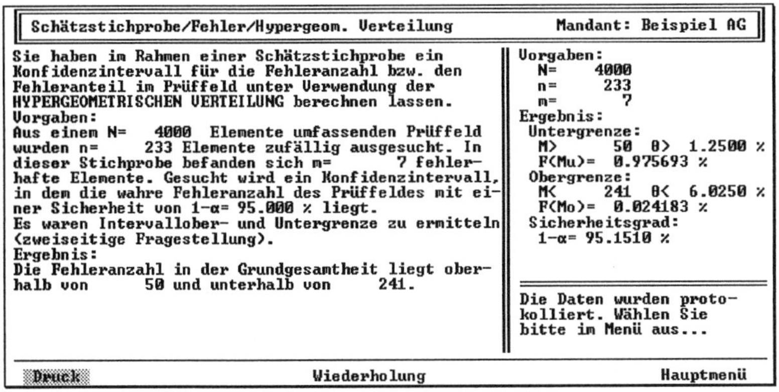

Abb. 7.11: Ausgabe des berechneten Konfidenzintervalls für die Fehleranzahl bzw. den Fehleranteil im Prüffeld

Die Berechnungen ergeben, daß mit einer Sicherheit von **1-α = 95.151 %** die Fehleranzahl im Prüffeld zwischen **50** und **241** bzw. der Fehleranteil zwischen **1.25 %** und **6.025 %** liegt. Die Intervallänge entspricht mit $\mathbf{L = \frac{241-50-2}{4000} = 0.04725 = 4.725\ \%}$ genau der vorher berechneten Intervallänge.

In der letzten Bildschirmzeile erscheint wiederum eine Menüleiste, die die Optionen "**Druck**", "**Wiederholung**" und "**Hauptmenü**" anbietet. Bei der Auswahl von "**Druck**" wird das im Anhang auf der Seite A.13 abgebildete Arbeitspapier für die Prüfungsunterlagen ausgedruckt. Wählen Sie dagegen "**Wiederholung**" aus, können Sie die Berechnung erneut durchführen lassen, wobei Sie zunächst die Möglichkeit erhalten, die Eingaben zu verändern. Durch die Auswahl von "**Hauptmenü**" verlassen Sie diese Berechnungen und kehren zum Auswahlfenster "**Prüfungen**" des Hauptmenüs zurück.

(D) Prüfungsentscheidung bzw. Urteilsbildung

Da Schätzverfahren nicht zur Bestimmung von Entscheidungsregeln ausgelegt sind, müssen Sie letztlich entscheiden, ob das Prüffeld im Hinblick auf das Untersuchungsmerkmal als ordnungsmäßig eingestuft wird, oder ob die Ordnungsmäßigkeit des Prüffeldes nicht testiert werden kann. Dies kann jedoch nur erfolgen, wenn zuvor ein **Toleranzbereich** festgelegt wurde, der nun mit dem soeben berechneten **Konfidenzinter-**

vall verglichen werden muß. Liegt das Konfidenzintervall nicht außerhalb dieses Toleranzbereichs, kann die Ordnungsmäßigkeit des Prüffeldes angenommen werden; anderenfalls bietet sich die Ablehnung der Ordnungsmäßigkeit an.

☞ **Wichtig: Eine Beurteilung der Ordnungsmäßigkeit des Prüffeldes auf der Basis einer Schätzstichprobe kann nicht gleichzeitig das Risiko des Geprüften und das Prüferrisiko begrenzen. Soll eine Entscheidung über die Ordnungsmäßigkeit des Prüffeldes getroffen werden, führen Sie besser eine Annahmestichprobe durch (vgl. Abschnitt 7.2).**

(E) Verwendung einer bereits gezogenen Stichprobe

Grundsätzlich kann jede Stichprobe beliebigen Umfangs zur Berechnung herangezogen werden, sofern die unter (A) dargestellten Anwendungsvoraussetzungen bei der Ziehung der Stichprobe erfüllt waren. Ein Mindeststichprobenumfang braucht nur dann bestimmt und eingehalten zu werden, wenn Anforderungen an die Genauigkeit der Untersuchung gestellt werden. Sofern Sie zur Entscheidungsfindung eine bereits gezogene Stichprobe verwenden wollen, wird deren Umfang i. d. R. nicht dem Mindeststichprobenumfang entsprechen.

Ist der Stichprobenumfang **kleiner** als der Mindeststichprobenumfang, müssen Sie entsprechend die fehlenden Elemente unter Einhaltung der unter (A) geschilderten Anwendungsvoraussetzungen **nachziehen**, damit die **gewünschte Länge** des Intervalls und auch der **gewünschte Sicherheitsgrad** der Untersuchung eingehalten werden. Wurde die Stichprobe bereits vom Programm **RSW** gezogen (vgl. Abschnitt 6.5), können auch die weiteren Stichprobenelemente von **RSW** nachgezogen werden. Dabei werden automatisch die Bedingungen [1], [3] und [4] aus (A) eingehalten. Eine Beschreibung der Vorgehensweise finden Sie im Abschnitt 6.6.

Ist der Stichprobenumfang **größer** als der Mindeststichprobenumfang, können Sie die Stichprobe **ohne weiteres zur Bestimmung des Konfidenzintervalls verwenden**. Sofern Sie den gleichen Sicherheitsgrad **$1-\alpha$** vorgeben, wird durch den höheren Stichprobenumfang **n** das Konfidenzintervall kürzer. Andererseits können Sie den Sicherheitsgrad **$1-\alpha$** in gewissen Grenzen erhöhen, wobei weiterhin die gewünschte Länge des Konfidenzintervalls nicht unbedingt überschritten werden muß.

☞ **Hinweis: Sie können auch bei zu kleinem Stichprobenumfang das Konfidenzintervall mit Hilfe der Stichprobe schätzen, ohne weitere Elemente nachzuziehen. Das hat allerdings zur Folge, daß entweder die gewünschte Länge des Konfidenzintervalls oder aber der gewünschte Sicherheitsgrad der Untersuchung nicht eingehalten werden. Von diesem Vorgehen ist also abzuraten, wenn eine vorgegebene Genauigkeit eingehalten werden soll.**

7.5 Bestimmung eines Konfidenzintervalls für den Gesamtwert des Prüffeldes

Ziel dieser Untersuchung ist es, aufgrund einer Stichprobe eine Aussage über die **Höhe des Gesamtwertes des Prüffeldes** zu machen. Auf der Basis der ermittelten Parameter der gezogenen Stichprobe erfolgt der **Repräsentationsschluß** für das gesamte Prüffeld, also die **Hochrechnung für den Gesamtwert** des Prüffeldes. Dazu wird ein **Konfidenzintervall** bestimmt, innerhalb dessen der Gesamtwert des Prüffeldes mit vorgegebener Sicherheit liegt.

Diese Hochrechnung kann einerseits als **Freie Hochrechnung** erfolgen, d. h., daß lediglich die Wahren Werte der Stichprobe zur Berechnung herangezogen werden, andererseits kann durch die Einbeziehung der Buchwerte der Stichprobenelemente die Hochrechnung mit Hilfe der **Gebundenen Hochrechnung** durchgeführt werden. Nähere Ausführungen dazu finden Sie in den folgenden Abschnitten.

Im Gegensatz zur Annahmestichprobe ist eine Schätzstichprobe nicht dazu ausgelegt, als Ergebnis eine Entscheidungsregel über die Ordnungsmäßigkeit zu geben. Es werden **keine Hypothesen getestet**, sondern es findet eine **Schätzung des Gesamtwertes des Prüffeldes** statt. Ob aufgrund dieser Schätzung über die Ordnungsmäßigkeit des Prüffeldes entschieden werden soll, obliegt Ihnen selbst. **Eine Entscheidungsvorgabe wird nicht geliefert.**

Kurzübersichten über den jeweiligen Prüfungsablauf finden Sie in Form von Ablaufplänen im Anhang auf den Seite A.4 und A.5.

Die folgenden Schilderungen sind zur besseren Übersichtlichkeit unterteilt in

(A) Prüfungsvorbereitung,
(B) Durchführung der Stichprobenuntersuchung,
(C) Auswertung der Stichprobenprüfung mit Hilfe der Freien Hochrechnung,
(D) Auswertung der Stichprobenprüfung mit Hilfe der Gebundenen Hochrechnung,
(E) Prüfungsentscheidung bzw. Urteilsbildung und
(F) Verwendung einer bereits gezogenen Stichprobe.

(A) Prüfungsvorbereitung

Die Prüfungsvorbereitung besteht bei diesem Verfahren hauptsächlich aus
- der **Abgrenzung des Prüffeldes**,
- der **Überprüfung der Anwendungsvoraussetzungen**, und
- der **Festlegung der Sicherheitswahrscheinlichkeit 1-α**.

Soll die Genauigkeit der Untersuchung über die Länge des Konfidenzintervalls vorgegeben werden, muß in dieser Phase weiterhin
- die **Bestimmung** des zur Einhaltung der gewünschten Genauigkeit **notwendigen Stichprobenumfangs** sowie
- die **Schätzung der dazu benötigten Parameter**

erfolgen. Wenn die Stichprobe zur **Entscheidungsfindung über die Ordnungsmäßigkeit** des Prüffeldes verwendet werden soll, muß außerdem ein **Toleranzbereich** festgelegt werden, innerhalb dessen der Gesamtwert des Prüffeldes liegen muß, damit das Prüffeld noch als ordnungsmäßig anzuerkennen ist.

Die **Abgrenzung des Prüffeldes** ist erforderlich, damit klargestellt ist, welche Elemente zum Prüffeld gehören. Bei dieser Abgrenzung sind nach **v. Wysocki** zu berücksichtigen:

- die **Zuordnung zu den Abschlußpositionen**,
- die **anzuwendende Prüfungsmethode**,
- **personelle** und **zeitliche Aspekte**.

Nach der Abgrenzung des Prüffeldes ist die Einhaltung der **Anwendungsvoraussetzungen** zu überprüfen, da eine Annahmestichprobe nur dann zu statistisch gesicherten Ergebnissen führen kann, wenn diese erfüllt sind. Die Anwendungsvoraussetzungen beziehen sich zum einen auf die Grundgesamtheit, also das Prüffeld, zum anderen auf die Stichprobenziehung. Einzuhalten sind insbesondere folgende Bedingungen:

[1] Der Zugriff auf **jedes Element** im Prüffeld muß möglich sein, d. h. alle Elemente des Prüffeldes müssen eine **von Null verschiedene, berechenbare Wahrscheinlichkeit** besitzen, in die Stichprobe zu gelangen.

[2] Die Auswahl der Stichprobenelemente muß **zufallsgesteuert** erfolgen. Verwenden Sie deshalb die in **RSW** integrierte Stichprobenziehung oder benutzen Sie Zufallszahlentafeln bzw. Zufallszahlengeneratoren.

[3] Bei der Stichprobenziehung muß das Entnahmemodell "**Ziehen ohne Zurücklegen**" zugrundegelegt werden. Weiterhin muß als Ergänzung zur Voraussetzung [1] gewährleistet sein, daß jedes Element nicht nur eine berechenbare Wahrscheinlichkeit besitzt, in die Stichprobe zu gelangen, sondern wegen des unterstellten Modells muß **jedes noch nicht gezogene Element** die **gleiche Auswahlwahrscheinlichkeit** besitzen.

[4] Da den Berechnungen die **Normalverteilung** zu Grunde liegt, sollten die Positionswerte in der Grundgesamtheit normalverteilt sein. Da davon jedoch i. d. R. nicht ausgegangen werden kann, muß der Stichprobenumfang genügend groß sein, damit nach dem **Zentralen Grenzwertsatz** auch bei **beliebiger Verteilung der Positionswerte** der Grundgesamtheit die **Normalverteilung** verwendet werden darf. Insbesondere in folgenden Fällen ist aber dennoch von der Anwendung der **Normalverteilung abzuraten**:

1. Der **Stichprobenumfang liegt unter 30** (dies ist nach der Berechnung des Stichprobenumfangs zu überprüfen).
2. Die Werte der Positionen im Prüffeld sind zu **inhomogen**.
3. Das Prüffeld enthält "**Ausreißer**".

[5] Bei der Anwendung der **Freien Hochrechnung** kann die Berechnung bei Stichprobenumfängen bis zu 30 mit Hilfe der **Studentverteilung** durchgeführt werden. Dazu muß jedoch gewährleistet sein, daß die **Positionswerte** in der Grundgesamtheit **annähernd normalverteilt** sind.

[6] Soll die Berechnung mit Hilfe der Verfahren der **Gebundenen Hochrechnung** erfolgen, müssen weitere Voraussetzungen erfüllt sein, damit die Einhaltung der vorgegebenen Sicherheitswahrscheinlichkeit gewährleistet ist. So ist bei der **Verhältnisschätzung** sicherzustellen, daß die Variationskoeffizienten $\mathbf{VC_{\bar{x}}}$ und $\mathbf{VC_{\bar{y}}}$ beide **kleiner als 10 %** sind. Bei der **Linearen Regressionsschätzung** muß der Stichprobenumfang mindestens **n = 50** betragen. Die Erfüllung dieser speziellen Voraussetzungen wird allerdings vom Programm überprüft, so daß Ihnen lediglich die zulässigen Verfahren zur Auswahl angeboten werden.

[7] Beachten Sie, daß **RSW** sich grundsätzlich nur zur Untersuchung der **Positionswerte, nicht** aber zur Untersuchung der **Fehlerwerte** (Abweichung der Buchwerte von den Wahren Werten) eignet.

Sollte auch nur eine dieser Bedingungen nicht erfüllt sein, kann auf der Basis einer Stichprobe keine Schätzung des Gesamtwertes des Prüffeldes erfolgen, die der noch zu definierenden Sicherheitsanforderung entspricht. Dann ist eine Vollerhebung notwendig.

Ein **Toleranzbereich** muß **nicht in jedem Fall** festgelegt werden, sondern nur, wenn aufgrund der Berechnungen eine Entscheidung über die Ordnungsmäßigkeit des Prüffeldes getroffen werden soll. Mit dem **Toleranzbereich** wird festgelegt, in welchem Intervall der Gesamtwert liegen darf, damit das Prüffeld noch als ordnungsmäßig angenommen werden kann. Eine einheitliche Aussage über die Größe dieses Toleranzbereichs kann nicht getroffen werden; vielmehr müssen Sie die Größe jeweils in Abhängigkeit von den möglichen Auswirkungen auf die Rechnungslegung festlegen.

Prinzipiell kann die Schätzstichprobe auf der Basis eines jeden Stichprobenumfangs durchgeführt werden. Die Bestimmung des **Mindeststichprobenumfangs** ist nur dann notwendig, wenn sichergestellt werden soll, daß eine gewünschte **Genauigkeit** der Ergebnisse, ausgedrückt durch die **Intervallänge L**, und die gewünschte bzw. vorgeschriebene Sicherheit, ausgedrückt durch die **Sicherheitswahrscheinlichkeit 1-α**, auch tatsächlich eingehalten werden. Die Sicherheitswahrscheinlichkeit besagt, mit welcher Wahrscheinlichkeit der **tatsächliche Gesamtwert** in dem mit Hilfe der Stichprobe berechneten Konfidenzintervall liegt.

Möchten Sie eine **bereits gezogene Stichprobe** zur Auswertung heranziehen, sollten Sie, sofern Sie Anforderungen an die **Genauigkeit** der Untersuchung stellen, dennoch den Mindeststichprobenumfang berechnen lassen, um zu überprüfen, ob die Anforderungen eingehalten werden. Stellen Sie weiterhin unbedingt sicher, daß bei der Ziehung der Stichprobe die in diesem Abschnitt beschriebenen **Anwendungsvoraussetzungen** tatsächlich erfüllt waren, da sonst mit Hilfe von mathematisch-statistischen Verfahren keine gesicherten Aussagen über die Kennzahlen der Grundgesamtheit getroffen werden können. Wenn Sie eine Stichprobe mit einen anderen Umfang als dem Mindeststichprobenumfang verwenden, beachten Sie außerdem die Anmerkungen unter (E).

Die Bestimmung des Mindeststichprobenumfangs wird im folgenden für die **Freie Hochrechnung** und für die Verfahren der **Gebundenen Hochrechnung** getrennt dargestellt. Für die Beispielaufgaben wird jeweils das gleiche Prüffeld zugrunde gelegt. Beachten Sie, welche Unterschiede sich bei den notwendigen Stichprobenumfängen ergeben.

(A1) Bestimmung des Mindeststichprobenumfangs für die Freie Hochrechnung

Zur **Bestimmung des Mindeststichprobenumfangs** für die Freie Hochrechnung gehen Sie wie folgt vor:

Bei der nach Auswahl von "**Berechnungen**" im Auswahlfenster "**Prüfungen**" durchzuführenden Festlegung der Untersuchungsmethode wählen Sie aus:

[I]	**Stichprobe:**	**Schätzstichprobe**
[II]	**Untersuchungsmerkmal:**	**Gesamtwert des Prüffeldes**
[III]	**Stichprobenumfang:**	**Berechnung durch RSW**
[IV]	**Hochrechnung:**	**Freie Hochrechnung**

Damit ist die Untersuchungsmethode hinreichend spezifiziert. Als anzuwendende Verteilung gibt **RSW** die **Normalverteilung** vor. Tragen Sie deshalb dafür Sorge, daß die Bedingungen für die Anwendung der **Normalverteilung** tatsächlich erfüllt sind. Um dies sicherzustellen, erfolgt zunächst ein Hinweis, der Sie an die Überprüfung der Erfüllung dieser Bedingungen erinnert. Darauf folgt eine Maske, in der Sie die zur Berechnung benötigten Zahlen eingeben können (s. Abb. 7.12).

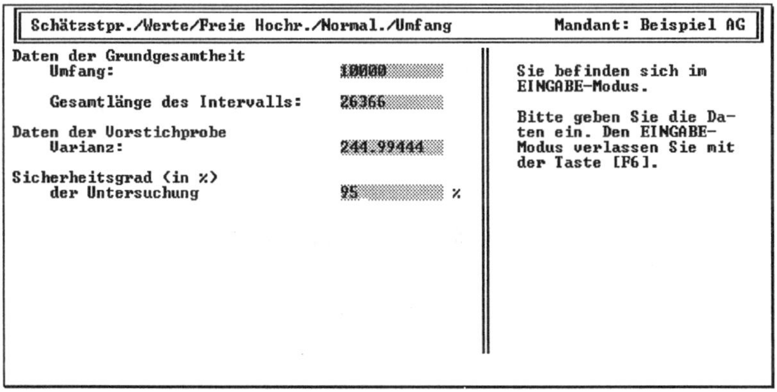

Abb. 7.12: Eingabemaske zur Bestimmung des Mindeststichprobenumfangs einer Schätzstichprobe für den Gesamtwert des Prüffeldes bei Anwendung der Freien Hochrechnung

Im einzelnen werden benötigt:

- *Daten, die sich auf die Grundgesamtheit beziehen*:
  (a) der Umfang **N** und
  (b) die Gesamtlänge des zu bestimmenden Intervalls **L**;

- *Daten, die sich auf die Vorstichprobe beziehen*:
  (c) die Stichprobenvarianz der Wahren Werte s_Y^2;

- *Angaben zum gewünschten Sicherheitgrad der Untersuchung*:
  (d) der Sicherheitsgrad der Untersuchung **1-α**.

zu (a) Den **Umfang der Grundgesamtheit N** entnehmen Sie der Buchhaltung oder lassen ihn von **RSW** errechnen (vgl. Abschnitt 5.5). Er entspricht der Anzahl der Buchwerte. Haben Sie mit **RSW** eine Buchwertdatei aufgegriffen (vgl. Abschnitt 5.1), wird der Umfang dieser Datei voreingestellt.

zu (b) Die gewünschte **Intervallänge L** gibt die **Spannweite** zwischen **Obergrenze** und **Untergrenze** des zu berechnenden Intervalls an. Diesen Wert müssen Sie festlegen. Wählen Sie eine Intervallänge, die Ihre Genauigkeitsanforderungen an die Untersuchung erfüllt. Das Programm **RSW** wird den Stichprobenumfang so bestimmen, daß die Intervallänge höchstens den von Ihnen eingegebenen Wert erreicht.

zu (c) Die **Stichprobenvarianz der Wahren Werte** s_Y^2 einer Vorstichprobe wird zur Schätzung der Varianz der Grundgesamtheit der Wahren Werte verwendet, da diese bei der Bestimmung des Stichprobenumfangs i. d. R. nicht bekannt ist. Alternativ können Sie dazu auch
- einen **Erfahrungswert** oder
- die **Varianz der Grundgesamtheit der Buchwerte**

verwenden. Die Verwendung eines Erfahrungswertes ist dabei die schlechteste Möglichkeit, weil damit implizit davon ausgegangen wird, daß die Varianz im Zeitablauf konstant ist. Dies wird i. d. R. jedoch nicht zutreffen. Die Stichprobenvarianz einer Vorstichprobe oder die Varianz der Grundgesamtheit der Buchwerte können Sie ggf. nach dem Import der entsprechenden Dateien vom Programm **RSW** berechnen lassen (vgl. Abschnitt 5.5 und Abschnitt 6.7). Ist die Stichprobenvarianz einer Vorstichprobe vom Programm **RSW** berechnet worden, wird diese voreingestellt.

zu (d) Der **gewünschte Sicherheitsgrad 1-α** gibt an, mit welcher Wahrscheinlichkeit der Wahre Gesamtwert in dem aufgrund der Stichprobe später berechneten Intervall liegen wird. Wählen Sie die Sicherheit, die durch die Prüfungsvorschriften vorgegeben wird. Geben Sie diesen Wert in Prozent ein. Sofern Sie bei der **Standardvorgabenverwaltung** (vgl. Abschnitt 8.1) den allgemein geforderten Sicherheitsgrad eingegeben haben, wird dieser entsprechend voreingestellt.

Sind diese Daten eingegeben, erfolgt sofort eine Validitätsprüfung. Sollte ein Fehler auftreten, der eine Berechnung unmöglich macht, werden Sie darauf hingewiesen und können die Eingaben korrigieren. Bei richtiger Eingabe erscheint ein Hinweis, daß die Berechnung für die zweiseitige Fragestellung erfolgt, also für die Bestimmung von Unter- und Obergrenze des Konfidenzintervalls. Anschließend werden Sie gefragt, ob die Ergebnisse der Untersuchung protokolliert werden sollen. Dies dient dazu, später direkt auf die Berechnungsergebnisse zurückgreifen zu können, ohne eine erneute Berechnung durchführen zu müssen (vgl. Abschnitt 7.6). Unabhängig von Ihrer Wahl kann in jedem Fall ein Arbeitspapier ausgedruckt werden, das die Ergebnisse der Berechnungen enthält.

Beispiel 7:

Der Umfang der Grundgesamtheit beträgt **N = 10000**. Da der Gesamtbuchwert **X = 659150.00 DM** beträgt und die Prüfungsvorschriften den relativen Fehler $\mathbf{e_r}$ auf **2 %** begrenzen, ist eine Intervallänge von **L = 26366.00 DM** akzeptabel. Die Prüfungsvorschriften setzten außerdem eine Sicherheitswahrscheinlichkeit von **95 %** voraus **(1-α = 0.95)**. Eine Vorstichprobe vom Umfang **n = 50** ergab eine Stichprobenvarianz der Wahren Werte von $\mathbf{s_Y^2}$ **= 244.99444**. Es sollen Intervallober- und -untergrenze berechnet werden.

Nach Eingabe der Werte erhalten Sie die in Abb. 7.13 dargestellte Ausgabe:

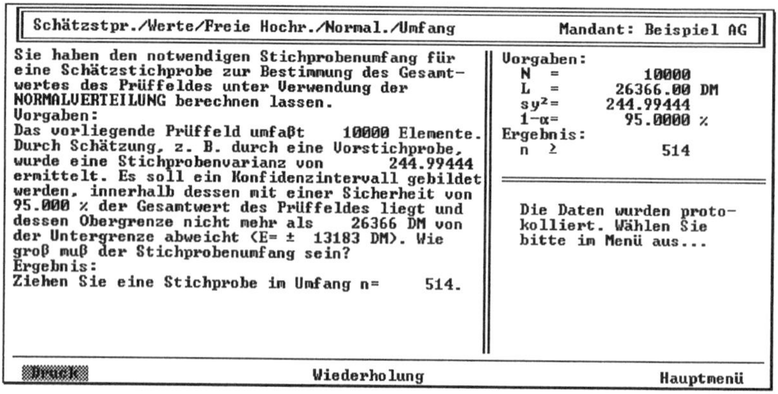
Schätzstpr./Werte/Freie Hochr./Normal./Umfang Mandant: Beispiel AG
Sie haben den notwendigen Stichprobenumfang für eine Schätzstichprobe zur Bestimmung des Gesamtwertes des Prüffeldes unter Verwendung der NORMALVERTEILUNG berechnen lassen.
Vorgaben:
Das vorliegende Prüffeld umfaßt 10000 Elemente. Durch Schätzung, z. B. durch eine Vorstichprobe, wurde eine Stichprobenvarianz von 244.99444 ermittelt. Es soll ein Konfidenzintervall gebildet werden, innerhalb dessen mit einer Sicherheit von 95.000 % der Gesamtwert des Prüffeldes liegt und dessen Obergrenze nicht mehr als 26366 DM von der Untergrenze abweicht (E= ± 13183 DM). Wie groß muß der Stichprobenumfang sein?
Ergebnis:
Ziehen Sie eine Stichprobe im Umfang n= 514.

Vorgaben:
N = 10000
L = 26366.00 DM
s_Y^2= 244.99444
1-α= 95.0000 %
Ergebnis:
n ≥ 514

Die Daten wurden protokolliert. Wählen Sie bitte im Menü aus...

Druck Wiederholung Hauptmenü

Abb. 7.13: Ausgabe des Mindeststichprobenumfangs einer Schätzstichprobe für den Gesamtwert des Prüffeldes bei Anwendung der Freien Hochrechnung

Die Handlungsanweisung von **RSW** lautet:

Ziehen Sie eine Stichprobe im Umfang von n = 514.

Der Umfang von **n = 514** stellt den **Mindeststichprobenumfang** dar, damit die vorgegebene **Genauigkeit** und die vorgegebene **Sicherheit** eingehalten werden. Ein höherer Stichprobenumfang erfüllt selbstverständlich die Genauigkeits- bzw. die Sicherheitsanforderungen noch besser, ist allerdings auch mit einem höheren Aufwand verbunden; deshalb lautet im rechten Teil des Bildschirms das Ergebnis auch **n ≥ 514**.

Wie die Stichprobenziehung erfolgen kann, wird unter (B) beschrieben. **Beachten Sie aber folgendes:**

☞ **Wichtig: Der berechnete Mindeststichprobenumfang von n = 514 gilt nur für die von Ihnen eingegebene Wertekombination, d. h. nur wenn die Stichprobenvarianz tatsächlich s_Y^2 = 244.99444 beträgt. Er stellt also eher eine Schätzung als eine genaue Angabe dar. Sollte die in der Stichprobe später ermittelte Stichprobenvarianz deutlich von dem Schätzwert abweichen, sind die Bedingungen für die Berechnung nicht mehr erfüllt. Für den Fall, daß die berechnete Stichprobenvarianz größer ist, sollten Sie die Berechnung des Mindeststichprobenumfangs erneut durchführen und als geschätzte Stichprobenvarianz die soeben ermittelte verwenden. Ist die ermittelte Stichprobenvarianz kleiner, ist zwar auch in diesem Fall eine der Bedingungen nicht erfüllt, aber eine erneute Berechnung würde einen geringeren Mindeststichprobenumfang ergeben.**

Somit erhalten Sie durch den höheren Stichprobenumfang bei gleicher Intervallänge eine größere Sicherheit bzw. bei gleicher Sicherheit eine kürzere Intervallänge als gefordert.

Sollte ein Mindeststichprobenumfang von höchstens 30 berechnet werden, ist die Anwendung der Normalverteilung nicht zulässig, weil gegen die Anwendungsvoraussetzung [4] verstoßen wird. Verwenden Sie in diesem Fall zur Berechnung des Konfidenzintervalls einen Stichprobenumfang größer als 30.

In der letzten Bildschirmzeile erscheint eine Menüleiste, die die Optionen "**Druck**", "**Wiederholung**" und "**Hauptmenü**" anbietet. Bei der Auswahl von "**Druck**" wird das im Anhang auf der Seite A.14 abgebildete Arbeitspapier für die Prüfungsunterlagen ausgedruckt. Wählen Sie dagegen "**Wiederholung**" aus, können Sie die Berechnung erneut durchführen lassen, wobei Sie zunächst die Möglichkeit erhalten, die Eingaben zu verändern. Durch die Auswahl von "**Hauptmenü**" verlassen Sie diese Berechnungen und kehren zum Auswahlfenster "**Prüfungen**" des Hauptmenüs zurück.

(A2) Bestimmung der Mindeststichprobenumfänge für die Verfahren der Gebunden Hochrechnung

Zu den Verfahren der Gebundenen Hochrechnung zählen die **Differenzenschätzung**, die **Verhältnisschätzung** und die **Lineare Regressionsschätzung**, für die wegen der unterschiedlichen Effizienz der Verfahren i. d. R. jeweils ein anderer Mindeststichprobenumfang gilt. Das Programm **RSW** berechnet diese für alle drei Verfahren. Da bei den Verfahren der Gebundenen Hochrechnung mehr Parameter zu schätzen sind als bei der Freien Hochrechnung, sollte unbedingt auf die **Verwendung von Erfahrungswerten verzichtet werden**, denn die Ergebnisse werden sonst **zu stark verfälscht**. Verwenden Sie deshalb in jedem Fall eine **Vorstichprobe**.

Zur **Bestimmung der Mindeststichprobenumfänge** für die Verfahren der Gebundenen Hochrechnung gehen Sie wie folgt vor:

Bei der nach Auswahl von "**Berechnungen**" im Auswahlfenster "**Prüfungen**" durchzuführenden Festlegung der Untersuchungsmethode wählen Sie aus:

[I]	**Stichprobe:**	**Schätzstichprobe**
[II]	**Untersuchungsmerkmal:**	**Gesamtwert des Prüffeldes**

[III] Stichprobenumfang: Berechnung durch RSW

[IV] Hochrechnung: Gebundene Hochrechnung

Damit ist die Untersuchungsmethode hinreichend spezifiziert. Als anzuwendende Verteilung gibt **RSW** die **Normalverteilung** vor. Tragen Sie deshalb dafür Sorge, daß die Bedingungen für die Anwendung der **Normalverteilung** tatsächlich erfüllt sind. Um dies sicherzustellen, erscheint zunächst ein Hinweis, der Sie an die Überprüfung der Erfüllung dieser Bedingungen erinnert. In der dann erscheinenden Maske können Sie die zur Berechnung benötigten Zahlen eingeben (s. Abb. 7.14).

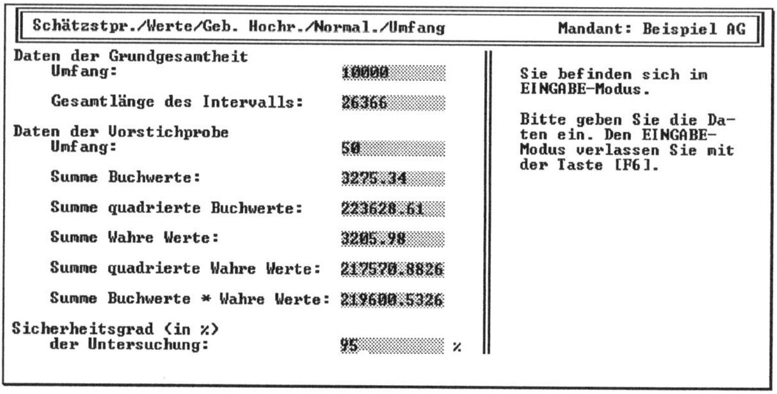

Abb. 7.14: Eingabemaske zur Bestimmung des Mindeststichprobenumfangs einer Schätzstichprobe für den Gesamtwert des Prüffeldes bei Anwendung der Gebundenen Hochrechnung

Im einzelnen werden benötigt:

- *Daten, die sich auf die Grundgesamtheit beziehen*:
  - (a) der Umfang **N** und
  - (b) die Gesamtlänge des zu bestimmenden Intervalls **L**;

- *Daten, die sich auf die Vorstichprobe beziehen*:
  - (c) der Umfang **n**,
  - (d) die Summe der Buchwerte $\sum_{i=1}^{n} x_i$,
  - (e) die Summe der quadrierten Buchwerte $\sum_{i=1}^{n} x_i^2$,

(f) die Summe der Wahren Werte $\sum_{i=1}^{n} y_i$,

(g) die Summe der quadrierten Wahren Werte $\sum_{i=1}^{n} y_i^2$ und

(h) die Summe der Produkte von Buchwerten und Wahren Werten $\sum_{i=1}^{n} x_i y_i$;

- *Angaben zum gewünschten Sicherheitgrad der Untersuchung*:

(i) der Sicherheitsgrad der Untersuchung **1-α**.

zu (a) Den **Umfang der Grundgesamtheit N** entnehmen Sie der Buchhaltung oder lassen ihn von **RSW** errechnen (vgl. Abschnitt 5.5). Er entspricht der Anzahl der Buchwerte. Haben Sie mit **RSW** eine Buchwertdatei aufgegriffen (vgl. Abschnitt 5.1), wird der Umfang dieser Datei voreingestellt.

zu (b) Die gewünschte **Intervallänge L** gibt die **Spannweite** zwischen **Obergrenze** und **Untergrenze** des zu berechnenden Intervalls an. Diesen Wert müssen Sie festlegen. Wählen Sie eine Intervallänge, die Ihre Genauigkeitsanforderungen an die Untersuchung erfüllt. Das Programm **RSW** wird die Stichprobenumfänge so bestimmen, daß die Intervallängen maximal den von Ihnen eingegebenen Wert erreichen.

zu (c) bis (h) Diese Werte lassen Sie vom Programm **RSW** berechnen, sofern die Vorstichprobe bereits von **RSW** gezogen wurde (vgl. Abschnitt 6.5), oder Sie die Stichprobendatei importiert haben (vgl. Abschnitt 8.2). Eine Beschreibung der Vorgehensweise zur Berechnung dieser Kennzahlen finden Sie im Abschnitt 6.7. Haben Sie die Werte von **RSW** berechnen lassen, werden sie entsprechend voreingestellt. Sofern Sie nicht auf eine Datei zurückgreifen können, errechnen Sie die Werte mit Hilfe der jeweils angegebenen Formel.

zu (i) Der **gewünschte Sicherheitsgrad 1-α** gibt an, mit welcher Wahrscheinlichkeit der tatsächliche Gesamtwert in dem aufgrund der Stichprobe später berechneten Intervall liegen wird. Wählen Sie die Sicherheit, die durch die Prüfungsvorschriften vorgegeben wird. Geben Sie diesen Wert in Prozent ein. Sofern Sie bei der **Standardvorgabenverwaltung** (vgl. Abschnitt 8.1) den allgemein geforderten Sicherheitsgrad eingegeben haben, wird dieser entsprechend voreingestellt.

Sind diese Daten eingegeben, erfolgt sofort eine Validitätsprüfung. Sollte ein Fehler auftreten, der eine Berechnung unmöglich macht, werden Sie darauf hingewiesen und können die Eingaben korrigieren. Bei richtiger Eingabe erscheint eine Abfrage, ob die Ergebnisse der Untersuchung protokolliert werden sollen. Dies dient dazu, später direkt auf die Berechnungsergebnisse zurückgreifen zu können ohne eine erneute Berechnung durchführen zu müssen (vgl. Abschnitt 7.6). Unabhängig von Ihrer Wahl kann in jedem Fall ein Arbeitspapier ausgedruckt werden, das die Ergebnisse der Berechnungen enthält.

Beispiel 8:

Der Umfang der Grundgesamtheit beträgt **N = 10000**. Da der Gesamtbuchwert **X = 659150.00 DM** beträgt und die Prüfungsvorschriften den relativen Fehler $\mathbf{e_r}$ auf **2 %** begrenzen, ist eine Intervallänge von **L = 26366.00 DM** akzeptabel. Die Prüfungsvorschriften setzen außerdem eine Sicherheitswahrscheinlichkeit von **95 %** voraus **(1-α = 0.95)**. Eine Vorstichprobe vom Umfang **n = 50** ergibt folgende Kennzahlen:

$$\sum_{i=1}^{n} x_i = 3275.34 \qquad \sum_{i=1}^{n} x_i^2 = 223628.6100 \qquad \sum_{i=1}^{n} y_i = 3205.98$$

$$\sum_{i=1}^{n} y_i^2 = 217570.8826 \qquad \sum_{i=1}^{n} x_i y_i = 219600.5326\,.$$

Es sollen Intervallober- und -untergrenze berechnet werden.

Nach Eingabe der Werte erhalten Sie die in Abb. 7.15 dargestellte Ausgabe:

```
Schätzstpr./Werte/Geb. Hochr./Normal./Umfang          Mandant: Beispiel AG

Sie haben die notwendigen Stichprobenumfänge der
Schätzstichproben der Gebundenen Hochrechnung für
den Gesamtwert des Prüffeldes unter Verwendung der
NORMALVERTEILUNG berechnen lassen.
Vorgaben:
Einem Prüffeld vom Umfang N=   10000 Elementen
wurde eine Vorstichprobe im Umfang n=      50
Elementen entnommen. Diese wies die rechts darge-
stellten Kennzahlen auf. Es soll ein Konfidenzin-
tervall gebildet werden, innerhalb dessen mit ei-
ner Sicherheit von 95.000 % der Gesamtwert des
Prüffeldes liegt und dessen Obergrenze nicht mehr
als      26366 DM von der Untergrenze abweicht
(E= ±     13183 DM). Wie groß müssen die Stichpro-
benumfänge bei den einzelnen Verfahren sein?
Ergebnis:
Für die Differenzenschätzung ziehen Sie eine
Stichprobe vom Umfang n=      86, für die Verhält-
nisschätzung vom Umfang n=      87 und für die
Lin. Regressionsschätzung vom Umfang n=      84.

Vorgaben:
  N   =         10000.00 DM
  L   =            26366
  n   =               50
  Σx  =          3275.34 DM
  Σx² =      223628.6100
  Σy  =          3205.98 DM
  Σy² =      217570.8826
  Σxy =      219600.5326
  1-α =          95.0000 %
Ergebnis:
  Differenzenschätzung
  n  ≥                86
  Verhältnisschätzung
  n  ≥                87
  Lin. Regressionsschätzung
  n  ≥                84

  Wählen Sie bitte im
  Menü aus...

Druck                  Wiederholung                  Hauptmenü
```

Abb. 7.15: Ausgabe der Mindeststichprobenumfänge einer Schätzstichprobe für den Gesamtwert des Prüffeldes bei Anwendung der Verfahren der Gebundenen Hochrechnung

Die Handlungsanweisung von **RSW** lautet:

> ***Für die Differenzenschätzung ziehen Sie eine Stichprobe vom Umfang n = 86, für die Verhältnisschätzung vom Umfang n = 87 und für die Lineare Regressionsschätzung vom Umfang n = 84.***

Alle drei berechneten Stichprobenumfänge liegen deutlich unter dem der Freien Hochrechnung mit **n = 514**, da bei der Bestimmung die Kennzahlen der Buchwerte der Stichprobenelemente berücksichtigt wurden. Es wird deutlich, daß die **Lineare Regressionsschätzung** das **effizienteste** Verfahren darstellt, da es zur Erreichung der Genauigkeit einen kleineren Stichprobenumfang benötigt als die beiden anderen. Das nächst effiziente Verfahren ist das der **Differenzenschätzung**.

Die berechneten Stichprobenumfänge stellen dabei die **Mindeststichprobenumfänge** für die Verfahren dar, damit die vorgegebene **Genauigkeit** und die vorgegebene **Sicherheit** eingehalten werden. Höhere Stichprobenumfänge erfüllen selbstverständlich die Genauigkeits- bzw. die Sicherheitsanforderungen noch besser, sind allerdings auch mit einem höheren Aufwand verbunden; deshalb lautet im rechten Teil des Bildschirms das Ergebnis auch **n ≥ 86**, **n ≥ 87** und **n ≥ 84**.

Wie die Stichprobenziehung erfolgen kann, wird unter (B) beschrieben. **Beachten Sie aber folgendes:**

☞ **Wichtig: Die berechneten Mindeststichprobenumfänge gelten nur für die von Ihnen eingegebene Wertekombination, d. h. nur wenn die Stichprobe dieselben Stichprobenvarianzen der Buchwerte und der Wahren Werte und dieselbe Stichprobenkovarianz aufweist wie die Vorstichprobe. Sie stellen also eher eine Schätzung als eine genaue Angabe dar. Sollten die in der Stichprobe später ermittelten Stichprobenvarianzen und die Stichprobenkovarianz deutlich von denen der Vorstichprobe abweichen, sind die Bedingungen für die Berechnung nicht mehr erfüllt, so daß ggf. eine Neubestimmung der Stichprobenumfänge nötig wird.**

Werden für die Differenzenschätzung bzw. die Verhältnisschätzung Mindeststichprobenumfänge kleiner als 30 berechnet, sind dennoch mindestens 30 Stichprobenelemente zu ziehen, damit die Berechnung des Konfidenzintervalls mit Hilfe der Normalverteilung erfolgen kann. Außerdem ist zu beachten, daß für die Anwendung der Verhältnis-

schätzung bei der Stichprobe die Variationskoeffizienten kleiner als 10 % sein müssen. Für die Lineare Regressionsschätzung ist ein Stichprobenumfang von mindestens 50 einzuhalten.

In der letzten Bildschirmzeile erscheint eine Menüleiste, die die Optionen "**Druck**", "**Wiederholung**" und "**Hauptmenü**" anbietet. Bei der Auswahl von "**Druck**" wird das im Anhang auf der Seite A.15 abgebildete Arbeitspapier für die Prüfungsunterlagen ausgedruckt. Wählen Sie dagegen "**Wiederholung**" aus, können Sie die Berechnung erneut durchführen lassen, wobei Sie zunächst die Möglichkeit erhalten, die Eingaben zu verändern. Durch die Auswahl von "**Hauptmenü**" verlassen Sie diese Berechnungen und kehren zum Auswahlfenster "**Prüfungen**" des Hauptmenüs zurück.

(B) Durchführung der Stichprobenuntersuchung

Die Durchführung der Stichprobenuntersuchung besteht in der **Ziehung der Stichprobenelemente** sowie deren **Erfassung**. Bedenken Sie, daß auch an die Ziehung der Stichprobenelemente - ob sie noch erfolgen muß oder bereits erfolgt ist - die Bedingung gestellt wird, daß die unter (A) beschriebenen Anwendungsvoraussetzungen erfüllt sind.

Sofern Sie auf die Buchwerte als **dBase III (+)** Datei zurückgreifen können, führen Sie einen Dateiimport zum Programm **RSW** durch (vgl. Abschnitt 8.2). Dann können Sie mit Hilfe von **RSW** die Stichprobenziehung durchführen lassen (vgl. Abschnitt 6.5), wobei die unter (A) dargestellten Bedingungen [1], [2] und [3] automatisch erfüllt sind. Dadurch vermeiden Sie die aufwendige Ermittlung der Stichprobenelemente mit Hilfe von Zufallszahlentafeln oder Zufallszahlengeneratoren. Ein weiterer Vorteil besteht darin, daß Sie alle für die spätere Entscheidungsfindung benötigten Kennzahlen ebenfalls vom Programm **RSW** berechnen lassen können (vgl. Abschnitt 6.7). Diese Stichprobe kann auch weiter verwendet werden, wenn z. B. im Anschluß Berechnungen im Rahmen einer Annahmestichprobe durchgeführt werden sollen (vgl. Abschnitt 7.2 und Abschnitt 7.3) oder Untersuchungen folgen, die die Fehleranzahl bzw. den Fehleranteil im Prüffeld zum Gegenstand haben (vgl. Abschnitt 7.2 und Abschnitt 7.4). Ist die Stichprobenziehung abgeschlossen, erfassen Sie die Wahren Werte der Stichprobenelemente. Eine Beschreibung, wie die Daten in der Stichprobendatei erfaßt werden können, finden Sie im Abschnitt 5.3.

Für die gezogene Stichprobe müssen noch einige **Kennzahlen** ermittelt werden, die zur Ergebnisfindung benötigt werden. In Abhängigkeit davon, ob Sie die Schätzung im Anschluß mit Hilfe der **Freien Hochrechnung**, also lediglich unter Berücksichtigung der vorgefundenen Wahren Werte der Stichprobenelemente, oder mit Hilfe der **Gebundenen Hochrechnung**, also unter Einbeziehung der entsprechenden Buchwerte der Stichprobenelemente, durchführen wollen, sind verschiedene Kennzahlen zu ermitteln.

Für die Freie Hochrechnung sind zu bestimmen:

[1] Der **Stichprobenumfang n** (bereits bekannt!) und

[2] der **durchschnittliche Wahre Wert $\bar{y}$**.

Dieser Wert wird durch Addition aller Wahren Werte der Stichprobenelemente y_i und anschließende Division durch den Stichprobenumfang **n** errechnet:

$$\bar{y} = \frac{1}{n} \sum_{i=1}^{n} y_i .$$

[3] Weiterhin ist die **Stichprobenvarianz der Wahren Werte s_Y^2**

zu ermitteln. Sie wird einerseits direkt für die folgende Berechnung benötigt, ist aber außerdem zur Überprüfung wichtig, ob die zur Schätzung der Varianz der Wahren Werte des Prüffeldes verwendete Stichprobenvarianz einer Vorstichprobe der tatsächlich vorgefundenen entspricht. Bei einer zu hohen Stichprobenvarianz ist eine Neuberechnung des Mindeststichprobenumfangs notwendig (vgl. (A)).

Für die Gebundene Hochrechnung sind zu bestimmen:

[1] Der **Stichprobenumfang** (bereits bekannt!) $\quad n$,

[2] die **Summe der Buchwerte** $\quad \sum_{i=1}^{n} x_i$,

[3] die **Summe der quadrierten Buchwerte** $\quad \sum_{i=1}^{n} x_i^2$,

[4] die **Summe der Wahren Werte** $\quad \sum_{i=1}^{n} y_i$,

[5] die **Summe der quadrierten Wahren Werte** $\quad \sum_{i=1}^{n} y_i^2$ und

[6] die **Summe der Produkte von Buchwerten und Wahren Werten** $\quad \sum_{i=1}^{n} x_i y_i$.

Wurde die Stichprobe vom Programm **RSW** gezogen (vgl. Abschnitt 6.5) oder haben Sie die Stichprobendatei importiert (vgl. Abschnitt 8.2), können Sie die Kennzahlen für die **Freie Hochrechnung** und für die **Gebundene Hochrechnung** vom Programm **RSW** berechnen lassen (vgl. Abschnitt 6.7).

Möchten Sie für die Entscheidungsfindung eine **bereits gezogene Stichprobe** verwenden, wird der Stichprobenumfang i. d. R. nicht dem unter (A) berechneten entsprechen, so daß ggf. eine weitere Berechnung notwendig ist. Beachten Sie die Ausführungen unter (E), wo die Vorgehensweise für einen solchen Fall beschrieben wird.

Da die Vorgehensweise für die Auswertung der Stichprobenprüfung bei der **Freien Hochrechnung** von der bei der **Gebundenen Hochrechnung** abweicht, wird sich im folgenden jeweils ein Abschnitt mit den unterschiedlichen Fällen beschäftigen. Möchten Sie die Berechnung des Konfidenzintervalls mit Hilfe der **Freien Hochrechnung** durchführen, lesen Sie die Ausführungen unter (C), wenn Sie die Berechnung mit Hilfe der **Gebundenen Hochrechnung** durchführen möchten, die unter (D).

☞ **Hinweis:** **Wenn eben möglich, sollten Sie die Berechnung des Konfidenzintervalls mit Hilfe der Gebundenen Hochrechnung durchführen, da dann auch Informationen über die Buchwerte und über die Beziehung zwischen Buchwerten und Wahren Werten mit in die Berechnung eingehen. Dadurch sind die Verfahren der Gebundenen Hochrechnung i. d. R. erheblich effizienter. Dies zeigt sich darin, daß das berechnete Konfidenzintervall bei gleichem Stichprobenumfang und gleicher Sicherheitswahrscheinlichkeit deutlich kürzer wird, oder daß bei gleicher Intervallänge und gleicher Sicherheitswahrscheinlichkeit ein kleinerer Stichprobenumfang ausreicht.**

(C) Auswertung der Stichprobenprüfung mit Hilfe der Freien Hochrechnung

Die Auswertung der Stichprobenprüfung besteht in diesem Fall in der **Bestimmung des Konfidenzintervalls** für den Gesamtwert des untersuchten Prüffeldes, wobei zur Berechnung lediglich die Kennzahlen herangezogen werden, die die ermittelten Wahren Werte der Stichprobe betreffen. Um diese Berechnung durchzuführen, wählen Sie wie folgt aus:

[I]	**Stichprobe:**	**Schätzstichprobe**
[II]	**Untersuchungsmerkmal:**	**Gesamtwert des Prüffeldes**
[III]	**Stichprobenumfang:**	**Eingabe durch den Benutzer**
[IV]	**Hochrechnung:**	**Freie Hochrechnung**

Bevor Sie nun die Auswahl für die **anzuwendende Stichprobenverteilung** zwischen der **Normalverteilung** und der **Studentverteilung** treffen können, erscheint folgende Hinweismeldung:

Sind die Positionswerte in der Grundgesamtheit

- *beliebig verteilt,*
sollte das Konfidenzintervall anhand der Normalverteilung berechnet werden. Von der Anwendung der Normalverteilung wird allerdings insbesondere in folgenden Fällen abgeraten:

[1] Der Stichprobenumfang liegt unter 30 (ggf. ist der Stichprobenumfang entsprechend zu erhöhen).
[2] Die Werte der Positionen im Prüffeld sind zu inhomogen.
[3] Das Prüffeld enthält "Ausreißer".

- *annähernd normalverteilt,*
kann das Konfidenzintervall auch schon für Stichprobenumfänge unter 30 anhand der Studentverteilung berechnet werden.

Bitte beachten Sie, daß RSW sich grundsätzlich nur zur Untersuchung der *Positionswerte*, *nicht* aber zu Untersuchung der *Fehlerwerte* (Abweichung der Buchwerte von den Wahren Werten) eignet.

Zur Erläuterung sei gesagt, daß die **Normalverteilung** dann die richtige Verteilung für die Stichprobenmittelwerte ist, wenn die **Positionswerte in der Grundgesamtheit** ebenfalls **normalverteilt** sind. Davon ist allerdings in der Praxis nicht unbedingt auszugehen. Nach dem **Zentralen Grenzwertsatz** gilt jedoch, daß die Verteilung der Stichprobenmittelwerte auch bei **nicht normalverteilen Positionswerten** in der Grundgesamtheit **mit steigendem Stichprobenumfang in eine Normalverteilung übergeht**. Als Faustregel gilt dabei **$n \geq 30$**. Ist dies erfüllt, kann die **Normalverteilung** zur Berechnung des Konfidenzintervalls herangezogen werden, es sei denn, daß die Positionswerte im Prüffeld zu **inhomogen** sind oder "**Ausreißer**" enthalten. Die **Studentverteilung** kann auch schon bei **Stichprobenumfängen kleiner als 30** zur Berechnung herangezogen werden, jedoch nur, wenn die **Positionswerte** in der Grundgesamtheit **annähernd normalverteilt** sind.

Ganz entscheidend ist außerdem noch, daß Sie ein Konfidenzintervall für die **Positionswerte** und nicht für die **Fehlerwerte** berechnen wollen! Dies ist zwar durch die Auswahl "**[II] Untersuchungsmerkmal: Gesamtwert des Prüffeldes**" bei der Festlegung der Untersuchungsmethode implizit klargestellt, jedoch werden Sie sicherheitshalber noch einmal darauf hingewiesen. Die Berechnung eines Konfidenzintervalls für die **Fehlerwerte** kann i. d. R. weder mit Hilfe der **Normalverteilung**, noch mit Hilfe der **Studentverteilung** erfolgen.

Wählen Sie dann die anzuwendende Stichprobenverteilung aus. Haben Sie eine Stichprobe mit dem unter (A) berechneten Umfang gezogen, und wird von der Anwendung der Normalverteilung nicht abgeraten, wählen Sie:

[VI] anzuwendende Verteilung: Normalverteilung.

Es folgt zunächst eine Maske, in der Sie die zur Berechnung benötigten Zahlen eingeben können (s. Abb. 7.16).

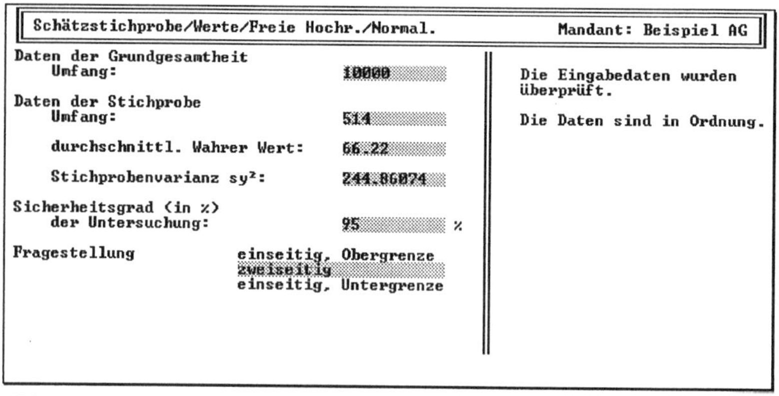

Abb. 7.16: Eingabemaske zur Berechnung eines Konfidenzintervalls für den Gesamtwert des Prüffeldes mit Hilfe der Freien Hochrechnung

Im einzelnen werden benötigt:

- *Daten, die sich auf die Grundgesamtheit beziehen*:
  (a) der Umfang **N;**

- *Daten, die sich auf die Stichprobe beziehen*:
  (b) der Umfang **n,**

(c) der durchschnittliche Wahre Wert $\bar{y}$ und

(d) die Stichprobenvarianz der Wahren Werte s_Y^2;

- *Angaben zum gewünschten Sicherheitgrad der Untersuchung*:

(e) der Sicherheitsgrad der Untersuchung **1-α**.

zu (a) Den **Umfang der Grundgesamtheit N** entnehmen Sie der Buchhaltung oder lassen ihn von **RSW** errechnen (vgl. Abschnitt 5.5). Er entspricht der Anzahl der Buchwerte. Haben Sie mit **RSW** eine Buchwertdatei aufgegriffen (vgl. Abschnitt 5.1), wird der Umfang dieser Datei voreingestellt.

zu (b) Den **Umfang der Stichprobe n** haben Sie unter (A) berechnen lassen bzw. kennen ihn, wenn eine bereits gezogene Stichprobe zur Auswertung vorliegt.

zu (c) Der **durchschnittliche Wahre Wert $\bar{y}$** ergibt sich durch Addition aller Wahren Werte der Stichprobenelemente y_i und anschließende Division durch den Stichprobenumfang **n**, also:

$$\bar{y} = \frac{1}{n} \sum_{i=1}^{n} y_i.$$

Wurde die Stichprobe bereits von **RSW** gezogen oder haben Sie die Stichprobendatei als **dBase III (+)** Datei importiert, können Sie diesen Wert von **RSW** berechnen lassen (vgl. Abschnitt 6.7); der berechnete Wert wird dann voreingestellt.

zu (d) Die **Stichprobenvarianz der Wahren Werte s_Y^2** ergibt sich aus den Wahren Werten der Stichprobenelemente nach der Formel:

$$s_Y^2 = \frac{1}{n-1} \sum_{i=1}^{n} (y_i - \bar{y})^2.$$

Wurde die Stichprobe bereits von **RSW** gezogen oder haben Sie die Stichprobendatei als **dBase III (+)** Datei importiert, können Sie diesen Wert von **RSW** berechnen lassen (vgl. Abschnitt 6.7); der berechnete Wert wird dann voreingestellt.

zu (e) Der **gewünschte Sicherheitsgrad 1-α** gibt an, mit welcher Wahrscheinlichkeit der tatsächliche Gesamtwert in dem aufgrund der Stichprobe berechneten Intervall liegen wird. Wählen Sie die Sicherheit, die durch die Prüfungsvorschriften vorgegeben wird. Geben Sie diesen Wert in Prozent ein. Sofern Sie bei der **Standardvorgabenverwaltung** (vgl. Abschnitt 8.1) den allgemein geforderten Sicherheitsgrad eingegeben haben, wird dieser entsprechend voreingestellt.

Sind diese Daten eingegeben, erfolgt sofort eine Validitätsprüfung. Sollte ein Fehler auftreten, der eine Berechnung unmöglich macht, werden Sie darauf hingewiesen und können die Eingaben korrigieren.

Anschließend können Sie festlegen, ob für das Konfidenzintervall **beide Intervallgrenzen** oder lediglich die **Ober- bzw. Untergrenze** ermittelt werden sollen (s. Abb. 7.12). Die Abfrage lautet:

Fragestellung	**einseitig, Obergrenze**
	zweiseitig
	einseitig, Untergrenze

Wählen Sie die gewünschte Fragestellung mit Hilfe der Pfeiltasten **[↑]** und **[↓]** aus und bestätigen Sie die Auswahl mit der Taste **[↵]**. Anschließend werden Sie gefragt, ob die Ergebnisse der Untersuchung protokolliert werden sollen. Dies dient dazu, später direkt auf die Berechnungsergebnisse zurückgreifen zu können, ohne eine erneute Berechnung durchführen zu müssen (vgl. Abschnitt 7.6). Unabhängig von Ihrer Wahl kann in jedem Fall ein Arbeitspapier ausgedruckt werden, das die Ergebnisse der Berechnung beinhaltet.

Beispiel 9: (Fortsetzung des Beispiels 7)

Der Umfang der Grundgesamtheit betrage **N = 10000**. Sie haben daraus eine Stichprobe mit dem unter (A) berechneten Mindeststichprobenumfang (**n = 514**) gezogen. Die errechnete Stichprobenvarianz der Wahren Werte beträgt $\mathbf{s_Y^2 = 244.86074}$ und entpricht damit fast genau dem geschätzten Wert. Der durchschnittliche Wahre Wert beträgt $\mathbf{\bar{y} = 66.22}$ **DM**. Die Prüfungsvorschriften setzen eine Sicherheitswahrscheinlichkeit von **95 %** voraus **($1-\alpha = 0.95$)**. Es sollen die Intervallober- und -untergrenze unter Anwendung der **Normalverteilung** bestimmt werden.

Nach Eingabe der Werte und Durchführung der Berechnungen erhalten Sie die in Abb. 7.17 dargestellte Ausgabe:

```
Schätzstichprobe/Werte/Freie Hochr./Normal.                Mandant: Beispiel AG

Sie haben im Rahmen einer Schätzstichprobe ein        Vorgaben:
Konfidenzintervall für den Gesamtwert des Prüf-        N   =         10000
feldes mit Hilfe der Freien Hochrechnung unter         n   =           514
Verwendung der NORMALVERTEILUNG berechnen lassen.      _
Vorgaben:                                              y   =         66.22 DM
Einem Prüffeld vom Umfang N=   10000 Elementen         sy²=      244.86074
wurde eine Stichprobe im Umfang von n=     514         1-α=         95.000 %
Elementen entnommen.                          _        Ergebnis:
Der Durchschnitt der Wahren Werte beträgt y=           Y ≥     649021.59 DM
     66.22 DM und die Stichprobenvarianz               Y ≤     675378.41 DM
sy²=     244.86074. Es soll ein 95.000%iges Konfi-
denzintervall unter Verwendung der Normalvertei-
lung gebildet werden.                                    Die Daten wurden proto-
Es sind Ober- und Untergrenze zu ermitteln (zwei-        kolliert. Wählen Sie
seitige Fragestellung).                                  bitte im Menü aus...
Ergebnis:
Der Gesamtwert ist mit vorgegebener Sicherheit
größer oder gleich   649021.59 DM und kleiner
oder gleich   675378.41 DM.

 Druck                        Wiederholung                          Hauptmenü
```

Abb. 7.17: Ausgabe des bei Anwendung der Freien Hochrechnung berechneten Konfidenzintervalls für den Gesamtwert des Prüffeldes

Das Programm **RSW** liefert als Ergebnis:

> ***Der Gesamtwert ist mit vorgegebener Sicherheit größer oder gleich 649021.59 DM und kleiner oder gleich 675378.41 DM.***

Die Berechnungen ergeben also, daß mit einer Sicherheit von **1-α = 0.95** der Gesamtwert des Prüffeldes in dem Intervall von **649021.59 DM** bis **675278.41 DM** liegt. Die **Intervallänge** ist, wie gefordert, kleiner als **26366 DM**. Damit sind alle an die **Genauigkeit** und die **Sicherheit** gestellten Bedingungen erfüllt.

In der letzten Bildschirmzeile erscheint eine Menüleiste, die die Optionen"**Druck**", "**Wiederholung**" und "**Hauptmenü**" anbietet. Bei der Auswahl des Punktes "**Druck**" wird das im Anhang auf der Seite A.16 abgebildete Arbeitspapier für die Prüfungsunterlagen ausgedruckt. Wählen Sie dagegen "**Wiederholung**" aus, können Sie die Berechnung erneut durchführen lassen, wobei Sie zunächst die Möglichkeit erhalten, die Eingaben zu verändern. Durch die Auswahl von "**Hauptmenü**" verlassen Sie diese Berechnungen und kehren zum Auswahlfenster "**Prüfungen**" des Hauptmenüs zurück.

(D) Auswertung der Stichprobenprüfung mit Hilfe der Gebundenen Hochrechnung

Die Auswertung der Stichprobenprüfung besteht in diesem Fall in der **Bestimmung des Konfidenzintervalls** für den Gesamtwert des untersuchten Prüffeldes. Zur Berechnung werden die Kennzahlen der Wahren Werte und der Buchwerte der Stichprobenelemente sowie die Kennzahlen, die sich auf die Buchwerte und die Wahren Werte beziehen, herangezogen. Um diese Berechnung durchzuführen, wählen Sie wie folgt aus:

[I]	**Stichprobe:**	**Schätzstichprobe**
[II]	**Untersuchungsmerkmal:**	**Gesamtwert des Prüffeldes**
[III]	**Stichprobenumfang:**	**Eingabe durch den Benutzer**
[IV]	**Hochrechnung:**	**Gebundene Hochrechnung**

Damit ist die Untersuchungsmethode hinreichend spezifiziert. Die anzuwendende Stichprobenverteilung ist automatisch die **Normalverteilung**. Damit Sie sicherstellen, daß die Anwendungsvoraussetzungen, die mit der Anwendung der **Normalverteilung** verbunden sind, auch tatsächlich erfüllt sind, erscheint zunächst ein Hinweis, der Sie daran erinnert. Eine genaue Beschreibung der Anwendungsvoraussetzungen finden Sie unter (A).

Es folgt dann eine Maske, in der Sie die zur Berechnung benötigten Zahlen eingeben können (s. Abb. 7.18).

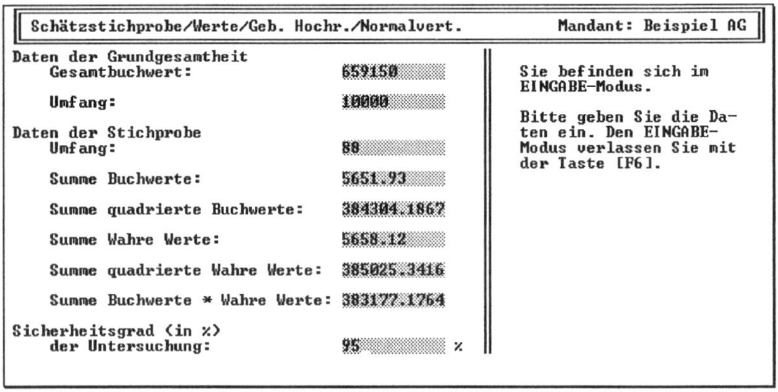

Abb. 7.18: Eingabemaske zur Berechnung eines Konfidenzintervalls für den Gesamtwert des Prüffeldes bei Anwendung der Gebundenen Hochrechnung

Im einzelnen werden benötigt:

- *Daten, die sich auf die Grundgesamtheit beziehen*:

(a) der Gesamtbuchwert **X** und
(b) der Umfang **N**;

- *Daten, die sich auf die Stichprobe beziehen*:

(c) der Umfang $\mathbf{n}$,

(d) die Summe der Buchwerte $\sum_{i=1}^{n} x_i$,

(e) die Summe der quadrierten Buchwerte $\sum_{i=1}^{n} x_i^2$,

(f) die Summe der Wahren Werte $\sum_{i=1}^{n} y_i$,

(g) die Summe der quadrierten Wahren Werte $\sum_{i=1}^{n} y_i^2$ und

(h) die Summe der Produkte von Buchwerten und Wahren Werten $\sum_{i=1}^{n} x_i y_i$;

- *Angaben zum gewünschten Sicherheitgrad der Untersuchung*:

(i) der Sicherheitsgrad der Untersuchung $\mathbf{1-\alpha}$.

zu (a) Den **Gesamtbuchwert X** entnehmen Sie der Buchhaltung oder lassen ihn von **RSW** berechnen (vgl. Abschnitt 5.1). Haben Sie den Wert von **RSW** berechnen lassen, wird er entsprechend voreingestellt.

zu (b) Den **Umfang der Grundgesamtheit N** entnehmen Sie der Buchhaltung oder lassen ihn von **RSW** errechnen (vgl. Abschnitt 5.5). Er entspricht der Anzahl der Buchwerte. Haben Sie mit **RSW** eine Buchwertdatei aufgegriffen (vgl. Abschnitt 5.1), wird der Umfang dieser Datei voreingestellt.

zu (c) bis (h) Diese Werte lassen Sie vom Programm **RSW** berechnen, sofern die Stichprobe bereits von **RSW** gezogen wurde (vgl. Abschnitt 6.5), oder Sie die Stichprobendatei importiert haben (vgl. Abschnitt 8.2). Eine Beschreibung der Vorgehensweise zur Berechnung dieser Kennzahlen finden Sie im Abschnitt 6.7. Haben Sie die Werte von **RSW** berechnen lassen, werden sie entsprechend voreingestellt. Sofern Sie nicht auf eine Datei zurückgreifen können, errechnen Sie die Werte mit Hilfe der jeweils angegebenen Formel.

zu (i) Der **gewünschte Sicherheitsgrad 1-α** gibt an, mit welcher Wahrscheinlichkeit der tatsächliche Gesamtwert in dem aufgrund der Stichprobe berechneten Intervall liegen wird. Wählen Sie die Sicherheit, die durch die Prüfungsvorschriften vorgegeben wird. Geben Sie diesen Wert in Prozent ein. Sofern Sie bei der **Standardvorgabenverwaltung** (vgl. Abschnitt 8.1) den allgemein geforderten Sicherheitsgrad eingegeben haben, wird dieser entsprechend voreingestellt.

Sind diese Daten eingegeben, erfolgt sofort eine Validitätsprüfung. Sollte ein Fehler auftreten, der eine Berechnung unmöglich macht, werden Sie darauf hingewiesen und können die Eingaben korrigieren.

Bei der **Gebundenen Hochrechnung** gibt es drei Verfahren, mit denen die Berechnung erfolgen kann:

[1] **die Differenzenschätzung**,
[2] **die Verhältnisschätzung** und
[3] **die Lineare Regressionsschätzung**.

Die Grundgedanken sowie die Vor- und Nachteile der einzelnen Verfahren finden Sie in der statistischen Fachliteratur. Die Verfahren sind an gewisse **Anwendungsvoraussetzungen** gebunden, die hier nicht näher dargestellt werden sollen. Da diese jedoch anhand der von Ihnen eingegebenen Daten überprüft werden können, nimmt das Programm **RSW** für Sie die Kontrolle automatisch vor. Deshalb bekommen Sie nur die Verfahren zur Auswahl angeboten, die auch **zulässig** sind. Sofern ein Verfahren nicht zulässig ist, wird unter der Statusbox vor der Auswahl des Verfahrens darauf hingewiesen. Sind alle Verfahren zulässig, erscheint folgende Auswahl:

Hochrechnungsverfahren	**Differenzenschätzung**
	Verhältnisschätzung
	Lineare Regressionsschätzung

Wählen Sie das gewünschte Hochrechnungsverfahren mit Hilfe der Pfeiltasten [↑] und [↓] aus und bestätigen Sie die Auswahl mit der Taste [↵].

Anschließend können Sie festlegen, ob bei der Bestimmung des Konfidenzintervalls **beide Intervallgrenzen** berechnet werden sollen, oder ob sich die Berechnung auf die **Ober- bzw. Untergrenze** beschränken soll . Die Abfrage lautet:

Fragestellung	**einseitig, Obergrenze**
	zweiseitig
	einseitig, Untergrenze

Wählen Sie die gewünschte Fragestellung ebenfalls mit Hilfe der Pfeiltasten [↑] und [↓] aus und bestätigen Sie die Auswahl mit der Taste [↵]. Anschließend werden Sie gefragt, ob die Ergebnisse der Untersuchung protokolliert werden sollen. Dies dient dazu, später direkt auf die Berechnungsergebnisse zurückgreifen zu können, ohne eine erneute Berechnung durchführen zu müssen (vgl. Abschnitt 7.6). Unabhängig von Ihrer Wahl kann in jedem Fall ein Arbeitspapier ausgedruckt werden, das die Ergebnisse der Berechnung beinhaltet.

Beispiel 10: (Fortsetzung des Beispiels 8)

Aus der Grundgesamtheit vom Umfang **N = 10000** haben Sie eine Stichprobe mit dem Umfang **n = 88** gezogen, der etwas über den unter (A) berechneten Mindeststichprobenumfängen liegt. Der Gesamtbuchwert des Prüffeldes beträgt **X = 659150 DM**. Für die Stichprobe errechnen Sie mit Hilfe von **RSW** folgende Kennzahlen:

$$\sum_{i=1}^{n} x_i = 5651.93 \qquad \sum_{i=1}^{n} x_i^2 = 384304.1867 \qquad \sum_{i=1}^{n} y_i = 5658.12$$

$$\sum_{i=1}^{n} y_i^2 = 385025.3416 \qquad \sum_{i=1}^{n} x_i y_i = 383177.1764\,.$$

Die Prüfungsvorschriften setzen eine Sicherheitswahrscheinlichkeit von **95 %** voraus **($1-\alpha = 0.95$)**. Es sollen die **Intervallober-** und **-untergrenze** bestimmt werden. Dabei soll zur Hochrechnung das Verfahren der **Linearen Regressionsschätzung** verwendet werden.

Nach Eingabe der Werte und Durchführung der Berechnungen erhalten Sie die in Abb. 7.19 dargestellte Ausgabe:

```
Schätzstichprobe/Werte/Geb. Hochr./Normalvert.          Mandant: Beispiel AG

Sie haben im Rahmen einer Schätzstichprobe ein       Vorgaben:
Konfidenzintervall für den Gesamtwert des Prüf-        X   =      659150.00 DM
feldes mit Hilfe der Gebundenen Hochrechnung unter     N   =          10000
Verwendung der NORMALVERTEILUNG berechnen lassen.      n   =             88
Vorgaben:                                              Σx  =        5651.93 DM
Einem Prüffeld vom Umfang N=   10000 Elementen         Σx²=     384304.1867
wurde eine Stichprobe im Umfang n=      88 Elemen-     Σy  =        5658.12 DM
ten entnommen. Mit Hilfe der rechts ausgewiesenen      Σy²=     385025.3416
Hilfsangaben soll ein 95.000%iges Konfidenzinter-      Σxy=     383177.1764
vall für den Gesamtwert des Prüffeldes errechnet       1-α=         95.0000 %
werden. Zur Hochrechnung wurde das Verfahren der     Fragestellung: zweiseitig
Linearen Regressionsschätzung ausgewählt.            Hochrechnung:
Es sind Ober- und Untergrenze zu ermitteln (zwei-      Lin. Regressionsschätzung
seitige Fragestellung).                              Ergebnis:
Ergebnis:                                              Y   ≥      646704.09 DM
Der Gesamtwert ist mit vorgegebenen Sicherheit         Y   ≤      670585.64 DM
größer oder gleich   646704.09 DM und kleiner
oder gleich   670585.64 DM.                            Die Daten wurden proto-
                                                       kolliert. Wählen Sie
                                                       bitte im Menü aus...

Druck                        Wiederholung                          Hauptmenü
```

Abb. 7.19: Ausgabe des bei Anwendung der Linearen Regressionsschätzung berechneten Konfidenzintervalls für den Gesamtwert des Prüffeldes

Das Programm **RSW** liefert als Ergebnis:

> ***Der Gesamtwert ist mit vorgegebener Sicherheit größer oder gleich 646704.09 DM und kleiner oder gleich 670585.84 DM.***

Die Berechnungen ergeben also, daß mit einer Sicherheit von $\mathbf{1\text{-}\alpha = 0.95}$ der Gesamtwert des Prüffeldes im Intervall von **646704.09 DM** bis **670585.64 DM** liegt. Die Intervallänge ist, wie gefordert, kleiner als **26366 DM**. Deshalb wird **keine Korrektur des Stichprobenumfangs notwendig**. Sollte das Intervall zu groß sein, weil die **Stichprobenvarianzen** von Buchwerten und Wahren Werten sowie die **Stichprobenkovarianz** der gezogenen Stichprobe zu stark von den mit Hilfe der Vorstichprobe geschätzten Werten abweichen, wäre ggf. eine Neubestimmung des Stichprobenumfangs mit Hilfe der Parameter dieser Stichprobe notwendig.

In der letzten Bildschirmzeile erscheint eine Menüleiste, die die Optionen "**Druck**", "**Wiederholung**" und "**Hauptmenü**" enthält. Bei der Auswahl von "**Druck**" wird das im Anhang auf der Seite A.17 abgebildete Arbeitspapier für die Prüfungsunterlagen ausgedruckt. Wählen Sie dagegen "**Wiederholung**" aus, können Sie die Berechnung erneut durchführen lassen, wobei Sie zunächst die Möglichkeit erhalten, die Eingaben zu verändern. Durch die Auswahl von "**Hauptmenü**" verlassen Sie diese Berechnungen und kehren zum Auswahlfenster "**Prüfungen**" des Hauptmenüs zurück.

(E) Prüfungsentscheidung bzw. Urteilsbildung

Da Schätzverfahren nicht zur Bestimmung von Entscheidungsregeln ausgelegt sind, müssen Sie letztlich entscheiden, ob das Prüffeld im Hinblick auf das Untersuchungsmerkmal als ordnungsmäßig eingestuft, oder ob die Ordnungsmäßigkeit des Prüffeldes nicht testiert werden kann. Dies kann jedoch nur erfolgen, wenn zuvor ein **Toleranzbereich** festgelegt wurde, der nun mit dem soeben berechneten **Konfidenzintervall** verglichen werden muß. Liegt das Konfidenzintervall nicht außerhalb dieses Toleranzbereichs, kann die Ordnungsmäßigkeit des Prüffeldes angenommen werden; anderenfalls bietet sich die Ablehnung der Ordnungsmäßigkeit an.

Wichtig: **Eine Beurteilung der Ordnungsmäßigkeit des Prüffeldes auf der Basis einer Schätzstichprobe kann nicht gleichzeitig das Risiko des Geprüften und das Prüferrisiko begrenzen. Soll eine Entscheidung über die Ordnungsmäßigkeit des Prüffeldes getroffen werden, führen Sie besser eine Annahmestichprobe durch (vgl. Abschnitt 7.3). Ist das Prüffeld auf-**

grund einer Annahmestichprobe als ordnungsmäßig beurteilt worden, kann eine Schätzstichprobe helfen, eine Vorstellung über die Höhe des Gesamtwertes des Prüffeldes zu erlangen.

(F) Verwendung einer bereits gezogenen Stichprobe

Grundsätzlich kann jede Stichprobe beliebigen Umfangs zur Berechnung herangezogen werden, sofern die unter (A) dargestellten Anwendungsvoraussetzungen bei der Ziehung erfüllt waren. Ein Mindeststichprobenumfang braucht nur dann bestimmt und eingehalten zu werden, wenn **Anforderungen an die Genauigkeit** der Untersuchung gestellt werden.

Sofern Sie zur Entscheidungsfindung eine bereits gezogene Stichprobe verwenden wollen, wird i. d. R. deren Umfang nicht dem berechneten entsprechen. Der Stichprobenumfang kann **kleiner** oder aber auch **größer** als der Mindeststichprobenumfang sein. Die Empfehlungen für die Entscheidung auf der Basis von anderen Stichprobenumfängen sind identisch, unabhängig davon, ob Sie das Intervall mit Hilfe der **Freien Hochrechnung** oder der **Gebundenen Hochrechnung** bestimmt haben.

Ist der Stichprobenumfang **kleiner** als der für das Verfahren berechnete Mindeststichprobenumfang, müssen Sie entsprechend die fehlenden Elemente unter Einhaltung der unter (A) geschilderten Anwendungsvoraussetzungen **nachziehen**, damit die gewünschte Länge des Intervalls und auch der gewünschte Sicherheitsgrad der Untersuchung eingehalten werden. Wurde die Stichprobe bereits vom Programm **RSW** gezogen (vgl. Abschnitt 6.5), können auch die weiteren Stichprobenelemente von **RSW** nachgezogen werden. Dabei werden automatisch die Bedingungen [1], [2] und [3] aus (A) eingehalten. Eine Beschreibung der Vorgehensweise finden Sie im Abschnitt 6.6.

Ist der Stichprobenumfang **größer** als der für das Verfahren berechnete Mindeststichprobenumfang, können Sie die Stichprobe ohne weiteres zur Bestimmung des Konfidenzintervalls verwenden. Sofern Sie den gleichen Sicherheitsgrad **$1-\alpha$** vorgeben, wird durch den höheren Stichprobenumfang **n** das Konfidenzintervall kürzer. Andererseits können Sie den Sicherheitsgrad **$1-\alpha$** in gewissen Grenzen erhöhen, wobei weiterhin die gewünschte Länge des Konfidenzintervalls nicht zwangsläufig überschritten werden muß.

☞ **Hinweis: Sie können auch bei zu kleinem Stichprobenumfang das Konfidenzintervall mit Hilfe der Stichprobe schätzen, ohne weitere Elemente nachzuziehen. Das hat allerdings zur Folge, daß entweder die gewünschte Länge des Konfidenzintervalls oder aber der gewünschte Sicherheitsgrad der Untersuchung nicht eingehalten werden. Von diesem Vorgehen ist also abzuraten, wenn eine vorgegebene Genauigkeit eingehalten werden soll.**

7.6 Bearbeitung der Prüfungsprotokolle

Sofern bei der Durchführung der Berechnungen gewünscht (vgl. Abschnitt 7.2 - 7.5), wurden die Ergebnisse in einer Datei protokolliert. Durch Auswahl der Option "**Protokolle**" im Auswahlfenster "**Prüfungen**" kann diese Protokolldatei eingesehen werden (s. Abb. 7.20).

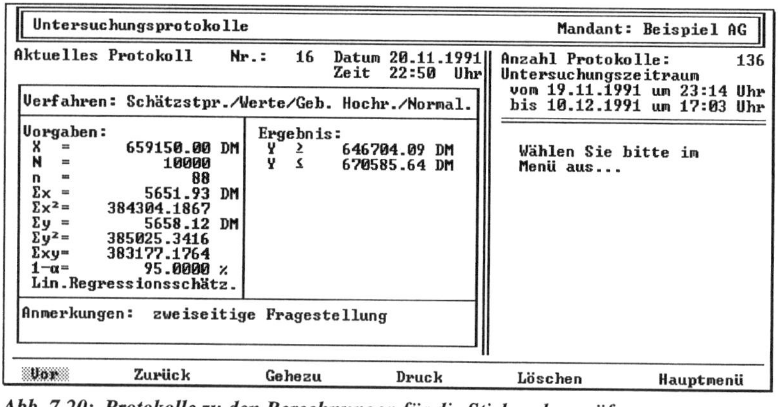

Abb. 7.20: Protokolle zu den Berechnungen für die Stichprobenprüfungen

In der ersten Zeile unter der Statusbox wird angegeben, welches Protokoll gerade angezeigt wird und wann die Berechnungen durchgeführt wurden. Rechts daneben wird die Gesamtzahl der Protokolle sowie der Untersuchungszeitraum, also Datum und Uhrzeit des jeweils ersten und letzten Protokolls, ausgegeben.

Darunter werden auf der linken Bildschirmseite in einem Fenster die Auswertungsergebnisse dargestellt. Sie enthalten alle in den Abschnitten 7.2 bis 7.5 beschriebenen Kennzahlen in Kurzform. Die Ausgabe erfolgt in einer Box, die zusätzlich mit einer

Kopfzeile versehen ist. In dieser wird Ihnen ebenfalls in Kurzform mitgeteilt, auf welche Berechnungen sich das aktuell dargestellte Protokoll bezieht.

Das weitere Vorgehen bestimmen Sie mit Hilfe der in der letzten Bildschirmzeile erscheinenen Menüleiste. Die Optionen bedeuten im einzelnen:

Vor:	Anzeige des nächsten Protokolls,
Zurück:	Anzeige des vorhergehenden Protokolls,
Gehezu:	Anzeige des Protokolls, dessen Position in der Datei von Ihnen eingegeben wird,
Druck:	Ausdruck des Arbeitspapiers für die durchgeführten Berechnungen (vgl. Anhang S. A.8 bis A.17),
Löschen:	Löschen des angezeigten Protokolls; anschließend wird das erste Protokoll der Datei angezeigt, und
Hauptmenü:	Verlassen der Protokolldatei und Rücksprung zum Auswahlfenster "**Prüfungen**" des Hauptmenüs.

Ein Ändern der Daten ist nicht ermöglicht worden, da es sich hier um Auswertungsprotokolle handelt, die nicht manipuliert werden dürfen.

8 Programmverwaltung

8.1 Verwaltung der Standardvorgaben

Diese Zusatzfunktion ist in das Programm integriert worden, damit in den Eingabefeldern von **RSW** die häufig verwendeten Werte nicht jedesmal neu eingegeben werden müssen, sondern durch Standardwerte vorbelegt werden können.

Sie rufen diese Funktion auf, indem Sie im Auswahlfenster "**Programmverwaltung**" des Hauptmenüs die Option "**Standardvorgaben**" auswählen. Es erscheint daraufhin die in Abb. 8.1 dargestellte Eingabemaske, in der Sie die Werte eingeben können, die bei den meisten Berechnungen gleich sind.

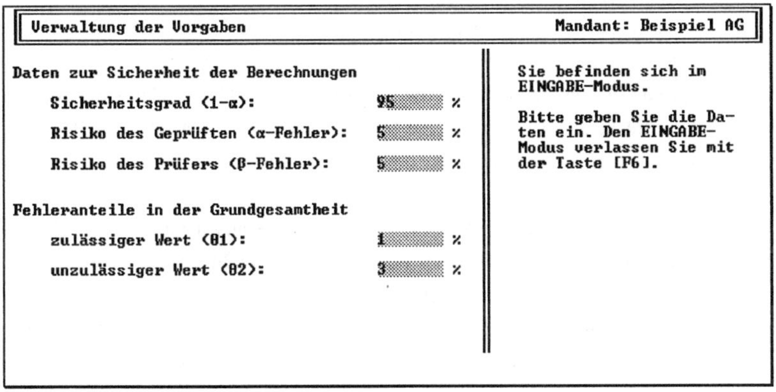

Abb. 8.1: Eingabe der Standardvorgaben

Im einzelnen können Sie folgende Standardvorgaben einstellen:

- *Angaben zur gewünschten Sicherheit der Berechnungen*:
  - (a) der Sicherheitsgrad der Untersuchung **$1-\alpha$**,
  - (b) das Risiko des Geprüften **α** und
  - (c) das Risiko des Prüfers **β**;

- *Daten zu den Fehleranteilen in der Grundgesamtheit*:
  - (d) der zulässige Fehleranteil **Θ_1** und
  - (e) der unzulässige Fehleranteil **Θ_2**.

zu (a) Der **Sicherheitsgrad $1-\alpha$** wird jeweils bei der Berechnung von **Konfidenzintervallen**, sowohl für die Fehleranzahl bzw. den Fehleranteil im Prüffeld, als auch für den Gesamtwert des Prüffeldes, also bei allen Berechnungen im Rahmen von **Schätzstichproben** verwendet. Er gibt an, mit welcher Wahrscheinlichkeit der tatsächliche Parameter des Prüffeldes in dem berechneten Intervall liegen wird. Sofern durch die Prüfungsvorschriften ein einheitlicher Wert für die Untersuchungen vorgeschrieben ist, können Sie diesen hier einstellen. Geben Sie den Wert in Prozent ein. Er wird bei jedem Aufruf einer Berechnung für eine **Schätzstichprobe** voreingestellt, kann jedoch selbstverständlich vor der Berechnung geändert werden. Sofern die Prüfungsvorschriften keine klare Auskunft über die Höhe des **Sicherheitsgrades** geben, verwenden Sie die in der Literatur vorgeschlagenen Werte. Sie schwanken i. d. R. zwischen **90 %** und **95 %**, wobei die Höhe des Wertes von der **Bedeutung des Prüffeldes für die Gesamtentscheidung** abhängt. Ein Sicherheitsgrad von **90 %** wird nur bei einem Prüffeld anzusetzen sein, das relativ unbedeutend ist, da damit schließlich gleichzeitig eine **Irrtumswahrscheinlichkeit** von α = **10 %** verbunden ist. Das bedeutet, daß bei sehr vielen Prüfungen im Mittel **10 %** der tatsächlichen Parameter nicht in dem jeweils berechneten Intervall liegen werden. Bedenken Sie, daß eine Erhöhung des **Sicherheitsgrades** bei gleichbleibender **Genauigkeit**, ausgedrückt durch die Intervallänge, gleichzeitig zu einem höheren Aufwand führt, da der Stichprobenumfang erhöht werden muß.

zu (b) Das Risiko des Geprüften α gibt an, wie groß die Wahrscheinlichkeit ist, daß ein **ordnungsgemäßes Prüffeld** im Rahmen einer **Annahmestichprobe** aufgrund von für das Prüffeld untypischen Stichprobenelementen als **nicht ordnungsgemäß** beurteilt wird. Es ist also die Wahrscheinlichkeit dafür, daß ein **Fehler 1. Art**, ein sog. α-Fehler, eintritt. Geben Sie diesen Wert in Prozent ein. Er wird dann bei jedem Aufruf einer Berechnung für eine **Annahmestichprobe** voreingestellt, kann aber selbstverständlich vor der Berechnung geändert werden. Sofern die Prüfungsvorschriften keine klare Auskunft über die Höhe des Risikos des Geprüften geben, verwenden Sie die in der Literatur vorgeschlagenen Werte. Sie liegen i. d. R. bei **5 %**.

zu (c) Das Risiko des Prüfers β gibt an, wie groß die Wahrscheinlichkeit ist, daß ein **nicht ordnungsgemäßes Prüffeld** im Rahmen einer **Annahmestichprobe** aufgrund von für das Prüffeld untypischen Stichprobenelementen als **ordnungsgemäß** beurteilt wird. Es ist also die Wahrscheinlichkeit dafür, daß ein **Fehler 2. Art**, ein sog. **β-Fehler** eintritt. Geben Sie diesen Wert in Prozent ein. Er wird dann bei jedem Aufruf einer Berechnung für eine Annahmestichprobe voreingestellt, kann aber selbstverständlich vor der Berechnung geändert werden. Sofern die Prüfungsvorschriften keine klare Auskunft über die Höhe des Risikos des Prüfers geben, verwenden Sie die in der Literatur vorgeschlagenen Werte. Sie liegen i. d. R. bei **3 % - 5 %**.

zu (d) Der **zulässige Fehleranteil im Prüffeld** Θ_1 findet im Rahmen der Berechnung eines Prüfplans einer **Annahmestichprobe für die Fehleranzahl bzw. den Fehleranteil im Prüffeld** Anwendung. In der dann verwendeten Eingabemaske wird die **zulässige Fehleranzahl** abgefragt, so daß dieser Wert in der Eingabemaske erst eingestellt wird, wenn der Umfang der Grundgesamtheit eingegeben worden ist. Geben Sie diesen Wert in Prozent ein. Sofern die Prüfungsvorschriften keine klare Auskunft über die Höhe des zulässigen Fehleranteils geben, verwenden Sie den in der Literatur vorgeschlagenen Wert von **1 %**.

zu (e) Der **unzulässige Fehleranteil im Prüffeld** Θ_2 findet ebenfalls im Rahmen der Berechnung eines Prüfplans einer **Annahmestichprobe für die Fehleranzahl bzw. den Fehleranteil im Prüffeld** Anwendung. In der dann verwendeten Eingabemaske wird die **unzulässige Fehleranzahl** abgefragt, so daß auch dieser Wert in der Eingabemaske erst eingestellt wird, wenn der Umfang der Grundgesamtheit eingegeben worden ist. Geben Sie diesen Wert in Prozent ein. Sofern die Prüfungsvorschriften keine klare Auskunft über die Höhe des unzulässigen Fehleranteils geben, verwenden Sie den in der Literatur vorgeschlagenen Wert von **3 %**.

Alle Werte sind deshalb in Prozent einzugeben, weil dadurch erreicht wird, daß i. d. R. keine Nachkommastellen einzugeben sind. Sie können die Eingabe der Standardvorgaben jederzeit **abbrechen**, indem Sie in einem beliebigen Eingabefeld auf die Taste **[ESC]** drücken.

Haben Sie **alle Werte eingegeben** oder haben Sie in einem der Eingabefelder mit der Taste **[F6]** die Eingabe abgeschlossen, werden Sie gefragt, ob Sie die vorgenommenen Änderungen abspeichern möchten. Ist dies der Fall, wählen Sie "**Ja**", ansonsten "**Nein**".

8.2 Import von Buchwert- und Stichprobendateien

Das Programm **RSW** ist in der vorliegenden Version 2.0 mit einer Schnittstelle zur Auswertung bereits in Dateien vorhandenen Datenmaterials versehen, sofern die Dateien im **dBase III** (+) Format abgespeichert sind. Dieses Dateiformat wurde wegen der großen Verbreitung des Programmsystems **dBase III** (+) gewählt und weil mittlerweile die meisten Programme eine Schnittstelle zum **dBase III** (+) Dateiformat anbieten.

Sollte dennoch keine Möglichkeit bestehen, Dateien im **dBase III** (+) Dateiformat zu erstellen, kann ein Konvertierungsprogramm angefordert werden, das aus den Standarddateiformaten diese Umwandlung vornehmen kann. Dieses Konvertierungsprogramm ist nicht in das Programm **RSW** integriert worden, weil sonst soviel zusätzlicher Hauptspeicherplatz belegt worden wäre, daß nur noch kleine Dateien zur Auswertung herangezogen werden könnten.

Der Import von Dateien betrifft Buchwertdateien und Stichprobendateien. Wählen Sie dazu die Option "**Dateiimport**" im Auswahlfenster "**Programmverwaltung**" des Hauptmenüs. Es folgt daraufhin die in Abb. 8.2 dargestellte Abfrage nach dem Verzeichnis, in dem sich die zu importierende Datei befindet.

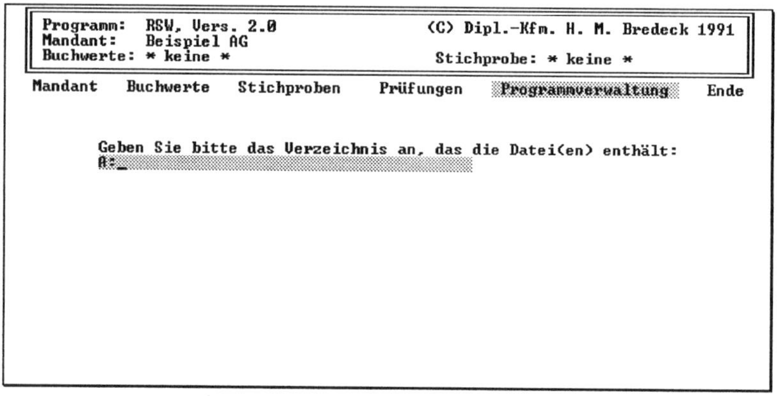

Abb. 8.2: Eingabe des Verzeichnisses für den Dateiimport

Voreingestellt ist dabei das Diskettenlaufwerk **A:**. Geben Sie hier das Verzeichnis ein. **RSW** überprüft sofort, ob das Verzeichnis auch tatsächlich existiert und ob es derzeit möglich ist, darauf zuzugreifen. Dies kann z. B. bei geöffneter Laufwerksklappe unmöglich sein. Ist kein Zugriff möglich, werden Sie in der untersten Bildschirmzeile darauf hingewiesen und können erneut das Verzeichnis bestimmen. Geben Sie in dieses Eingabefeld nichts ein, wird der Dateiimport **abgebrochen**. Ansonsten erhalten Sie, wie in Abb. 8.3 dargestellt, eine Auswahlliste aller Dateien des eingegebenen Verzeichnisses, deren Dateinamen auf **.DBF** enden. Diese Dateinamensendung ist die Standardendung für **dBase III** (+) Dateien.

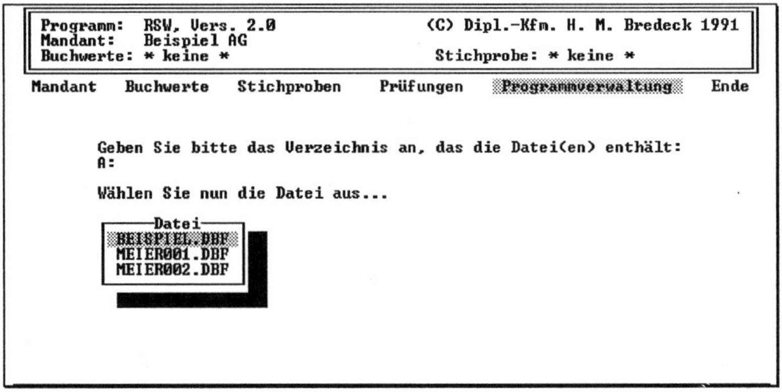

Abb. 8.3: Auswahl der zu importierenden Datei

Wählen Sie die zu importierende Datei mit Hilfe der Pfeiltasten [↑] und [↓] aus und bestätigen Sie die Auswahl mit der Taste [↵]. Das Betätigen der Taste **[ESC]** führt zum **Abbruch** des Dateiimports.

Ist eine Datei ausgewählt, überprüft **RSW** automatisch, ob die Datei das **dBase III** (+)-Format besitzt und ob sie Daten enthält. Sofern dies nicht gewährleistet ist, werden Sie durch eine Meldung in der letzten Bildschirmzeile darauf hingewiesen und können erneut eine Datei auswählen. Im Anschluß können Sie, wie in Abb. 8.4 dargestellt, festlegen, ob es sich bei der soeben bestimmten Datei um eine Buchwertdatei oder um eine Stichprobendatei handelt.

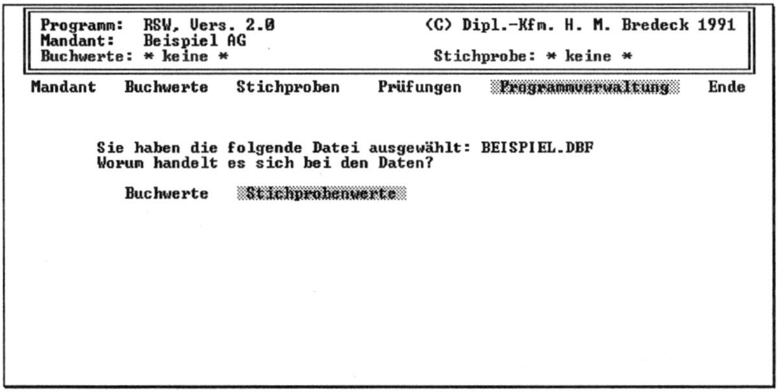

Abb. 8.4: Bestimmung der Art der zu importierenden Datei

Diese Unterscheidung ist notwendig, da Buchwertdateien und Stichprobendateien programmintern anders verwaltet werden. Außerdem wird bei einer **Buchwertdatei** im Anschluß die **gesamte Datei importiert**, während bei einer **Stichprobendatei** zunächst bestimmt werden muß, welches der **Felder** die **Buchwerte**, welches die **Wahren Werte** und ggf. welches Feld die **Kommentare** enthält. Andere Felder werden nicht mit importiert, da eine Stichprobendatei lediglich diese Felder enthalten darf. Sofern es sich also um eine Stichprobendatei handelt, folgt die Auswahl der Felder, wie sie in Abb. 8.5 dargestellt ist.

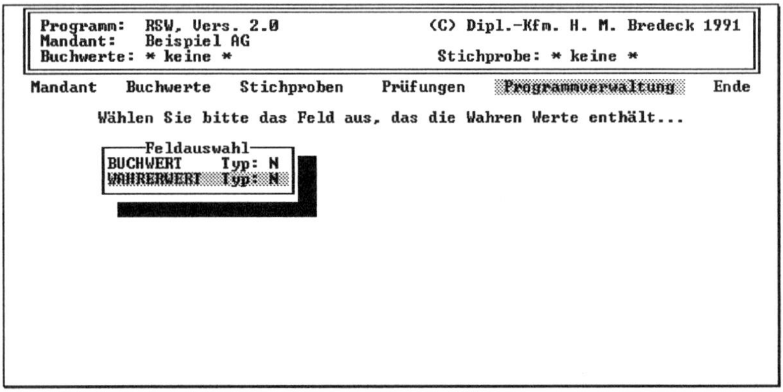

Abb. 8.5: Bestimmung der Felder beim Import einer Stichprobendatei

In der Auswahlliste erscheinen die **Feldnamen** und die zugehörigen **Feldtypen**. Für die Feldtypen gibt es nach der **dBase III (+)** Norm die Möglichkeiten:

N	für ein numerisches Feld	(N = Numeric),
C	für ein Zeichenfeld	(C = Character),
D	für ein Datumsfeld	(D = Date) und
M	für ein Memofeld	(M = Memo).

Die Felder, die die Buchwerte und die Wahren Werte enthalten, müssen numerisch sein (Typ **N**), weil mit ihnen gerechnet werden soll. Sollten Sie ein Feld anderen Typs ausgewählt haben, werden Sie durch eine Meldung in der letzten Bildschirmzeile darauf hingewiesen und können die Auswahl korrigieren. Der Typ des Kommentarfeldes ist nicht entscheidend, jedoch darf es kein Memofeld sein (Typ **M**), da dieser Feldtyp nicht ausgewertet werden kann. Das Kommentarfeld dient dazu, die Stichprobenelemente **voneinander abzugrenzen**. Wählen Sie deshalb ein Feld aus, dessen Inhalt **eindeutig** einem Element zugeordnet werden kann (z. B. die Buchungsnummer). Die Auswahl eines Kommentarfeldes ist nicht zwingend. Möchten Sie kein Feld auswählen, weil z. B. kein Feld existiert, dessen Inhalt eindeutig zugeordnet werden kann, können Sie die Auswahl durch Betätigung der Taste **[ESC]** übergehen. Das Drücken der Taste **[ESC]** bei der Auswahl der Felder für die Buchwerte und die Wahren Werte **bricht** dagegen den Dateiimport insgesamt **ab**.

Da eine Stichprobendatei zwangsläufig mindestens zwei Felder für die Buchwerte und die Wahren Werte enthalten muß, erfolgt bereits nach der Bestimmung der Art der Datei eine Überprüfung, ob dies gegeben ist. Wenn nicht, wird der Dateiimport mit einem entsprechenden Hinweis in der letzten Bildschirmzeile abgebrochen.

Als letztes werden Sie, wie in Abb. 8.6 dargestellt, nach dem Namen gefragt, unter dem die Datei abgespeichert werden soll. Die ersten beiden Buchstaben des Dateinamens sind bei Buchwertdateien mit **BW**, bei Stichprobendateien mit **ST** vorbelegt; die Dateinamensendung lautet zwangsläufig **.DBF**. Sie können demnach noch sechs Buchstaben des Dateinamens frei vergeben. Da keine Dateien mit gleichen Namen existieren können, werden Sie bei Namensgleichheit mit einer bereits vorhandenen Datei gefragt, ob die alte Datei überschrieben werden soll. Wählen Sie dort "**Nein**", erhalten Sie die Gelegenheit, den Dateinamen neu zu vergeben.

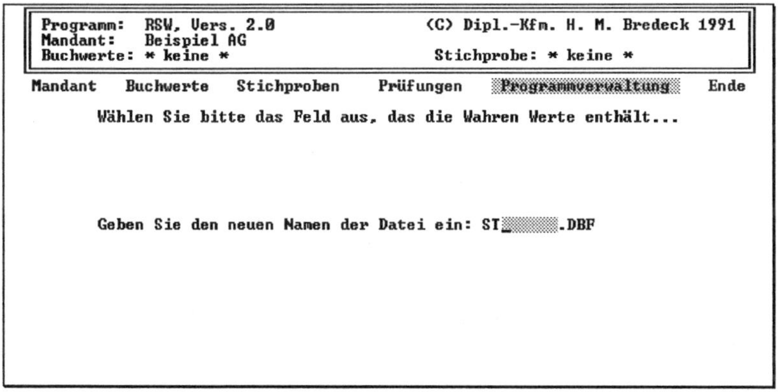

Abb. 8.6: Vergabe des Dateinamens für die zu importierende Datei

Im Anschluß daran findet der eigentliche Import statt. Ist dieser beendet, verzweigt **RSW** in das Auswahlfenster "**Programmverwaltung**" des Hauptmenüs zurück.

9 Sonderprobleme und deren Lösung

In diesem Kapitel werden mögliche Lösungen für einige Standardprobleme gegeben. Dieses Kapitel ist sicherlich nicht umfassend, dennoch sollten damit die wichtigsten Probleme gelöst werden können.

Problem: Bei der Eingabe von **RSW** wird das Programm nicht gestartet. Es erscheint eine Fehlermeldung des Betriebssystems:

Falscher Befehl oder Dateiname!

Lösung: Sie haben in der Datei **AUTOEXEC.BAT** das Verzeichnis **C:\RSW** nicht in den Zugriffspfad mit Hilfe des Befehls **PATH** aufgenommen. Sie können nun mit einem Editor den Befehl **PATH=C:\RSW** in die Datei einfügen, oder aber bei bereits bestehendem Pfad das Verzeichnis **C:\RSW** ergänzen. Bedenken Sie, daß i. d. R. die Liste der Zugriffspfade nur 128 Buchstaben enthalten kann; überzählige Verzeichnisse werden dann nicht mit in den Zugriffpfad aufgenommen. Damit diese Änderungen zum Tragen kommen, muß der PC neu gestartet werden. Möchten Sie jedoch den Zugriffspfad nicht für immer einstellen, können Sie **RSW** auch starten, indem Sie zunächst in das Verzeichnis wechseln. Geben Sie dazu folgendes ein:

C:	[↵]
CD \RSW	[↵]
RSW	[↵] .

Problem: Sie arbeiten mit einem PC, der eine **VGA-Grafik-Karte** verwendet, haben jedoch nur einen **VGA-Monochrom-Monitor**, evtl. mit 16 Graustufen, angeschlossen. Im Programm **RSW** können Sie nun die Auswahlmenüs und/oder die Eingabefelder nicht erkennen.

Lösung: Das Programm **RSW** erkennt die eingebaute Grafik-Karte selbständig und stellt daraufhin die Farben entsprechend ein. Erkennt das Programm eine **VGA-Karte**, wird automatisch die Verwendung eines **Farbmonitors** vorausgesetzt, da lediglich die Grafik-Karte, nicht aber der Monitor geprüft werden kann. Deshalb werden die Farben entsprechend eingestellt. Starten Sie das Programm **RSW** erneut durch Eingabe von:

RSW /M [↵].

Hierdurch teilen Sie dem Programm mit, daß die Einstellungen für einen Monochrommonitor verwendet werden sollen.

Problem: Beim Start des Programms erhalten Sie eine Fehlermeldung des Betriebssystems, die - abhängig von der Version des Betriebssystems - in etwa so lautet:

Unzureichender Arbeitsspeicher!
Programm kann nicht gestartet werden!

Lösung: Stellen Sie zunächst sicher, daß Ihr PC tatsächlich über **mindestens 640 KB Hauptspeicher** verfügt. Ist dies nicht der Fall, müssen Sie ggf. eine Speichererweiterung kaufen. Verfügt Ihr PC jedoch über mindestens 640 KB Hauptspeicher, kann es dennoch sein, daß nicht mehr genügend Hauptspeicher für die Anwendungsprogramme zur Verfügung steht. Überprüfen Sie die Dateien **AUTOEXEC.BAT** und **CONFIG.SYS** im Hauptverzeichnis der Festplatte **C:**, ob dort einige Gerätetreiber, z. B. für die Maus oder einen externen Monitor, aus den Dateien entfernt werden können. Verfügen Sie über einen **AT 286, 386 oder 486** mit **mindestens 1 MB Hauptspeicher**, ist zu empfehlen, auf das Betriebssystem **MS-DOS 5.0** umzusteigen, weil dann die Gerätetreiber in den Speicherbereich ausgelagert werden können, den das Programm **RSW** (wie auch die meisten anderen Programme) nicht verwendet. Verwenden Sie möglichst nur **MS-DOS 5.0** und kein nachgemachtes Betriebssystem, da sonst nicht gewährleistet ist, daß alle Funktionen des Programms auch wirklich ordnungsgemäß genutzt werden können.

Literaturverzeichnis

Angele, German: Anerkannte mathematisch-statistische Methoden zur Stichprobeninventur. Entscheidungshilfen für die Praxis. Hochschulschriften zur Betriebswirtschaftslehre. **Hrsg. D. Beschorner und M. Heinhold**. Band 67. Diss. München 1989. Zit. als: **Angele**, Anerkannte Methoden.

Bamberg, Günter und Franz Baur: Statistik, 6., überarbeitete Auflage. München, Wien 1989. Zit. als: **Bamberg/Baur**, Statistik.

Billeter, Ernst P.: Grundlagen der repräsentativen Statistik, Stichprobentheorie und Versuchsplanung. Wien, New York 1970.

Bleymüller, Josef: Stichprobenverfahren für Wirtschaftswissenschaftler. Als Manuskript vervielfältigt. Münster 1989. Zit. als: **Bleymüller**, Stichprobenverfahren.

Bleymüller, Josef und Günther Gehlert: Statistische Formeln, Tabellen und Programme. 5., verbesserte Auflage. München 1991. Zit. als: **Bleymüller/Gehlert**, WiSt-Tabellen.

Bleymüller, Josef, Günther Gehlert und Herbert Gülicher: Statistik für Wirtschaftswissenschaftler. 7. Auflage. München 1991. Zit. als: **Bleymüller/Gehlert/ Gülicher**, WiSt-Statistik.

Bleymüller, Josef und Herbert Gülicher: Statistische Formeln für Fortgeschrittene (Betriebswirte). Münster 1983. Zit. als: **Bleymüller/Gülicher**, Formeln.

Bönte, Hans-Dieter: Stichprobenpläne für die Inventur. Betriebswirtschaftliche Schriftenreihe. Hrsg. **Martin-Christian Barrmeyer, Friedrich-Wilhelm Caspers**. Band 5. Diss. Münster 1983. Zit. als: **Bönte**, Stichprobenpläne.

Cochran, William G.: Stichprobenverfahren. Berlin, New York 1972. Zit. als: **Cochran**, Stichprobenverfahren.

Dralle, Angela: Effizienz und Verzerrung bei Gebundener Hochrechnung im Fall geschichteter und ungeschichteter Stichproben. Eine Untersuchung für normalverteilte und lognormalverteilte Untersuchungsmerkmale mit Hilfe der Simulation. Betriebswirtschaftliche Schriftenreihe. Hrsg. **Martin-Christian Barrmeyer, Friedrich-Wilhelm Caspers**. Band 51. Diss. Münster 1989. Zit. als: **Dralle**, Effizienz und Verzerrung.

Eckmann, Steffen und Hubert Peters: Stichprobeninventur mit dem PC. In: Der Betrieb, 37.90. S. 1832-1834.

Eggenberger, Hans: Mathematisch-statistische Stichprobenverfahren in der Revision. Diss. Winterthur 1986. Zit. als: **Eggenberger**, Stichprobenverfahren in der Revision.

Eichler, Bernd: Heterograde Sequentialtests für die Buchprüfung. Darstellung, Verwendungsmöglichkeiten und Anwendungsbedingungen. Frankfurt 1985. Zit. als: **Eichler**, Sequentialtest.

Elmendorf, Karl: Anwendbarkeit von Zufallsstichproben bei der Abschlußprüfung. Diss. München 1962.

Graf, Ulrich u. a.: Formeln und Tabellen der angewandten mathematischen Statistik. 3., völlig neu bearbeitete Auflage von P.-Th. Wilrich und H.-J. Henning. Berlin u. a. 1987. Zit. als: **Graf u. a.**, Formeln.

Gründer, Martin: Zufallsstichprobenverfahren in der Wirtschaftsprüfung. Einige Grundmodelle und Beiträge zu deren Implementierung auf dem Mikrocomputer. Betriebswirtschaftliche Schriftenreihe. Hrsg. **Martin-Christian Barrmeyer, Friedrich-Wilhelm Caspers**. Band 45. Diss. Münster 1989. Zit. als: **Gründer**, Zufallsstichprobenverfahren.

Hald, Anders: Statistical Theory of Sampling Inspections by Attributes. Probability and Mathematical Statistics, A Series of Monographs and Textbooks, Hrsg. **Z .W. Birnbaum und E. Lukacs**. London u. a. 1981.

Hastings, N. A. J. und J. B. Peacock: Statistical Distributions. A Handbook for Students and Practitioners. London 1975. Zit. als: **Hastings/Peacock**, Distributions.

Hochstädter, Dieter: Einführung in die statistische Methodenlehre. 6. Auflage. Frankfurt, Thun 1989. Zit. als: **Hochstädter**, Einführung.

Hoffmeister, Frank: Bestimmung des Mindeststichprobenumfangs bei der Inventur von Lägern mit lognormalverteilten Buchwerten mit Hilfe Geschichteter Stichproben durch Simulation. Betriebswirtschaftliche Schriftenreihe. Hrsg. **Martin-Christian Barrmeyer, Friedrich-Wilhelm Caspers**. Band 48. Diss. Münster 1988.

Hömberg, Reinhold: Einführung in Prüfungsmethoden, 3., leicht veränderte Auflage. Als Skript vervielfältigt. Köln 1989. Zit. als: **Hömberg**, Einführung.

Institut der Wirtschaftsprüfer in Deutschland e. V. (IDW) (Hrsg): Hauptfachausschuß. Stellungnahme HFA 1/1988: Zur Anwendung stichprobengestützter Prüfungsmethoden bei der Jahresabschlußprüfung. In: Die Wirtschaftsprüfung 8.1988. Zit. als: **IDW**, HFA 1/1988.

Johnson, Norman L. und Samuel Kotz: Distributions in Statistics. Discrete Distributions. Boston u. a. 1969. Zit. als: **Johnson/Kotz**, Distributions.

Lamers, Andreas: Hypergeometrische Verteilung, TI 59. In: Programmierung mathematischer Algorithmen. Hrsg: Helmut Alt und Harald Schumny. Braunschweig 1982. Zit. als: **Lamers**, Hypergeometrische Verteilung.

Lamers, Andreas: Die Optimierung von Folgetestverfahren für Anwendungen im Prüfungswesen - Ein Überblick über einige neuere Entwicklungen. Diss. Münster 1981. Zit. als: **Lamers**, Folgetestverfahren.

Leffson, Ulrich: Wirtschaftsprüfung. 3., durchgesehene Auflage, Wiesbaden 1985. Zit. als: **Leffson**, Wirtschaftsprüfung.

Leffson, Ulrich, Klaus Lippmann und Jörg Baetge: Zur Sicherheit und Wirtschaftlichkeit der Urteilsbildung bei Prüfungen. Schriftenreihe des Instituts für Revisionswesen der Westfälischen Wilhelms-Universität Münster. Hrsg. **Ulrich Leffson**. Band 1. Düsseldorf 1969. Zit. als: **Leffson/Lippmann/ Baetge**, Sicherheit.

Leiner, Bernd: Stichprobentheorie. 2., überarbeitete und erweiterte Auflage. München, Wien 1989, zit. als: **Leiner**, Stichprobentheorie.

Mandl, Gerwald: Untersuchungen über Anwendungsvoraussetzungen und Effizienz statistischer Stichprobenverfahren in der Buchprüfung. Veröffentlichungen der Kommission für Sozial- und Wirtschaftswissenschaften. Nr. 20. Hrsg. **Wilhelm Weber**. Wien 1984. Zit. als: **Mandl**, Stichprobenverfahren.

Odeh, Robert E. und D. B. Owen: Attribute Sampling Plans, Tables of Tests and Confidence Limits for Proportion. Statistics: Textbooks and Monographs. Volume 49. Hrsg. **D. B. Owen und E. G. Schilling**. New York, Basel 1983. Zit. als: **Odeh/Owen**, Tables.

Ossadnik, Wolfgang: Bestimmung des Umfangs von Unternehmensprüfungen. Beilage zum WISU-Studienblatt, Heft 4.91. Düsseldorf 1991. Zit. als: **Ossadnik**, Umfang.

Patel, Jagdish K., C. H. Kapadia und D. B. Owen: Handbook of Statistical Distributions. Statistics: Textbooks and Monographs. Volume 20. Hrsg. **D. B. Owen, Paul D. Minton und John W. Pratt**. New York, Basel 1976. Zit. als: **Patel/Kapadia/Owen**, Distributions.

Pokropp, Fritz: Stichproben: Theorie und Verfahren. Lehrbücher Wirtschaftswissenschaften. Hrsg. **Wolfgang Eichborn u. a.** Königstein/Ts. 1980.

Schaich, Eberhard: Schätz- und Testmethoden für Sozialwissenschaftler. 2., verbesserte Auflage. München 1990. Zit. als: **Schaich**, Schätz- und Testmethoden.

Scherrer, Gerhard und Irmgard Obermeier: Stichprobeninventur. Theoretische Grundlagen und praktische Anwendung. München 1981. Zit. als: **Scherrer/ Obermeier**, Stichprobeninventur.

Schnitzenbaumer, Franz: Personalcomputer im Prüfungseinsatz. In: online 12.1988. S. 52-53. Zit. als: **Schnitzenbaumer**, Personalcomputer im Prüfungseinsatz.

Schulte, Elmar B.: Quantitative Methoden der Urteilsgewinnung bei Unternehmensprüfungen. Schriftenreihe des Instituts für Revisionswesen der Westfälischen Wilhelms-Universität Münster. Hrsg. **Ulrich Leffson**. Band 3. Diss. Düsseldorf 1970. Zit. als: **Schulte**, Quantitative Methoden.

Schulz, Arno: Software-Entwurf. Methoden und Werkzeuge. 2., verbesserte Auflage, Handbuch der Informatik, Hrsg. **Albert Endres, Hermann Krallmann und Peter Schnupp**. Band 5.1. München, Wien 1990.

Sperl, Andreas: Prüfungsplanung. Schriftenreihe des Instituts für Revisionswesen der Westfälischen Wilhelms-Universität Münster. Hrsg. **Ulrich Leffson**. Band 12. Diss. Düsseldorf 1978. Zit. als: **Sperl**, Prüfungsplanung.

Stenger, Horst: Stichproben, Heidelberg, Wien 1986. Zit. als: **Spenger**, Stichproben.

Weinrich, Günter und Volkmar Steinecke: Die Verwendung gebundener Schätzverfahren bei der Stichprobeninventur, Eine Stellungnahme zum Beitrag von v. Wysocki/Schmidle. In: Die Wirtschaftsprüfung. 22.1979. Hrsg. **IDW**. Düsseldorf.

Wichmann, B. und D. Hill: Building a Random Number Generator. In: Byte, 3.1987. S. 127-128. Zit. als: **Wichmann/Hill**, Random-Number.

Will, Hartmut J.: Prüf- und Controllingsoftware, Entwicklungstendenzen und Einsatzmöglichkeiten. In: Die Wirtschaftsprüfung. 3.1991. Hrsg. **IDW**. Düsseldorf. Zit. als: **Will**, Prüf- und Controllingsoftware.

v. Wysocki, Klaus: Auswahl von Prüfungselementen bei der Jahresabschlußprüfung. In: Der Schweizer Treuhänder, 10.1991. Zit. als: **v. Wysocki**, Auswahl.

v. Wysocki, Klaus: Grundlagen des betriebswirtschftlichen Prüfungswesens. 3., völlig überarbeitetete Auflage, München 1988. Zit. als: **v. Wysocki**, Grundlagen.

v. Wysocki, Klaus: Zur Verwendung von Nomogrammen bei der Auswertung von Zufallsstichproben. In: Die Wirtschaftsprüfung. 18.1975. Hrsg. **IDW**. Düsseldorf. Zit als: **v. Wysocki**, Nomogramme.

v. Wysocki, Klaus und Lothar Schmidle: Die Verwendung gebundener Schätzverfahren bei der Stichprobeninventur. In: Die Wirtschaftsprüfung. 16.1979. Hrsg. **IDW**. Düsseldorf. Zit als: **v. Wysocki/Schmidle**, Gebundene Schätzverfahren.

Anhang

Inhaltsverzeichnis

Abbildungsverzeichnis

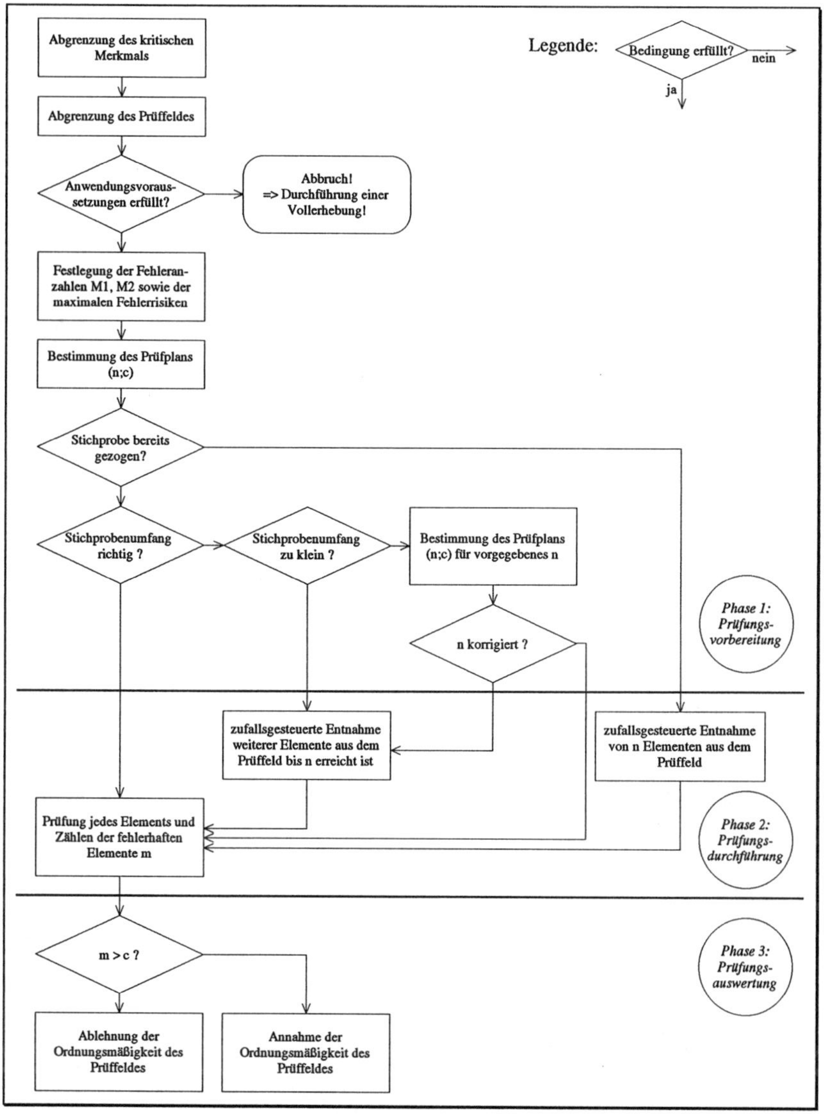

Abb. A.1: Ablaufplan einer Annahmestichprobe für die Fehleranzahl bzw. den Fehleranteil im Prüffeld

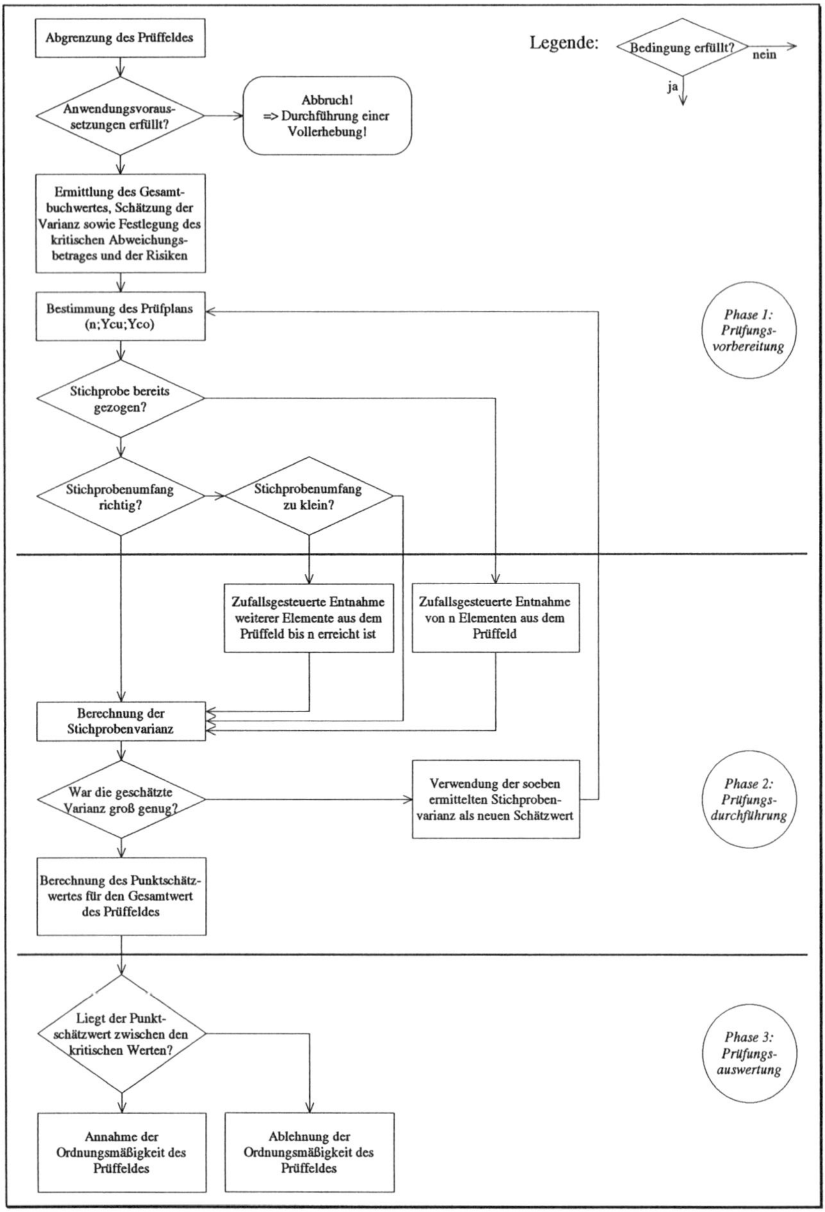

Abb. A.2: Ablaufplan einer Annahmestichprobe für den Gesamtwert des Prüffeldes

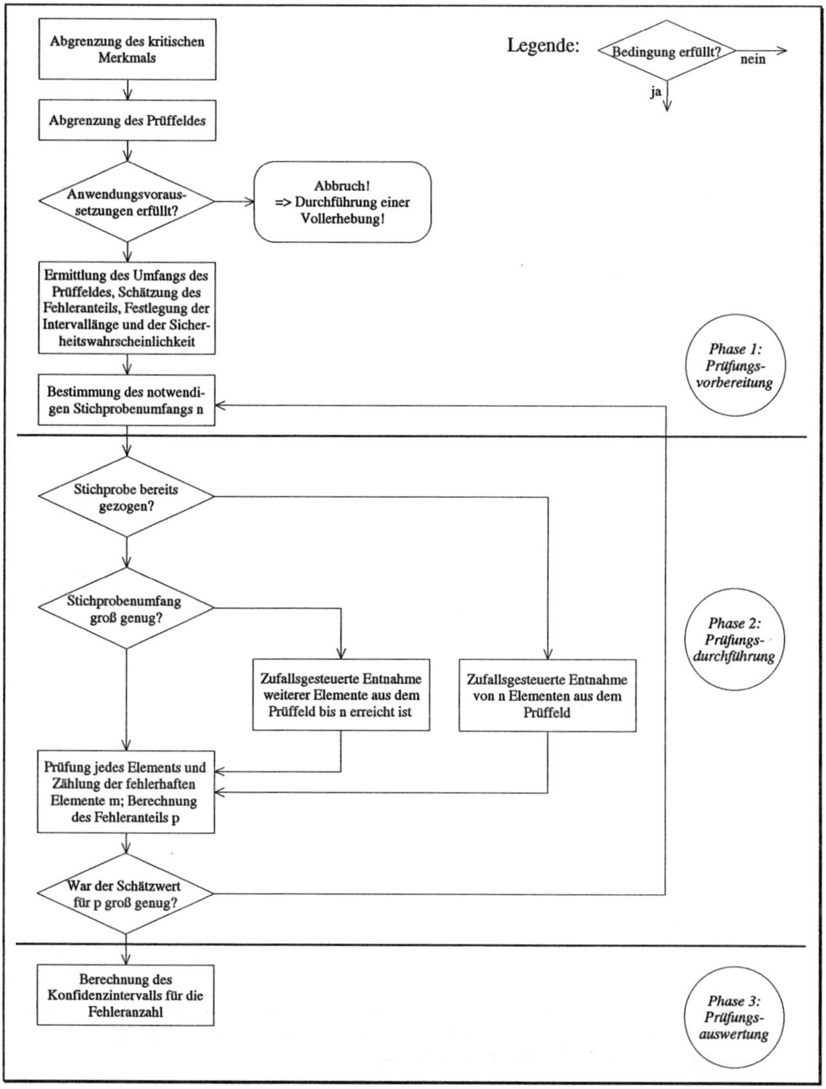

Abb. A.3: Ablaufplan einer Schätzstichprobe für die Fehleranzahl bzw. den Fehleranteil im Prüffeld

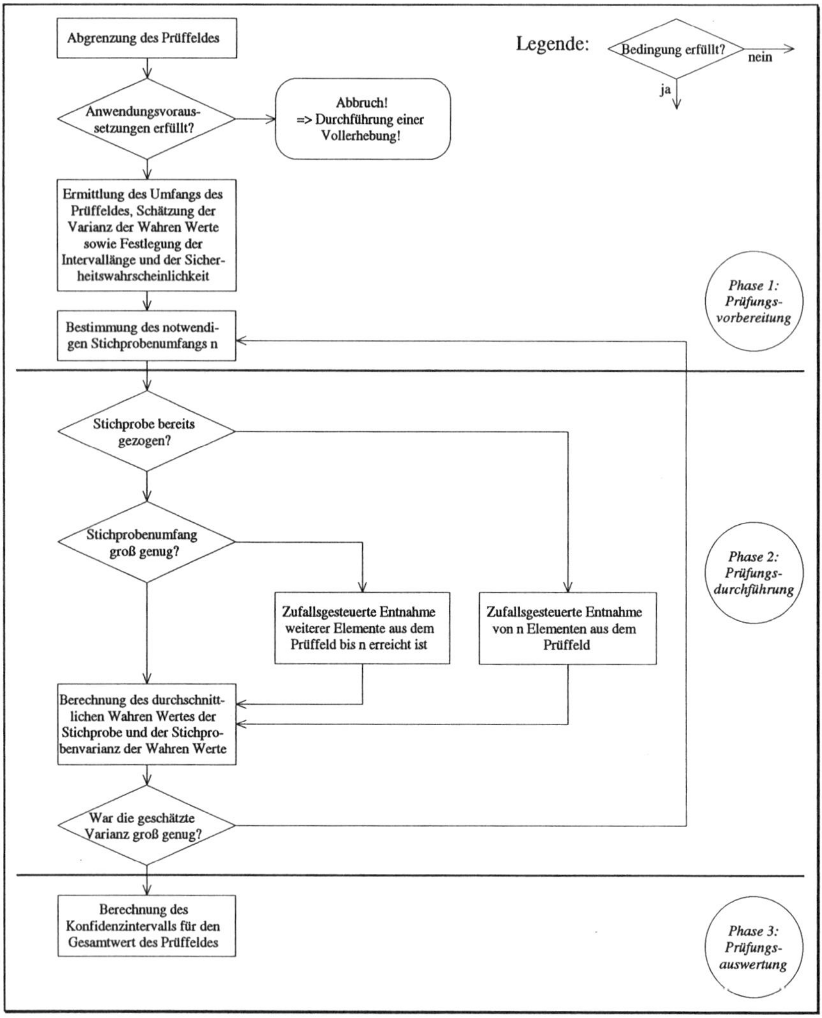

Abb. A.4: Ablaufplan einer Schätzstichprobe für den Gesamtwert des Prüffeldes bei Anwendung der Freien Hochrechnung

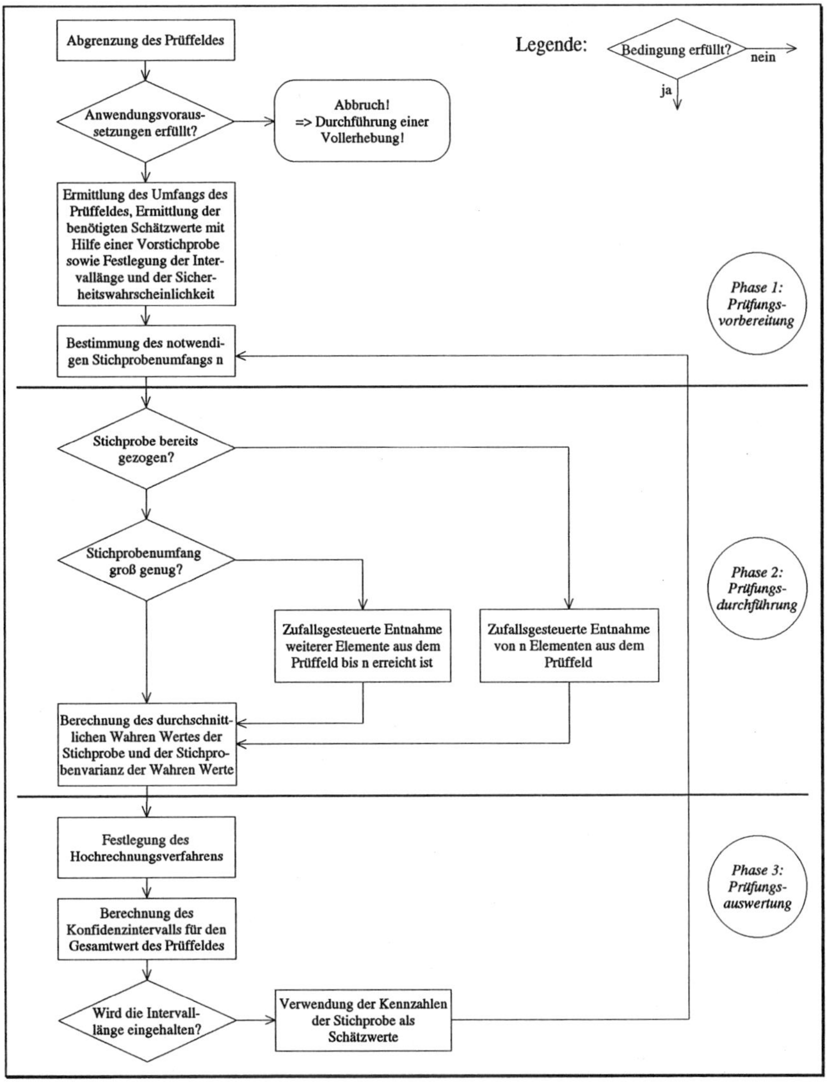

Abb. A.5: Ablaufplan einer Schätzstichprobe für den Gesamtwert des Prüffeldes bei Anwendung der Verfahren der Gebundenen Hochrechnung

Mandant: Beispiel AG

Prüfung zum 30.09.1991
Prüfer: Dr. Erika Mustermann
Vorbereitung: Dipl.-Kfm. Karl Schuster

DIREKTDRUCK

Auswertung einer Buchwert-Datei

Datum der Untersuchung: 21.11.1991

AUFGABE:
========

Sie haben die Kennzahlen der Buchwerte ausrechnen lassen. Die Buchwerte haben Sie der Datei BWBEISP1.DBF entnommen; sie sind dort unter dem Variablennamen BUCHWERT abgespeichert.

Kennzahlen:
Die Datei enthält N= 10000 Elemente. Der Mittelwert beträgt μx= 15.92 DM, die Standardabweichung σx= 15.48385 und die Varianz σx^2= 239.74957.

Der Gesamtbuchwert beträgt X= 159150.60 DM. Die Werte reichen vom Minimum MIN= 0.00 DM bis zum Maximum MAX= 57410868.06 DM. Das Fisher'sche Schiefemaß beträgt G1 = 1.87374.

ZUSAMMENFASSUNG DER ERGEBNISSE
==============================

N =	10000	μx =	15.92 DM
σx =	15.48385	σx^2=	239.74957
X =	159150.60 DM	MIN=	0.00 DM
MAX=	57410868.06 DM	G1 =	1.87374

Arbeitspapier zur Auswertung einer Buchwertdatei

Mandant: Beispiel AG

Prüfung zum 30.09.1991
Prüfer: Dr. Erika Mustermann
Vorbereitung: Dipl.-Kfm. Karl Schuster

DIREKTDRUCK

Auswertung einer Stichproben-Datei

Datum der Untersuchung: 21.11.1991

AUFGABE:
========

Sie haben die Kennzahlen der Stichprobendatei ST88.DBF berechnen lassen.

Kennzahlen:
Die Datei enthält n=88 Elemente.

Kennzahlen der Buchwerte: (Feld: BUCHWERT)
Der Mittelwert beträgt $\bar{x}$= 64.23 DM, die Standardabweichung sx= 15.64720,die Varianz sx^2= 244.83486, die Summe der Buchwerte Σx= 5651.93 DM und die Summe der quadrierten Buchwerte Σx^2= 384304.18670.

Kennzahlen der Wahren Werte: (Feld: WAHRERWERT)
Der Mittelwert beträgt $\bar{y}$= 64.30 DM, die Standardabweichung sy= 15.61985, die Varianz sy^2= 243.97964, die Summe der Wahren Werte Σy= 5658.12 DM und die Summe der quadrierten Wahren Werte Σy^2= 385025.34160.

Kennzahlen, die Buchwerte und Wahre Werte betreffen:
Die Fehleranzahl beträgt m= 15, die Stichprobenkovarianz sxy= 227.31104 und die Summe des Produkt Σxy= 383177.17640.

ZUSAMMENFASSUNG DER ERGEBNISSE
==============================

n	=	88			
$\bar{x}$	=	64.23 DM	sx	=	15.64720
sx^2	=	244.83486	Σx	=	5651.93 DM
Σx^2	=	384304.18670			
$\bar{y}$	=	64.30 DM	sy	=	15.61985
sy^2	=	243.97964	Σy	=	5658.12 DM
Σy^2	=	385025.34160			
m	=	15	sxy	=	227.31104
Σxy	=	383177.17640			

Arbeitspapier zur Auswertung einer Stichprobendatei

Mandant: Beispiel AG

Prüfung zum 30.09.1991
Prüfer: Dr. Erika Mustermann
Vorbereitung: Dipl.-Kfm. Karl Schuster

DIREKTDRUCK

Annahmestichprobe/Fehler/Hypergeometrische Verteilung/Umfang

DATENAUSGABE
============

Datum der Untersuchung: 21.11.1991

Sie haben den Prüfplan einer Annahmestichprobe für die Fehleranzahl im Prüffeld unter Verwendung der HYPERGEOMETRISCHEN VERTEILUNG berechnen lassen.

VORGABEN:
In einem Prüffeld vom Umfang N= 4000 gelte eine Fehleranzahl von M= 40 als akzeptabel, M= 120 hingegen führe zwingend zur Ablehnung der Ordnungsmäßigkeit. Wie groß muß die zu ziehende Stichprobe (n) sein, und wieviele Fehler (c) dürfen darin entdeckt werden, damit nur in α= 5.000 % der Fälle die Ordnungsmäßigkeit, und in ß= 5.000 % der Fälle das Fehlen der Ordnungsmäßigkeit aufgrund der Stichprobe nicht erkannt wird?

ERGEBNIS:
Ziehen Sie eine Stichprobe im Umfang von n= 466. Entdecken Sie nicht mehr als c= 8 Fehler darin, dann ist mit mindestens 1-ß= 95.058%iger Sicherheit das Prüffeld ordnungsmäßig.
Entdecken Sie mehr als c= 8 Fehler, dann ist mit mindestens 1-α= 96.312%iger Sicherheit das Prüffeld nicht ordnungsmäßig.

ZUSAMMENFASSUNG DER ERGEBNISSE
==============================

VORGABEN:

N= 4000	M1= 40	α= 5.000 %
	M2= 120	ß= 5.000 %

ERGEBNIS:

Untergrenze:

n= 466	α= 3.688 %
c= 8	ß= 4.942 %

Obergrenze:

n= 492	α= 4.975 %
c= 8	ß= 3.155 %

Arbeitspapier zu Beispiel 1 des Handbuchs

Mandant: Beispiel AG

Prüfung zum 30.09.1991
Prüfer: Dr. Erika Mustermann
Vorbereitung: Dipl.-Kfm. Karl Schuster

DIREKTDRUCK

Annahmestichprobe/Fehler/Hypergeometrische Verteilung

DATENAUSGABE   Datum der Untersuchung: 21.11.1991
============

Sie haben den Prüfplan einer Annahmestichprobe für die Fehleranzahl im Prüffeld unter Verwendung der HYPERGEOMETRISCHEN VERTEILUNG berechnen lassen.

VORGABEN:
Sie haben einen Stichprobenumfang von n= 520 vorgegeben.

ERGEBNIS:
Ziehen Sie eine Stichprobe vom Umfang n= 520. Entdecken Sie nicht mehr als c= 9 Fehler darin, dann ist mit mindestens 1-ß= 96.043%iger Sicherheit das Prüffeld ordnungsmäßig.
Entdecken Sie mehr als c= 9 Fehler, dann ist mit mindestens 1-α= 97.165%iger Sicherheit das Prüffeld nicht ordnungsmäßig.

ZUSAMMENFASSUNG DER ERGEBNISSE
==============================

VORGABEN:

N=	4000	M1= 40	α= 5.000 %
n=	520 (gefordert)	M2= 120	ß= 5.000 %

ERGEBNIS:

n=	520	α= 2.835 %
c=	9	ß= 3.957 %

Arbeitspapier zu Beispiel 2 des Handbuchs

Mandant: Beispiel AG

Prüfung zum 30.09.1991
Prüfer: Dr. Erika Mustermann
Vorbereitung: Dipl.-Kfm. Karl Schuster

DIREKTDRUCK

Annahmestichprobe/Fehler/Hypergeometrische Verteilung

DATENAUSGABE Datum der Untersuchung: 21.11.1991
============

Sie haben den Prüfplan einer Annahmestichprobe für die Fehleranzahl im Prüffeld unter Verwendung der HYPERGEOMETRISCHEN VERTEILUNG berechnen lassen.

VORGABEN:
Sie haben einen Stichprobenumfang von n= 500 vorgegeben.

ERGEBNIS:
Für das gewünschte n existiert keine Lösung. Es wurde das nächste zulässige n berechnet.

Ziehen Sie eine Stichprobe vom Umfang n= 506. Entdecken Sie nicht mehr als c= 9 Fehler darin, dann ist mit mindestens 1-ß= 95.015%iger Sicherheit das Prüffeld ordnungsmäßig.
Entdecken Sie mehr als c= 9 Fehler, dann ist mit mindestens 1-α= 97.613%iger Sicherheit das Prüffeld nicht ordnungsmäßig.

ZUSAMMENFASSUNG DER ERGEBNISSE
==============================

VORGABEN:

N= 4000	M1= 40	α= 5.000 %
n= 500 (gefordert)	M2= 120	ß= 5.000 %

ERGEBNIS:

n= 506	α= 2.387 %
c= 9	ß= 4.985 %

Achtung!
n wurde korrigiert!

Arbeitspapier zu Beispiel 3 des Handbuchs

Mandant: Beispiel AG

Prüfung zum 30.09.1991
Prüfer: Dr. Erika Mustermann
Vorbereitung: Dipl.-Kfm. Karl Schuster

DIREKTDRUCK

Annahmestichprobe/Werte/Normalverteilung/Umfang

DATENAUSGABE Datum der Untersuchung: 21.11.1991
============

Sie haben den Prüfplan einer Annahmestichprobe für den Gesamtwert des Prüffeldes unter Verwendung der NORMALVERTEILUNG berechnen lassen.

VORGABEN:
Das N= 1500 Elemente umfassende Prüffeld weist einen Gesamtbuchwert von X= 200000.00 DM auf. Ein Abweichen der Werte um D= ± 20000.00 DM oder mehr ist nicht zulässig. Die Stichprobenvarianz wurde zu sy^2= 2100.00000 berechnet. In nur α= 5.000 % der Fälle darf die Ordnungsmäßigkeit, in ß= 5.000 % der Fälle deren Fehlen nicht erkannt werden.

ERGEBNIS:
Ziehen Sie eine Stichprobe im Umfang von n= 140.
Berechnen Sie Schätzwert für den den Gesamtwert, indem Sie den Stichprobenmittelwert der Wahren Werte mit dem Umfang der Grundgesamtheit multiplizieren. Liegt dieser nicht zwischen Ycu= 189125.85 DM und Yco= 210874.15 DM, dann muß die Ordnungsmäßigkeit des Prüffeldes abgelehnt werden.

ZUSAMMENFASSUNG DER ERGEBNISSE
==============================

VORGABEN:

N =	1500	X =	200000.00 DM	D = ±	20000.00 DM
sy^2=	2100.00000	α =	5.0000 %	ß =	5.0000 %

ERGEBNIS:

n =	140	Ycu=	189125.85 DM	Yco=	210874.15 DM

Arbeitspapier zu Beispiel 4 des Handbuchs

Mandant: Beispiel AG

Prüfung zum 30.09.1991
Prüfer: Dr. Erika Mustermann
Vorbereitung: Dipl.-Kfm. Karl Schuster

DIREKTDRUCK

Schätzstichprobe/Fehler/Hypergeometrische Verteilung/Umfang

DATENAUSGABE ============ Datum der Untersuchung: 21.11.1991

Sie haben den notwendigen Stichprobenumfang für eine Schätzstichprobe zur Bestimmung der Fehleranzahl bzw. des -anteils unter Verwendung der HYPERGEOMETRISCHEN VERTEILUNG berechnen lassen.

VORGABEN:
Das Prüffeld umfaßt 4000 Elemente. Der Fehleranteil einer daraus zu ziehenden Stichprobe wird auf 3.000 % geschätzt.

Dabei wird ein Sicherheitsgrad von 95.0000 % und eine maximale Intervallänge von 5.0000 % gefordert.

Es waren Intervallober- und untergrenze zu ermitteln (zweiseitige Fragestellung).

ERGEBNIS:
Ziehen Sie eine Stichprobe im Umfang von n= 233.
Finden Sie darin m= 7 Fehler, dann beträgt die Intervallänge L= 4.7250 %.

ZUSAMMENFASSUNG DER ERGEBNISSE
==============================

VORGABEN:

N= 4000	$\hat{p}$= 3.0000 %	1-α= 95.0000 %	L= 5.0000 %

ERGEBNIS:

n= 233	m= 7	m/n= 3.0043 %	L= 4.7250 %

Arbeitspapier zu Beispiel 5 des Handbuchs

Mandant: Beispiel AG

Prüfung zum 30.09.1991
Prüfer: Dr. Erika Mustermann
Vorbereitung: Dipl.-Kfm. Karl Schuster

DIREKTDRUCK

Schätzstichprobe/Fehler/Hypergeometrische Verteilung

DATENAUSGABE Datum der Untersuchung: 21.11.1991
============

Sie haben im Rahmen einer Schätzstichprobe ein Konfidenzintervall für die Fehleranzahl bzw. den Fehleranteil im Prüffeld unter Verwendung der HYPERGEOMETRISCHEN VERTEILUNG berechnen lassen.

VORGABEN:
Aus einem N= 4000 Elemente umfassenden Prüffeld wurden n= 233 Elemente zufällig ausgesucht. In dieser Stichprobe befanden sich m= 7 fehlerhafte Elemente. Gesucht wird ein Konfidenzintervall, in dem die wahre Fehleranzahl des Prüffeldes mit einer Sicherheit von 1-α= 95.000 % liegt.

Es waren Intervallober- und -untergrenze zu ermitteln (zweiseitige Fragestellung).

ERGEBNIS:
Die Fehleranzahl in der Grundgesamtheit liegt oberhalb von 50 und unterhalb von 241.

ZUSAMMENFASSUNG DER ERGEBNISSE
==============================

VORGABEN:

N=	4000	n=	233	m=	7	1-α= 95.000 %

ERGEBNIS:
Untergrenze:

M>	50	Θ> 1.2500 %	F(Mu)=0.975693

Obergrenze:

M<	241	Θ< 6.0250 %	F(Mo)=0.024183

Sicherheitsgrad:
1-α= 95.1510 %

Arbeitspapier zu Beispiel 6 des Handbuchs

Mandant: Beispiel AG

Prüfung zum 30.09.1991
Prüfer: Dr. Erika Mustermann
Vorbereitung: Dipl.-Kfm. Karl Schuster

DIREKTDRUCK

Schätzstichprobe/Werte/Freie Hochrechnung/Normalverteilung/Umfang

DATENAUSGABE
============ Datum der Untersuchung: 21.11.1991

Sie haben den notwendigen Stichprobenumfang für eine Schätzstichprobe zur Bestimmung des Gesamtwertes des Prüffeldes unter Verwendung der NORMALVERTEILUNG berechnen lassen.

VORGABEN:
Das vorliegende Prüffeld umfaßt 10000 Elemente. Durch Schätzung, z. B. durch eine Vorstichprobe, wurde eine Stichprobenvarianz von sy^2= 244.99444 ermittelt. Es soll ein Konfidenzintervall gebildet werden, innerhalb dessen mit einer Sicherheit von 95.000% der Gesamtwert des Prüffeldes liegt, und dessen Obergrenze nicht mehr als 26366 DM von der Untergrenze abweicht (E = ± 13183 DM).
Wie groß muß der Stichprobenumfang sein?

ERGEBNIS:
Ziehen Sie eine Stichprobe im Umfang von n= 514.

ZUSAMMENFASSUNG DER ERGEBNISSE
==============================

VORGABEN:
N = 10000 L = 26366.00 DM sy^2= 244.99444
1-α= 95.0000 %

ERGEBNIS:
n ≥ 514

Arbeitspapier zu Beispiel 7 des Handbuchs

Mandant: Beispiel AG

Prüfung zum 30.09.1991
Prüfer: Dr. Erika Mustermann
Vorbereitung: Dipl.-Kfm. Karl Schuster

DIREKTDRUCK

Schätzstichprobe/Werte/Gebundene Hochrechnung/Normalverteilung/Umfang

DATENAUSGABE
============

Datum der Untersuchung: 21.11.1991

Sie haben die notwendigen Stichprobenumfänge der Schätzstichproben der Gebundenen Hochrechnung für den Gesamtwert des Prüffeldes unter Verwendung der NORMALVERTEILUNG berechnen lassen.

VORGABEN:
Einem Prüffeld vom Umfang N= 100 Elementen wurde eine Vorstichprobe vom Umfang n= 50 Elementen entnommen.
Kennzahlen der Vorsticprobe:
Die Summe der Buchwerte beträgt Σx= 3275.34 DM, die Summe der quadrierten Buchwerte Σx^2= 223628.6100.
Die Summe der Wahren Werte beträgt Σy= 3205.98 DM, die Summe der der quadrierten Wahren Werte Σy^2= 217570.8826.
Die Summe der Produkte aus Buchwerten und Wahren Werten beträgt 219600.5326. Es soll ein 95.0000%iges Konfidenzintervall für den Gesamtwert des Prüffeldes mit den Verfahren der Gebundenen Hochrechnung unter Verwendung der Normalverteilung berechnet werden, dessen Obergrenze nicht mehr als 26366 DM von der Untergrenze abweicht (E = ± 13183 DM). Wie groß müssen die jeweiligen Stichprobenumfänge sein?

ERGEBNIS:
Für die Differenzenschätzung ziehen Sie eine Stichprobe vom Umfang n= 86, für die Verhältnisschätzung vom Umfang n= 87 und für die Lineare Regressionsschätzung vom Umfang n= 84.

ZUSAMMENFASSUNG DER ERGEBNISSE
==============================

VORGABEN:

N =	10000	L =	26366 DM	n =	50
Σx =	3275.34 DM	Σx^2=	223628.6100	Σy =	3205.98 DM
Σy^2=	217570.8826	Σxy=	219600.5326	$1-\alpha$=	95.0000 %

ERGEBNIS:

Differenzenschätzung:	n ≥	86
Verhältnisschätzung:	n ≥	87
Lineare Regressionsschätzung:	n ≥	84

Arbeitspapier zu Beispiel 8 des Handbuchs

Mandant: Beispiel AG

Prüfung zum 30.09.1991
Prüfer: Dr. Erika Mustermann
Vorbereitung: Dipl.-Kfm. Karl Schuster

DIREKTDRUCK

Schätzstichprobe/Werte/Freie Hochrechnung/Normalverteilung

DATENAUSGABE
============ Datum der Untersuchung: 21.11.1991

Sie haben im Rahmen einer Schätzstichprobe ein Konfidenzintervall für den Gesamtwert des Prüffeldes mit Hilfe der Freien Hochrechnung unter Verwendung der NORMALVERTEILUNG berechnen lassen.

VORGABEN:
Einem Prüffeld vom Umfang N= 10000 Elementen wurde eine Stichprobe im Umfang von n= 514 Elementen entnommen.
Der Durchschnitt der Wahren Werte beträgt $\bar{y}$= 66.22 DM
und die Stichprobenvarianz sy^2= 244.86074. Es soll ein 95.000%iges Konfidenzintervall unter Verwendung der Normalverteilung gebildet werden.

Es sind Ober- und Untergrenze zu ermitteln (zweiseitige Fragestellung).

ERGEBNIS:
Der Gesamtwert ist mit vorgegebener Sicherheit größer oder gleich 649021.59 DM und kleiner oder gleich 675378.41 DM.

ZUSAMMENFASSUNG DER ERGEBNISSE
==============================

VORGABEN:

N =	10000	n =	514	$\bar{y}$ =	66.22 DM
sy^2=	244.86074	$1-\alpha$=	95.0000 %		

ERGEBNIS:

Y ≥	649021.59 DM	Y ≤	675378.41 DM

Arbeitspapier zu Beispiel 9 des Handbuchs

Mandant: Beispiel AG

Prüfung zum 30.09.1991
Prüfer: Dr. Erika Mustermann
Vorbereitung: Dipl.-Kfm. Karl Schuster

DIREKTDRUCK

Schätzstichprobe/Werte/Gebundene Hochrechnung/Normalverteilung

DATENAUSGABE
============

Datum der Untersuchung: 21.11.1991

Sie haben im Rahmen einer Schätzstichprobe ein Konfidenzintervall für den Gesamtwert des Prüffeldes mit Hilfe der Gebundenen Hochrechnung unter Verwendung der NORMALVERTEILUNG berechnen lassen. Zur Hochrechnung wurde das Verfahren der Lin. Regressionsschätzung herangezogen.

VORGABEN:
Einem Prüffeld vom Umfang N= 10000 Elementen mit einem Gesamtbuchwert in Höhe von 659150.00 DM wurde eine Stichprobe im Umfang von n= 88 Elementen entnommen.
Parameter der Stichprobe:
Die Summe der Buchwerte beträgt $\Sigma x=$ 5651.93 DM, die Summe der quadrierten Buchwerte $\Sigma x^2=$ 384304.1867.
Die Summe der Wahren Werte beträgt $\Sigma y=$ 5658.12 DM, die Summe der der quadrierten Wahren Werte $\Sigma y^2=$ 385025.3416.
Die Summe der Produkte aus Buchwerten und Wahren Werten beträgt 383177.1764. Es soll ein 95.0000%iges Konfidenzintervall für den Gesamtwert des Prüffeldes nach dem Verfahren der Gebundenen Hochrechnung unter Verwendung der Normalverteilung berechnet werden. Dabei soll die Hochrechnung mit Hilfe der Linearen Regressionsschätzung erfolgen.
Es sind Ober- und Untergrenze zu ermitteln (zweiseitige Fragestellung).

ERGEBNIS:
Der Gesamtwert ist mit vorgegebener Sicherheit größer oder gleich 646704.09 DM und kleiner oder gleich 670585.64 DM.

ZUSAMMENFASSUNG DER ERGEBNISSE
==============================

VORGABEN:

X =	659150.00 DM	N =	10000	n =	88
Σx =	5651.93 DM	Σx^2=	384304.1867	Σy =	5658.12 DM
Σy^2=	385025.3416	Σxy=	383177.1764	$1-\alpha$=	95.0000 %

ERGEBNIS:

$Y \geq$ 646704.09 DM $\qquad Y \leq$ 670585.64 DM

Arbeitspapier zu Beispiel 10 des Handbuchs

Mandant: Beispiel AG

Prüfung zum 30.09.1991
Prüfer: Dr. Erika Mustermann
Vorbereitung: Dipl.-Kfm. Karl Schuster

DIREKTDRUCK

Annahmestichprobe/Fehler/Hypergeometrische Verteilung/Umfang

DATENAUSGABE — Datum der Untersuchung: 21.11.1991
============

Sie haben den Prüfplan einer Annahmestichprobe für die Fehleranzahl im Prüffeld unter Verwendung der HYPERGEOMETRISCHEN VERTEILUNG berechnen lassen.

VORGABEN:
In einem Prüffeld vom Umfang N= 2000 gelte eine Fehleranzahl von M= 20 als akzeptabel, M= 60 hingegen führe zwingend zur Ablehnung der Ordnungsmäßigkeit. Wie groß muß die zu ziehende Stichprobe (n) sein, und wieviele Fehler (c) dürfen darin entdeckt werden, damit nur in α= 5.000 % der Fälle die Ordnungsmäßigkeit, und in ß= 5.000 % der Fälle das Fehlen der Ordnungsmäßigkeit aufgrund der Stichprobe nicht erkannt wird?

ERGEBNIS:
Ziehen Sie eine Stichprobe im Umfang von n= 414. Entdecken Sie nicht mehr als c= 7 Fehler darin, dann ist mit mindestens 1-ß= 95.063%iger Sicherheit das Prüffeld ordnungsmäßig.
Entdecken Sie mehr als c= 7 Fehler, dann ist mit mindestens 1-α= 96.199%iger Sicherheit das Prüffeld nicht ordnungsmäßig.

ZUSAMMENFASSUNG DER ERGEBNISSE
==============================

VORGABEN:

N= 2000	M1= 20	α= 5.000 %
	M2= 60	ß= 5.000 %

ERGEBNIS:

Untergrenze:

n= 414	α= 3.801 %
c= 7	ß= 4.937 %

Obergrenze:

n= 435	α= 4.965 %
c= 7	ß= 3.276 %

Arbeitspapier zu Beispiel 1 Teil A

Mandant: Beispiel AG

Prüfung zum 30.09.1991
Prüfer: Dr. Erika Mustermann
Vorbereitung: Dipl.-Kfm. Karl Schuster

DIREKTDRUCK

Annahmestichprobe/Fehler/Hypergeometrische Verteilung/Umfang

DATENAUSGABE Datum der Untersuchung: 21.11.1991
============

Sie haben den Prüfplan einer Annahmestichprobe für die Fehleranzahl im Prüffeld unter Verwendung der HYPERGEOMETRISCHEN VERTEILUNG berechnen lassen.

VORGABEN:
In einem Prüffeld vom Umfang N= 2000 gelte eine Fehleranzahl von M= 15 als akzeptabel, M= 60 hingegen führe zwingend zur Ablehnung der Ordnungsmäßigkeit. Wie groß muß die zu ziehende Stichprobe (n) sein, und wieviele Fehler (c) dürfen darin entdeckt werden, damit nur in α= 5.000 % der Fälle die Ordnungsmäßigkeit, und in ß= 5.000 % der Fälle das Fehlen der Ordnungsmäßigkeit aufgrund der Stichprobe nicht erkannt wird?

ERGEBNIS:
Ziehen Sie eine Stichprobe im Umfang von n= 333. Entdecken Sie nicht mehr als c= 5 Fehler darin, dann ist mit mindestens 1-ß= 95.093%iger Sicherheit das Prüffeld ordnungsmäßig.
Entdecken Sie mehr als c= 5 Fehler, dann ist mit mindestens 1-α= 97.323%iger Sicherheit das Prüffeld nicht ordnungsmäßig.

ZUSAMMENFASSUNG DER ERGEBNISSE
==============================

VORGABEN:

N= 2000	M1= 15	α= 5.000 %
	M2= 60	ß= 5.000 %

ERGEBNIS:

Untergrenze:

n= 333	α= 2.677 %
c= 5	ß= 4.907 %

Obergrenze:

n= 382	α= 4.949 %
c= 5	ß= 1.698 %

Arbeitspapier zu Beispiel 2 Teil A

Mandant: Beispiel AG

Prüfung zum 30.09.1991
Prüfer: Dr. Erika Mustermann
Vorbereitung: Dipl.-Kfm. Karl Schuster

DIREKTDRUCK

Annahmestichprobe/Fehler/Hypergeometrische Verteilung

DATENAUSGABE Datum der Untersuchung: 21.11.1991
============

Sie haben den Prüfplan einer Annahmestichprobe für die Fehleranzahl im Prüffeld unter Verwendung der HYPERGEOMETRISCHEN VERTEILUNG berechnen lassen.

VORGABEN:
Sie haben einen Stichprobenumfang von n= 331 vorgegeben.

ERGEBNIS:
Ziehen Sie eine Stichprobe vom Umfang n= 331. Entdecken Sie nicht mehr als c= 5 Fehler darin, dann ist mit mindestens 1-ß= 94.889%iger Sicherheit das Prüffeld ordnungsmäßig.
Entdecken Sie mehr als c= 5 Fehler, dann ist mit mindestens 1-α= 97.396%iger Sicherheit das Prüffeld nicht ordnungsmäßig.

ZUSAMMENFASSUNG DER ERGEBNISSE
==============================

VORGABEN:

N= 2000	M1= 15	α= 5.000 %
n= 331 (gefordert)	M2= 60	ß= 6.000 %

ERGEBNIS:

n= 331	α= 2.604 %
c= 5	ß= 5.111 %

Arbeitspapier der Kontrollrechnung zu Beispiel 2 Teil A

Mandant: Beispiel AG

Prüfung zum 30.09.1991
Prüfer: Dr. Erika Mustermann
Vorbereitung: Dipl.-Kfm. Karl Schuster

DIREKTDRUCK

Annahmestichprobe/Fehler/Hypergeometrische Verteilung/Umfang

DATENAUSGABE Datum der Untersuchung: 21.11.1991
============

Sie haben den Prüfplan einer Annahmestichprobe für die Fehleranzahl im Prüffeld unter Verwendung der HYPERGEOMETRISCHEN VERTEILUNG berechnen lassen.

VORGABEN:
In einem Prüffeld vom Umfang N= 2000 gelte eine Fehleranzahl von M= 20 als akzeptabel, M= 65 hingegen führe zwingend zur Ablehnung der Ordnungsmäßigkeit. Wie groß muß die zu ziehende Stichprobe (n) sein, und wieviele Fehler (c) dürfen darin entdeckt werden, damit nur in α= 5.000 % der Fälle die Ordnungsmäßigkeit, und in ß= 5.000 % der Fälle das Fehlen der Ordnungsmäßigkeit aufgrund der Stichprobe nicht erkannt wird?

ERGEBNIS:
Ziehen Sie eine Stichprobe im Umfang von n= 346. Entdecken Sie nicht mehr als c= 6 Fehler darin, dann ist mit mindestens 1-ß= 95.045%iger Sicherheit das Prüffeld ordnungsmäßig.
Entdecken Sie mehr als c= 6 Fehler, dann ist mit mindestens 1-α= 95.636%iger Sicherheit das Prüffeld nicht ordnungsmäßig.

ZUSAMMENFASSUNG DER ERGEBNISSE
==============================

VORGABEN:

N= 2000	M1= 20	α= 5.000 %
	M2= 65	ß= 5.000 %

ERGEBNIS:

Untergrenze:

n= 346	α= 4.364 %
c= 6	ß= 4.955 %

Obergrenze:

n= 355	α= 4.937 %
c= 6	ß= 4.091 %

Arbeitspapier zu Beispiel 3 Teil A

Mandant: Beispiel AG

Prüfung zum 30.09.1991
Prüfer: Dr. Erika Mustermann
Vorbereitung: Dipl.-Kfm. Karl Schuster

DIREKTDRUCK

Annahmestichprobe/Fehler/Hypergeometrische Verteilung

DATENAUSGABE
============ Datum der Untersuchung: 21.11.1991

Sie haben den Prüfplan einer Annahmestichprobe für die Fehleranzahl im Prüffeld unter Verwendung der HYPERGEOMETRISCHEN VERTEILUNG berechnen lassen.

VORGABEN:
Sie haben einen Stichprobenumfang von n= 368 vorgegeben.

ERGEBNIS:
Für das gewünschte n existiert keine Lösung. Es wurde das nächste zulässige n berechnet.

Ziehen Sie eine Stichprobe vom Umfang n= 383. Entdecken Sie nicht mehr als c= 7 Fehler darin, dann ist mit mindestens 1-ß= 95.013%iger Sicherheit das Prüffeld ordnungsmäßig.
Entdecken Sie mehr als c= 7 Fehler, dann ist mit mindestens 1-α= 97.539%iger Sicherheit das Prüffeld nicht ordnungsmäßig.

ZUSAMMENFASSUNG DER ERGEBNISSE
==============================

VORGABEN:

N=	2000	M1=	20	α=	5.000 %
n=	368 (gefordert)	M2=	65	ß=	5.000 %

ERGEBNIS:

n=	383	α=	2.461 %
c=	7	ß=	4.987 %

Achtung!
n wurde korrigiert!

Arbeitspapier der Kontrollrechnung zu Beispiel 3 Teil A

Mandant: Beispiel AG

Prüfung zum 30.09.1991
Prüfer: Dr. Erika Mustermann
Vorbereitung: Dipl.-Kfm. Karl Schuster

DIREKTDRUCK

Annahmestichprobe/Fehler/Hypergeometrische Verteilung/Umfang

DATENAUSGABE   Datum der Untersuchung: 21.11.1991
============

Sie haben den Prüfplan einer Annahmestichprobe für die Fehleranzahl im Prüffeld unter Verwendung der HYPERGEOMETRISCHEN VERTEILUNG berechnen lassen.

VORGABEN:
In einem Prüffeld vom Umfang N= 1900 gelte eine Fehleranzahl von M= 20 als akzeptabel, M= 57 hingegen führe zwingend zur Ablehnung der Ordnungsmäßigkeit. Wie groß muß die zu ziehende Stichprobe (n) sein, und wieviele Fehler (c) dürfen darin entdeckt werden, damit nur in α= 5.000 % der Fälle die Ordnungsmäßigkeit, und in ß= 5.000 % der Fälle das Fehlen der Ordnungsmäßigkeit aufgrund der Stichprobe nicht erkannt wird?

ERGEBNIS:
Ziehen Sie eine Stichprobe im Umfang von n= 413. Entdecken Sie nicht mehr als c= 7 Fehler darin, dann ist mit mindestens 1-ß= 95.077%iger Sicherheit das Prüffeld ordnungsmäßig.
Entdecken Sie mehr als c= 7 Fehler, dann ist mit mindestens 1-α= 95.056%iger Sicherheit das Prüffeld nicht ordnungsmäßig.

ZUSAMMENFASSUNG DER ERGEBNISSE
==============================

VORGABEN:

N= 1900	M1= 20	α= 5.000 %
	M2= 57	ß= 5.000 %

ERGEBNIS:

Untergrenze:

n= 413	α= 4.944 %
c= 7	ß= 4.923 %

Obergrenze:

n= 413	α= 4.944 %
c= 7	ß= 4.923 %

Arbeitspapier zu Beispiel 4 Teil A

Mandant: Beispiel AG

Prüfung zum 30.09.1991
Prüfer: Dr. Erika Mustermann
Vorbereitung: Dipl.-Kfm. Karl Schuster

DIREKTDRUCK

Annahmestichprobe/Fehler/Hypergeometrische Verteilung

DATENAUSGABE
============ Datum der Untersuchung: 21.11.1991

Sie haben den Prüfplan einer Annahmestichprobe für die Fehleranzahl im Prüffeld unter Verwendung der HYPERGEOMETRISCHEN VERTEILUNG berechnen lassen.

VORGABEN:
Sie haben einen Stichprobenumfang von n= 454 vorgegeben.

ERGEBNIS:
Ziehen Sie eine Stichprobe vom Umfang n= 454. Entdecken Sie nicht mehr als c= 8 Fehler darin, dann ist mit mindestens 1-ß= 95.235%iger Sicherheit das Prüffeld ordnungsmäßig.
Entdecken Sie mehr als c= 8 Fehler, dann ist mit mindestens 1-α= 96.957%iger Sicherheit das Prüffeld nicht ordnungsmäßig.

ZUSAMMENFASSUNG DER ERGEBNISSE
==============================

VORGABEN:

N= 1900	M1= 20	α= 5.000 %
n= 454 (gefordert)	M2= 57	ß= 5.000 %

ERGEBNIS:

n= 454	α= 3.043 %
c= 8	ß= 4.765 %

Arbeitspapier der Kontrollrechnung zu Beispiel 4 Teil A

Mandant: Beispiel AG

Prüfung zum 30.09.1991
Prüfer: Dr. Erika Mustermann
Vorbereitung: Dipl.-Kfm. Karl Schuster

DIREKTDRUCK

Annahmestichprobe/Fehler/Hypergeometrische Verteilung/Umfang

DATENAUSGABE
============ Datum der Untersuchung: 21.11.1991

Sie haben den Prüfplan einer Annahmestichprobe für die Fehleranzahl im Prüffeld unter Verwendung der HYPERGEOMETRISCHEN VERTEILUNG berechnen lassen.

VORGABEN:
In einem Prüffeld vom Umfang N= 2200 gelte eine Fehleranzahl von M= 22 als akzeptabel, M= 66 hingegen führe zwingend zur Ablehnung der Ordnungsmäßigkeit. Wie groß muß die zu ziehende Stichprobe (n) sein, und wieviele Fehler (c) dürfen darin entdeckt werden, damit nur in α= 5.000 % der Fälle die Ordnungsmäßigkeit, und in ß= 5.000 % der Fälle das Fehlen der Ordnungsmäßigkeit aufgrund der Stichprobe nicht erkannt wird?

ERGEBNIS:
Ziehen Sie eine Stichprobe im Umfang von n= 416. Entdecken Sie nicht mehr als c= 7 Fehler darin, dann ist mit mindestens 1-ß= 95.065%iger Sicherheit das Prüffeld ordnungsmäßig.
Entdecken Sie mehr als c= 7 Fehler, dann ist mit mindestens 1-α= 95.891%iger Sicherheit das Prüffeld nicht ordnungsmäßig.

ZUSAMMENFASSUNG DER ERGEBNISSE
==============================

VORGABEN:

N= 2200	M1= 22	α= 5.000 %
	M2= 66	ß= 5.000 %

ERGEBNIS:

Untergrenze:

n= 416	α= 4.109 %
c= 7	ß= 4.935 %

Obergrenze:

n= 431	α= 4.958 %
c= 7	ß= 3.709 %

Arbeitspapier zu Beispiel 5 Teil A

Mandant: Beispiel AG

Prüfung zum 30.09.1991
Prüfer: Dr. Erika Mustermann
Vorbereitung: Dipl.-Kfm. Karl Schuster

DIREKTDRUCK

Annahmestichprobe/Fehler/Hypergeometrische Verteilung

DATENAUSGABE
============ Datum der Untersuchung: 21.11.1991

Sie haben den Prüfplan einer Annahmestichprobe für die Fehleranzahl im Prüffeld unter Verwendung der HYPERGEOMETRISCHEN VERTEILUNG berechnen lassen.

VORGABEN:
Sie haben einen Stichprobenumfang von n= 501 vorgegeben.

ERGEBNIS:
Ziehen Sie eine Stichprobe vom Umfang n= 501. Entdecken Sie nicht mehr als c= 9 Fehler darin, dann ist mit mindestens 1-ß= 95.578%iger Sicherheit das Prüffeld ordnungsmäßig.
Entdecken Sie mehr als c= 9 Fehler, dann ist mit mindestens 1-α= 98.482%iger Sicherheit das Prüffeld nicht ordnungsmäßig.

ZUSAMMENFASSUNG DER ERGEBNISSE
==============================

VORGABEN:

N= 2200	M1= 22	α= 5.000 %
n= 501 (gefordert)	M2= 66	ß= 5.000 %

ERGEBNIS:

n= 501	α= 1.518 %
c= 9	ß= 4.422 %

Arbeitspapier der Kontrollrechnung 1 zu Beispiel 5 Teil A

Mandant: Beispiel AG

Prüfung zum 30.09.1991
Prüfer: Dr. Erika Mustermann
Vorbereitung: Dipl.-Kfm. Karl Schuster

DIREKTDRUCK

Annahmestichprobe/Fehler/Hypergeometrische Verteilung/Umfang

DATENAUSGABE
============

Datum der Untersuchung: 21.11.1991

Sie haben den Prüfplan einer Annahmestichprobe für die Fehleranzahl im Prüffeld unter Verwendung der HYPERGEOMETRISCHEN VERTEILUNG berechnen lassen.

VORGABEN:
In einem Prüffeld vom Umfang N= 10100 gelte eine Fehleranzahl von M= 101 als akzeptabel, M= 303 hingegen führe zwingend zur Ablehnung der Ordnungsmäßigkeit. Wie groß muß die zu ziehende Stichprobe (n) sein, und wieviele Fehler (c) dürfen darin entdeckt werden, damit nur in α= 5.000 % der Fälle die Ordnungsmäßigkeit, und in ß= 5.000 % der Fälle das Fehlen der Ordnungsmäßigkeit aufgrund der Stichprobe nicht erkannt wird?

ERGEBNIS:
Ziehen Sie eine Stichprobe im Umfang von n= 473. Entdecken Sie nicht mehr als c= 8 Fehler darin, dann ist mit mindestens 1-ß= 95.007%iger Sicherheit das Prüffeld ordnungsmäßig.
Entdecken Sie mehr als c= 8 Fehler, dann ist mit mindestens 1-α= 95.325%iger Sicherheit das Prüffeld nicht ordnungsmäßig.

ZUSAMMENFASSUNG DER ERGEBNISSE
==============================

VORGABEN:

N= 10100	M1= 101	α= 5.000 %
	M2= 303	ß= 5.000 %

ERGEBNIS:

Untergrenze:

n= 473	α= 4.675 %
c= 8	ß= 4.993 %

Obergrenze:

n= 479	α= 4.993 %
c= 8	ß= 4.537 %

Arbeitspapier der Kontrollrechnung 2 zu Beispiel 5 Teil A

Mandant: Beispiel AG

Prüfung zum 30.09.1991
Prüfer: Dr. Erika Mustermann
Vorbereitung: Dipl.-Kfm. Karl Schuster

DIREKTDRUCK

Annahmestichprobe/Fehler/Hypergeometrische Verteilung/Umfang

DATENAUSGABE
============ Datum der Untersuchung: 21.11.1991

Sie haben den Prüfplan einer Annahmestichprobe für die Fehleranzahl im Prüffeld unter Verwendung der HYPERGEOMETRISCHEN VERTEILUNG berechnen lassen.

VORGABEN:
In einem Prüffeld vom Umfang N= 17400 gelte eine Fehleranzahl von M= 174 als akzeptabel, M= 522 hingegen führe zwingend zur Ablehnung der Ordnungsmäßigkeit. Wie groß muß die zu ziehende Stichprobe (n) sein, und wieviele Fehler (c) dürfen darin entdeckt werden, damit nur in α= 5.000 % der Fälle die Ordnungsmäßigkeit, und in ß= 5.000 % der Fälle das Fehlen der Ordnungsmäßigkeit aufgrund der Stichprobe nicht erkannt wird?

ERGEBNIS:
Ziehen Sie eine Stichprobe im Umfang von n= 517. Entdecken Sie nicht mehr als c= 9 Fehler darin, dann ist mit mindestens 1-ß= 95.012%iger Sicherheit das Prüffeld ordnungsmäßig.
Entdecken Sie mehr als c= 9 Fehler, dann ist mit mindestens 1-α= 96.471%iger Sicherheit das Prüffeld nicht ordnungsmäßig.

ZUSAMMENFASSUNG DER ERGEBNISSE
==============================

VORGABEN:

N= 17400	M1= 174	α= 5.000 %
	M2= 522	ß= 5.000 %

ERGEBNIS:

Untergrenze:

n= 517	α= 3.529 %
c= 9	ß= 4.988 %

Obergrenze:

n= 550	α= 4.999 %
c= 9	ß= 2.989 %

Arbeitspapier der Kontrollrechnung 3 zu Beispiel 5 Teil A

Mandant: Beispiel AG

Prüfung zum 30.09.1991
Prüfer: Dr. Erika Mustermann
Vorbereitung: Dipl.-Kfm. Karl Schuster

DIREKTDRUCK

Annahmestichprobe/Fehler/Hypergeometrische Verteilung

DATENAUSGABE
============

Datum der Untersuchung: 21.11.1991

Sie haben den Prüfplan einer Annahmestichprobe für die Fehleranzahl im Prüffeld unter Verwendung der HYPERGEOMETRISCHEN VERTEILUNG berechnen lassen.

VORGABEN:
Sie haben einen Stichprobenumfang von n= 524 vorgegeben.

ERGEBNIS:
Ziehen Sie eine Stichprobe vom Umfang n= 524. Entdecken Sie nicht mehr als c= 9 Fehler darin, dann ist mit mindestens 1-ß= 97.113%iger Sicherheit das Prüffeld ordnungsmäßig.
Entdecken Sie mehr als c= 9 Fehler, dann ist mit mindestens 1-α= 97.924%iger Sicherheit das Prüffeld nicht ordnungsmäßig.

ZUSAMMENFASSUNG DER ERGEBNISSE
==============================

VORGABEN:

N= 2200	M1= 22	α= 5.000 %
n= 524 (gefordert)	M2= 66	ß= 5.000 %

ERGEBNIS:

n= 524	α= 2.076 %
c= 9	ß= 2.887 %

Arbeitspapier der Kontrollrechnung 4 zu Beispiel 5 Teil A

Mandant: Beispiel AG

Prüfung zum 30.09.1991
Prüfer: Dr. Erika Mustermann
Vorbereitung: Dipl.-Kfm. Karl Schuster

DIREKTDRUCK

Annahmestichprobe/Fehler/Hypergeometrische Verteilung/Umfang

DATENAUSGABE
============

Datum der Untersuchung: 21.11.1991

Sie haben den Prüfplan einer Annahmestichprobe für die Fehleranzahl im Prüffeld unter Verwendung der HYPERGEOMETRISCHEN VERTEILUNG berechnen lassen.

VORGABEN:
In einem Prüffeld vom Umfang N= 10500 gelte eine Fehleranzahl von M= 105 als akzeptabel, M= 315 hingegen führe zwingend zur Ablehnung der Ordnungsmäßigkeit. Wie groß muß die zu ziehende Stichprobe (n) sein, und wieviele Fehler (c) dürfen darin entdeckt werden, damit nur in α= 5.000 % der Fälle die Ordnungsmäßigkeit, und in ß= 5.000 % der Fälle das Fehlen der Ordnungsmäßigkeit aufgrund der Stichprobe nicht erkannt wird?

ERGEBNIS:
Ziehen Sie eine Stichprobe im Umfang von n= 474. Entdecken Sie nicht mehr als c= 8 Fehler darin, dann ist mit mindestens 1-ß= 95.070%iger Sicherheit das Prüffeld ordnungsmäßig.
Entdecken Sie mehr als c= 8 Fehler, dann ist mit mindestens 1-α= 95.256%iger Sicherheit das Prüffeld nicht ordnungsmäßig.

ZUSAMMENFASSUNG DER ERGEBNISSE
==============================

VORGABEN:

N= 10500	M1= 105	α= 5.000 %
	M2= 315	ß= 5.000 %

ERGEBNIS:

Untergrenze:

n= 474	α= 4.744 %
c= 8	ß= 4.930 %

Obergrenze:

n= 478	α= 4.956 %
c= 8	ß= 4.625 %

Arbeitspapier der Kontrollrechnung 5 zu Beispiel 5 Teil A

Mandant: Beispiel AG

Prüfung zum 30.09.1991
Prüfer: Dr. Erika Mustermann
Vorbereitung: Dipl.-Kfm. Karl Schuster

DIREKTDRUCK

Annahmestichprobe/Fehler/Hypergeometrische Verteilung

DATENAUSGABE
============ Datum der Untersuchung: 21.11.1991

Sie haben den Prüfplan einer Annahmestichprobe für die Fehleranzahl im Prüffeld unter Verwendung der HYPERGEOMETRISCHEN VERTEILUNG berechnen lassen.

VORGABEN:
Sie haben einen Stichprobenumfang von n= 430 vorgegeben.

ERGEBNIS:
Ziehen Sie eine Stichprobe vom Umfang n= 430. Entdecken Sie nicht mehr als c= 7 Fehler darin, dann ist mit mindestens 1-ß= 96.381%iger Sicherheit das Prüffeld ordnungsmäßig.
Entdecken Sie mehr als c= 7 Fehler, dann ist mit mindestens 1-α= 95.332%iger Sicherheit das Prüffeld nicht ordnungsmäßig.

ZUSAMMENFASSUNG DER ERGEBNISSE
==============================

VORGABEN:

N=	2000	M1=	20	α=	5.000 %
n=	430 (gefordert)	M2=	60	ß=	5.000 %

ERGEBNIS:

n=	430	α=	4.668 %
c=	7	ß=	3.619 %

Arbeitspapier zu Beispiel 6 Teil A

Mandant: Beispiel AG

Prüfung zum 30.09.1991
Prüfer: Dr. Erika Mustermann
Vorbereitung: Dipl.-Kfm. Karl Schuster

DIREKTDRUCK

Annahmestichprobe/Fehler/Hypergeometrische Verteilung

DATENAUSGABE Datum der Untersuchung: 21.11.1991
============

Sie haben den Prüfplan einer Annahmestichprobe für die Fehleranzahl im Prüffeld unter Verwendung der HYPERGEOMETRISCHEN VERTEILUNG berechnen lassen.

VORGABEN:
Sie haben einen Stichprobenumfang von n= 440 vorgegeben.

ERGEBNIS:
Für das gewünschte n existiert keine Lösung. Es wurde das nächste zulässige n berechnet.

Ziehen Sie eine Stichprobe vom Umfang n= 453. Entdecken Sie nicht mehr als c= 8 Fehler darin, dann ist mit mindestens 1-ß= 95.024%iger Sicherheit das Prüffeld ordnungsmäßig.
Entdecken Sie mehr als c= 8 Fehler, dann ist mit mindestens 1-α= 97.822%iger Sicherheit das Prüffeld nicht ordnungsmäßig.

ZUSAMMENFASSUNG DER ERGEBNISSE
==============================

VORGABEN:

N= 2000	M1= 20	α= 5.000 %
n= 440 (gefordert)	M2= 60	ß= 5.000 %

ERGEBNIS:

n= 453	α= 2.178 %
c= 8	ß= 4.976 %

Achtung!
n wurde korrigiert!

Arbeitspapier zu Beispiel 7 Teil A

Mandant: Beispiel AG

Prüfung zum 30.09.1991
Prüfer: Dr. Erika Mustermann
Vorbereitung: Dipl.-Kfm. Karl Schuster

DIREKTDRUCK

Annahmestichprobe/Werte/Normalverteilung/Umfang

DATENAUSGABE Datum der Untersuchung: 21.11.1991
============

Sie haben den Prüfplan einer Annahmestichprobe für den Gesamtwert des Prüffeldes unter Verwendung der NORMALVERTEILUNG berechnen lassen.

VORGABEN:
Das N= 1500 Elemente umfassende Prüffeld weist einen Gesamtbuchwert von X= 700000.00 DM auf. Ein Abweichen der Werte um D= ± 20000.00 DM oder mehr ist nicht zulässig. Die Stichprobenvarianz wurde zu sy^2= 1650.00000 berechnet. In nur α= 5.000 % der Fälle darf die Ordnungsmäßigkeit, in ß= 5.000 % der Fälle deren Fehlen nicht erkannt werden.

ERGEBNIS:
Ziehen Sie eine Stichprobe im Umfang von n= 112.
Berechnen Sie Schätzwert für den den Gesamtwert, indem Sie den Stichprobenmittelwert der Wahren Werte mit dem Umfang der Grundgesamtheit multiplizieren. Liegt dieser nicht zwischen Ycu= 689125.85 DM und Yco= 710874.15 DM, dann muß die Ordnungsmäßigkeit des Prüffeldes abgelehnt werden.

ZUSAMMENFASSUNG DER ERGEBNISSE
==============================

VORGABEN:

N =	1500	X =	700000.00 DM	D = ±	20000.00 DM
sy^2=	1650.00000	α =	5.0000 %	ß =	5.0000 %

ERGEBNIS:

n =	112	Ycu=	689125.85 DM	Yco=	710874.15 DM

Arbeitspapier zu Beispiel 8 Teil A

Mandant: Beispiel AG

Prüfung zum 30.09.1991
Prüfer: Dr. Erika Mustermann
Vorbereitung: Dipl.-Kfm. Karl Schuster

DIREKTDRUCK

Annahmestichprobe/Werte/Normalverteilung/Umfang

DATENAUSGABE
============

Datum der Untersuchung: 21.11.1991

Sie haben den Prüfplan einer Annahmestichprobe für den Gesamtwert des Prüffeldes unter Verwendung der NORMALVERTEILUNG berechnen lassen.

VORGABEN:
Das N= 1500 Elemente umfassende Prüffeld weist einen Gesamtbuchwert von X= 700000.00 DM auf. Ein Abweichen der Werte um D= ± 20000.00 DM oder mehr ist nicht zulässig. Die Stichprobenvarianz wurde zu sy^2= 2100.00000 berechnet. In nur α= 5.000 % der Fälle darf die Ordnungsmäßigkeit, in ß= 5.000 % der Fälle deren Fehlen nicht erkannt werden.

ERGEBNIS:
Ziehen Sie eine Stichprobe im Umfang von n= 140.
Berechnen Sie Schätzwert für den den Gesamtwert, indem Sie den Stichprobenmittelwert der Wahren Werte mit dem Umfang der Grundgesamtheit multiplizieren. Liegt dieser nicht zwischen Ycu= 689125.85 DM und Yco= 710874.15 DM, dann muß die Ordnungsmäßigkeit des Prüffeldes abgelehnt werden.

ZUSAMMENFASSUNG DER ERGEBNISSE
==============================

VORGABEN:

N =	1500	X =	700000.00 DM	D = ±	20000.00 DM
sy^2=	2100.00000	α =	5.0000 %	ß =	5.0000 %

ERGEBNIS:

n =	140	Ycu=	689125.85 DM	Yco=	710874.15 DM

Arbeitspapier zu Beispiel 9 Teil A

Mandant: Beispiel AG

Prüfung zum 30.09.1991
Prüfer: Dr. Erika Mustermann
Vorbereitung: Dipl.-Kfm. Karl Schuster

DIREKTDRUCK

Schätzstichprobe/Fehler/Hypergeometrische Verteilung

DATENAUSGABE Datum der Untersuchung: 21.11.1991
============

Sie haben im Rahmen einer Schätzstichprobe ein Konfidenzintervall für die Fehleranzahl bzw. den Fehleranteil im Prüffeld unter Verwendung der HYPERGEOMETRISCHEN VERTEILUNG berechnen lassen.

VORGABEN:
Aus einem N= 2000 Elemente umfassenden Prüffeld wurden n= 200 Elemente zufällig ausgesucht. In dieser Stichprobe befanden sich m= 4 fehlerhafte Elemente. Gesucht wird ein Konfidenzintervall, in dem die wahre Fehleranzahl des Prüffeldes mit einer Sicherheit von 1-α= 95.000 % liegt.

Es waren Intervallober- und -untergrenze zu ermitteln (zweiseitige Fragestellung).

ERGEBNIS:
Die Fehleranzahl in der Grundgesamtheit liegt oberhalb von 11 und unterhalb von 98.

ZUSAMMENFASSUNG DER ERGEBNISSE
==============================

VORGABEN:
N= 2000 n= 200 m= 4 1-α= 95.000 %

ERGEBNIS:
Untergrenze:
M> 11 Θ> 0.5500 % F(Mu)=0.981781

Obergrenze:
M< 98 Θ< 4.9000 % F(Mo)=0.024554

Sicherheitsgrad:
1-α= 95.7227 %

Arbeitspapier zu Beispiel 10 Teil A

Mandant: Beispiel AG

Prüfung zum 30.09.1991
Prüfer: Dr. Erika Mustermann
Vorbereitung: Dipl.-Kfm. Karl Schuster

DIREKTDRUCK

Schätzstichprobe/Fehler/Hypergeometrische Verteilung

DATENAUSGABE Datum der Untersuchung: 21.11.1991
============

Sie haben im Rahmen einer Schätzstichprobe ein Konfidenzintervall für die Fehleranzahl bzw. den Fehleranteil im Prüffeld unter Verwendung der HYPERGEOMETRISCHEN VERTEILUNG berechnen lassen.

VORGABEN:
Aus einem N= 2000 Elemente umfassenden Prüffeld wurden n= 215 Elemente zufällig ausgesucht. In dieser Stichprobe befanden sich m= 4 fehlerhafte Elemente. Gesucht wird ein Konfidenzintervall, in dem die wahre Fehleranzahl des Prüffeldes mit einer Sicherheit von 1-α= 95.000 % liegt.

Es waren Intervallober- und -untergrenze zu ermitteln (zweiseitige Fragestellung).

ERGEBNIS:
Die Fehleranzahl in der Grundgesamtheit liegt oberhalb von 11 und unterhalb von 91.

ZUSAMMENFASSUNG DER ERGEBNISSE
==============================

VORGABEN:
N= 2000 n= 215 m= 4 1-α= 95.000 %

ERGEBNIS:
Untergrenze:
M> 11 Θ> 0.5500 % F(Mu)=0.976684

Obergrenze:
M< 91 Θ< 4.5500 % F(Mo)=0.024627

Sicherheitsgrad:
1-α= 95.2057 %

Arbeitspapier zu Beispiel 11 Teil A

Mandant: Beispiel AG

Prüfung zum 30.09.1991
Prüfer: Dr. Erika Mustermann
Vorbereitung: Dipl.-Kfm. Karl Schuster

DIREKTDRUCK

Schätzstichprobe/Fehler/Hypergeometrische Verteilung

DATENAUSGABE   Datum der Untersuchung: 21.11.1991
============

Sie haben im Rahmen einer Schätzstichprobe ein Konfidenzintervall für die Fehleranzahl bzw. den Fehleranteil im Prüffeld unter Verwendung der HYPERGEOMETRISCHEN VERTEILUNG berechnen lassen.

VORGABEN:
Aus einem N= 1950 Elemente umfassenden Prüffeld wurden n= 200 Elemente zufällig ausgesucht. In dieser Stichprobe befanden sich m= 4 fehlerhafte Elemente. Gesucht wird ein Konfidenzintervall, in dem die wahre Fehleranzahl des Prüffeldes mit einer Sicherheit von 1-α= 95.000 % liegt.

Es waren Intervallober- und -untergrenze zu ermitteln (zweiseitige Fragestellung).

ERGEBNIS:
Die Fehleranzahl in der Grundgesamtheit liegt oberhalb von 11 und unterhalb von 96.

ZUSAMMENFASSUNG DER ERGEBNISSE
==============================

VORGABEN:
N= 1950   n= 200   m= 4   1-α= 95.000 %

ERGEBNIS:
Untergrenze:
M> 11   Θ> 0.5641 %   F(Mu)=0.980138

Obergrenze:
M< 96   Θ< 4.9231 %   F(Mo)=0.023612

Sicherheitsgrad:
1-α= 95.6526 %

Arbeitspapier zu Beispiel 12 Teil A

Mandant: Beispiel AG

Prüfung zum 30.09.1991
Prüfer: Dr. Erika Mustermann
Vorbereitung: Dipl.-Kfm. Karl Schuster

DIREKTDRUCK

Schätzstichprobe/Fehler/Hypergeometrische Verteilung

DATENAUSGABE Datum der Untersuchung: 21.11.1991
============

Sie haben im Rahmen einer Schätzstichprobe ein Konfidenzintervall für die Fehleranzahl bzw. den Fehleranteil im Prüffeld unter Verwendung der HYPERGEOMETRISCHEN VERTEILUNG berechnen lassen.

VORGABEN:
Aus einem N= 2200 Elemente umfassenden Prüffeld wurden n= 200 Elemente zufällig ausgesucht. In dieser Stichprobe befanden sich m= 4 fehlerhafte Elemente. Gesucht wird ein Konfidenzintervall, in dem die wahre Fehleranzahl des Prüffeldes mit einer Sicherheit von 1-α= 95.000 % liegt.

Es waren Intervallober- und -untergrenze zu ermitteln (zweiseitige Fragestellung).

ERGEBNIS:
Die Fehleranzahl in der Grundgesamtheit liegt oberhalb von 13 und unterhalb von 108.

ZUSAMMENFASSUNG DER ERGEBNISSE
==============================

VORGABEN:
N= 2200 n= 200 m= 4 1-α= 95.000 %

ERGEBNIS:
Untergrenze:
M> 13 Θ> 0.5909 % F(Mu)=0.975406

Obergrenze:
M< 108 Θ< 4.9091 % F(Mo)=0.024739

Sicherheitsgrad:
1-α= 95.0668 %

Arbeitspapier zu Beispiel 13 Teil A

Mandant: Beispiel AG

Prüfung zum 30.09.1991
Prüfer: Dr. Erika Mustermann
Vorbereitung: Dipl.-Kfm. Karl Schuster

DIREKTDRUCK

Schätzstichprobe/Fehler/Hypergeometrische Verteilung

DATENAUSGABE Datum der Untersuchung: 21.11.1991
============

Sie haben im Rahmen einer Schätzstichprobe ein Konfidenzintervall für die Fehleranzahl bzw. den Fehleranteil im Prüffeld unter Verwendung der HYPERGEOMETRISCHEN VERTEILUNG berechnen lassen.

VORGABEN:
Aus einem N= 2000 Elemente umfassenden Prüffeld wurden n= 180 Elemente zufällig ausgesucht. In dieser Stichprobe befanden sich m= 4 fehlerhafte Elemente. Gesucht wird ein Konfidenzintervall, in dem die wahre Fehleranzahl des Prüffeldes mit einer Sicherheit von 1-α= 95.000 % liegt.

Es waren Intervallober- und -untergrenze zu ermitteln (zweiseitige Fragestellung).

ERGEBNIS:
Die Fehleranzahl in der Grundgesamtheit liegt oberhalb von 13 und unterhalb von 109.

ZUSAMMENFASSUNG DER ERGEBNISSE
==============================

VORGABEN:
N= 2000 n= 180 m= 4 1-α= 95.000 %

ERGEBNIS:
Untergrenze:
M> 13 Θ> 0.6500 % F(Mu)=0.976259

Obergrenze:
M< 109 Θ< 5.4500 % F(Mo)=0.024641

Sicherheitsgrad:
1-α= 95.1618 %

Arbeitspapier zu Beispiel 14 Teil A

Mandant: Beispiel AG

Prüfung zum 30.09.1991
Prüfer: Dr. Erika Mustermann
Vorbereitung: Dipl.-Kfm. Karl Schuster

DIREKTDRUCK

Schätzstichprobe/Fehler/Hypergeometrische Verteilung/Umfang

DATENAUSGABE
============ Datum der Untersuchung: 21.11.1991

Sie haben den notwendigen Stichprobenumfang für eine Schätzstichprobe zur Bestimmung der Fehleranzahl bzw. des -anteils unter Verwendung der HYPERGEOMETRISCHEN VERTEILUNG berechnen lassen.

VORGABEN:
Das Prüffeld umfaßt 2000 Elemente. Der Fehleranteil einer daraus zu ziehenden Stichprobe wird auf 2.000 % geschätzt.

Dabei wird ein Sicherheitsgrad von 95.0000 % und eine maximale Intervallänge von 5.0000 % gefordert.

Es waren Intervallober- und untergrenze zu ermitteln (zweiseitige Fragestellung).

ERGEBNIS:
Ziehen Sie eine Stichprobe im Umfang von n= 200.
Finden Sie darin m= 4 Fehler, dann beträgt die Intervallänge L= 4.2500 %.

ZUSAMMENFASSUNG DER ERGEBNISSE
==============================

VORGABEN:

N= 2000	$\hat{p}$= 2.0000 %	1-α= 95.0000 %	L= 5.0000 %

ERGEBNIS:

n= 200	m= 4	m/n= 2.0000 %	L= 4.2500 %

Arbeitspapier zu Beispiel 15 Teil A

Mandant: Beispiel AG

Prüfung zum 30.09.1991
Prüfer: Dr. Erika Mustermann
Vorbereitung: Dipl.-Kfm. Karl Schuster

DIREKTDRUCK

Schätzstichprobe/Werte/Freie Hochrechnung/Normalverteilung

DATENAUSGABE Datum der Untersuchung: 21.11.1991
============

Sie haben im Rahmen einer Schätzstichprobe ein Konfidenzintervall für den Gesamtwert des Prüffeldes mit Hilfe der Freien Hochrechnung unter Verwendung der NORMALVERTEILUNG berechnen lassen.

VORGABEN:
Einem Prüffeld vom Umfang N= 2000 Elementen wurde eine Stichprobe im Umfang von n= 200 Elementen entnommen.
Der Durchschnitt der Wahren Werte beträgt $\bar{y}$= 65.88 DM
und die Stichprobenvarianz sy^2= 218.81172. Es soll ein 95.000%iges Konfidenzintervall unter Verwendung der Normalverteilung gebildet werden.

Es sind Ober- und Untergrenze zu ermitteln (zweiseitige Fragestellung).

ERGEBNIS:
Der Gesamtwert ist mit vorgegebener Sicherheit größer oder gleich 127869.41 DM und kleiner oder gleich 135650.59 DM.

ZUSAMMENFASSUNG DER ERGEBNISSE
==============================

VORGABEN:

N =	2000	n =	200	$\bar{y}$ =	65.88 DM
sy^2=	218.81172	1-α=	95.0000 %		

ERGEBNIS:

Y ≥	127869.41 DM	Y ≤	135650.59 DM

Arbeitspapier zu Beispiel 16 Teil A

Mandant: Beispiel AG

Prüfung zum 30.09.1991
Prüfer: Dr. Erika Mustermann
Vorbereitung: Dipl.-Kfm. Karl Schuster

DIREKTDRUCK

Schätzstichprobe/Werte/Freie Hochrechnung/Normalverteilung/Umfang

DATENAUSGABE
============

Datum der Untersuchung: 21.11.1991

Sie haben den notwendigen Stichprobenumfang für eine Schätzstichprobe zur Bestimmung des Gesamtwertes des Prüffeldes unter Verwendung der NORMALVERTEILUNG berechnen lassen.

VORGABEN:
Das vorliegende Prüffeld umfaßt 2000 Elemente. Durch Schätzung, z. B. durch eine Vorstichprobe, wurde eine Stichprobenvarianz von sy^2= 218.81172 ermittelt. Es soll ein Konfidenzintervall gebildet werden, innerhalb dessen mit einer Sicherheit von 95.000% der Gesamtwert des Prüffeldes liegt, und dessen Obergrenze nicht mehr als 3983 DM von der Untergrenze abweicht (E = ± 1991 DM).
Wie groß muß der Stichprobenumfang sein?

ERGEBNIS:
Ziehen Sie eine Stichprobe im Umfang von n= 596.

ZUSAMMENFASSUNG DER ERGEBNISSE
==============================

VORGABEN:
N = 2000   L = 3982.80 DM sy^2= 218.81172
$1-\alpha$= 95.0000 %

ERGEBNIS:
n ≥ 596

Arbeitspapier zu Beispiel 17 Teil A

Mandant: Beispiel AG

Prüfung zum 30.09.1991
Prüfer: Dr. Erika Mustermann
Vorbereitung: Dipl.-Kfm. Karl Schuster

DIREKTDRUCK

Schätzstichprobe/Werte/Gebundene Hochrechnung/Normalverteilung

DATENAUSGABE
============

Datum der Untersuchung: 21.11.1991

Sie haben im Rahmen einer Schätzstichprobe ein Konfidenzintervall für den Gesamtwert des Prüffeldes mit Hilfe der Gebundenen Hochrechnung unter Verwendung der NORMALVERTEILUNG berechnen lassen. Zur Hochrechnung wurde das Verfahren der Differenzenschätzung herangezogen.

VORGABEN:
Einem Prüffeld vom Umfang N= 2000 Elementen mit einem Gesamtbuchwert in Höhe von 130000.00 DM wurde eine Stichprobe im Umfang von n= 200 Elementen entnommen.
Parameter der Stichprobe:
Die Summe der Buchwerte beträgt $\Sigma x=$ 13222.00 DM, die Summe der quadrierten Buchwerte $\Sigma x^2=$ 918241.7803.
Die Summe der Wahren Werte beträgt $\Sigma y=$ 13176.00 DM, die Summe der der quadrierten Wahren Werte $\Sigma y^2=$ 911578.4123.
Die Summe der Produkte aus Buchwerten und Wahren Werten beträgt 912778.4081. Es soll ein 95.0000%iges Konfidenzintervall für den Gesamtwert des Prüffeldes nach dem Verfahren der Gebundenen Hochrechnung unter Verwendung der Normalverteilung berechnet werden. Dabei soll die Hochrechnung mit Hilfe der Differenzenschätzung erfolgen. Es sind Ober- und Untergrenze zu ermitteln (zweiseitige Fragestellung).

ERGEBNIS:
Der Gesamtwert ist mit vorgegebener Sicherheit größer oder gleich 128324.12 DM und kleiner oder gleich 130755.88 DM.

ZUSAMMENFASSUNG DER ERGEBNISSE
==============================

VORGABEN:

X =	130000.00 DM	N =	2000	n =	200
Σx =	13222.00 DM	Σx^2=	918241.7803	Σy =	13176.00 DM
Σy^2=	911578.4123	Σxy=	912778.4081	$1-\alpha$=	95.0000 %

ERGEBNIS:
$Y \geq$ 128324.12 DM $Y \leq$ 130755.88 DM

Arbeitspapier zu Beispiel 18 Teil A bei Anwendung der Differenzenschätzung

Mandant: Beispiel AG

Prüfung zum 30.09.1991
Prüfer: Dr. Erika Mustermann
Vorbereitung: Dipl.-Kfm. Karl Schuster

DIREKTDRUCK

Schätzstichprobe/Werte/Gebundene Hochrechnung/Normalverteilung

DATENAUSGABE
============

Datum der Untersuchung: 21.11.1991

Sie haben im Rahmen einer Schätzstichprobe ein Konfidenzintervall für den Gesamtwert des Prüffeldes mit Hilfe der Gebundenen Hochrechnung unter Verwendung der NORMALVERTEILUNG berechnen lassen. Zur Hochrechnung wurde das Verfahren der Verhältnisschätzung herangezogen.

VORGABEN:
Einem Prüffeld vom Umfang N= 2000 Elementen mit einem Gesamtbuchwert in Höhe von 130000.00 DM wurde eine Stichprobe im Umfang von n= 200 Elementen entnommen.
Parameter der Stichprobe:
Die Summe der Buchwerte beträgt $\Sigma x=$ 13222.00 DM, die Summe der quadrierten Buchwerte $\Sigma x^2=$ 918241.7803.
Die Summe der Wahren Werte beträgt $\Sigma y=$ 13176.00 DM, die Summe der der quadrierten Wahren Werte $\Sigma y^2=$ 911578.4123.
Die Summe der Produkte aus Buchwerten und Wahren Werten beträgt 912778.4081. Es soll ein 95.0000%iges Konfidenzintervall für den Gesamtwert des Prüffeldes nach dem Verfahren der Gebundenen Hochrechnung unter Verwendung der Normalverteilung berechnet werden. Dabei soll die Hochrechnung mit Hilfe der Verhältnisschätzung erfolgen.
Es sind Ober- und Untergrenze zu ermitteln (zweiseitige Fragestellung).

ERGEBNIS:
Der Gesamtwert ist mit vorgegebener Sicherheit größer oder gleich 128334.18 DM und kleiner oder gleich 130761.27 DM.

ZUSAMMENFASSUNG DER ERGEBNISSE
==============================

VORGABEN:

X =	130000.00 DM	N =	2000	n =	200
Σx =	13222.00 DM	Σx^2=	918241.7803	Σy =	13176.00 DM
Σy^2=	911578.4123	Σxy=	912778.4081	$1-\alpha$=	95.0000 %

ERGEBNIS:

$Y \geq$ 128334.18 DM $\qquad Y \leq$ 130761.27 DM

Arbeitspapier zu Beispiel 18 Teil A bei Anwendung der Verhältnisschätzung

Mandant: Beispiel AG

Prüfung zum 30.09.1991
Prüfer: Dr. Erika Mustermann
Vorbereitung: Dipl.-Kfm. Karl Schuster

DIREKTDRUCK

Schätzstichprobe/Werte/Gebundene Hochrechnung/Normalverteilung

DATENAUSGABE Datum der Untersuchung: 21.11.1991
============

Sie haben im Rahmen einer Schätzstichprobe ein Konfidenzintervall für den Gesamtwert des Prüffeldes mit Hilfe der Gebundenen Hochrechnung unter Verwendung der NORMALVERTEILUNG berechnen lassen. Zur Hochrechnung wurde das Verfahren der Lin. Regressionsschätzung herangezogen.

VORGABEN:
Einem Prüffeld vom Umfang N= 2000 Elementen mit einem Gesamtbuchwert in Höhe von 130000.00 DM wurde eine Stichprobe im Umfang von n= 200 Elementen entnommen.
Parameter der Stichprobe:
Die Summe der Buchwerte beträgt $\Sigma x=$ 13222.00 DM, die Summe der quadrierten Buchwerte $\Sigma x^2=$ 918241.7803.
Die Summe der Wahren Werte beträgt $\Sigma y=$ 13176.00 DM, die Summe der der quadrierten Wahren Werte $\Sigma y^2=$ 911578.4123.
Die Summe der Produkte aus Buchwerten und Wahren Werten beträgt 912778.4081. Es soll ein 95.0000%iges Konfidenzintervall für den Gesamtwert des Prüffeldes nach dem Verfahren der Gebundenen Hochrechnung unter Verwendung der Normalverteilung berechnet werden. Dabei soll die Hochrechnung mit Hilfe der Linearen Regressionsschätzung erfolgen.
Es sind Ober- und Untergrenze zu ermitteln (zweiseitige Fragestellung).

ERGEBNIS:
Der Gesamtwert ist mit vorgegebener Sicherheit größer oder gleich 128465.12 DM und kleiner oder gleich 130858.57 DM.

ZUSAMMENFASSUNG DER ERGEBNISSE
==============================

VORGABEN:

X =	130000.00 DM	N =	2000	n =	200
Σx =	13222.00 DM	Σx^2=	918241.7803	Σy =	13176.00 DM
Σy^2=	911578.4123	Σxy=	912778.4081	$1-\alpha$=	95.0000 %

ERGEBNIS:

Y $\geq$	128465.12 DM	Y $\leq$	130858.57 DM

Arbeitspapier zu Beispiel 18 Teil A bei Anwendung der Linearen Regressionsschätzung

Mandant: Beispiel AG

Prüfung zum 30.09.1991
Prüfer: Dr. Erika Mustermann
Vorbereitung: Dipl.-Kfm. Karl Schuster

DIRECKTDRUCK

Schätzstichprobe/Werte/Gebundene Hochrechnung/Normalverteilung/Umfang

DATENAUSGABE Datum der Untersuchung: 21.11.1991
============

Sie haben die notwendigen Stichprobenumfänge der Schätzstichproben der Gebundenen Hochrechnung für den Gesamtwert des Prüffeldes unter Verwendung der NORMALVERTEILUNG berechnen lassen.

VORGABEN:
Einem Prüffeld vom Umfang N= 100 Elementen wurde eine Vorstichprobe vom Umfang n= 200 Elementen entnommen.
Kennzahlen der Vorsticprobe:
Die Summe der Buchwerte beträgt $\Sigma x=$ 13222.00 DM, die Summe der quadrierten Buchwerte $\Sigma x^2=$ 918241.7803.
Die Summe der Wahren Werte beträgt $\Sigma y=$ 13176.00 DM, die Summe der der quadrierten Wahren Werte $\Sigma y^2=$ 911578.4123.
Die Summe der Produkte aus Buchwerten und Wahren Werten beträgt 912778.4081. Es soll ein 95.0000%iges Konfidenzintervall für den Gesamtwert des Prüffeldes mit den Verfahren der Gebundenen Hochrechnung unter Verwendung der Normalverteilung berechnet werden, dessen Obergrenze nicht mehr als 2200 DM von der Untergrenze abweicht (E = ± 1100 DM). Wie groß müssen die jeweiligen Stichprobenumfänge sein?

ERGEBNIS:
Für die Differenzenschätzung ziehen Sie eine Stichprobe vom Umfang n= 240, für die Verhältnisschätzung vom Umfang n= 239 und für die Lineare Regressionsschätzung vom Umfang n= 233.

ZUSAMMENFASSUNG DER ERGEBNISSE
==============================

VORGABEN:

N =	2000	L =	2200 DM	n =	200
Σx =	13222.00 DM	Σx^2=	918241.7803	Σy =	13176.00 DM
Σy^2=	911578.4123	Σxy=	912778.4081	$1-\alpha$=	95.0000 %

ERGEBNIS:

Differenzenschätzung:	$n \geq$	240
Verhältnisschätzung:	$n \geq$	239
Lineare Regressionsschätzung:	$n \geq$	233

Arbeitspapier zu Beispiel 19 Teil A

Warenzeichen

MS-DOS ist ein eingetragenes Warenzeichen von Microsoft. PC-DOS, IBM-PC/XT/AT, PS/2 sind eingetragene Warenzeichen von IBM. Turbo-Pascal ist ein eingetragenes Warenzeichen von Borland International. dBase ist ein eingetragenes Warenzeichen von Ashton-Tate/Borland International. Topaz ist ein eingetragenes Warenzeichen von Software Science Inc.

Mit dem Öffnen des Siegels erkennen Sie die nachfolgenden Bedingungen an.

Lizenzvereinbarungen

Das Programm RSW ist Bestandteil des Buches und wird nicht als eigenständige Software vertrieben. Es ist ein Hilfsmittel, um die im Buch dargestellten Verfahren anzuwenden. Es unterliegt den jeweils geltenden urheberrechtlichen Copyright-Bestimmungen. Ebenso wie das Buch darf das Programm nicht vervielfältigt werden. Der Kauf dieses Buches mit dem Programm RSW erlaubt lediglich das Erstellen einer Sicherungskopie des Programms für den persönlichen Gebrauch und eine Installation auf einem PC.

Ausschluß

Die Informationen in diesem Produkt werden ohne Rücksicht auf einen eventuellen Patentschutz veröffentlicht.
Warennamen werden ohne Gewährleistung der freien Verwendbarkeit benutzt.
Bei der Zusammenstellung von Texten und Abbildungen wurde mit größter Sorgfalt vorgegangen.

Trotzdem können Fehler nicht vollständig ausgeschlossen werden.

Die IDW-Verlag GmbH und der Autor übernehmen keine Verantwortung für den Inhalt dieses Buches und insbesondere keine Garantie für die Marktfähigkeit oder Verwendbarkeit für einen bestimmten Zweck. Darüber hinaus behalten die IDW-Verlag GmbH und der Autor sich das Recht vor, diese Veröffentlichung und das Programm RSW von Zeit zu Zeit zu verändern, ohne irgendeine Person oder Organisation über die Änderung unterrichten zu müssen. Die Haftung für Schäden und Folgeschäden, die dem Nutzer durch den Einsatz des Programms RSW entstehen, ist ausgeschlossen.